TRAWSFFURFIO'R SEINTIAU

TRAWSFFURFIO'R SEINTIAU

LLAWYSGRIF YALE O FUCHEDDAU'R SAINT

DAVID CALLANDER

GWASG PRIFYSGOL CYMRU
2024

Hawlfraint © David Callander, 2024

Cedwir pob hawl. Ni cheir atgynhyrchu unrhyw ran o'r cyhoeddiad hwn na'i gadw mewn cyfundrefn adferadwy na'i drosglwyddo mewn unrhyw ddull na thrwy unrhyw gyfrwng electronig, mecanyddol, ffotogopïo, recordio, nac fel arall, heb ganiatâd ymlaen llaw gan Wasg Prifysgol Cymru, Cofrestrfa'r Brifysgol, Rhodfa'r Brenin Edward VII, Caerdydd CF10 3NS

www.gwasgprifysgolcymru.org

Mae cofnod catalog i'r llyfr hwn ar gael gan y Llyfrgell Brydeinig.

ISBN 978-1-83772-120-7
e-ISBN 978-1-83772-121-4

Datganwyd gan David Callander ei hawl foesol i'w gydnabod yn awdur ar y gwaith hwn yn unol ag adrannau 77 a 79 Deddf Hawlfraint, Dyluniadau a Phatentau 1988.

Cysodwyd gan Richard Huw Pritchard
Argraffwyd gan CPI Antony Rowe, Melksham

I Rebecca

CYNNWYS

Rhagair	ix
Byrfoddau	xiii
Rhestr o Ddelweddau, Ffigyrau a Thablau	xv
1 Llawysgrif Gatholig a'i Hysgrifydd	1
2 Buchedd yr Esgob Cybi	35
3 Trawsffurfio Hagiograffeg Gymraeg: *Buchedd Beuno* a *Buchedd Collen*	125
4 Cynnyrch Merthyr Catholig: Cyfieithiad Edward Morgan o'r *Vita Wenefredae*	167
5 Ar y Diwedd	263
Llyfryddiaeth	277
Mynegai	289

RHAGAIR

Mae darganfyddiadau'n llai rhamantaidd nag y buont unwaith. Carwn adrodd stori am ddarganfod llawysgrif yn olion hen gastell neu ar waelod wardrobau Hendregadredd, cael dod o hyd i hen gist o lyfrau a gladdwyd yng ngardd rhyw blasty, profi'r wefr o gyffwrdd â chyfrol anghofiedig mewn llyfrgell ddigatalog. Ysywaeth, ni ddigwyddodd dim o hynny yn achos y llawysgrif a'r testunau a drafodir yma. Yn fyr, ni wneuthum ond gŵglo.

Yn 2017–18, gweithiwn fel Cymrawd Ymchwil ar brosiect Vitae Sanctorum Cambriae, prosiect a ariannwyd gan Gyngor Ymchwil y Celfyddydau a'r Dyniaethau gyda'r nod o greu golygiadau newydd o holl fucheddau Lladin seintiau Cymru. Un o'm tasgau i oedd golygu *vitae* santes Gwenfrewy, gan gynnwys *vita* hirfaith Robert o Amwythig. Wrth astudio'r *vita* hon, edrychais ar y tair llawysgrif ganoloesol ond hefyd lawysgrif fodern gynnar yr oedd rhai golygyddion blaenorol wedi ei gweld yn gopi anibynnol o'r fuchedd. Yr oedd yn ddigon amlwg i mi mai copi o Laud Misc. 114 oedd llawysgrif Brwsel, Bibliothèque Royale, MS 8067–74, ond nid oedd y llawysgrif heb ei diddordeb, serch hynny. Canys ar ddiwedd ei chopi o'r *Vita Wenefredae*, yn wahanol i'r llawysgrifau canoloesol, ceir coloffon: 'Gulielmus farrarus præsbyter Notarius Apostolicus'.

Dyma gŵglo "gulielmus farrarus" felly. Cefais un canlyniad yn unig, sef catalog Llyfrgell Beinecke a ddisgrifiai lawysgrif Osborn fb229. A finnau'n gweithio ar olygiad hagiograffyddol, synnais nad oeddwn wedi gweld cyfeiriad at y llawysgrif hon o'r blaen. Dyma redeg i lawr y coridor, felly, i roi gwybod i'r Athro Paul Russell, nad oedd wedi clywed am y llawysgrif chwaith. Cysylltodd yr Athro Russell â'r awdurdodau yn Aberystwyth: eto, ni wyddid dim am y llawysgrif hon. Gyda'n diddordeb yn cynyddu, cysylltwyd â'r Athro Catherine McKenna yn Harvard, gan ofyn os gallai hi ymgynghori â'r llawysgrif ar ein rhan. Aeth yr Athro McKenna ati i dynnu lluniau o'r llawysgrif a darparu disgrifiad o'i chynnwys inni. Mawr yw'r diolch iddi am ei gwaith sydd wedi bod o gymorth sylweddol wrth astudio'r llawysgrif ac wrth ysgrifennu'r llyfr hwn. Wedyn, gofynnodd yr Athro Russell am luniau o'r holl lawysgrif gan Lyfrgell Beinecke, a chawsom yn fuan luniau o safon uchel o holl destunau'r llawysgrif.

Wedi cael cyfle i ymweld â'r llyfrgell fy hun, dyma gael gwybod bod y llawysgrif wedi ei gwerthu i Lyfrgell Beinecke gan Arthur Freeman ym 1998. Yn wir, Arthur Freeman a ddarganfyddodd y llawysgrif, os rhywun, a staff Llyfrgell Beinecke a wnaeth y gwaith catalogio angenrheidiol i sicrhau bod gwybodaeth amdani ar gael. Hebddynt ni wyddwn ddim am y llawysgrif heddiw. Yr unig beth a wneuthum i, felly, oedd digwydd dod o hyd i'r wybodaeth a ddarparwyd yn barod gan eraill a gadael i bobl eraill yn y maes wybod.

Wrth draethu am y llawysgrif sawl tro, roeddwn yn falch o gael cymorth ac adborth gan dîm y *Repertory of Welsh Manuscripts and Scribes*, gan gynnwys Dr Daniel Huws, yr Athro Ann Parry Owen, a Dr Gruffudd Antur. I Gruffudd Antur mae fy niolch pennaf am ddangos mai Robert Davies II o Wysanau oedd yr ysgrifydd (cyn hynny, tybiais fod yr amrywiaeth mewn llawysgrifen yn gynnyrch nifer o wahanol ysgrifyddion). Hoffwn gydnabod caredigrwydd golygyddion *Dwned*, Dr Bleddyn Owen Huws a Dr A. Cynfael Lake, am roi caniatâd imi atgynhyrchu yn y bennod gyntaf ddeunydd a gyhoeddais mewn nodyn dechreuol i dynnu sylw at arwyddocâd y llawysgrif, sef 'Yale, Llyfrgell Beinecke, Osborn fb229', *Dwned*, 25 (2019), 71–8. Rwyf wedi elwa ar drafodaethau ar gynnwys y llawysgrif a materion perthnasol gydag unigolion a sefydliadau niferus, gan gynnwys Llyfrgell Beinecke a Phrifysgol Yale, Arwerthwyr Dominic Winter, yr Ymddiriedolaeth Genedlaethol, Llyfrgell John Rylands, Katherine Thorn o Quaritch, Dr Ali Bonner, Dr Sarah Ward Clavier, Dr Dylan Foster Evans, Dr Shaun Evans, Dr Ben Guy, Dr Sally Harper, Dr Angela Kinney, yr Athro Barry Lewis, Dr Ceridwen Lloyd-Morgan, yr Athro Rosalind Love, Dr

Rhagair

Francesco Marzella, Dr Shaun McGuiness, yr Athro Ann Parry Owen, Dr Alexandra Reider, yr Athro Paul Russell, a'm cyd-weithwyr yn Ysgol y Gymraeg, Prifysgol Caerdydd. Hoffwn ddiolch yn enwedig i adolygydd dienw y Wasg a'm hachubodd rhag sawl camgymeriad gydag adborth tra dysgedig a defnyddiol.

Rwyf hefyd yn dra diolchgar i Dr Llion Wigley a Gwasg Prifysgol Cymru am eu cefnogaeth barod ac am eu hamynedd wrth i ddyddiad cyflwyno'r deipysgrif gael ei ohirio sawl tro yn sgil y pandemig a chaead Llyfrgell Beinecke.

Yn olaf, eto, carwn ddiolch i Rebecca ac i'm teulu am bob cefnogaeth.

BYRFODDAU

AH	Dreves, *Analecta Hymnica Medii Aevi*
ASS	Bolland, *Acta Sanctorum quotquot toto orbe coluntur*
AWR	Pryce, *Acts of Welsh Rulers, 1120–1283*
BHL	*Bibliotheca Hagiographica Latina*
BSV	Weber a Gryson, *Biblia Sacra iuxta Vulgatam Versionem*
Bywgraffiadur	*Y Bywgraffiadur Cymreig* (ar-lein)
DMLBS	Latham ac eraill, *Dictionary of Medieval Latin from British Sources*
EWGT	Bartrum, *Early Welsh Genealogical Tracts*
GPC	*Geiriadur Prifysgol Cymru* (ar-lein)
HGK	Evans, *Historia Gruffud vab Kenan*
LBS	Baring-Gould a Fisher, *Lives of the British Saints*
MED	*Middle English Dictionary* (ar-lein)
OED	*Oxford English Dictionary* (ar-lein)
PL	Migne, *Patrologia Latina*
PW	Wade-Evans, *Parochiale Wallicanum*
Repertory	Huws, *Repertory of Welsh Manuscripts and Scribes*
TYP3	Bromwich, *Trioedd Ynys Prydein* (3ydd arg.)
VGC	Russell, *Vita Griffini Filii Conani*
VSGB	Wade-Evans, *Vitae Sanctorum Britanniae et Genealogiae*
WCD	Bartrum, *A Welsh Classical Dictionary* (fersiwn digidol)

RHESTR O DDELWEDDAU, FFIGYRAU A THABLAU

Delweddau
Delwedd 1.1 Llofnod o Lawysgrif Yale
Delwedd 1.2 Llofnod Peter Legh XII

Ffigyrau
Ffigur 2.1 Stemma Codicum Buchedd Cybi
Ffigur 3.1 Stemma Codicum Buchedd Collen

Tablau
Tabl 1.1 Cynnwys Llawysgrif Yale
Tabl 1.2 Coladiad Llawysgrif Yale
Tabl 1.3 Calendr Llawysgrif Yale
Tabl 2.1 Gwahaniaethau fesul pennod ym mucheddau Cybi
Tabl 2.2 Disgrifiadau o Gybi fel 'esgob'
Tabl 2.3 Cymhariaeth o debygrwydd Buchedd Yale i Fuchedd 1 a Buchedd 2
Tabl 3.1 Disgrifiad o farwolaeth Collen
Tabl 3.2 Fersiwn 2 yn lleihau'r testun
Tabl 4.1 Consbectws o benodau Laud, Morgan a Falconer
Tabl 4.2 Enwau Priod Laud, Morgan a Falconer
Tabl 5.1 Copïau cynharaf y testunau gwirebol

Pennod 1

LLAWYSGRIF GATHOLIG A'I HYSGRIFYDD

Mae'r hanner canrif diwethaf wedi trawsffurfio astudiaethau Celtaidd. Un o'r newidiadau mwyaf sylweddol yw'r ffordd yr ymdrinnir â nifer o ffynonellau canoloesol a'u hymwneud â'r gorffennol. Tueddir, bellach, i weld llawer o destunau fel tystiolaeth ar gyfer cyfnod eu cyfansoddi yn hytrach na thystiolaeth ar gyfer y cyfnod y gosodir eu digwyddiadau ynddo.[1] Mae'r sifft hon yn arbennig o berthnasol i fucheddau'r saint. Er enghraifft, gellir gweld *Vita Sancti Dewi* Rhygyfarch fel ffynhonnell bwysicach ar gyfer Cymru'r 11eg ganrif nag ar gyfer "Oes y Seintiau".[2] Ar yr un pryd â'r newid mewn agweddau ysgolheigaidd at weithiau o'r fath, gwelwyd diddordeb cynyddol yn nerbyniad a datblygiad testunau canoloesol mewn cyfnodau diweddarach.

Hysbys ddigon yw'r rhybudd 'recentiores, non deteriores', sy'n ein hatgoffa nad yw llawysgrifau diweddarach o reidrwydd yn llai pwysig na llawysgrifau cynnar wrth sefydlu testun, gan y gallant gynnwys darlleniadau cynnar a godwyd o gynseiliau coll.[3] Eto, mae'r symud tuag at astudio derbyniad a throsglwyddiad deunydd canoloesol yn fwy na hyn. Gellir ystyried ar ei thelerau ei hun lawysgrif go ddiweddar sy'n dyst i ran go ddiweddar o draddodiad testunol, a hynny am sawl rheswm. Gall y dewis, trefn ac addasiad o ddeunydd daflu goleuni ar agweddau ac arferion y cyfnod modern cynnar, gweithgarwch ysgrifwyr, hanes traddodiadau llenyddol a nifer o feysydd eraill. Yn achos llawysgrifau o Gymru, mae *Repertory of Welsh Manuscripts and Scribes* Daniel Huws yn cynnig inni adnodd arbennig i'w roi ar waith wrth drafod a chymharu llawysgrifau ac ysgrifyddion.⁴ Gan gofio hyn, trown at y llawysgrif sy'n cymryd sylw y llyfr hwn, sy'n bwysig fel tyst i'r cyfnod modern cynnar ac i'r Oesoedd Canol.

LLYFR Y SEINTIAU BRYTANAIDD: LLYFRGELL BEINECKE, OSBORN FB229

Mae Yale, Llyfrgell Beinecke, Osborn fb229, yn llawysgrif a gopïwyd yn y 1620au a'r 1630au (cyn 1634) gan Robert Davies II o Wysanau, Sir y Fflint. Cyfeiriaf ati yma er hwylustod fel 'Llawysgrif Yale'. Casgliad o fucheddau seintiau Cymreig a Brythonaidd yn Gymraeg, Lladin a Saesneg yw'r prif gynnwys, a'r rhan fwyaf o'r deunydd Lladin a Chymraeg yn tarddu o'r Oesoedd Canol. Ceir hefyd bum testun byr gwirebol a chwedlonol yn Gymraeg ar ei diwedd. Y mae hon felly yn enghraifft brin o ddeunydd canoloesol o Gymru mewn llyfrgell yng Ngogledd America, er iddi aros ym Mhrydain, fe ymddengys, nes diwedd yr 20fed ganrif.⁵ Nid oedd y llawysgrif yn hysbys i ysgolheigion Cymru tan yn ddiweddar.⁶ Deuthum ar ei thraws trwy ddamwain wrth chwilio am William Farrar (*alias* Harewell) y notari a'r Iesuwr. Ceir ei enw mewn coloffon yn Llawysgrif Yale ac mewn llawysgrif arall sy'n cynnwys hagiograffeg, sef Brwsel, Bibliothèque Royale, llawysgrif 8067–74.⁷

Noda Tabl 1.1 y testunau yn eu trefn:

Tabl 1.1 Cynnwys Llawysgrif Yale

Cynnwys	Ffolia	Rhifau tudalennau gwreiddiol	Math o lawysgrifen
Gwag	1–7	-	-
Mynegai modern cynnar	8r–8v	-	d
Calendr	9r–11v	-	d
Gwag	12	-	-
Buchedd Beuno	13r–13v	1–2	c

Ystoria neu fuchedd Collen filwr	13v–15r	2–5	c
Ystoria Owain farchog	15r–17v	5–10	c
Gwag	18	11–12	-
Bonion	19–20v	*13–*16[8]	-
Elen a'r Groes	21r–23r	17–21	c
Vita Sancti Gildae	23v–24r	22–3	a
Gwag	24v–27v	24–30	-
Bonyn	28	-	-
Inventio Sancti Amphibali	29r–52r	31–77	a
Gwag	52v	78	-
Bonyn	53	-	-
Gwasg	54	79–80	-
Detholion o'r English Martyrology	55r–71v	81–114	d
Vita Sancti Dewi	72r–79r	115–29	d
The Life and Translation of St Wenefred	79v–106v	130–84	d
Vita Sancti Albani	107r–119r	185–209	d
Miracula Sancti Albani	119r–135v	209–42	d
Bonyn	136	-	-
Miracula Sancti Albani (parhad)	137r–138r	243–5	d
Vita Sancti Kybi	138v–141v	246–52	b
Gwag	142r–166v	-	-
Cyffes Taliesin	167r	-	c
Casddynion Dvw	167r–167v	-	c
Geiriau gwir Taliesin	167v	-	c

Casbethau Owain Cyfeiliog	167v	-	c
Trithlws ar Ddeg Ynys Brydain	168r	-	c
Gwag	168v–173v	-	-

Dengys Tabl 1.1 fod Robert Davies yn defnyddio sawl math o lawysgrifen wrth gopïo'r llawysgrif. Rhanna Daniel Huws ei lawysgrifen yn bum math:

> [Davies] is hard to trace in manuscripts: he seldom left his name and was master of a variety of scripts which are hard to recognize as the work of one man. Most can be exemplified from NLW 7011 (c.1620–30), a large collection of historical tracts: (a) a non-distinctive secretary with a thick nib (pp. 1–94); (b) a freer secretary with a thin nib (the index, pp. 298–9, 302–7); (c) a formal version of the same influenced by the script of John Jones of Gellilyfdy, used only for text in Welsh (pp. 235–71); (d) italic (pp. 173–212); (e) a hurried sloping secretary (an added note on p. 240), also seen in additions made to NLW 1593ii, Card. 4.265 and Card. 5.51.[9]

Gwelir cysylltiad â phedwar math o lawysgrifen (a, b, c, d) yma, ond ceir hefyd gymysgu mynych rhwng y llawysgrifen ysgrifenyddol a'r llawysgrifen italig, a welir, er enghraifft, yn y detholion o'r *English Martyrologe* a'r mynegai. Nid yw hyn yn annisgwyl o gwbl yn y cyfnod hwn. Fel y noda Giles Dawson a Laetitia Kennedy-Skipton:

> The italic hand overtook the secretary in popularity before 1650 and ultimately brought about its demise ... By 1650 relatively few men, and those mainly of advanced years, were writing pure secretary, and many had abandoned it altogether. It would probably be correct to say, though, that most men were writing a mixed or transitional hand rather than a pure italic.[10]

Gwelir tipyn o amrywiaeth hefyd wrth gopïo gwahanol destunau, megis yn y defnydd o <d> sythach gyda lŵp yn y testunau Cymraeg ar y diwedd yn lle'r <d> sy'n gwyro'n gryf i'r chwith a geir yn y bucheddau Cymraeg. Gellid esbonio'r amrywiaeth fel canlyniad copïo testunau dros amser neu oherwydd y gwahanol fathau o destunau a gopïwyd.

Fel y gwelir o Dabl 1.1, mae nifer sylweddol o ffolia'r llawysgrif yn wag (1–7; 12; 18; 24v–27; 52v; 142–66; 167v–173). Fel y noda Daniel Huws, awgryma hyn mai fel llyfr gwag y prynwyd y llawysgrif.[11] Mae cysondeb y dyfrnodau (sydd ar lun pot) yn cefnogi hynny hefyd. Nid ydynt yn cydfynd yn llwyr â'r un dyfrnod yn Briquet, ond rhif 12803 (St-Pol, 1586) sy'n fwyaf tebyg.[12] Maent hefyd yn debyg i 466–70 Churchill (a ddyddir i'r cyfnod 1628–48 ac sydd fel arfer yn Ffrengig ond a ddefnyddir yn Lloegr hefyd ar gyfer datganiadau Siarl I).[13] Mae'r dyfrnodau'n fwyaf tebyg i botiau 3579–638 Heawood a geir bron bob tro mewn lląwysgrifau neu lyfrau o Loegr.[14] O'r rhain, tebycaf oll yw 3604 a 3605 Heawood, y ceir y ddau ohonynt mewn copi o D. Petavius, *History of the World*, a argraffwyd yn Llundain ym 1659. Gellir tybio mai o Ffrainc y daw'r papur. Fel y noda Heawood, '[i]n the early half (or more) of the 17th Century much paper [in England and Scotland] continued to come in from Normandy and other parts of northern and central France, where the Pot, Hand-and-Star, and Grapes, were still favourite marks.'[15] Felly nid yw papur y llawysgrif yn anarferol o gwbl ar gyfer ei leoliad a'i gyfnod: gallai Robert Davies fod wedi dod o hyd i lyfr gwag fel hwn yn hawdd.

Gan barhau i ystyried gwneuthuriad y llyfr, dyma goladiad (*collation*) ohono:

Tabl 1.2 Coladiad Llawysgrif Yale

Ffolia	Plyg
1–8	1^8
9–14	2^6
15–20 (tt. 5–*16)	3^6
21–6 (tt. 17–28)	4^6
27–30 (tt. 29–34)	5^4
31–40 (tt. 35–54)	6^{10}
41–6 (tt. 55–66)	7^6
47–59 (tt. 67–90)	8^{12} *Bonyn ff. 53 yn ychwanegiad(??)*

60–7 (tt. 91–106)	9[8]
68–71 (tt. 107–14)	10[4]
72–7 (tt. 115–26)	11[6]
78–85 (tt. 127–42)	12[8]
86–91 (tt. 143–54)	13[6]
92–7 (tt. 155–66)	14[6]
98–103 (tt. 167–78)	15[6]
104–9 (tt. 179–90)	16[6]
110–5 (tt. 191–202)	17[6]
116–21 (tt. 203–14)	18[6]
122–7 (tt. 215–26)	19[6]
128–33 (tt. 227–38)	20[6]
134–9 (tt. 239–48)	21[4] Ff.135/6 yn ddalen unigol wedi'i phlygu(?)
140–3	22[4]
144–51	23[8]
152–7	24[6]
158–65	25[8]
166–73	26[8]

Mae'r llawysgrif wedi'i rhwymo'n dynn ac mewn mannau (ffolia 15–71 yn enwedig) y mae'n rhy dynn i gael syniad hyderus o'r plygion. Petrus yw Tabl 1.2 felly, ac yn enwedig yr wybodaeth sydd mewn llythrennau italig. Nid oes tystiolaeth bod y plygion na ffolia unigol wedi cael eu symud oddi ar gyfnod Robert Davies.

Y seintiau Brythonaidd sy'n cymryd sylw Robert Davies yn y llawysgrif hon, gan gynnwys seintiau Cymru, megis Gwenfrewy, a seintiau Brythonaidd cynnar, megis Alban. Amlyga hyn sawl gwaith yn ei ddetholion o'r *English Martyrologe* (tt. 81–114) lle dewisa gopïo hanesion seintiau 'descended of a noble Brittishe bloud', 'of the Britishe nation'.[16] Nid yw'n syndod, felly, mai eitem sylweddol gyntaf y llawysgrif yw calendr unigryw sy'n rhestru gwahanol wyliau'r seintiau Brythonaidd. Mor ddiddorol yw'r calendr fel ei fod yn werth ei gynnwys yma yn ei gyfanrwydd. Yn y llawysgrif, mae dwy golofn ar bob tudalen yn nodi gwyliau dau fis ac fe rifir dyddiau pob mis mewn colofnau bach i'r chwith i'r rhestr o wyliau:

Tabl 1.3 Calendr Llawysgrif Yale

	Mîs **Ionor.**	Mîs **chwefror.**	Mis **Mawrth.**	Mis **Ebrill.**
1			Gwyl Dhewi	~~Gwyl Dhewi~~
2				
3		Llewelyn Blâs escop.	Gwyl Non Vam Dhewi & Wenlock	
4				Tyrnoc.
5				Gwyl Dhervel. gadarn.
6				
7		Augulus.	Sannan.	Llewelyn a Gwrnerth.
8	Gwythelme.			
9	Iudocus	Gwyl Enion frenhin a Thilo.		
10				
11				
12				
13	Gwyl. Erbyn. ac Elien.	Gwyl Dhyfnoc.		
14				
15				
16				Alban
17			Gwyl Badrik.	
18				
19	Gwlystan.			
20				
21				Gwyl Vevno. *alias*. 22.
22		Gudwall.		
23	Elli.			Gwyl Dhyfnon.

				Gwyl Vevgan. & Egbert
24	Sophias. & Cadock			
25				
26				
27				
28				
29				
30				
31				

	Mis **Mai**.	Mîs **Mihevin**.	Mîs **Gorffena**.	Mîs **Awst**.
1		Gwyl Degla.	Iulius, Aron & Goluin.	Wenlocke
2			Oudocke.	
3		Gwyl Gwyven.		
4		Padrock		
5				Gwyl Osw^{a}lht.
6	Dubricke.	Gudwall.		
7				
8				
9	Beatus			
10				
11				
12				
13	Gwyl Vala A Svlien		Gwyl Dhwynwen a Doewan.	Gwyl Gybi.
14			Gwyl Armon.	
15		Gwyl Drillo. & Maine		
16				
17	3 of þe 11000 Virgins			
18			Odilia.	Gwyl saint Elen.
19				
20				
21	Gwyl Golhen. & Chwsten*n*yn			

22	Helen frenhines.	Gwyl wenfrewi. & Alban.		Arnulph.
23				
24				
25	Gwyl sain Denis.	Amphibale.		
26		Twroc a Thyrnoc.		
27		Iohn.		
28			Sampson.	
29				
30	Gwyl Dvdklvd.			
31			Gwyl Armon.	

	Mîs **Medi.**	Mîs **Hydref.**	Mîs **Tachwedh.**	Mîs **Rhagfvr**
1	Gwyl sain Silin	Gwyl Silin a Garmon		
2	Gwyl Svlien.			
3			Gwyl Wenfrewi.	Lucius
4	Marcellus.		~~Gwyl Wenfrewi.~~ Clare.	Emerita.
5		Gwyl Gynhafal.	Gwyl Gybi.	Gwyl Gowrda.
6	Gwyl Idlos.		Winnocke.	
7			Gwyl Gyngar.	
8		keyna.	Gwyl Disilio.	
9			Pabo post Prydain.	
10		Gwyl Danwc.		
11	Gwyl Dheniel.		Edyrn.	
12			Gwyl Gydwaladyr.	
13				Iudocus.
14		Gwyl Vyrothen.	Dubrick	
15			Macloue	
16	Ninian.			

17	Stephen & Socrates.			
18	Winocke			
19				
20				
21		Vrsula		
22		Mellon. & Cordula.		
23	Gwyl Degla.			
24	Gwyl Vwroc.			
25	Gwyl Dyrnoc, Gwyl Veugan.	Maglore		
26				
27				
28				
29				
30				
31		Dogfael.		

Yn y calendr, fe nodir 104 o wyliau yn gyfan gwbl ac mae cryn orgyffwrdd â'r *English Martyrologe*. Digwydd 39 o wyliau yn y ddau destun gyda'r un dyddiad ac orgraff ynghyd ag 16 arall gyda gwahanol orgraff a/neu ddyddiad. Erys 49 o wyliau nad ydynt yn yr *English Martyrologe*. Cysylltir y seintiau nas ceir yn yr *English Martyrologe* â gogledd Cymru'n bennaf, sy'n cyd-fynd â diddordebau Robert Davies fel y trafodir isod. Mae'n ymddangos o'r amrywiaeth yn ei lawysgrifen i Robert Davies gasglu'r calendr dros gyfnod estynedig, a noder fel y mae'n amrywio rhwng y Gymraeg, y Saesneg a'r Lladin o ran iaith a ffurfiau enwau personol. Mae rhai o'r gwyliau prin a geir yng nghalendr Llawysgrif Yale yn digwydd hefyd yn llawysgrif Llansteffan 117, sef Meugan (24 Ebrill), Doewan (13 Gorffennaf), Cybi (13 Awst), Tyrnog (25 Medi), a Brothen (14 Hydref).[17] Dyma ran o batrwm o gysylltiadau agos â llawysgrif Llansteffan 117, casgliad mawr o ddeunydd crefyddol a gopïwyd gan Ieuan ap Wiliam ap Dafydd o Riwabon yn ystod y blynyddoedd 1542-54.[18]

Parha'r cysylltiad â Llansteffan 117 yn gryf yn y testunau hagiograffaidd Cymraeg sy'n dilyn, sef *Buchedd Beuno*, *Buchedd Collen*, *Ystoria Owain Farchog* (fersiwn diweddarach (dosbarth B) o *Purdan Padrig*), ac *Elen a'r*

Groes.¹⁹ Mae'r tri thestun cyntaf yn debyg iawn i'r fersiynau yn Llansteffan 117 ac o bosibl yn gopïau ohonynt. Penderfynais olygu *Buchedd Beuno* a *Buchedd Collen* o Lawysgrif Yale ym Mhennod 3 am eu bod yn wahanol i'r fersiynau a geir mewn llawysgrifau eraill (heblaw Llansteffan 117) ac yn haeddu eu sylw eu hunain. Roedd chwe thudalen gwag yn rhannu *Elen a'r Groes* oddi wrth y testunau eraill, ac mae fersiwn Llawysgrif Yale o'r testun hwn yn wahanol iawn i'r fersiwn a geir yn Llansteffan 117 ac yn llawer agosach at fersiwn Llyfr Gwyn Rhydderch (Peniarth 4–5).²⁰

Symuda Llawysgrif Yale rhwng ei thair iaith yn weddol aml, a thestun Lladin sy'n dilyn yr hagiograffeg Gymraeg, sef *Buchedd Gildas* gan Garadog o Lancarfan, a oedd yn ei flodau yn hanner cyntaf y 12fed ganrif.²¹ Nid yw fersiwn Llawysgrif Yale yn cytuno â'r un o'r argraffiadau cyhoeddedig ac mae'n hepgor y rhan fwyaf o'r stori enwog am Gildas yn methu â phregethu o flaen Non a hithau'n cario Dewi yn ei bru. Ar ôl saith tudalen gwag ceir testun Lladin llawer hwy, sef *Inventio Sancti Amphibali* (BHL #395).²² Ffurfia hwn ran o grŵp o destunau a gopïwyd o'r llawysgrif Llyfrgell Brydeinig, Cotton Faustina B.iv (s. xiii in.), yn cynnwys hefyd *Vita Sancti Albani* (BHL #213) a *Miracula Sancti Albani* (BHL #217) a geir yn nes ymlaen yn Llawysgrif Yale.²³ Mae'r rhain oll yn destunau sylweddol o ddiwedd y ddeuddegfed ganrif sy'n tystio i ddiddordeb Robert Davies mewn merthyron cynnar Brythonaidd o'r tu allan i Gymru.

Saesneg sy'n dod nesaf, gyda detholion o'r *English Martyrologe*. Dyma grynodebau o fucheddau'r seintiau Brythonaidd a gopïwyd yn uniongyrchol o argraffiad cyntaf yr *English Martyrologe* (1608).²⁴ Yn Llawysgrif Yale, detholir seintiau am eu bod o waed Brythonaidd, ac mae'r detholiad yn dilyn trefn calendr yr *English Martyrologe*, ond ni chopïwyd dyddiadau gwyliau'r seintiau. Trawsysgrifiwyd y nodiadau ymylol yn uniongyrchol o'r llyfr printiedig hefyd. Ar ddiwedd y detholion cynhwysir rhestr fyrrach o seintiau "diarth" (hynny yw, rhai nad ydynt o hil Frythonaidd) sydd eto wedi ei thynnu o brif restr yr *English Martyrologe*, ac yna ceir rhestr o ferthyron Catholig diweddar o'r un ffynhonnell.²⁵

Try Robert Davies yn ôl i ysgrifennu Lladin wrth gopïo buchedd Ladin Dewi gan Rygyfarch o Lanbadarn Fawr (a gyfansoddwyd tua diwedd yr unfed ganrif ar ddeg). Copïwyd hon o Rydychen, Llyfrgell Bodley, Digby 112.²⁶ Rhydd y nodiadau ymylol lawer o fanylion ynglŷn â'r gynsail a'i darlleniadau. Fel y nodir uchod, enwir Gulielmus Farrarus yn y coloffon (t. 129).²⁷

Diddorol nodi mai copi o fuchedd Ladin Gwenfrewy gan Robert o Amwythig yw prif gynnwys y llawysgrif arall a gysylltir â William Farrar (Brwsel, Bibliothèque Royale, llawysgrif 8067–74) ac yn Llawysgrif Yale fe ddilynir *Buchedd Dewi* gan gyfieithiad Saesneg o'r un fuchedd Ladin o Wenfrewy (gan gynnwys yr hanes am drosglwyddo ei gweddillion, sef y 'Translation' yn Saesneg) a briodolir yn y llawysgrif i Edward Morgan o Lys Bedydd yn Sir y Fflint. Dienyddiwyd Morgan ar 26 Ebrill 1642 am fod yn offeiriad Catholig. Dyma'r unig gopi o'r cyfieithiad hwn y gwyddys amdano ac fe'i golygir yma ym Mhennod 4.

Gan droi'n ôl at y Lladin, cawn wedyn *Vita Sancti Albani, Miracula Sancti Albani*, a *Vita Sancti Kybi*. O ran testunau canoloesol, yr eitem bwysicaf un a gynnwys y llawysgrif yw buchedd Ladin Cybi (ffol. 135v–138v), a olygir ym Mhennod 2. Dyma fersiwn unigryw a chynnar o fuchedd ganoloesol y sant enwog hwn. Mae hefyd yn gosod terfyn ar brif gynnwys y llawysgrif.

Er hynny, wedi 15 ffoliwm gwag, ceir pum testun gwirebol byr, sef 'Cyffes Taliesin', 'Casddynion Duw', 'Geiriau Gwir Taliesin', 'Casbethau Owain Cyfeiliog' a 'Thrithlws ar Ddeg Ynys Brydain'.²⁸ Amrywia'r testunau hyn yn fawr wrth gael eu trosglwyddo a'u haddasu, ac mae pob fersiwn o'r testunau hyn yn Llawysgrif Yale yn unigryw. Er bod y rhan fwyaf o'r testunau i'w cael yn Llansteffan 117, ac er bod cyfatebiaethau trawiadol rhwng y copïau o 'Casddynion Duw' yn Llawysgrif Yale a Llansteffan 117, mae'n amlwg nad Llansteffan 117 oedd ffynhonnell y testunau hyn. Mae'n bosibl eu bod wedi eu gosod ar wahân ar ddiwedd y llawysgrif am nad ydynt yn ymwneud yn uniongyrchol â phrif gynnwys y llawysgrif, sef y seintiau.

ROBERT DAVIES II A'I WEITHGARWCH

Bydd yn amlwg o'r uchod fod Llawysgrif Yale yn gynnyrch diddordebau ei ysgrifydd, sef Robert Davies II o Wysanau, ac mae ymwybyddiaeth o'r ysgrifydd hwn yn gwella ein dealltwriaeth o'r llawysgrif (ac felly hefyd y llawysgrif yn cyfrannu at ein dealltwriaeth o'r dyn.)

Deuai Robert Davies II (1581–1634) o deulu uchelwrol Davies o Wysanau, Sir y Fflint.[29] Robert Davies II yw ail bennaeth y teulu sy'n defnyddio cyfenw yn y dull Seisnig, yn fab i Robert Davies I (*m.* 1600), a oedd yn fab i John ap David.[30] Ymfalchïai'r teulu yn ei ach y gellid ei holrhain yn ôl i dywysogion Powys. Cynigia Sarah Ward Clavier y disgrifiad canlynol ohonynt:

> The Davies family, squires of Gwysaney in Flintshire, could easily be seen as the obscure Welsh gentlemen of satire. Their estate was not large by English standards. During the sixteenth and seventeenth centuries their actions were not nationally renowned and their offspring did not go on to fame and fortune.[31]

Ac eto, fel y dywed Ward Clavier, roedd y teulu o bwysigrwydd sylweddol yn rhanbarthol, gan chwarae rolau blaenllaw yng ngogledd-ddwyrain Cymru wrth wasanaethu fel Uchel-Siryfion Sir y Fflint.[32] Yr hyn sy'n fwy arwyddocaol eto yn y cyd-destun hwn yw eu bod yn deulu pwysig o ran gweithgarwch hanesyddol ac ysgolheigaidd, gyda diddordeb mawr yn hanes y Cymry a'r Brythoniaid. Fel y noda Ward Clavier, 'The family were renowned for their intellectual and antiquarian pursuits, opening their library to other antiquaries and corresponding with nationally significant individuals. The Davies family were regional opinion-leaders in favour of conservative religion, consistent political loyalty and a strong sense of Welsh culture and heritage.'[33] Cysylltiad difyr o ran Cymreictod y teulu yw i fab Robert Davies briodi merch Syr Peter Mutton, awdur un o'r llythyrau Cymraeg cynharaf sydd ar glawr.[34]

O ran Robert Davies II ei hun, roedd yn dra hysbys yn ei ddydd fel ysgolhaig hanesyddol ac achyddol.[35] Enghreifftir y parch a delid i Robert Davies yn y llythyr canlynol gan Richard Young o Aldermanberry y mae'n werth ei ddyfynnu yn ei gyfanrwydd:[36]

To my Worthy good cosen Robert Dauies, Esquior, at Gwysaney
My worthy good cosen, often haue I receaued the frutes of your worthy labor and studies, & I was neade also to present yow as yet such any thing, that is myn: I haue now by my cosen Yonge sent yow the Nouelties of these

tyms here. Accept them from me as I do beecome all that comes from yow for fauors. The king hath bene pleased of late liberally to distribute his power in geuing honor to such as himself thought fit, and I haue sent you in collors the asures of all the nobility of England to this present day: I can if yow desier it, send yow the seuerall coats of the ancient nobility of Ireland, but there is a Large addicion of Late yeres made to it[37] which I haue not. I haue sent yow a booke conteyning the names of such as now sitt in the somory house in parlementt & of all the Baronettes of the knightes of the Bath: I haue coated such of the Baronettes as are made Lords of England with a cross +, and such as are made Scottish or Irish Lords with a stroke. I know Challenor the Harald well, and he knows your worth & Learning: and I will assure yow he is very skillfull in all the discentes & matches of North wales and cheshire: but he & I do with a great deale of confidence differ from yow in opinion & that my name was at ferst altered to be Yonge by a match with Yong of shruwarden.[38] I can shew yow a french deed dated 17th yeer of Ed. the 3d. betwene the Lord Strange & him, and I dar he was sherife for terme of Life of a county there. Sir, with thankes for all your fauors

I rest   your most assured cosen. R.: yonge

I must euer remember good M^{ris} Dauies

Aldermanberry

24. of May. 1628.

Mae'r llythyr hwn yn arwyddocaol mewn sawl ffordd. Dengys y rhwydweithiau ysgolheigaidd yr oedd Robert Davies yn rhan ohonynt. Roedd 'Challenor the Harald' (sef Jacob Chaloner (1586–1631) yn ôl pob tebyg) yn ymwybodol iawn o'i ddysg.[39] Yn yr achos hwn, cysylltir dysg Robert Davies ag achyddiaeth a herodraeth yn benodol, tuedd a welir yn ei lawysgrifau hefyd. Mae gan Robert Davies ddiddordeb yn y presennol ('the Nouelties of these tyms') yn ogystal â'r gorffennol, nad yw'n syndod o ystyried y galw y byddai'r holl foneddigion newydd wedi'i greu ar gyfer ei ddysg a hefyd y rolau cyhoeddus yr ymgymerai Robert Davies â hwy.

Mae gweithgarwch ysgrifyddol arall Robert Davies yn darparu rhagor o dystiolaeth am yr hyn yr ymddiddorai ynddo.[40] Fel yn achos Llawysgrif Yale, mae'r dyddiadau a geir yn y llawysgrifau yn awgrymu mai tua diwedd ei oes (1620au–1634) oedd prif gyfnod ei weithgarwch fel copïwr a hynafieithydd. Gellir disgrifio gweithgarwch Robert Davies fesul categori gan dynnu ar y *Repertory*:

- Achyddiaeth (prif ddiddordeb): Caerdydd 2.33 (copïo), Caerdydd 3.8 (comisiynu ac ychwanegu), Caerdydd 5.51 (comisiynu ac ychwanegu), Cwrtmawr 183 (copïo), LLGC 1593iiE (copïo), LLGC 1599E, ffol. 139–245 (copïo), LLGC 11610D (ychwanegu), LlB Add. 9866 (ychwanegu), LlB Add. 28033–4 (ychwanegu), Harley 1978 (ychwanegu), LLGC 20898E (ychwanegu), Peniarth 135 (ychwanegu), Caerdydd 1.363 (ychwanegu), Caerdydd 4.265 (ychwanegu)
- Herodraeth: LlGC 1599E, ffol. 139–245 (copïo), Harley 1978 (ychwanegu), LLGC 20898E (ychwanegu), Peniarth 135 (ychwanegu)
- Deunydd (hen neu gyfoes) yn ymwneud â Sir y Fflint a Gogledd Cymru: Caerdydd 5.50 (copïo), LlGC 1593iiE (copïo), LlGC 7011D (copïo), Caerdydd 4.101 (ychwanegu), Peniarth 406 (ychwanegu)
- Testunau byrion hynafiaethol/chwedlonol yn Gymraeg, a barddoniaeth Gymraeg: LlGC 1599E, ffol. 139–245 (copïo), LlGC 7011D (copïo), Rhydychen, Coleg yr Iesu 138 (copïo), Rhydychen, Coleg yr Iesu 139 (comisiynu), Rhydychen, Coleg yr Iesu 140 (comisiynu), Brogyntyn I.6 (comisiynu ac ychwanegu), LLGC 6571B (comisiynu)

Gwelir nad rhywun a noddodd neu a gomisiynodd lawysgrifau yn unig oedd Robert Davies. Roedd wedi copïo nifer helaeth o lawysgrifau ei hun, a hefyd ychwanegu at lawysgrifau yr oedd wedi eu comisiynu neu a ddaethant yn eiddo iddo, gan arddangos ei ddysg. Tystia'r llawysgrifau hyn i'w ddiddordeb hanesyddol ac achyddol yn bennaf oll, yn ogystal â'i rolau yn Sir y Fflint. Ymddiddora hefyd mewn testunau Cymraeg o amrywiol fathau, ac yn enwedig rhai sy'n cynnwys gwybodaeth hynafiaethol a chwedlonol, yn ogystal â barddoniaeth. Tystir i'w wybodaeth ddofn o'r Gymraeg gan y 'Catalogue of the Brittish Names of Plants' a ddarparodd ar gyfer J. Gerard, *The Herball or Generall Historie of Plantes* (1633) a chan yr eirfa Hen Gymraeg a gopïodd yn LLGC 1599E, ffol. 213v–214v.[41] Gwelwn ddiddordebau eang felly, ond un peth sy'n drawiadol o absennol yw hagiograffeg. Saif Llawysgrif Yale allan yn hyn o beth a gall fod Robert Davies wedi penderfynu cadw'r holl destunau hagiograffaidd mewn un gyfrol, er mwyn creu casgliad ond hefyd o bosibl am resymau diogelwch a drafodir isod.

ROBERT DAVIES FEL YSGRIFYDD

Darpara Llawysgrif Yale dystiolaeth dros y math o ysgrifydd oedd Robert Davies a'r math o newidiadau a chamgymeriadau a wnâi. Enghreifftiaf hyn yn bennaf o gopi Robert Davies o destun diweddar gan ddyn arall o Sir y Fflint, sef cyfieithiad Edward Morgan o *vita* Gwenfrewy, a olygir ym Mhennod 4. Mae hyn yn gweithio'n dda fel enghraifft gan fod y testun gwreiddiol mor agos o ran dyddiad a lleoliad at Robert Davies ei hun, a chan mai ef sy'n debygol o fod yn gyfrifol am lawer o'r camgymeriadau a'r newidiadau a wneir yno o'r herwydd. Yr oedd Robert Davies yn ysgrifydd tra chymwys a dysgedig. Eto, wrth iddo gopïo llawer o ddeunydd, cyflwynodd nifer o gamgymeriadau a all effeithio ar ein dealltwriaeth o'r testunau. Ymysg y camgymeriadau amlaf ceir ditograffi a haplograffi. Mae enghreifftiau bach a mawr o dditograffi (copïo'r un gair neu eiriau ddwywaith ar ddamwain) i'w cael trwy gydol y copi. Weithiau, sylwodd Davies ar ei gamgymeriad a dileu'r ailadrodd megis 'hee was, hee was' (Translatio §9). Ar adegau eraill, gadewir y camgymeriad heb ei gywiro fel 'amongst those amongst those' (Translatio §7). Nid yw'r ditograffi fel arfer yn amharu ar ein dealltwriaeth o'r cyfieithiad, ac yn wir mae'n gallu bod yn ddadlennol o ran arfer Davies.

Llawer mwy problemataidd yw'r haplograffi (hepgor gair neu eiriau ar ddamwain) a ddigwydd yn aml hefyd. Fel sy'n digwydd i bawb ohonom wrth gopïo, yn aml neidiodd llygad Davies yn ôl neu ymlaen i air neu gyd-destun tebyg i'r un yr oedd am ei gopïo, gan achosi iddo wneud camgymeriad. Gwelwn enghraifft o hyn ym mhennod 25:

where hee had left him ~~returned ag~~ and conceauinge hee was taken away, by those whoe had pursued him, returned againe into the church

Yma, copïodd Davies yn gywir hyd at 'left him', ond ar ôl hyn, neidiodd ei lygad i enghraifft arall o 'him' ar y llinell ganlynol, a dechrau copïo'r geiriau 'returned ag' sy'n dilyn yr enghraifft honno. Wrth lwc, sylwodd ar ei gamgymeriad ar ganol copïo 'againe' a'i ddileu, gan ailddechrau yn y man priodol gyda'r geiriau ar ôl 'left him'. Pwysig yw nodi'r hyn a aethai ar goll petai Davies heb sylwi ar ei gamgymeriad. Petai heb sylwi, ni fyddai'r geiriau yn y canol ('and conceauinge hee was taken away, by those whoe had pursued him') ar gael inni o gwbl yn ein hunig gopi o'r gwaith. Felly aethai rhan o waith Edward Morgan ar goll, a byddai cyfieithiad Morgan yn ymddangos yn llai cyflawn nag yr oedd mewn gwirionedd.

Weithiau, yn lle dileu ac ailgopïo, ychwanega Davies air uwchben y llinell:

hee bad them staye their grieffe, and ^{give} at length a pause to their sorrowe (§4).

Yma, gadawodd y gair 'give' allan ar ddamwain, ond fe'i hychwanegir ganddo eto, unai wrth gopïo'r llinellau hyn neu wrth ailddarllen ei gopi i'w gywiro. Y mae enghraifft fwy sylweddol (a gweddol brin yn y copi hwn) ym mhennod 8:

takeinge onelie one cleargie man in his companie still hee looked backe

Yr oedd Davies wedi hepgor tri gair rhwng 'still' a 'hee', sef 'as he wen[t]'.[42] Mae'n debygol bod hyn wedi digwydd yn sgil neidio'r llygad o un enghraifft o 'hee' i'r llall. Gan nad oedd digon o le i ychwanegu'r tri gair hyn yn daclus uwchben y llinell, ychwanegodd Robert Davies *signe-de-renvoi* rhwng 'still' a 'hee' ac ychwanegu'r tri gair ar ymyl y tudalen, gyda *signe-de-renvoi* arall.[43]

Mae'n debygol hefyd fod Davies weithiau'n hepgor deunydd heb sylwi ar ei gamgymeriad a'i gywiro. Mae ffyddlondeb Morgan i'w ffynhonnell yn ein helpu i asesu enghreifftiau felly, ac mae hefyd yn dangos, er tegwch i Davies, nad yw'r math hwn o gamgymeriad yn dra chyffredin yn ei gopi. Ychydig iawn o gymalau cyfan o'r gwreiddiol Lladin a hepgorir yn ei gopi o gyfieithiad Morgan. Ac eto ceir cyfieithiad diddorol ym mhennod gyntaf y Translatio:

Laud Misc. 114 (§29)

> Et quoniam in Walia quę uicina erat eis multorum corpora sanctorum retineri audierant, quia eadem prouincia ante nullis[44] inhabitata sit sanctis, quorum merita diuersis in locis predicabantur, qualiter aliquem illorum habere possent omnimodis perscrutari studuerunt.

Morgan (Translatio §1)

> And because they vnderstood that in Wales, which was neere adioyninge vnto them, there were kept manie Saints bodies, whose meritts were celebrated in diuerse places, they begann to search out the meanes, how they might gayne some one of them.

Mae'r cyfieithu yma yn agos ar y cyfan, ond nid oes dim yn cyfateb i 'quia eadem prouincia ante nullis inhabitata sit sanctis'. Nid yw'n arferol i Morgan (na Davies yn yr achos hwn) adael allan ymadrodd sylweddol yn llwyr. Gall fod yn enghraifft o neidiad llygad o ran Davies lle na welodd ei gamgymeriad. Byddai hynny'n ddigon posibl, er na wyddom beth fuasai cyfieithiad Morgan o'r ymadrodd hwn ac felly ni allwn asesu'r tebygolrwydd o neidiad llygad yma. Ac eto mae'n bosibl bod llygad Morgan ei hun (neu lygad copïwr Lladin) wedi neidio o 'quia' i 'quorum' ar y llinell islaw. Mae'r ddau air yn dechrau gyda 'qu', a fyddai'n ysgogi'r fath gamgymeriad, a byddai hyn yn esbonio'r cyfieithiad yn berffaith. Opsiwn arall fyddai i Morgan adael yr ymadrodd allan am ei fod yn ailadroddus neu'n aneglur.[45] Mae hyn yn wir am enghraifft arall, sef 'Non equidem ita futurum est, nec sic est preordinatum a Deo' a dry'n 'certainly it will not bee soe' (§18). Ni cheir dim yn cyfateb i'r ail elfen, ond ni wyddys ai camgymeriad gan Morgan neu Davies neu fwriad Morgan oedd y newid.

Mae enghreifftiau o hepgor gair neu ddau ar ddamwain ychydig yn fwy niferus, ac mae cymharu'r Lladin gwreiddiol yn gallu eu hamlygu:

'lumen celeste' > 'heavenlie' (§6) Hepgorir 'light' gan Davies neu rywun o'i flaen.

'mei presentia … carituri estis' > 'you must my presence' (§6) Hepgorir 'lose' neu air tebyg gan Davies neu rywun o'i flaen.

Mae 'seculum' > '^world life' (§11) yn enghraifft ddiddorol o amwys. Mae amwysedd y gair Lladin yn golygu bod y ddau gynnig yma ('world' / 'life') yn iawn mewn gwahanol gyd-destunau. Mae'n bosibl fod Davies wedi cywiro neu newid cyfieithiad Morgan yn fwriadol, ond mae hynny'n ymddangos yn annhebygol am nad oes tystiolaeth mai dyma oedd dull Davies yma (er na ellir ei wrthbrofi gan mai dyma'r unig gopi hysbys o'r gwaith). Mwy tebygol o ystyried cyd-destun y gair ('leavinge this transitorie ^world life besett with troubles') yw bod Davies wedi ysgrifennu 'life' megis yn awtomatig gan mai dyna'r gair a ddisgwyliai yn y cyd-destun, cyn cywiro i ddarlleniad ei gynsail.

Mae nifer o enghreifftiau pellach o gamgopïo geiriau neu gopïo esgeulus. Ysgrifennir geiriau tebyg ar ddamwain, megis 'in' am 'it' a 'stay' am 'say'. Hepgorir llythrennau weithiau, megis 'impssibilities'; 'ysterdaies'; 'heares' (am 'hearers'); 'the' (am 'they'). Digwydd 'the' am 'they' fwy nag unwaith, ond mae'r nifer sylweddol o enghreifftiau o Davies yn ysgrifennu'r gair hwn gyda sillafiadau Saesneg safonol yn dangos bod y sillafiad hwn yn debygol o fod yn gamgymeriad yn hytrach na ffurf amgen fwriadol. Er bod y camgymeriadau bach hyn yn digwydd yn aml, maent fel arfer yn ddigon amlwg fel na pharant drafferth.

Ymddengys i Davies newid orgraff ei gynsail fel y mynnai, a all beri cymhlethdod wrth drafod ffurfiau enwau priod ei ffynonellau, er enghraifft. Mae ditograffi'n helpu datgelu'r tuedd hwn: hyd yn oed wrth gopïo'r un geiriau ddwywaith ar yr un tudalen, gwelir bod orgraff Davies yn gallu amrywio'n sylweddol. Ym mhennod 7, fe gopïa'r un ymadrodd ddwywaith ar ddamwain: 'and with ioye receiue what hee sought for … ~~and with ioy receaue what hee sought for~~'. Sylwer ar y gwahaniaethau yn yr orgraff: 'ioye'/'ioy'; 'receiue'/'receaue'. Nid dyma'r unig enghraifft, o bell ffordd, o dditograffi sy'n arddangos amrywio orgraffyddol yr ysgrifydd.[46] Mae'r ditograffi yn dra defnyddiol yma, gan ei fod yn dangos inni yn glir nad oedd Davies wastad yn cadw at orgraff ei gynsail, os o gwbl.

Llawer byrrach yw'r testunau Cymraeg a Lladin a olygir yma ond gwelwn rai tueddiadau tebyg ynddynt. Ceir dwy enghraifft sylweddol o haplograffi a gywiriwyd trwy ychwanegu darlleniadau ar ymyl y tudalen tua diwedd buchedd Cybi, a all awgrymu bod Robert Davies ar frys wrth gopïo:

Capriolam discopulatis canib*us* ^{Veloci impetu subsequutus est que canibus(?)} diu fugata et nimium p*er* devia montis fatigata
Ergo finito huius labentis sec*u*li spatio, ^{Cum esset annorum centum xxti et vij.}[47] octauo idus Noue*m*bris

Gwelir ditograffi hefyd, er nad yw mor gyffredin: 'sibi sua*m* sibi'. Camgymeriadau bach yn unig a geir yn y testunau byrion Cymraeg a olygir yn y llyfr hwn, ond gwelwn eto dditograffi ('at hi hi') a haplograffi ('a gymerth ar i law i hvn [ymladd]'; 'Ac yna yr [aeth] y Pâb'). Os Llansteffan 117 oedd ei gynsail, mae'r copïau o *Buchedd Beuno* a *Buchedd Collen* yn tystio i Robert Davies gywiro'r gwaith oedd o'i flaen hefyd.

Er gwaethaf y camgymeriadau cyffredin a drafodir yma, nid oes dim i awgrymu bod testunau Robert Davies yn sylweddol annibynadwy. Roedd yn copïo ei ddeunydd gan sicrhau bod synnwyr fel arfer (a chywiro yn ôl yr angen), heb boeni'n ormodol am gadw at union sillafiad ei gynsail. Er nad oedd o'r un bryd â John Jones Gellilyfdy, a boenai'n fawr i gopïo ei gynsail yn union fel yr oedd,[48] gallwn ddiolch i Robert Davies am ddiogelu deunydd gwerthfawr inni a hyderu bod ei gopi yn weddol debyg i'r cynsail, ond yn amrywio mewn manylion megis sillafu.

AMLIEITHRWYDD

Tipyn o ryfeddod yw tairieithrwydd Llawysgrif Yale i ddarllenwyr heddiw. Nid felly i Robert Davies a rhai o gyffelyb fryd yn ei oes. Mae'r defnydd o Ladin, Cymraeg a Saesneg yn gwbl nodweddiadol o lawysgrifau Robert Davies. Yn wir, prin bod llawysgrif yn ei law nad yw'n cynnwys y tair iaith hyn i ryw raddau. O ran Llawysgrif Yale, defnyddir y tair iaith yn helaeth. Mae'r tair yn gyfrwng hagiograffeg: cyfieithiad Saesneg o fuchedd Ladin Gwenfrewy; *Buchedd Beuno* a *Buchedd Collen* yn Gymraeg; bucheddau Gildas, Amphibalus, Dewi, Alban, a Chybi yn Lladin. Lladin sy'n cael ei ddefnyddio'n fwyaf helaeth wrth gofnodi testunau hagiograffaidd estynedig ac wrth anodi, ac nis defnyddir yn y prif destun heblaw ar gyfer bucheddau'r seintiau Brythonaidd. Gwneir defnydd helaeth o'r Lladin wrth anodi'r *English Martyrologe* Saesneg, gan ddilyn y llyfr print.

Mwy amrywiol yw'r defnydd o'r Gymraeg: yn achos yr hagiograffeg, fel y disgwylid yn y casgliad hwn, mae wastad gysylltiad â'r Brythoniaid (yn achos *Purdan Padrig* ac *Elen a'r Groes* yn ogystal â *Buchedd Beuno* a *Buchedd Collen*), ond ceir hefyd destunau gwirebol/chwedlonol byrion ar y diwedd sy'n uniaith Gymraeg. Gellir cymharu gweithgarwch Robert Davies II wrth gofnodi testunau o'r fath yn LlGC 1599E a LlGC 7011D. Mae'n bosibl ei fod yn eu cofnodi fel ffynonellau ar gyfer ei ddiddordebau hynafiaethol, er nad oes nodiadau ymylol ar y testunau hyn yn Llawysgrif Yale i ddarparu tystiolaeth ar gyfer hynny, a gall hefyd fod Robert Davies yn trysori iaith ac arddull rhai o'r testunau (cymharer yr eirfa Hen Gymraeg a gynhwysodd yn LlGC 1599E). Cymraeg yw prif iaith y calendr ar ddechrau'r llawysgrif, ond cofnodir ffurfiau Saesneg ar rai enwau seintiau fel y nodir uchod. Defnyddir y Gymraeg i anodi testunau Cymraeg hefyd.

Er bod y tair iaith yn gryf yn y llawysgrif, y Saesneg a ddefnyddir ar gyfer y testunau mwyaf diweddar o'r 17eg ganrif, sef y cyfieithiad Saesneg o fuchedd Gwenfrewy (*c.* 1629?) a'r detholion o'r *English Martyrologe* (argraffwyd ym 1608). Defnyddir Saesneg ar gyfer anodi ar ddechrau buchedd Ladin Alban (t. 185) a'r cyfieithiad Saesneg o fuchedd Ladin Gwenfrewy (t. 130). Yn Saesneg y mae'r mynegai ar ddechrau'r llawysgrif hefyd. Mae'n bosibl, felly, mai Saesneg oedd dewis awtomatig Robert Davies fel cyfrwng ysgrifennu, o leiaf erbyn cyfnod llunio'r mynegai (dyma iaith ei ohebiaeth hefyd), ond gall fod rhesymau eraill am hyn, megis gwneud y gyfrol yn fwy hygyrch ar gyfer darllenwyr di-Gymraeg. O ystyried rhwydweithiau Catholig Robert Davies a drafodir isod, gwelir sut y gall y rhwydweithiau hynny a oedd yn ymestyn y tu hwnt i'r byd Cymraeg hyrwyddo'r defnydd o Saesneg.

Cael mynediad at y ffynonellau oedd bwysicaf i Robert Davies, waeth beth fo eu hieithoedd. Nid yw'n creu casgliad o fucheddau yn Gymraeg neu fucheddau yn Lladin. Yn hytrach, gwaed a hil y seintiau sy'n penderfynu'r cynnwys yn bennaf ac mae Robert Davies yn awyddus i gasglu'r holl ddeunyddiau perthnasol. Mae Llawysgrif Yale yn arwyddocaol fel casgliad o fucheddau sy'n cynnwys y Gymraeg, gan fod tair iaith yn cael eu cynrychioli yn helaeth. Lladin yw iaith Cotton Vespasian A.xiv a phrif iaith Llyfr Llandaf, sef y ddau gasgliad pwysicaf o fucheddau canoloesol o Gymru. Yn Lladin hefyd y mae *Sanctilogium* Ioan o Tynemouth, sy'n cynnwys crynodebau o nifer sylweddol o fucheddau o Gymru. Ar y llaw arall, mae cynnwys casgliadau crefyddol megis Llyfr Ancr Llanddewibrefi (Coleg yr Iesu 119), Peniarth 27ii, Llansteffan 34, Caerdydd 2.624, Caerdydd 2.629, a Llansteffan 117 yn Gymraeg. Ceir Cymraeg, Lladin, a Saesneg yn Peniarth 225, ond mae'r hagiograffeg i gyd yn Gymraeg, heblaw'r llithoedd Lladin o fuchedd Deiniol. Mae'r gymhariaeth yn amlygu arwyddocâd penderfyniad Robert Davies i beidio â chasglu bucheddau ar sail iaith yn bennaf.

Sut y defnyddia Robert Davies y tair iaith yn y gyfrol hon, felly? Yr argraff a geir yw bod y Saesneg yn iaith gynyddol bwysig, yn enwedig yng nghyswllt rhwydweithiau Catholig yr 17eg ganrif (gellir cysylltu holl destunau Saesneg y llawysgrif â'r rhain). Y Lladin sy'n ysgwyddo'r baich mwyaf o ran gwaith ysgolheigaidd gyda thestunau hagiograffaidd hir ac anodiadau manwl. Mae cryn orgyffwrdd rhwng swyddogaethau'r Lladin a'r Saesneg, gyda'r ddwy'n cael eu defnyddio i anodi'r ddwy ac i ysgrifennu testunau hagiograffaidd hirfaith (llawer hwy na thestunau Cymraeg y llawysgrif). Ac eithrio'r ychydig Saesneg yn y calendr ac un nodyn Lladin byr ar *Elen a'r Groes*, saif y Gymraeg ymhellach i ffwrdd o'r ddwy iaith arall. I bob pwrpas, defnyddir y Gymraeg yn unig mewn testunau Cymraeg ac nis defnyddir y tu allan iddynt. Yn Llawysgrif Yale, defnyddia Robert Davies y llawysgrifen ysgrifenyddol ffurfiol ar gyfer y testunau Cymraeg, sy'n llawysgrifen arbennig a ddefnyddia wrth ysgrifennu Cymraeg yn unig.[49] Mae'r Gymraeg ar wahân, felly, ac yn dra chyfoethog gydag ystod ehangach o destunau na'r ieithoedd eraill ond hefyd destunau byrrach. Mae'r Gymraeg yn iaith ysgolheigaidd yn y llawysgrif hefyd, ond nid ysgolheictod mor drwm o fanwl ag a geir yn Saesneg a Lladin.

Ymgoleddai Robert Davies dair iaith, fel y gwnâi llawer o Gymry bonheddig ei oes. Tra diddorol, felly, yw'r fersiwn o *Casbethau Owain Cyfeiliog* a geir fel testun cynderfynol y llawysgrif. Y casbeth a nodir olaf yw 'Saesneg mewn hafodtv'. Nid yw'r casbeth hwn yn digwydd yn y rhan fwyaf o'r copïau o'r testun.[50] Ymddengys i Robert Davies ddewis a dethol ei ddeunydd yn ofalus, ac felly mae modd holi pam y dewisodd gynnwys y fersiwn hwn o'r casbethau gyda'i ddarlleniad ymddangosiadol wrth-Saesneg. Mae Robert Davies yn hollol fodlon copïo Saesneg (yn y llawysgrif hon a llawysgrifau eraill) a'i defnyddio mewn amrywiol ffyrdd. Pwysig nodi felly nad yw'r iaith Saesneg ei hun yn gasbeth, ond yn hytrach Saesneg mewn hafoty. Mae'n debygol y byddai'r hafotai yn yr ucheldiroedd (a ddechreuodd fel aneddau tymhorol ar gyfer yr haf ac a droid wedyn yn ffermdai parhaol yn aml) wedi bod yn gadarnle ar gyfer unieithrwydd Cymraeg, mewn cymhariaeth â'r dwyieithrwydd neu amlieithrwydd a geid mewn tref ac yn y cylchoedd bonedd y trôi Robert Davies ynddynt.[51] Petai'r Saesneg yn cyrraedd yr hafoty felly, ni fyddai gan y Gymraeg ei bau neilltuedig ei hun. Ai rhy idealistig fyddai meddwl i Robert Davies ddymuno cadw pau ar wahân ar gyfer y Gymraeg? Cofleidiai amrywiol ieithoedd, ond gan sicrhau bod i'r Gymraeg ei lle hefyd.

CATHOLIGAETH

Mae gan destunau Llawysgrif Yale yn y tair iaith gysylltiadau Catholig cryf, sy'n mynd y tu hwnt i'r ffaith ei bod yn gasgliad o fucheddau'r seintiau gyda deunydd litwrgaidd. Ceir cysylltiadau gyda Chatholigion cyfoes. Nodwyd eisoes yr Iesuwr William Harewell/Farrar, y ceir ei enw mewn coloffon ar ddiwedd copi'r llawysgrif o *vita* Dewi. Dyma'r coloffon yn ei gyfanrwydd:

> Collatione habita cum vetustissimis membranis ex quibus præsens copia descripta est, de verbo ad verbum cum iisdem concordat. Ita est. Gulielmus Farrarus presbiter. Notarius Apostolicus.

Wedi cymharu gyda thudalennau memrwn hynafol o ba rai y trawsysgrifiwyd y copi presennol, mae'n cytuno gair am air â nhw. Felly y mae. Gulielmus Farrarus, offeiriad, notari apostolaidd.

Dyma nodyn, felly, i gadarnhau bod hwn yn gopi cywir, ac fe'i hychwanegwyd gan William Farrar ar ddiwedd ei gopi ei hun neu gopi rhywun arall yr oedd wedi ei wirio. Ymddengys mai enw go iawn William Farrar oedd William Harewell ac yr oedd yn weithgar yn y Coleg Seisnig yn Douai yn y 1620au. Yn wreiddiol o Suffolk, fe'i hyfforddwyd yng Ngholeg Douai a'i ordeinio ym 1615.[52] Ar 10 Awst 1617, fe'i hanfonwyd i Loegr.[53] O 1623 ymlaen, gweithiai fel ysgrifennydd i William Bishop, esgob Catholig cyntaf Lloegr ar ôl y Diwygiad Protestannaidd, ac i'w olynydd, Richard Smith.[54] Ym 1622–3 roedd yn gohebu o Douai â John Bennett, asiant y clerigwyr seciwlar Catholig yn Rhufain.[55] Yn nyddiaduron Douai, nodir iddo fynd i Frwsel gyda'r bwriad o fynd ymlaen i Loegr ar 1 Awst 1623, felly mae'n rhaid ei fod wedi teithio yn ôl ac ymlaen.[56] Tua 1624, mae'n tystio i wirionedd crynodeb o hanes esgobaeth William Bishop.[57] Erbyn 1628, roedd yng ngharchar y New Prison, Llundain.[58] Nodir gan Questier '[u]p to this point he had been resident with the countess of Banbury, who was now the wife of Lord Vaux.'[59] Bu farw ym 1640 o bosibl.[60] Yr oedd William Harewell yng nghanol gweithgarwch pwysicaf Catholigion Prydain, felly, ac fe ystyrir ei gysylltiad â Robert Davies ymhellach isod.

Ni cheisir o gwbl guddio Catholigrwydd y dyn hwn yn Llawysgrif Yale ond yn hytrach datgenir ei fod yn 'presbiter' a 'Notarius Apostolicus'. Dyma neb llai nag ysgrifennydd carcharedig y Ficer Apostolig Catholig ym Mhrydain. Rhaid bod cysylltiad uniongyrchol neu anuniongyrchol rhwng Robert Davies a William Harewell er mwyn i Davies gael gafael ar gopi Harewell o *vita* Dewi. Mae'n bosibl yr oedd Harewell wedi lletya yng Ngwysanau, sydd â thwll offeiriad (*priest hole*) i guddio offeiriaid Catholig ar ymweliad.[61] Roedd gweithgarwch William Harewell wrth gopïo *vita* Gwenfrewy mewn man arall o berthnasedd amlwg i Sir y Fflint, a cheir cysylltiad rhwng Llawysgrif Yale a ffigwr lleol hefyd. Yn syth ar ôl coloffon Farrar, priodolir cyfieithiad o *vita* Gwenfrewy i 'Mr Edward Morgan of Bechfield, a supposed catholique Prieste'. Fel y trafodir ym Mhennod 4, dyma Gatholigwr arall a dreuliai lawer o'i fywyd yn astudio dramor, ond a oedd â'i wreiddiau yn Llys Bedydd, Sir y Fflint. Nid yw'n glir pryd y gwnaeth y cyfieithiad a'i drosglwyddo i Robert Davies, ond fel y trafodir ym Mhennod 4, mae'n bosibl y cwblhaodd y gwaith yn y carchar. Dengys llythyrau a llawysgrifau Robert Davies ei fod yn troi mewn cylchoedd bonedd a oedd yn deyrngar i'r Brenin ac (yn ymddangosiadol) i Eglwys Loegr. Ond datgela Llawysgrif Yale wedd arall ar ei gysylltiadau, sef ei fod hefyd yn rhan o rwydwaith Catholig a ddosbarthai destunau ym Mhrydain a thu hwnt. Dyma gysylltiadau peryglus ac fe garcharwyd un ohonynt ac fe ddienyddiwyd y llall.

Mwy arwyddocaol eto, o bosibl, o ran crefydd bersonol Robert Davies yw'r ffaith iddo gopïo detholion o'r *English Martyrologe* (llyfr Catholig a gyhoeddwyd yn Saint-Omer ym 1608), gan gynnwys rhestr o ferthyron Catholig diweddar yn Lloegr (1535–1608). Gellid cyfiawnhau cynnwys gwybodaeth y llyfr am ferthyron cynnar am ei gwerth ysgolheigaidd, ond ni ellir dweud yr un peth am ferthyron y ganrif ddiwethaf.[62] Rhaid bod cymhelliant arall dros ddewis cofnodi'r enwau hyn. Dim ond ychydig o ymdrech a wnaeth Robert Davies i guddio Catholigaeth amlwg y llawysgrif hon. Disgrifia Morgan fel 'a supposed catholique Prieste' a nodi 'as the Catholiques say' ar ddechrau'r rhestr o ferthyron diweddar, sy'n rhoi rhywfaint o bellter rhwng Robert Davies a'r deunydd, ond mwy trawiadol yw'r diffyg sensoriaeth.[63] Ni wneir dim i dorri ar draws neu newid gwaith Catholigion. Cyfeirir yn agored at 'I.W. Priest' ar ddechrau'r detholion o'r *English Martyrologe* (er na cheidw 'Catholicke Priest' y llyfr printiedig) ac nid oes ymgais o gwbl i danseilio gwaith hagiograffaidd Catholig er mor gyffredin oedd hynny yng ngwaith Protestaniaid yr oes.[64]

Er bod Sir y Fflint yn enwog am ei Gatholigaeth yn y cyfnod modern cynnar, nid yw'n amlwg o ffynonellau eraill bod Robert Davies yn Gatholig. Fe ddisgrifir y teulu yn hanes G. A. Usher fel petaent yn aelodau ffyddlon o Eglwys Loegr.[65] Nid oedd yn reciwsant ei hun, felly. Eto i gyd, yr oedd ar delerau da gyda reciwsantiaid (megis Morganiaid Llys Bedydd) a theuluoedd Catholig ac roedd wedi trosglwyddo eiddo yn Nhreffynnon (safle o bwysigrwydd enfawr i Gatholigion) i Edward Morgan a Robert Morgan ac etifeddion Edward.[66] Dyma deulu pwysig Morganiaid Gwylgre,

Sir y Fflint, yr oedd ganddynt gysylltiadau Catholig cryf iawn.[67] Tybed, felly, nad oedd Robert Davies yn Gatholig o ran ei grefydd bersonol (o leiaf erbyn degawd olaf ei oes) ond yn cydymffurfio yn gyhoeddus?[68] Fel y mae gwaith Ward Clavier a Lloyd Bowen yn ei ddangos, ni fyddai hynny'n anghyffredin o gwbl yn Sir y Fflint yn yr 17eg ganrif. Yr oedd Edward Morgan (II) o Wylgre ei hun yn cydymffurfio'n gyhoeddus, ac felly hefyd lawer o ddynion yr ardal yn ei oes.[69] Noda Ward Clavier, 'Even in times of extreme anxiety about popery the majority of the North-East Welsh gentry did not panic or demonstrate overt or violent anti-Catholicism either locally or nationally.'[70] Mae'n debygol mai goddefgarwch lleol o Gatholigaeth oedd y rheswm na thrafferthodd Robert Davies rhyw lawer i guddio neu gondemnio testunau Llawysgrif Yale. O ystyried tystiolaeth Llawysgrif Yale yn enwedig, y casgliad amlwg yw mai Catholigwr cydymffurfiol oedd Robert Davies, o leiaf tua diwedd ei oes. Dyma enghraifft o bwysigrwydd llawysgrifau hynafiaethol fel ffynonellau sy'n gallu gwella ein dealltwriaeth o hanes teuluoedd bonheddig.

HANES DIWEDDARACH Y LLAWYSGRIF

Ni wyddys i sicrwydd hanes Llawysgrif Yale rhwng marwolaeth Robert Davies ym 1634 a'i hymddangosiad ar y farchnad lyfrau ym 1998. Mae'r llawysgrif mewn cyflwr da iawn a rhaid ei bod wedi'i chadw yn ofalus.[71] Byddai llyfrgell tŷ bonedd wedi darparu amgylchiadau a fyddai'n gweddu at gadw'r llawysgrif fel y mae. Tra arwyddocaol yn y cyswllt hwn yw unig arwydd y llawysgrif o berchennog diweddarach, sef y llofnod 'P: Legh' ar y tudalen cyn dechrau'r mynegai. Teulu o bwysigrwydd cenedlaethol a drosglwyddai'r enw 'Peter Legh' o dad i fab oedd y Leghs o Lyme Park (Swydd Gaer). Roedd y teulu mewn cyswllt agos â theulu Gwysanau ac yn gohebu â nhw.[72] Mae tystiolaeth o ddeunydd arall yn symud o Wysanau i Lyme Park. Ymysg casgliad llythyrau y Leghs o Lyme, ceir llythyr gan George Puleston o Lai (*m.* 1634) at 'lieftenant Colonell Davies at Gwissaney' (15 Ebrill 1631).[73] Trafodir gwrit yn y llythyr gan gyfeirio at 'my Cosen Davies', sef Robert Davies yn ôl pob tebyg, ac at 'Sir Peter Legh', sef Syr Piers Legh. Gall fod y llythyr wedi ei drosglwyddo i Syr Piers Legh gan deulu Gwysanau oherwydd yr wybodaeth y mae'n ei chynnwys, felly, sy'n dangos fel y gallai deunydd o ddiddordeb deithio o Wysanau i Lyme.

O gymharu llofnodion y P. Leghs niferus o Lyme gyda'r llofnod ar ddechrau Llawysgrif Yale, sylwir ar debygrwydd trawiadol gyda llofnod Peter Legh XII (1669–1744). Mae llofnod Peter Legh XII yn amrywio yn ei lythyrau, ond rhydd golon ar ôl y 'P' bob tro, fel yn Llawysgrif Yale. O edrych ar rai enghreifftiau o'i lofnod, megis yn ei lythyr o 1683 at ei dad, gwelir mor debyg ydyw i'r llofnod yn Llawysgrif Yale:[74]

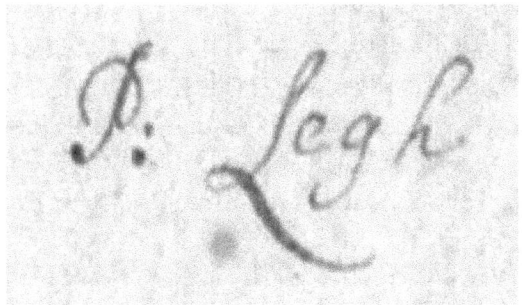

Delwedd 1.1: Llofnod o Lawysgrif Yale (Beinecke Rare Book & Manuscript Library, Prifysgol Yale)

Delwedd 1.2: Llofnod Peter Legh XII (Hawlfraint Prifysgol Manceinion)

Ffurfir y llythrennau yn yr un ffordd gyda'r 'P' yn lwpio'n ôl ar ei phen a'i gwaelod, gyda llinell fertigol y 'P' yn lwpio dros ben y llythyren. Dilynir hyn gan golon trwm gyda'r dot trymaf ar y gwaelod. Ffurfir y briflythyren 'L' o un strôc yn lwpio ar ei phen ac ar y chwith, gyda'r rhan lorweddol yn parhau o dan y llythrennau nesaf. Ceir 'e' italig a 'g' gaeedig heb lŵp amlwg yn ei chynffon. Plyga'r 'h' i'r dde gyda lŵp agored ar ei phen. Y prif wahaniaethau rhwng y ddwy enghraifft yw'r nib trymach yn y llythyr a'r 'e' fwy agored. Nid yw'n bosibl bod yn gwbl sicr ai'r un P. Legh ysgrifennodd y ddau lofnod, ond o ystyried tebygrwydd y llofnodion, a hefyd y cysylltiadau amlwg rhwng Gwysanau a Lyme, mae Peter Legh XII yn ymgeisydd cryf iawn.[75]

Mae bywyd Peter Legh XII yn dra diddorol, yn enwedig yng nghyswllt Llawysgrif Yale. Ef oedd pennaeth teulu'r Leghs o 1687 nes ei farwolaeth, ac amheuir ei fod â thueddiadau Catholig.[76] Fe'i carcharwyd am chwarae rhan yng Nghynllun Swydd Gaerhirfryn ym 1694 i adfer y Brenin Iacobaidd.[77] Gall fod y llawysgrif yn apelio at Peter Legh XII felly am y cyfoeth o destunau Catholig, hen a newydd, a gynnwys. Ni wyddys pryd y teithiodd y llawysgrif o Wysanau i Lyme. Cyfle amlwg fyddai'r cyfnod rhwng marwolaeth Robert Davies (1634) a marwolaeth Syr Piers Legh (1636). Disgrifir Syr Piers fel 'a booklover and man of letters'.[78] Gwyddys iddo gasglu llyfrau ac ychwanegu at Lyfrgell Lyme.[79] Rhannai ddiddordebau â Robert Davies hefyd, gan gynnwys herodraeth.[80] Felly byddai llawysgrifau Robert Davies wedi bod o ddiddordeb iddo, yn enwedig o ystyried tueddiadau Catholig y teulu yn yr achos hwn. Gwyddom hefyd i Robert Davies a Syr Piers ohebu a bod llythyr a anfonwyd at Wysanau wedi teithio i Lyme yn ystod oes Syr Piers, mae'n debyg, gan fod sôn amdano yn y llythyr. Beth bynnag fo union amgylchiadau'r trosglwyddo, mae'n ddiddorol meddwl bod llawysgrif sy'n cynnwys cymaint o ddeunydd Cymraeg wedi cyrraedd teulu Saesneg yn Lloegr. Difyr ystyried beth fyddai profiad Peter Legh XII o ddarllen y llawysgrif hon wedi bod a pham y dewisodd ychwanegu ei lofnod at y llyfr, ac felly ychwanegu at ei hanes.

Ymunwn â Peter Legh, felly, a'r darllenwyr o'i flaen, wrth astudio testunau pwysicaf y llawysgrif hon. Ym Mhennod 2, golygir fersiwn unigryw o fuchedd Ladin Cybi gyda thrafodaeth o'i dyddiad, ei harwyddocâd a'i pherthynas â'r bucheddau yn llawysgrif Cotton Vespasian A. xiv. Trown at ddeunydd Cymraeg ym Mhennod 3, gyda golygiadau o fucheddau Beuno a Collen. Eto, mae Llawysgrif Yale yn cynnwys fersiynau arbennig o'r bucheddau hyn sy'n tystio i ddiddordebau penodol yr addaswyr megis hybu cwlt Gwenfrewy. Iaith arall sy'n cael sylw ym Mhennod 4 gyda golygiad o gyfieithiad Saesneg manwl ac unigryw o fuchedd Ladin Gwenfrewy. Trafodir y cyfieithiad yng nghyddestun gweithgarwch ei awdur, y merthyr Catholig Edward Morgan o Lys Bedydd. Terfyna'r llyfr ym Mhennod 5 yn ddrych i'r llawysgrif ei hun wrth drafod y testunau gwirebol Cymraeg a geir ar ei diwedd a mantoli arwyddocâd y gyfrol.

NODIADAU

1. Am drosolwg, gw. B. Guy a P. Wadden, *Propaganda and Pseudo-history in the Medieval Celtic World: Interrogating a Paradigm* (i ymddangos).
2. Fel y dengys John Reuben Davies, gellir cysylltu elfennau o gynnwys y testun hwnnw â sefyllfa wleidyddol Ceredigion ddiwedd yr 11eg ganrif: J. R. Davies, 'Some Observations on the 'Nero', 'Digby', and 'Vespasian' Recensions of *Vita S. David*' yn J. Wyn Evans a J. M. Wooding, (goln), *St David of Wales: Cult, Church and Nation* (Woodbridge, 2007), tt. 156–60 (159–60); cymh. H. Pryce, *Writing Welsh History: From the Early Middle Ages to the Twenty-First Century* (Oxford, 2022), tt. 40–3.
3. Gw. G. Pasquali, *Storia della Tradizione e Critica del Testo*, ail arg. (Firenze, 1962).
4. *Repertory*.
5. Yr unig lawysgrif Cymraeg Canol ar ôl yng Ngogledd America bellach yw Library Company of Philadelphia, 8680.O, gw. B. Guy, 'A Welsh Manuscript in America: Library Company of Philadelphia, 8680.O', *Cylchgrawn Llyfrgell Genedlaethol Cymru*, 36 (2014), 98–123. Prynwyd Osborn fb229 gan Lyfrgell Beinecke oddi wrth Arthur Freeman ym 1998, a'i prynasai mewn arwerthiant Dominic Winter ym mis Gorffennaf 1998. Cyn hynny, roedd yn eiddo i'r casglwr preifat Patrick McKay. Am hanes cynharach y llawysgrif, gw. tt. 26–8.
6. Yr unig gyfeiriadau blaenorol at y llawysgrif a welais mewn print yw dyfyniad byr o'r cyfieithiad Saesneg o *vita* Gwenfrewy gan Alison Shell ('St Winifred's Well and its Meaning in post-Reformation British Catholic Literary Culture' yn P. Davidson a J. Bepler (goln), *The Triumphs of the Defeated: Early Modern Festivals and Messages of Legitimacy* (Wiesbaden, 2007), tt. 271–80 (276)) a throednodyn yn llyfr Colin Tite y dangoswyd y llawysgrif iddo gan Arthur Freeman cyn ei gwerthu, gw. C. G. C. Tite, *The Early Records of Sir Robert Cotton's Library: Formation, Cataloguing, Use* (London, 2003), t. 220. Diolch i Dr Gruffudd Antur am dynnu fy sylw at yr ail waith. Mae llyfr Tite yn astudiaeth fanwl o'r holl dystiolaeth gynnar am y deunydd yn llyfrgell Cotton, ac mae'n nodi Llawysgrif Yale oherwydd ei chopi o destunau o lawysgrif Cotton Faustina V.iv: gw. t. 11. Mae'r disgrifiad yng nghatalog Llyfrgell Beinecke ar gael yn: https://brbl-dl.library.yale.edu/vufind/Record/3954151. Gellir gweld ffotograffau o'r rhan fwyaf o dudalennau'r llawysgrif yma: https://collections.library.yale.edu/catalog/16832598. Bellach, gw. *Repertory*, i: 715.
7. Copi o fuchedd Ladin Gwenfrewy gan Robert Amwythig yw prif gynnwys Brwsel, Bibliothèque Royale, llsgr. 8067–74. Ceir cyfieithiad Saesneg o'r testun hwn yn

8   Llawysgrif Yale, ond ymddengys bod y cyfieithiad yn hŷn na llawysgrif Brwsel (y dyddir ei chopi o fuchedd Ladin Gwenfrewy i 1631), gw. isod t. 175.
8   Mae'r rhif 17 ar y tudalen nesaf yn awgrymu bod y rhifau tudalennau hyn yno yn wreiddiol ac iddynt gael eu colli pan dorrwyd allan y tudalennau.
9   *Repertory*, ii: 20.
10 G. E. Dawson a L. Kennedy-Skipton, *Elizabethan Handwriting 1500–1650: A Guide to the Reading of Documents and Manuscripts* (London, 1968), tt. 12–13. Cymh. sylwadau Anthony G. Petti: 'The 17th century in England witnessed the extinction of *secretary* as a literary hand in its own right by about the end of the third decade. It was to survive for much longer in diluted form by admixture with *italic*': A. G. Petti, *English Literary Hands from Chaucer to Dryden* (London, 1977), t. 20.
11 *Repertory*, i: 715.
12 C.-M. Briquet, *Les filigranes: dictionnaire historique des marques du papier dès leur apparition vers 1282 jusqu'en 1600. A facsimile of the 1907 ed. with supplementary material contributed by a number of scholars*, gol. A. Stevenson, 4 cyf. (Amsterdam, 1968).
13 W. A. Churchill, *Watermarks in Paper in Holland, England, France, etc. in the XVII and XVIII centuries and their interconnection* (Amsterdam, 1935).
14 E. Heawood, *Watermarks: Mainly of the 17th and 18th Centuries* (Hilversum, 1950).
15 Heawood, *Watermarks*, t. 26.
16 Am y dyfyniadau, gw. tt. 81–2 yn y llawysgrif.
17 Am drosolwg o'r gwyliau a geir yng nghalendrau Cymru yn y llawysgrifau, gw. LBS, i: 70–6.
18 *Repertory*, i: 82–3. Dirywiodd cyflwr Llansteffan 117 yn dilyn gwaith trwsio anffodus yn yr 20fed ganrif, ond mae'r copi microffilm Ffilm LlGC 1168 (o Lyfrgell y Gyngres gynt) yn cynnwys testun llawer mwy darllenadwy na'r llawysgrif ei hun bellach. Ar Ieuan ap Wiliam ap Dafydd, gw. *Repertory*, ii: 66 a K. Olson, 'Religion, Politics, and the Parish in Tudor England and Wales: A View from the Marches of Wales, 1534–1553', *Recusant History*, 30 (2011), 527–36.
19 Ar *Buchedd Beuno*, gw. P. Sims-Williams (gol.), *Buchedd Beuno: The Middle Welsh "Life" of St Beuno* (Dublin, 2018), tt. 8–9; I. Lloyd-Evans, 'Testun beirniadol gydag astudiaeth o "Fuchedd Beuno"' (traethawd MA anghyhoeddedig, Prifysgol Cymru [Aberystwyth], 1965); S. M. Dahlman, 'Critical Edition of the Buched Beuno' (traethawd PhD anghyhoeddedig, Catholic University of America, Washington, D.C., 1976). Ar*Buchedd Collen*, gw. H. G. Williams, "Llyma Ystoria Kollen Vilwr': Golygiad o Fuchedd Collen' (traethawd MA anghyhoeddedig, Prifysgol Cymru [Caerdydd], 2003); M. I. R. Delpino, 'A Study of the "Ystoria Collen" and the British "Peregrini"' (traethawd PhD anghyhoeddedig, Prifysgol Pennsylvania, 1980). Cyhoeddir golygiad newydd o *Buchedd Collen* gan Alaw Mai Edwards fel rhan o brosiect 'Cwlt y Seintiau yng Nghymru': *https://saints.wales/ygolygiad/* (i ymddangos). Ar *Purdan Padrig*, gw. J. E. Caerwyn Williams, 'Welsh versions of *Purgatorium S. Patricii*', *Studia Celtica*, 8/9 (1973/4), 121–94, gyda detholion o'r fersiwn hwn o'r testun. Y teitl llawn yn Llawysgrif Yale yw 'Llyma ystoria ar a weles Owain farchog da yn Vffern gynt fal yr aeth ef ir Pvrdan Padric'. Ar *Elen a'r Groes*, gw. T. Gwynn Jones, 'Ystorya Addaf a Val y causa Elen y Grog: tarddiad, cynnwys ac arddull y testunau Cymraeg a'u lledaeniad'

(traethawd MA anghyhoeddedig, Prifysgol Cymru [Aberystwyth], 1936). Y teitl llawn yn Llawysgrif Yale yw 'Fal hyn y kafas Elen y Groes vendigaid'.

20 Am destun Llyfr Gwyn Rhydderch, gw. D. Luft, P. W. Thomas a D. M. Smith (goln), *Rhyddiaith Gymraeg 1300–1425* (2013): http://www.rhyddiaithganoloesol.caerdydd. ac.uk/cy/ms-page.php?ms=Pen5&page=8r&l=c0l11.

21 Am olygiad o'r fuchedd, gw. Th. Mommsen (gol.), *Chronica Minora Saec. IV. V. VI. VII: Volumen III*, Monumenta Germaniae Historica XIII (Berolini, 1898), 107–10; H. Williams (gol.), *Two Lives of Gildas by a monk of Ruys and Caradoc of Llancarfan* (London, 1889–1901; adarg. Felinfach, 1990), 319–413. Cyhoeddir golygiad newydd o *Buchedd Gildas* fel rhan o brosiect 'Vitae Sanctorum Cambriae': https://saints.wales/ygolygiad/. Cyfeirir at John Selden a llawysgrif o lyfrgell Augsburg fel ffynhonnell mewn nodyn ar ymyl y tudalen yn Llawysgrif Yale (t. 22) ond yn anffodus tociwyd y nodyn fel nad yw'n gwbl eglur.

22 Cyfeiria'r byrfodd BHL at rif y testun yn *Bibliotheca Hagiographica Latina* (2 gyf., Bruxelles, 1898–1901).

23 N. R. Ker, *Medieval Libraries of Great Britain: A List of Surviving Books* (London, 1964), t. 102. Nodwyd hyn gan Tite, *Early Records*, t. 220.

24 [John Wilson], *The English Martyrologe Conteyning A Summary of the Lives of the glorious and renowned Saintes of the three Kingdomes, England, Scotland, and Ireland. Collected and Distributed into Moneths, after the forme of a Calendar, according to euery Saintes festiuity* ([Saint-Omer], 1608).

25 O ran y 'strangers', noda Robert Davies: 'These likewise were sett downe though they were strangers because this kingdome hath receiued some notable or peculiar benefit by them' (t. 104).

26 Golygwyd fersiwn Digby 112 o'r fuchedd yn J. W. James (gol.), *Rhigyfarch's Life of St David: The Basic Mid Twelfth-Century Latin Text with Introduction, Critical Apparatus and Translation* (Cardiff, 1967). Am olygiad mwy diweddar o'r fuchedd, gw. R. Sharpe a J. R. Davies (goln), 'Rhygyfarch's *Life* of St David', yn J. Wyn Evans a J. M. Wooding (goln), *St David of Wales: Cult, Church and Nation* (Woodbridge, 2007), 107–55.

27 Gw. hefyd tt. 23–4.

28 Erys llawer o waith i'w wneud ar y testunau hyn. Am olygiad o rai ohonynt, gw. Pennod 5 isod. Ceir golygiad o 'Casbethau Owain Cyfeiliog' yn D. Gwenallt Jones (gol.), *Yr Areithiau Pros* (Caerdydd, 1934), t. 61. Ar 'Trithlws ar Ddeg Ynys Brydain', gw. G. Thomas, 'Llen Arthur a Maen a Modrwy Luned: Astudiaeth Gymharol o Ddau o Dri Thlws ar Ddeg Ynys Prydain' (traethawd MA anghyhoeddedig, Prifysgol Cymru [Caerdydd], 1976); TYP3: 258–65; E. I. Rowlands, 'Y Tri Thlws ar Ddeg', *Llên Cymru*, 5 (1958), 33–69. Mae fersiwn Llawysgrif Yale yn debyg i Ddosbarth VI (Isddosbarth I) Graham Thomas. Yr unig lawysgrif arall yn yr isddosbarth hwn yw Peniarth 77.

29 Am flwyddyn ei farw, gw. *Repertory*, ii: 20.

30 *Bywgraffiadur*, d.e. Davies-Cooke (Teulu), Gwysaney (Sir y Fflint).

31 S. Ward Clavier, *Royalism, Religion and Revolution: Wales, 1640–1688* (Woodbridge, 2021), t. 209.

32 Ward Clavier, *Royalism*; *Bywgraffiadur*, d.e. Davies-Cooke (Teulu), Gwysaney (Sir y Fflint).
33 Ward Clavier, *Royalism*. Ar hynafiaethgarwch yng Nghymru yn y cyfnod hwn, gw. Pryce, *Writing*, tt. 155–85.
34 D. Jenkins, 'Llythyr Syr Peter Mutton (1565–1637)', *Cylchgrawn Llyfrgell Genedlaethol Cymru*, 5 (1948), 220–1.
35 Cymh. Ward Clavier, *Royalism*, t. 54.
36 Cedwir y llythyr yn LLGC 17156D.
37 Mae 'it' yn aneglur.
38 Ardal yn Swydd Amwythig.
39 *Bywgraffiadur*, d.e., Thomas Challoner; Huws, *Repertory*, ii: 9.
40 Cymh. *Repertory*, ii: 20.
41 J. Gerard, *The Herball or Generall Historie of Plantes, Gathered by Iohn Gerarde of London Master in Chirurgerie, Very Much Enlarged and Amended by Thomas Iohnson Citizen and Apothecarye of London* (Llundain, 1633), [Aaaaaaa4]; *Repertory*, ii: 157. Diolch i'r Athro Ann Parry Owen am dynnu fy sylw at y rhestr o enwau planhigion.
42 Collir 't' olaf 'went' oherwydd tocio'r tudalen.
43 Mae *signe-de-renvoi* yn fath arbennig o farc, a all gymryd gwahanol ffurfiau, sy'n ffordd o gysylltu deunydd ar wahanol rannau o'r un tudalen (ac yn cysylltu'n enwedig y prif destun gyda glosau, cywiriadau ac anodiadau perthnasol) mewn modd nid hollol annhebyg i droednodiadau heddiw.
44 Dyfynnir buchedd Ladin Gwenfrewy o D. Callander (gol.), 'Vita Sanctae Wenefreda (Robert of Shrewsbury; Laud)': https://saints.wales/ygolygiad/ (2023). Ychwanegir 'nullis' ar ymyl y tudalen gan gywiriwr cyfoes y testun yn llawysgrif Laud. Diwygir hyn i 'multis' yn y golygiad. Gall fod y 'nullis' yma wedi drysu Morgan ac arwain at hepgor yr ymadrodd.
45 Nid oes llawer o enghreifftiau o Morgan yn lleihau ailadrodd wrth gyfieithu ond gw. Pennod 4 isod am ei ymdriniaeth bosibl o ailadrodd beius yn llawysgrif Laud.
46 Gw. hefyd: 'the waye ... ~~the waie~~' (§15); '~~in speciall esteeme, where shee practised the rudiments of her conversion where shee was initiated in the diuine misteries~~ ... in especiall esteeme where she practised the rudiments of her conuersion where shee was initiated in the diuine misteries' (§28).
47 Ceir rhywbeth fel 'tm' uwchben vij am 'septem' ond amhosibl bod yn sicr.
48 Gw. N. Lloyd, 'A history of Welsh scholarship in the first half of the seventeenth century, with special reference to the writings of John Jones, Gellilyfdy' (traethawd DPhil anghyhoeddedig, Prifysgol Rhydychen, 1970).
49 *Repertory*, ii: 20.
50 Gw. Jones, *Areithiau*, t. 61; cymh. LLGC 6434, ff. 135b.
51 Cymh. G. H. Jenkins, R. Suggett, ac E. M. White, 'Yr Iaith Gymraeg yn y Gymru Fodern Gynnar', yn G. H. Jenkins (gol.), *Y Gymraeg yn ei Ddisgleirdeb: Yr Iaith Gymraeg cyn y Chwyldro Diwydiannol* (Caerdydd, 1997), tt. 45–119. Ar hafotai, cymh. G. Williams, *Renewal and Reformation: Wales c. 1415–1642* (Oxford, 1993), t. 61.
52 D. A. Bellenger, *English and Welsh Priests 1558–1800* (Downside Abbey, 1984), t. 68.
53 G. Anstruther, *The Seminary Priests*, 4 cyf. (Great Wakering, 1966–77), ii: 145.

54 M. C. Questier, *Newsletters from the Caroline Court, 1631–1638: Catholicism and the Politics of Personal Rule* (London, 2005), t. 182; Anstruther, *Seminary Priests*, ii: 145.
55 M. C. Questier, *Stuart Dynastic Policy and Religious Politics 1621–1624* (London, 2009), tt. 165–6, 170–3, 177–87, 191–3, 211–17.
56 E. H. Burton a T. L. Williams (goln), *The Douay College Diaries: Third, Fourth and Fifth 1598–1654*, 2 gyf., Publications of the Catholic Record Society Vol. X (London, 1911), i: 216.
57 Burton a Williams, *Douay College Diaries*, i: 401–5.
58 Questier, *Newsletters*, tt. 3 ac 182.
59 Questier, *Newsletters*, t. 182.
60 Anstruther, *Seminary Priests*, ii: 145; Bellinger, *English and Welsh Priests*, t. 68.
61 Ar dyllau offeiriaid, gw. M. Hodgetts, 'Elizabethan Priest-Holes I: Dating and Chronology', *British Catholic History*, 11 (1972), 279–98.
62 Cymh. yr anghenraid o ddefnyddio llyfrau Catholig am eu dysg y cyfeiria John Selden ato: A. Shell, 'Catholic Texts and Anti-Catholic Prejudice in the 17th-Century Book Trade', yn R. Myers a M. Harris (goln), *Censorship and the Control of Print in England and France, 1600–1910* (Winchester, 1992), tt. 33–57 (t. 51).
63 Arthur Freeman a dynnodd sylw at y cyfeiriadau hyn gyntaf yn ei ddisgrifiad o'r llawysgrif ar gyfer ei gwerthu. Diolch i staff Llyfrgell Beinecke am rannu'r deunydd hwn â mi.
64 Ar sensoriaeth o ddeunydd Catholig, gw. Shell, 'Catholic Texts'; cymh. A. Shell, *Catholicism, Controversy and the English Literary Imagination, 1558–1660* (Cambridge, 1999), t. 17.
65 G. A. Usher, *Gwysaney and Owston* (Denbigh, 1964).
66 J. B. Burke, *A Genealogical History of the House of Gwysaney* (London, 1847), t. 58. Mae'n debygol mai at y ddau frawd Edward Morgan (1576–641) a Robert Morgan (*m.* 1641) y cyfeirir yn yr *inquisitio* yn dilyn marwolaeth Robert Davies: cymh. L. Bowen, *Anatomy of a Duel in Jacobean England: Gentry Honour, Violence and the Law* (Woodbridge, 2021), Genealogical Table 1.
67 Bowen, *Anatomy*, tt. 22–4.
68 Cymh. *Repertory*, ii: 20.
69 Bowen, *Anatomy*, t. 23. Cymh. geiriau Ward Clavier am Syr Thomas Hanmer (*m.* 1678): 'Overall, the evidence seems weighted towards Hanmer being a conformist Catholic who took careful steps to appear like an orthodox supporter of the Church of England': *Royalism*, t. 157.
70 Ward Clavier, *Royalism*, t. 122; cf. L. Bowen, *Early Modern Wales c.1536–c.1689: Ambiguous Nationhood* (Cardiff, 2022), tt. 63–7.
71 Gwnaethpwyd peth atgyweirio gan Lyfrgell Beinecke yn Hydref 1998 ond dengys disgrifiad Arthur Freeman ei bod mewn cyflwr da cyn hynny.
72 Gw. llythyr Syr Piers Legh (1563–1636) i Robert Davies, dyddiedig 'Lyme June 29th 1629', yn LLGC 17156. Priodolir y llythyr ar gam i 'F. Legh' yn P. B. Davies Cooke, 'Original Documents', *The Cheshire Sheaf Vol. 2* (Chester, 1883), t. 167 ond mae cymhariaeth â llythyrau eraill Syr Piers Legh yn profi'n ddi-os mai ef yw'r awdur. Diolch i Dr Gruffudd Antur am dynnu fy sylw at y llythyr hwn yn wreiddiol.

73 Llyfrgell John Rylands, Legh of Lyme MSS, Bocs 36, Ffolder 120. Diolch i'r archifydd Dr John Hodgson am roi gwybod bod y casgliad wedi cyrraedd Llyfrgell John Rylands fel grŵp ar 13 Ionawr 1960. Ar George Puleston o Lai, gw. *Bywgraffiadur*, d.e. Puleston (Teulu), Emral, Plas-ym-Mers, Hafod-y-wern, Llwynycnotiau, Caernarfon, etc.
74 Llyfgell John Rylands, Leghs of Lyme MSS, Bocs 4, Ffolder 15.
75 Ysywaeth, ni lwyddais i ddod o hyd i Lawysgrif Yale yn yr un infentori neu werthiant o eiddo Lyme Park.
76 Trafodwyd y tueddiadau hyn yn arddangosfa yr Ymddiriedolaeth Genedlaethol yn Lyme Park yn 2022, sef ' "From Sacred to Secret" – Discover the Secrets of the Lyme Missal': *https://www.nationaltrust.org.uk/lyme/features/from-sacred-to-secret-discover-the-secrets-of-the-lyme-sarum-missal.*
77 [E.] Newton, *The House of Lyme from its Foundation to the End of the Eighteenth Century* (London, 1917), t. 361.
78 Newton, *House*, t. 67.
79 Newton, *House*, tt. 68–9.
80 W. Beamont, *A history of the House of Lyme* (Warrington, 1876), t. 107.

Pennod 2

BUCHEDD YR ESGOB CYBI

RHAGYMADRODD

Buchedd Cybi yw'r fuchedd olaf yn Llawysgrif Yale ac roedd Robert Davies ar frys wrth ei chopïo.[1] Ni ddylai'r fuchedd fod wedi bod ar gael iddo o gwbl. Datganodd Statud 3 & 4 Edw. VI. c. 10 ('An Acte for the abolishinge and puttinge awaye of diverse Bookes and Images' 1549) y geiriau a ganlyn:

> Be it therefore enacted by the Kinge our Soveraigne Lorde the Lordes spirituall and temporall and the Commons in this present Parliament assembled, that all Bookes called Antyphoners Myssals Scrayles Processionalles Manuelles Legends Pyes Portuyses Prymars in Lattyn or Inglishe Cowchers Journales Ordinales, or other bookes or writinges whatsoever heretofore used for service of the Churche, written or prynted in the Inglishe or Lattyn tongue, other then suche as are or shalbe settforthe by the Kinges Majestie, shalbe by auctoritie of this present Acte clerelye and utterlye abolished extinguished and forbidden for ever to be used or kepte in this Realme or elles where within any the Kinges Dominions.[2]

Eir ymlaen i nodi y dylai unrhyw lyfr o'r fath gael ei roi 'to the Mayor Baylief Constable or Churche wardyns of the Towne' i'w roi o fewn y tri mis canlynol i'r esgobion i'w ddinistrio.³ Mae *Buchedd Cybi* yn fuchedd Ladin a cheir gweddïau ar ei diwedd. Gall fod wedi deillio o gasgliad o fucheddau ('Legends' uchod) neu lyfr litwrgaidd arall, fel y rhai a restrir. Dyma'r union fath o lyfr a oedd i fod i gael ei ddinistrio. Wrth lwc, rhywsut neu'i gilydd, llwyddodd y llawysgrif i oroesi nes yr 17eg ganrif (o leiaf) a chyrraedd dwylo diogel yng Ngwysanau.

Mae'n ffaith gysylltiedig â'r dinistr a amlinellir uchod mai lleiafrif o seintiau Cymru sydd â buchedd ganoloesol ar glawr. Prinnach fyth yw'r seintiau hynny y mae traddodiad testunol eu bucheddau Lladin yn ddigon mawr i'n galluogi i olrhain datblygiad y gweithiau hyn yng Nghymru. Dewi yw'r achos amlycaf, lle ceir litwrgi sylweddol iddo yn ogystal â thraddodiad testunol mawr yn deillio o fuchedd a gyfansoddwyd gan Rygyfarch o Lanbadarn Fawr tua diwedd yr 11eg ganrif.⁴ Yn achos Cybi hefyd, yr oeddem yn weddol ffodus yn barod gan fod ganddo ddwy fuchedd ganoloesol ar glawr yn llawysgrif Llyfrgell Brydeinig, Cotton Vespasian A. xiv (s.xii/xiii).⁵ At fucheddau llawysgrif Vespasian A. xiv, gallwn yn awr ychwanegu trydedd fuchedd tra diddorol. Dyma destun pwysicaf Llawysgrif Yale.

Mae Cybi, felly, ymhlith y seintiau hapus hynny sydd â'u bucheddau canoloesol ar glawr o hyd. Wedi dweud hyn, fel yn achos y rhan fwyaf o seintiau Cymru, ni wyddys dim y gellir dibynnu arno am hanes y dyn ei hun gan fod ffynonellau mor ddiweddar. Mae'r bucheddau yn ei wneud yn gyfoes â Maelgwn Gwynedd, a fyddai'n ei osod yn y chweched ganrif. Ar y llaw arall, urddir Cybi'n esgob gan Ilar o Poitiers a fu farw yn 367 neu 368. Ymdriniwn, felly, â chwlt y sant yn yr Oesoedd Canol, yn hytrach na cheisio darganfod rhyw wirionedd am ei oes ei hun. Lle mae'r bucheddau yn cytuno, portreadant Gybi fel sant o deulu pwysig yng Nghernyw. Daw'n ddysgedig yn yr ysgrythur a phenderfynu gadael tref ei dad i fynd ar bererindod. Cysegrir Cybi'n esgob gan Ilar, esgob Poitiers, cyn iddo ddychwelyd adref. Yn fuan wedyn, â tua'r gogledd, gan gyrraedd Gwent a sefydlu dwy eglwys yno, er gwaethaf gwrthwynebiad y brenin Edelig. Wedi aros yn Nhyddewi, teithia Cybi i Iwerddon a chyrraedd Árainn cyn gorfod ymadael o sawl lle wedi ymgiprys â meudwy. Cyrhaedda Cybi yn ôl yng Nghymru drwy wyrth Duw, sy'n hollti craig fawr i greu llwybr ar gyfer ei gwch. Wedi cyfranc rhwng Cybi a Maelgwn Gwynedd, ildia'r brenin hwnnw iddo Ynys Cybi, lle sefydla ei brif eglwys, cyn i Gybi farw'n hen ddyn.

Yn ogystal â'r bucheddau a drafodaf isod, ceir sawl testun arall sy'n sôn am Gybi.[6] Nodir ei ach yn *Bonedd y Saint* a rhestrir ei ddisgyblion yn y gerdd *Teulu Cybi Sant* a geir mewn llawysgrifau modern cynnar.[7] Ymddengys Cybi yn y gerdd 'Ymddiddan y Saint a Chybi wrth fyned i Ynys Enlli' (sydd eto mewn llawysgrifau modern cynnar) a chrybwyllir ef mewn nifer o gerddi eraill.[8] Nodir ei ŵyl mewn nifer sylweddol o galendrau o Gymru. 5 Tachwedd yw'r dyddiad a roddir yn fwyaf cyffredin, ond ceir nifer o ddyddiadau eraill hefyd.[9] Yng Nghymru, mae Cybi'n nawddsant ar bedair eglwys, sef Llangybi (Sir Gaernarfon); Llangybi (Sir Fynwy); Llangybi (Sir Aberteifi); a'i brif eglwys, Caergybi (Ynys Môn).[10] Mae'n nawddsant ar ddwy eglwys yng Nghernyw hefyd, sef Duloe a Cuby (Tregony). Trafodir rhai o'r ffynonellau a chysegriadau hyn ymhellach isod pan fyddant yn berthnasol.

Gan fod y fuchedd o Lawysgrif Yale bellach yn hysbys, fe wyddom mai tair buchedd Ladin sydd gan Gybi, dwy ohonynt yn fersiynau tebyg iawn i'w gilydd a'r drydedd (a olygir yma am y tro cyntaf) yn sylweddol wahanol, ond yn amlwg yn tynnu ar yr un fuchedd wreiddiol yn y pen draw.

Dyfynnaf yma farn y Parch. Gilbert H. Doble am y cyntaf o fucheddau Cybi o lawysgrif Vespasian A. xiv:

> ... first I must warn the reader that the Life I am putting before him was written long after S. Cuby's time, when the true story of his career had been almost entirely forgotten. It is largely legendary, and, further, it is very carelessly written by a very poor author. From the literary point of view it is feeble and insipid in the extreme, like the majority of Welsh medieval lives of saints which have come down to us. It resembles the first attempt at an essay by a rather dull boy in junior school, and the chief use the schoolmaster would make of an essay like this would be to put it up as an example of how such work ought *not* to be done. But the reader would do himself an injustice if he allowed first impressions to prejudice him and make him impatiently cast away this puerile composition as absolutely worthless. It was written when interesting traditions

about S. Cuby and his cult, now long forgotten, were still to be found in different parts of Wales, and by carefully examining this Life, and sifting and resifting the statements it contains, a good deal of valuable matter may be discovered ...[11]

Er iddo fod braidd yn ymosodol wrth gondemnio'r fuchedd, gwna Doble bwynt dilys fod y bucheddau'n rhan o *genre* ehangach yng Nghymru'r Oesoedd Canol a oedd yn ddrych i gwlt y seintiau ar y pryd. Yn niwedd yr 11eg ganrif ac yn y 12fed y blodeuodd hagiograffeg Ladin fwyaf yng Nghymru, hyd y gallwn ei weld. Mae'n dra thebygol bod traddodiadau hagiograffaidd lawer hŷn wedi bodoli. Gallwn gymharu, er enghraifft, fuchedd gyntaf Samson o Lydaw, testun am sant o Gymru a gyfansoddwyd, yn ôl barn y rhan fwyaf o ysgolheigion heddiw, tua diwedd y 7fed ganrif neu tua 700.[12] Nid yw hyn mor bell â hynny ar ôl Oes y Seintiau, ac nid yw'n annhebygol bod rhai wedi cyfansoddi gweithiau cyffelyb yng Nghymru tua'r un pryd. Ond, os oedd y rhain yn bodoli unwaith, maent ar goll ers canrifoedd bellach. Erbyn hyn, dyddia'r testunau cynharaf sydd ar glawr o ddiwedd yr 11eg ganrif. Mae nifer o fucheddau eraill yn dyddio o hanner cyntaf y 12fed ganrif. Gwelir tuedd tuag at dde Cymru yn ein tystiolaeth Ladin. Nid yw hyn yn annisgwyl gan fod y ddau gasgliad mawr o fucheddau Lladin (Cotton Vespasian A. xiv a Llyfr Llandaf) yn dod o dde-ddwyrain Cymru, o Landaf a Phriordy Trefynwy yn eu tro. Er hynny, nid gweithred ddeheuol yn unig oedd hagiograffeg. Cyfansoddwyd buchedd Ladin goll i Feuno yn niwedd yr 11eg ganrif neu hanner cyntaf y 12fed, yng Nghlynnog Fawr, Gwynedd, yn ôl pob tebyg, sy'n goroesi ar ffurf *Buchedd Beuno*, addasiad Cymraeg Canol o'r fuchedd.[13] Defnyddiwyd buchedd Ladin Beuno yn nwy fuchedd Ladin Gwenfrewy, y naill gan awdur dienw o ogledd-ddwyrain Cymru a'r llall o waith Robert, prior Amwythig, y ddau'n gyfansoddiadau o'r 12fed ganrif. Dadleuodd Arthur Wade-Evans fod Buchedd(au) Cybi'n destunau deheuol, yn adlewyrchu'r sylw y maent yn ei roi i Langybi, Sir Fynwy.[14] Ac eto mae tystiolaeth hefyd fod y bucheddau, a'r fuchedd o Lawysgrif Yale yn enwedig, yn dod o Gaergybi, fel y trafodaf isod.

Rhyngdestunoldeb yw un o brif nodweddion bucheddau Lladin. Yn achos *Buchedd Euddogwy* o Lyfr Llandaf, er enghraifft, mae llawer o'i deunydd wedi ei drosglwyddo o *Buchedd Teilo*, sy'n dangos sut y gallai bucheddau newydd gael eu creu ar sail testun(au) a fodolai eisoes. Maent yn destunau hynod ryngwladol, yn tynnu ar ddeunydd o wahanol ardaloedd yng Nghymru a thu hwnt. Ceir cysylltiad arbennig o agos gyda hagiograffeg Ladin o Lydaw.[15] Mae'n debygol bod adrannau helaeth o fuchedd Ladin Padarn yn dod o fuchedd sant (neu seintiau) o'r un enw yn Llydaw.[16] Yng Nghymru hefyd, cynhyrchwyd fersiwn penodol o *Buchedd Samson*, a addasodd y fuchedd o Lydaw ac sydd ar glawr o hyd yn Llyfr Llandaf.[17] Mae *Buchedd Dewi* Rhygyfarch yn cyrraedd Iwerddon yn ogystal â chyrraedd Lloegr a chael ei chyfieithu i Saesneg Canol.[18] Casglodd Ioan o Tynemouth lawer o'r bucheddau Lladin a'u talfyrru ar gyfer eu cynnwys yn ei *Sanctilogium*. Mewn rhai achosion, dim ond ar y ffurf dalfyredig hon y mae bucheddau yn goroesi.[19] Troswyd nifer o'r bucheddau, gan gynnwys *Buchedd Dewi*, i Gymraeg Canol hefyd, ond nid oes tystiolaeth i hyn ddigwydd yn achos y rhan fwyaf o fucheddau Lladin seintiau Cymru, gan gynnwys bucheddau Cybi. Er hynny, mae nifer o'r bucheddau (byddent yn gyfansoddiadau o Gymru ai peidio) yn dangos diddordeb yn y Gymraeg ac ymwybyddiaeth o ystyr enwau Cymraeg, ac fe welwn hyn yn *Buchedd Cybi* o Lawysgrif Yale.[20]

BUCHEDDAU CYBI YN LLAWYSGRIF VESPASIAN A. XIV

Trafodaf yn gyntaf ddwy fuchedd Cybi o lawysgrif Vespasian A. xiv cyn eu cymharu'n fanwl â'r fuchedd newydd. Digwydd y rhain yn llawysgrif Vespasian A. xiv ar ffol. 86r–88r (Buchedd 1) a ffol. 94v–96v (Buchedd 2). Golygwyd y bucheddau gan Wade-Evans a'u gosod mewn colofnau paralel, sy'n gymorth sylweddol wrth eu cymharu.[21] Mae'n hollol amlwg fod y ddwy fuchedd yn tynnu ar un fuchedd wreiddiol, ac ar fersiynau tebyg ohoni. Dilyna'r ddwy yr un strwythur ac mae'r geiriad a'r orgraff yn gallu bod yn debyg iawn. Rhanna'r ddwy fuchedd nodweddion megis ach Cybi ar y dechrau, sy'n gosod Erbin yn ddisgynnydd i Geraint, yn hytrach nag yn dad iddo.[22] Eto, pwysleisia hyn eu hagosrwydd. Felly mae'r sefyllfa hon yn wahanol iawn i fucheddau Lladin Gwenfrewy, er enghraifft, lle mae gennym ddwy fuchedd annibynnol gan awduron gwahanol, er eu bod wedi defnyddio rhai ffynonellau cyffredin. Fersiynau o'r un fuchedd sydd gennym yn achos Bucheddau 1 a 2 Cybi.

Y gwahaniaeth amlycaf rhwng y ddwy fuchedd yw'r arddull. Tra bo arddull Buchedd 1 yn arbennig o lym a syml, ymhyfryda Buchedd 2 mewn arddull flodeuog. Dyma enghraifft o ddiwedd pennod 15:

Buchedd 1
Tunc ibi sanctus Kepius baculo suo percussit rupem, et confestim manauit aqua. ('Wedyn trawodd Cybi sant graig gyda'i ffon yno, a llifodd dŵr yn syth.')

Buchedd 2
Agius itaque Kebius rupem quendam baculo percussit, et actutum latex emanauit. ('Ac felly trawodd y sanctaidd Gybi ryw graig gyda'i ffon, a llifodd allan ddwfr yn ddi-oed.')

Mae'r ddwy fuchedd yn disgrifio'r un peth yma, ond mae'r arddull yn amrywio dipyn. Ceidw Buchedd 1 at eirfa arferol a chyfyngedig, tra gwna Buchedd 2 ddefnydd o'r gair Groegaidd *agius* (o *hagios*) a geirfa fwy astrus arall, megis *latex* yn lle *aqua* seml Buchedd 1. Mae nifer o wahaniaethau manwl eraill a rhai mwy sylweddol, gan gynnwys disgrifiad o ddigwyddiad ym Merthyr Caffo a geir ym Muchedd 1 yn unig (§17) a disgrifiad mwy estynedig o'r nefoedd ar ddiwedd Buchedd 1 (§20).

Nid oes consenws ynghylch dyddiad y fuchedd ac fe ymdrinnir â dyddiad posibl buchedd wreiddiol Cybi isod. Credir bod Buchedd 2 yn ffurf ddiweddarach ar y fuchedd na Buchedd 1, a bod arddull Buchedd 1 yn agosach at arddull y fuchedd wreiddiol. Dyma awgrymodd Wade-Evans: 'Of the two Lives of St Cybi, the second seems to be a more 'elegant' copy of the other.'[23] Os dyna a ddigwyddodd, rhaid ei fod wedi digwydd cyn copïo Vespasian A. xiv, gan nad yw'r copïau o fucheddau Cybi yn y llawysgrif honno yn ddrafftiau awdur. Fel y trafodaf isod, mae'n debygol nad yw'r un o'r bucheddau yn adlewyrchu'r gwreiddiol yn hollol a bod y ddwy wedi gwneud newidiadau'n ddiweddarach. Ceir talfyriad o'r bucheddau gan Ioan o Tynemouth, sy'n llawer agosach at Fuchedd 1 ar y cyfan, ond sydd hefyd yn cynnwys cyfatebiaethau arwyddocaol â Buchedd 2 yn ei hanner cyntaf. Gall fod Ioan o Tynemouth yn tynnu rhywfaint ar y ddwy fuchedd neu ei fod yn tynnu ar fersiwn cynharach y seiliwyd y ddwy fuchedd arno.[24] Yn ddiweddar, dangosodd Angela Kinney fod Buchedd 1 a Buchedd 2 yn gwneud defnydd o ffynonellau allanol yn y bennod olaf.[25] Ymddengys bod y ddwy'n tynnu ar homili XIII yn y casgliad a adwaenir fel 'Catéchèses Celtiques'.[26] Ym Muchedd 1, tynnir y rhan fwyaf o lawer o'r bennod olaf (§20) o homili Ladin (o 'ubi est dies sine noctu' tan ddiwedd y bennod), tra mae Buchedd 2 yn dyfynnu'r homili o 'ubi est dies sine noctu' nes 'regnum sine commutatione'.[27] Hefyd, daw'r geiriau canlynol o Fuchedd 2 (§20) o segwens gan Adam o St Victor (*m*. 1146): 'uictus, uestis, et cetera que uelle potest mens pia' ('bwyd, dillad, a phethau eraill y gall meddwl duwiol ddymuno eu cael').[28] Mae hyn yn arwyddocaol gan fod y ffynhonnell mor ddiweddar, yn deillio o'r 12fed ganrif, ac yn debygol o fod yn ychwanegiad diweddar i'r fersiwn hwn o'r fuchedd. Mae'r elfennau hyn o ffynonellau eraill yn unigryw i fucheddau Vespasian: nis ceir yn fersiwn Llawysgrif Yale. Yn achos y dyfyniad o Adam o St Victor, rhaid nad yw'n mynd yn ôl i'r fersiwn gwreiddiol oherwydd ei ddyddiad diweddar. Amwys yw achos y dyfyniad o'r 'Catéchèses Celtiques', gan fod yr homili yno yn destun llawer hŷn a chan fod y dyfynnu i'w gael (ar wahanol ffurfiau) ar ddiwedd y ddwy fuchedd. Ni cheir dim byd cyfatebol ym Muchedd Yale nac yn fersiwn Ioan o Tynemouth, sy'n awgrymu ei fod yn ychwanegiad neu fod y ddwy ffynhonnell arall wedi penderfynu ei hepgor.

PERTHYNAS BUCHEDD LLAWYSGRIF YALE Â BUCHEDDAU LLAWYSGRIF VESPASIAN A. XIV

Mae buchedd Cybi o Lawysgrif Yale yn llawer mwy gwahanol i fucheddau Vespasian A. xiv nag y mae'r ddwy fuchedd hynny i'w gilydd. Er hynny, mae'r rhan fwyaf o gynnwys buchedd Cybi yn cyfateb i gynnwys y ddwy fuchedd arall a cheir deunydd sy'n cyfateb i bob rhan o'r ddwy fuchedd. Rhannais destun Buchedd Yale yn ôl y rhifau a geir yng ngolygiad Wade-Evans o fucheddau Vespasian er hwyluso'r gymhariaeth.

GWAHANIAETHAU FESUL PENNOD

Yn Nhabl 2.1 amlinellir fesul pennod wahaniaethau rhwng Buchedd Yale a dwy fuchedd Vespasian, gan nodi gwahaniaethau rhwng y ddwy fuchedd hynny hefyd. Rhestrir yr hyn sy'n gyffredin yn gyntaf, cyn rhestru'r hyn sy'n unigryw i fucheddau Vespasian a Buchedd Yale. Trafodir arwyddocâd y newidiadau isod a thrafodir ar wahân raniad Buchedd Yale yn llithoedd a'r gweddïau unigryw ar ei diwedd.

Tabl 2.1 Gwahaniaethau fesul pennod ym mucheddau Cybi

---

§1
Pob buchedd: Nodir bod Cybi yn dod o Gernyw a rhoddir ei ach.

Bucheddau Vespasian: Ym Muchedd 1 nodir dyddiad gŵyl Cybi yn nhestun pennod 1, tra nodir y dyddiad yn rhuddell Buchedd 2. Rhoddir rhagor o fanylion am le yn union y daw Cybi ohono, sef yr ardal rhwng afon Tamar ac afon Limar yng Nghernyw.[29] Dywedir yr oedd ei dad, Salomon, yn arweinydd y fyddin (*princeps milicie*). Mae Salomon yn fab i Erbin, fab Geraint, fab Lludd. Noda Buchedd 2 fod Cybi wedi cael ei ddysgu i fod yn llythrennog o ddechrau ei blentyndod.

Buchedd Yale: Adran fwy estynedig. Ceir dwy frawddeg unigryw ar y dechrau lle nodir y bydd gŵyl Cybi yn cael ei dathlu, a'i fod yn sant a gysylltir â llawer o wyrthiau. Cyferchir *fratres dilectissimi* a datgan y bwriad i gyhoeddi buchedd y sant fel y gellir dangos pa mor rhinweddol yr oedd. Pwysleisir bod Cybi o deulu brenhinol, a'i dad yn fab i'r brenin. Mae ei dad, Salomon, yn fab i Geraint, fab Erbin (sylwer ar y gwahaniaeth mewn trefn), fab Lludd. Nodir bod Cybi yn anrhydeddus o ran teulu ond yn fwy anrhydeddus o ran ei urddas, a bod ei fam, Gwen, yn gyfnither i fam Dewi Sant, Non. Nodir bod Gwen yn deilwng o'i henw am iddi roi genedigaeth i Gybi sant.

§2

Pob buchedd: Mae Cybi'n saith mlwydd oed pan gaiff ei ddysgu ac mae'n aros yno am 20 mlynedd.

Bucheddau Vespasian: Dim nodweddion unigryw.

Buchedd Yale: Pwysleisir rhinwedd Cybi a'r ffaith ei fod yn canolbwyntio'n gyson ar ei astudiaethau ac yn dod yn hafal i'w athro Cyngar ym mhob peth, cyn i'r disgybl ddod yn athro ei hun.

§3

Pob buchedd: Â Cybi i Gaersalem ac wedyn aros gydag Ilar, esgob Poitiers, am 50 mlynedd ac iacháu llawer o gleifion yno.

Bucheddau Vespasian: Dim nodweddion unigryw.

Buchedd Yale: Gwahaniaethau tra sylweddol mewn adran lawer mwy estynedig. Daw Cybi o hyd i gyngor Iesu i godi ei groes ei hun a'i ddilyn Ef. Felly, gan adael ei dad a'i gyfeillion, â i gyfeiriad Caersalem. Ar y ffordd, daw i Rufain a dyma adran sylweddol ac unigryw ar ymweliad Cybi â Rhufain. Daw i eglwys Pedr ond gwêl fod craig yn rhwystro mynediad iddi. Mae'n cyfarfod â'r Pab, sy'n nodi nad oes modd symud y graig oherwydd ei maint. Gweddïa Cybi i Dduw a symudir y graig o fynedfa'r eglwys. Pan wêl y Pab hyn, tybia fod Cybi'n deilwng o'i ddyrchafu'n esgob, ond gofynna Cybi am noson o seibiant i feddwl am y cynnig, gan ofni y byddai'n ymfalchïo. Â Cybi yn ôl i'w lety ac anfona'r Pab lestr llawn o win ato'n wobr. Wedi tywallt y gwin, brysia clerigwr Cybi yn ôl at y Pab gyda'r llestr gwag, ond syrthia ar y ffordd gan ollwng y llestr sy'n torri'n ddarnau. Rhydd Cybi'r llestr yn ôl at ei gilydd yn wyrthiol. Caiff orchymyn gan angel i orffen ei daith ac â i Gaersalem. Erys yno am ddwy flynedd yn iacháu cleifion, cyn dechrau ar ei daith yn ôl ac aros gydag Ilar, fel ym mucheddau Vespasian.

§4

Pob buchedd: Cysegra Ilar Gybi'n esgob a gofynnir ef gan angel i ddychwelyd i'w wlad.

Bucheddau Vespasian: Nodir ar ddiwedd y bennod i Gybi aros yn ei wlad am gyfnod byr.

Buchedd Yale: Cyflwynir Cybi mewn ffordd fwy delfrydol. Gwêl Ilar ei fod wedi'i lenwi gan yr Ysbryd Glân cyn ei gysegru'n esgob. Pan gaiff Cybi'r gorchymyn angylaidd, nid yw'n oedi cyn ei gyflawni.

§5

Pob buchedd: Gofynnir i Gybi ddod yn frenin Cernyw ond mae'n gwrthod ac yn mynd ymaith.

Bucheddau Vespasian: Dychwela Cybi i'w wlad ei hun. Nodir bod gan Gybi ddisgyblion, sef Maelog, Llibio, Peulan, Cyngar, ac eraill nas enwir. Noda Buchedd 1 fod gan Gybi 10 disgybl ond nid enwir y lleill.

Buchedd Yale: Adran fwy sylweddol gyda gwahaniaethau arwyddocaol. Â Cybi i'r gogledd. Cyflwynir y disgyblion mewn ffordd fwy estynedig, gan nodi eu bod wedi cyflawni llawer o wyrthiau ar ôl teithio i Gymru. Nodir 12 disgybl, sef Cyngar, Peulan, Maelog, Padarn, Llibio, Edern, Cenau, Adarwy, Cynfarwy, Mwrog, Deiniol Fâb, a Chaffo. Nodir bod Cybi wedi aros yn Treconan[30] y noson pan aeth o dref ei dad a bod llawer o wyrthiau yno o'i herwydd a bod Cybi wedi sefydlu eglwys yno.

§6

Pob buchedd: Daw Cybi i Went/Edeligion yn ystod teyrnasiad brenin Edelig. Gesyd Cybi ei babell ar ddôl y brenin a rhoddir gwybod i'r brenin.

Bucheddau Vespasian: Gelwir yr ardal yn Edeligion. Gwêl y brenin nhw ac anfona ddyn i weld pwy ydynt, sy'n dychwelyd a dweud eu bod yn fynachod.

Buchedd Yale: Gelwir yr ardal yn Went. Disgrifir disgyblion Cybi fel *clerici* yn hytrach na *monachi*.

§7
Pob buchedd: Daw'r brenin gyda'i osgordd i ddeol Cybi, ond fe ddisgyn ceffyl y brenin yn farw ac fe'i dellir ef ynghyd â'i osgordd. Ar ôl iddo ofyn am faddeuant, adferir y ceffyl a golwg y brenin a'i ddynion.

Bucheddau Vespasian: Cosbir Edelig yn syth ar ôl iddo gyrraedd i ddeol y mynachod. Wrth ofyn am faddeuant, mae Edelig hefyd yn ei roi ei hun i Dduw a Chybi (cymh. y disgrifiad ym Muchedd Yale yn yr adran ganlynol o Edelig yn dod yn was i Gybi.)

Buchedd Yale: Ni sonnir am fynachod. Pwysleisir dicter y brenin. Ar ôl iddo weld bod y brenin yn dod gyda'r bwriad drwg o'i ddeol, mae Cybi yn tynnu tarian gweddi a chleddyf yr Ysbryd ac yn cosbi Edelig: felly esbonnir a chyfiawnheir y gosb. Sylweddola Edelig fod marwolaeth ei geffyl a'i ddallineb yn arwydd o'i anghyfiawnder ei hun cyn gofyn am faddeuant. Dangosir fel yr ysgogir Cybi gan dduwioldeb cyn adfer iechyd y dynion a'r ceffyl.

§8
Pob buchedd: Rhydd Edelig ddwy eglwys i Gybi, sef Llangybi a Llanddyfrwyr. Â Cybi i Dyddewi.

Bucheddau Vespasian: Gadawa Cybi ei gloch fach yn eglwys Llanddyfrwyr.

Buchedd Yale: Gorfoledda Edelig o gael ei olwg yn ôl a daw'n was i Gybi gyda'i holl osgordd. Teithia Cybi cyn gynted ag y mae'n gallu i Dyddewi a gweinydda air gwirionedd.

§9

Pob buchedd: Hwylia Cybi tuag at Iwerddon a chyrraedd Árainn. Mae'n aros yno ac yn adeiladu eglwys. Pryna Cybi fuwch gyda llo ar gyfer Cyngar, sydd mor hen na all fwyta bwyd solet. Dechreua'r disgyblion amaethu.

Bucheddau Vespasian: Â Cybi'n syth i Árainn ac aros yno am 4 blynedd.

Buchedd Yale: Rhoddir rhagor o fanylion am Árainn, sef ei bod yn ynys yn y gorllewin, a rhoddir rheswm dros y daith, sef bod Cybi yn mynd yno am iddo glywed bod llawer o seintiau yno. Mae'n aros am 7 mlynedd. Esbonnir pam y mae'r disgyblion yn dechrau amaethu, gan dynnu ar ymadrodd Beiblaidd.

§10

Pob buchedd: Dechreua un o ddisgyblion Cybi, sef Maelog, gladdu tir ger cell Crubthir Fintam / Cructurus, sy'n arwain at anghydfod. Mae'r abad yn llonyddu pethau, ond mae'r llo a roddwyd i Gyngar yn crwydro i gae Crubthir Fintam / Cructurus ac yn cael ei glymu wrth goeden gan ei ddisgyblion.

Bucheddau Vespasian: Cladda Maelog y tir o flaen drws Crubthir Fintam. Gorchmynna Crubthir Fintam iddo beidio. Mae abad ynys Árainn, sef Enna, yn creu heddwch rhwng Cybi a Crubthir Fintam. Clymir y llo wrth goeden fawr.

Buchedd Yale: Cladda Maelog dir ger cell Cructurus (sef yr enw a roir ar Crubthir Fintam ym Muchedd Yale). Gofynna Cructurus pam y gwna Maelog hyn cyn ei ddeol. Mae abad ar yr ynys, Finuan, yn creu heddwch rhyngddynt (awgrymir o'r cyd-destun ei fod yn creu heddwch rhwng Maelog a Cructurus, yn hytrach na Chybi a Cructurus). Clymir y llo wrth ywen.

§11

Pob buchedd: Anfona Cybi ddisgybl at Crubthir Fintam / Cructurus i ofyn iddo ddychwelyd y llo. Mae'n gwrthod ac mae Cybi yn gweddïo i Dduw.

Bucheddau Vespasian: Nodir bod Cyngar yn ofidus am nad yw'r fuwch yn rhoi llaeth yn absenoldeb y llo ac felly gweddïa Cybi i Dduw i'r llo ddychwelyd at ei fam.

Buchedd Yale: Dim nodweddion unigryw.

§12

Pob buchedd: Trwy wyrth Duw, dychwel y llo at ei fam gyda'r goeden yr oedd wedi cael ei glymu wrthi a'i gwreiddiau. Gweddïa Crubthir Fintam / Cructurus ar i Dduw ddeol Cybi o'r ynys. Gofynna angel i Gybi adael yr ynys.

Bucheddau Vespasian: Gofynna Crubthir Fintam i Dduw symud Cybi o'r ynys oherwydd i Dduw ei garu. Ceir disgrifiad manylach o angel yn dod i Gybi mewn breuddwyd a gofyn iddo fynd i'r dwyrain. Ymateba Cybi gan ofyn i Dduw ddinistrio Crubthir Fintam o'r ynys a dywed yr angel mai felly y bydd.

Buchedd Yale: Ceir brawddeg yn moli Duw am gyflawni'r wyrth gyda'r llo. Ceir sylw hefyd i nodi nad yw'r awdur yn gwybod pam y mae Cructurus yn gofyn i'r Arglwydd ddeol Cybi. Ceir brawddeg unigryw arall yn tynnu ar Rufeiniaid 8:28 yn dangos y datrysir popeth i Gybi yn y pen draw.

§13

Pob buchedd: Â Cybi i'r de ac aros yno am 40 diwrnod. Mae'n (dechrau) adeiladu eglwys o'r enw Mochop yno.

Bucheddau Vespasian: Â Cybi i Meath yn benodol a llwydda i adeiladu'r eglwys. Dehola Crubthir Fintam Gybi o'r ardal. Ymprydia Cybi am dri diwrnod a gofynna angel iddo fynd i'r dwyrain. Â Cybi i Bregh ac aros yno am saith diwrnod, cyn i Crubthir Fintam ei ddeol. Yna gofynna angel i Gybi fynd i'r de ac felly y gwna.

Buchedd Yale: Ni all Cybi gwblhau eglwys Mocob am fod y meudwy yn ei symud oddi yno ac o lawer o leoedd eraill. Cwblheir yr eglwys gan olynwyr. Mae llinell ar goll ar waelod y tudalen, ond mae'n annhebygol y byddai hon wedi cynnwys yr holl fanylion a geir ym mucheddau Vespasian am yr ymprydio a mynd i Bregh.

§14
Pob buchedd: Erys Cybi mewn lle arall (Uobiun) am 12 diwrnod ac mae Crubthir Fintam / Cructurus yn ei orchymyn i fynd dros y môr.

Bucheddau Vespasian: Wedi iddo gael ei orchymyn i fynd dros y môr, digia Cybi wrth Crubthir Fintam a'i felltithio.

Buchedd Yale: Adran fyrrach. Ni nodir enw'r lle (o bosibl am i hwn gael ei nodi yn y llinell a dociwyd).

§15
Pob buchedd: Anfona Cybi ei ddisgyblion i nôl coed i adeiladu cwch. Daw Crubthir Fintam / Cructurus a mynnu, os ydynt wir yn weision Duw, y dylent fynd i mewn i'r cwch heb ei orchuddio â chroen a fyddai'n dal dŵr. Hydera Cybi y bydd Duw yn eu cynorthwyo ac â ar y cwch yn y môr. Daw tymestl i fygwth y cwch ac mae'r disgyblion yn ofni, ond gweddïa Cybi i Dduw, sy'n hollti craig a chreu llwybr gwyrthiol fel y gallant gyrraedd y tir. Yno trawa Cybi graig â'i ffon ac mae ffynnon yn tarddu.

Bucheddau Vespasian: Daw Cybi i dir ym Môn (ni nodir y lleoliad ym Muchedd Yale).

Buchedd Yale: Adran fwy estynedig gyda gwahaniaethau sylweddol. Gorchmynna Cybi i'w ddisgyblion gasglu wyth cangen i adeiladu'r cwch. Pan â Cybi a'r disgyblion i'r cwch heb groen, ceir brawddeg i nodi bod eu bwriad wedi gweithio. Ar ôl iddynt fynd ar y cwch, gweddïa Cructurus na fyddent byth yn cyrraedd porth addas. Ar ôl i Dduw rannu'r graig, nodir bod y ffordd wyrthiol drwy'r graig i'w gweld hyd heddiw. Noda'r awdur fod hon yn wyrth ryfeddol a all fod yn un o wyrthiau Martin ac felly y dylid galw Cybi'n ail Martin. Ceir disgrifiad lawer manylach o'r ffynnon. Dioddefa Cyngar o syched, a chofia Cybi am wyrth Moses a tharo craig â'i ffon, gan godi ffynnon. Mae'r ffynnon yn llawn o rym gwyrthiol hyd heddiw ac yn rhoi diod i bawb a'u hiacháu o ba glefydau bynnag sydd arnynt.

§16

Pob buchedd: Daw Cybi i le o'r enw Cundab ac aros yno. Anfona Gaffo i nôl tân. Gofynna Caffo wrth y gof a fyddai modd iddo gael tân. Dywed y gof na fydd yn rhoi tân onid yw Caffo yn ei gario yn ei ddillad ei hun, yr hyn a wna heb anafu ei hun na difrodi ei ddillad.

Bucheddau Vespasian: Ym Muchedd 2, nodir bod y math o ddillad y mae Caffo yn ei wisgo i'w gael yn Iwerddon.

Buchedd Yale: Wedi cael tân gan Gaffo, gwêl Cybi ei fod yn disgleirio â gwyrthiau ac mae'n ei anfon ymaith, gan ei farnu'n deilwng o'i le ei hun (cymh. Buchedd 1, §17).

§17

Pob buchedd: Mae Maelgwn, brenin yr ardal, yn hela gafr/iwrch gyda chŵn mewn ardal fynyddig. Ceisia'r anifail ddiogelwch trwy ymguddio yn nillad Cybi.

Bucheddau Vespasian: Buchedd 1: helir gafr. Ceir adran unigryw yr ymddengys ei bod allan o'i lle, lle dywed Cybi wrth Gaffo i fynd gan na allant fod gyda'i gilydd. Â i dre a elwir bellach yn Ferthyr Caffo a chael ei ladd gan fugeiliaid Rhosyr a melltithia Cybi fugeiliaid Rhosyr a'u harglwyddes (cymh. Buchedd Yale o dan §16). Nodir bod yr afr yn ddiogel. Buchedd 2: helir iwrch. Nodir mai 'Snaudun' yw'r enw Saesneg ar Wynedd.

Buchedd Yale: Helir iwrch. Tynnir sylw at rym gwyrthiol Cybi a ddangosir hyd yn oed gan yr anifail hwn.

§18

Pob buchedd: Gofynna Maelgwn i Gybi anfon ymaith yr afr/iwrch. Nid yw Cybi'n ufuddhau ac mae'n ei rhyddhau ar yr amod bod Maelgwn yn ildio'r tir y bydd yr anifail/cŵn Maelgwn yn rhedeg o'i gwmpas. Cytuna Maelgwn ac mae'r anifail yn rhedeg o flaen y cŵn ac yn cwmpasu ardal fawr cyn dychwelyd i Gybi.

Bucheddau Vespasian: Yn gyntaf, nid yw Cybi yn fodlon ildio'r anifail os nad yw Maelgwn yn addo cadw'r anifail yn ddiogel. Myn Maelgwn y bydd yn deol Cybi os nad yw'n ufuddhau. Dywed Cybi nad oes gan Maelgwn rym i'w ddeol, ac mae'n cynnig yr amod ynghylch ildio tir. Dylai Maelgwn ildio'r tir y bydd yr anifail yn rhedeg trwyddo wrth redeg o flaen y cŵn. Rhed yr anifail 'per totum promuntorium' ('trwy'r pentir cyfan'). Buchedd 2: nodir nad yw'r anifail wedi ail-droedio'r darn lleiaf o dir wrth ddychwelyd i Gybi.

Buchedd Yale: Dylai Maelgwn ildio'r tir y bydd y cŵn yn rhedeg trwyddo (llygriad o bosibl). Rhed yr anifail o gylch ynys fawr a dinas frenhinol. Nodir bod y tir yn cael ei alw yn *Circuitus Capriole* ('Cylch yr Iwrch').

§19

Pob buchedd: Mae cyfranc rhwng Maelgwn a Chybi ac yn sgil hyn ildia Maelgwn Gaergybi i Gybi.

Bucheddau Vespasian: Nodir bod cynnen rhwng Maelgwn a Chybi wedyn ond nis esbonnir. Ni all Maelgwn wrthsefyll gwas Duw ac mae'n ildio ei gastell i Gybi.

> *Buchedd Yale*: Dychwel Maelgwn a gofyn am yr anifail eto ond nid yw Cybi'n ufuddhau i'w ddymuniad na'i orchymyn. Rhydd Maelgwn yr ynys a chadarnhau'r ddinas fel sedd esgobol am byth, ac yno sefydla Cybi eglwys.
>
> **§20**
> *Pob buchedd*: Syrthia Cybi i gysgu yn yr Arglwydd.
>
> *Buchedd Vespasian*: Nodir bod Cybi wedi marw ar 8 Tachwedd. Buchedd 1: daw llu o angylion i hebrwng enaid Cybi i'r nef a disgrifir undod y cyfiawn yn y nef a gogoniant y nef yn fanwl. Yn y frawddeg olaf, gweddïa'r awdur i Dduw fel y gallwn haeddu mynd i'r nef trwy eiriolaeth Cybi. Buchedd 2: daw Cybi i'r bywyd tragwyddol a disgrifir gwychder y bywyd hwnnw.
>
> *Buchedd Yale*: Nodir bod Cybi wedi marw'n 127 oed ar 6 Tachwedd. Ceir litwrgi sylweddol ar ôl hyn a drafodir isod.

GWAHANIAETHAU ARWYDDOCAOL

O ystyried yr amrywiaeth yn y tair buchedd fesul pennod, daw nifer o wahaniaethau trawiadol rhwng Buchedd Yale a Bucheddau Vespasian i'r golwg. Yn gyntaf, pwysleisia Buchedd Yale statws esgobol Cybi a Chaergybi. Daw Cybi'n esgob ym mhob fersiwn o'i fuchedd: 'uita sancti Kebii episcopi' a geir yn rhuddell Buchedd 1 a Buchedd 2 Vespasian, ond try hyn yn ganolbwynt llawer pwysicach ym Muchedd Yale. Dechreuwn gyda'r disgrifiad o Faelgwn yn ildio tir i Cybi:

Buchedd 1
Et ideo contulit castellum suum Deo omnipotenti et agio Kepio in perpetua elemosine oblatione. ('Ac felly rhoddodd ei gastell i Dduw hollalluog ac i Cybi sanctaidd yn rhodd dragwyddol o elusen.')

Buchedd 2

Iccirco basileus castellum suum Deo omnipotenti fidelique suo clienti Kebio in perpetuam elemosinam pro salute anime sue contulit ... ('Am hynny, rhoddodd y teyrn ei gastell i Dduw hollalluog ac i'w was ffyddlon Cybi yn elusen dragwyddol ar gyfer iachawdwriaeth ei enaid ...')

Buchedd Yale

Rex autem, vt vidit hoc, nutu diuino prenominatam concessit insulam, et ciuitatem in perpetuam pontificalem sedem confirmauit, in qua sanctissimus presul magnam constituit ecclesiam. ('Ond, gan i'r brenin weld hyn, rhoddodd yr ynys ragddywededig trwy ewyllys Duw, a rhoddodd statws sedd esgobol i'r ddinas am byth, yn yr hon y sylfaenodd yr esgob sancteiddiaf eglwys fawr.')

Mae Cybi wedi cael ei urddo yn esgob erbyn hyn ym mucheddau Vespasian ond nid oes dim yma i bwysleisio ei statws esgobol na bod eglwys Caergybi yn sedd esgob. Ym Muchedd Yale ar y llaw arall, ceir pwyslais amlwg ar hwn ac ar statws esgobol eglwys Caergybi yn benodol. Ym mucheddau Vespasian, rhydd Maelgwn ei gastell i Gybi. Ym Muchedd Yale, rhydd ynys a chadarnhau ei *ciuitas* fel sedd esgobol am byth, ac yno y sefydla Cybi eglwys.[31] Disgrifir Cybi fel *presul* ('esgob').

Mae terminoleg, felly, yn chwarae rôl bwysig wrth sefydlu Cybi fel esgob a Chaergybi fel sedd esgob yn y testun. Daw cymhariaeth rhwng Buchedd Yale a bucheddau Vespasian â hyn i'r amlwg. Noda Tabl 2.2 y geiriau sy'n disgrifio Cybi fel esgob ym Muchedd Yale a'r geiriau cyfatebol a ddefnyddir ym mucheddau Vespasian:

Tabl 2.2 Disgrifiadau o Gybi fel 'esgob'

Buchedd Yale
episcopus x 1[32] (teitl) (Vesp1: episcopus; Vesp2: episcopus)
pontifex x 3[33] §4 (Vesp1: —; Vesp2: —), §8 (Vesp1: sanctus Kebius; Vesp2: sanctus Kebius), §15 (Vesp1: —; Vesp 2 —); *hefyd* pontificalis x 3 (§4 (Vesp1: episcopalis; Vesp2: pontifex), §7 (Vesp1: —; Vesp2: —), §19 (Vesp1: —; Vesp2: —)

presul x 7 §1 (Vesp1: —; Vesp2: —), §15 (Vesp1: sanctus; Vesp2: sanctus), §18 (x3 (Vesp1: beatus Kebius, sanctus Kepi, sanctus Kepi; Vesp2: uir Dei, beatus Kebius, uir Dei)), §19 (Vesp1: —; Vesp2: —), §20 (Vesp1: —; Vesp2: —)
antistes x 1 §1 (Vesp1: —; Vesp2: —)

O'r 15 enghraifft o eiriau sy'n disgrifio Cybi fel esgob ym Muchedd Yale, ceir dwy enghraifft (13.3%) o Vespasian yn defnyddio gair a'i disgrifia fel esgob, pum enghraifft (33.3%) o ddefnyddio gair nad yw'n ei ddisgrifio fel esgob, ac wyth achos (53.3%) lle nad oes gair cyfatebol o gwbl. Ar y llaw arall, ni cheir yr un disgrifiad o Gybi fel esgob ym mucheddau Vespasian nas atebir gan ddisgrifiad cyffelyb ym Muchedd Yale. Dengys hyn yn amlwg y pwyslais ychwanegol ar Gybi fel esgob ym Muchedd Yale, a ategir ymhellach gan y defnydd o eiriau cysylltiedig megis *ciuitas* a *sedes*. Mae patrymau arwyddocaol i'w gweld yng ngeirfa Buchedd Yale hefyd. Defnyddir y gair *presul* ('esgob') bum gwaith yn fuan ar ôl ei gilydd wrth drafod y digwyddiadau sy'n arwain at sefydlu eglwys Caergybi a rhoi iddi statws esgobol. Trafodir ymhellach isod sut y gall hyn adlewyrchu dyheadau eglwys Caergybi o gael ei gweld yn sedd esgob.

Ym Muchedd Yale yn unig y cawn oedran Cybi pan fu farw, sef 127 oed (§20), sy'n gweddu i'w statws hybarch fel esgob.[34] Mwy arwyddocaol fyth yw'r gymhariaeth o Gybi â Martin o Tours, a geir ym Muchedd Yale yn unig (§15). Daw hyn ar ddiwedd y bumed lith ar ôl i Dduw gyflawni gwyrth ar gyfer Cybi, trwy rannu'r graig ar y môr a chynnig llwybr diogel i'r cwch. Mae'r gymhariaeth yn gwneud synnwyr yma, gan fod traddodiadau bod Martin yn achub eraill rhag boddi, fel a wna Cybi yma trwy gymorth Duw.[35] Ond mae Martin hefyd yn enwog fel esgob, ac mae'r gymhariaeth yn cryfhau eto y portread o Gybi fel esgob delfrydol.[36]

Adran nas ceir o gwbl ym mucheddau Vespasian yw'r daith i Rufain a ddisgrifir yn yr ail lith (§3). Cawn yma ddwy wyrth arall a wna Duw trwy Gybi, sef symud y graig o fynedfa eglwys Pedr a rhoi darnau'r llestr a ddrylliwyd yn ôl ynghyd. Mae hyn yn amlwg yn cyflwyno Cybi fel dyn sanctaidd, yn llawn o rym gwyrthiol sy'n rhyddhau ac yn cyfannu, ond fe'i defnyddir yn y fuchedd i ddangos pa mor haeddiannol yw Cybi o fod yn esgob. Mae'r Pab am urddo Cybi'n esgob ar ôl iddo symud y graig, yr hyn a wrthyd Cybi yn y pen draw, rhag ofn iddo ymfalchïo. Felly nid Ilar o Poitiers yn unig sy'n gweld Cybi fel darpar esgob perffaith, ond y Pab hefyd.

Hyd yn hyn, canolbwyntiwyd ar wahaniaethau y gellir eu cysylltu mewn rhyw ffordd neu'i gilydd â diddordeb arbennig Buchedd Yale yn statws esgobol Cybi a Chaergybi, ond nid dyma'r unig wahaniaethau arwyddocaol o bell ffordd. Cyfeirir at ddisgyblion Cybi fel *monachi* ('mynachod') ddwywaith ym mucheddau Vespasian (§§6, 7), ond ni cheir yr un cyfeiriad at fynachod ym Muchedd Yale. Ffafria Buchedd Yale y term mwy cyffredinol 'clerici'. Byddai hyn yn gweddu ag eglwys Cybi, Caergybi, a ddaethai yn eglwys golegol o ganoniaid.[37]

Fel y nodir uchod, gwelodd Wade-Evans Fuchedd Cybi fel cynnyrch y de-ddwyrain, ond canolbwyntia Buchedd Yale ar y gogledd ac ar ardal Caergybi yn benodol. Cynhwysir cyfieithiad Lladin o enw lleol 'Circuitus Capriole' ('Cylch yr Iwrch') wrth ddisgrifio'r tir y mae'r iwrch yn rhedeg o'i gwmpas cyn dychwelyd i Gybi (§18).[38] Ar ôl i Gybi a'i ddisgyblion gael eu hachub rhag y tonnau, deuant i dir ym Môn yn ôl bucheddau Vespasian (§15), ond ni nodir y lleoliad ym Muchedd Yale, efallai oherwydd y byddai'n creu dryswch os Llangybi, Sir Gaernarfon, yw lleoliad y ffynnon a ddisgrifir nesaf. Darpara Buchedd Yale ragor o fanylion am ffynnon Cybi (§16). Ym mucheddau Vespasian, disgrifir Cybi yn codi'r ffynnon, ond ni sonnir dim am rinweddau'r ffynnon ei hun. Er bod Baring-Gould a Fisher yn cymryd mai Ffynnon Gybi, Llangybi, sy'n cael ei disgrifio, ymddengys o'r cyd-destun ym mucheddau Vespasian mai ffynnon ym Môn ydyw (ceid Ffynnon Gybi yng Nghaergybi ac yng Nghlorach ger Llannerch-y-medd).[39] Ym Muchedd Yale ar y llaw arall, molir y ffynnon a'i rhinweddau sy'n parhau hyd heddiw ac sydd wedi iacháu llawer o gleifion, heb gyfeirio at Fôn (mae'n bosibl am y byddai'r lleoliad wedi bod yn amlwg i'r gynulleidfa.) Mae'r sylw a roddir i'r ffynnon yn dangos gwybodaeth am draddodiadau lleol yn y gogledd-orllewin.

Agwedd arall ar Fuchedd Yale sy'n dangos gogwydd gogleddol yw'r disgrifiad o'r disgyblion. Ym muchedd gyntaf Vespasian (ac yn nhalfyriad Ioan o Tynemouth), nodir bod gan Gybi ddeg disgybl ac fe enwir pedwar ohonynt yn y ddwy fuchedd (§5). Ym Muchedd Yale, ar y llaw arall, enwir deuddeg disgybl Cybi. Mae deuddeg yn rhif arwyddocaol, sy'n ddrych i ddeuddeg apostol Iesu ac felly'n cryfhau'r gymhariaeth rhwng Cybi a'i Arglwydd. Tybiaf ei fod yn fwy tebygol i'r deg gael ei newid yn ddeuddeg er mwyn y gymhariaeth hon nag i ddeuddeg gael ei newid yn ddeg (er y gall fod ysgrifydd wedi gadael allan ddau finim). Os deg yw'r rhif cynharach, byddai'n awgrymu i ddau o ddisgyblion Cybi gael eu hychwanegu'n ddiweddarach. Ym Muchedd Yale yn unig, Cyngar yw'r cyntaf o'r disgyblion i gael ei enwi ac yn wir mae'n chwarae rôl helaethach yn y fersiwn hwn nag ym mucheddau Vespasian. Ym mhob buchedd, enwir Cyngar fel disgybl (§5) a châr (§9) i Gybi, na all fwyta bwyd soled oherwydd ei henaint pan â Cybi i Árainn (sy'n arwain at wyrth rhyddhau'r llo). Ond mae Buchedd Yale yn unigryw wrth enwi Cyngar fel athro Cybi (§2). Oherwydd syched Cyngar y mae Cybi yn torri'r graig â'i ffon ac yn codi ffynnon (nid esbonnir pam y mae Cybi yn gwneud hyn ym mucheddau Vespasian) (§15). Yn yr un adran, disgrifia Buchedd Yale Gyngar fel y disgybl a gerid gan Gybi yn fwy na'r lleill (§15). Fel llawer o ddisgyblion Cybi a restra Buchedd Yale, mae Cyngar yn sant â chysylltiadau cryf ag Ynys Môn, fel nawddsant Llangefni.[40]

Ym Muchedd Yale, caiff Cyngar ragor o flaenoriaeth fel y disgybl cyntaf yn y rhestr: 'primus fuit Kyngar'. Ym mucheddau Vespasian ar y llaw arall, Maelog a restrir gyntaf o ddisgyblion Cybi. Gall hyn fod yn arwyddocaol. Er ei fod yn nawddsant Llanfaelog ym Môn, sant deheuol yw Maelog ar y cyfan, yn nawddsant ar nifer o eglwysi yn Sir Gaerfyrddin, Sir Aberteifi, Maesyfed, a Sir Frycheiniog.[41] Dyma un o sawl enghraifft o nodweddion bucheddau Vespasian y gellid eu gweld yn ddeheuol. Ym mucheddau Vespasian yn unig y mae Cybi yn rhoi cloch fach i eglwys Llanddyfrwyr yn y de-ddwyrain (§8). Disgrifir yr ardal fel Edeligion, sy'n fwy penodol ac yn llai hysbys na'r term Gwent a ddefnyddia Buchedd Yale (§6).[42] Felly mae llawer o dystiolaeth bod Buchedd Yale yn fwy gogleddol ei chanolbwynt na bucheddau Vespasian, a pheth tystiolaeth bod bucheddau Vespasian yn rhoi ychydig yn rhagor o sylw i'r de-ddwyrain.

Eto, ni chyfyngir sylw Buchedd Yale i'r gogledd yn llwyr, fel y gwelir yn ei disgrifiad unigryw o Gybi'n sefydlu eglwys yng Nghernyw.[43] Gall fod yr awdur wedi dymuno esbonio bodolaeth eglwys Tregony yng Nghernyw ac felly'n cyfeirio ato'n sefydlu eglwys bwysig a glywodd amdani. Mae hyn yn cyd-fynd â'r tuedd esboniadol a welir ym Muchedd Yale, lle cyflwynir

Cybi fel ffigwr mwy delfrydol a chyfiawnheir a molir ei weithredoedd. Sawl gwaith y mae'r awdur yn tynnu sylw'r gynulleidfa at wychder Cybi ac at ddigwyddiadau pwysig gan ddefnyddio geiriau megis 'Ecce' (§§1, 12, 15, 17). Mae Buchedd Yale (yn wahanol i fucheddau Vespasian) yn amlwg yn adlewyrchu testun a oedd i'w ddarllen allan mewn eglwys, ac mae cyfeiriadau o'r fath yn gweithio'n effeithiol i gymryd sylw y gwrandawyr. Anerchir y gwrandawyr hyn sawl gwaith *(fratres dilectissimi (§1); fratres charissimi (§5); dilectissimi (§17))*. Yn ogystal â chynnwys gweddïau ar ddiwedd y fuchedd a drafodir isod, rhennir y fuchedd ei hun yn chwe llith a fyddai'n addas ar gyfer eu darllen ar ŵyl y sant, sef Llith 1 (genedigaeth hyd ei benderfyniad i adael); Llith 2 (taith i Rufain a Chaersalem); Llith 3 (urddo Cybi yn esgob hyd cosb Edelig); Llith 4 (maddau Edelig hyd disgyblion Cructurus yn clymu'r llo); Llith 5 (Cybi yn gofyn am y llo hyd y daith wyrthiol i Fôn); Llith 6 (Cybi yn codi ffynnon hyd ei farwolaeth). Ceir tuedd cryf tuag at araith anuniongyrchol ym Muchedd Yale pan geir araith uniongyrchol ym mucheddau Vespasian, megis yn y gyfranc rhwng Caffo a Magurius (§16) neu'r anghydfod rhwng Cructurus a Chybi (§15). Eto gall hyn wneud y testun yn fwy addas ar gyfer ei ddarllen allan mewn eglwys ac mae'n amlwg bod Buchedd Yale yn destun at ddefnydd litwrgaidd i raddau helaethach na bucheddau Vespasian.

Fe gynnwys Buchedd Yale hefyd naratif llyfnach gyda moesoldeb amlycach mewn sawl man. Mae'r adran ddyrys yn ymwneud â Crubthir Fintam / Cructurus yn fyrrach ym Muchedd Yale ac yn cyflwyno Cybi mewn ffordd fwy positif.[44] Ym mhob fersiwn, mae'r meudwy yn gorfodi Cybi i adael sawl lle, ond mae'r digwyddiadau yn cael eu cyfleu mewn ffordd dra gwahanol ym Muchedd Yale. Ym mucheddau Vespasian, ar ôl i Gybi gael ei lo yn ôl yn wyrthiol, gweddïa Crubthir Fintam i yrru Cybi o'r ynys, a dyna a wneir (§12). Mae'r bucheddau yn awgrymu bod hyn yn digwydd am i Dduw garu Crubthir Fintam (§12).[45] Ceir yr un digwyddiadau yn fras ym Muchedd Yale (§12) ond nid oes cyfeiriad at Dduw. Yn hytrach, gweddïa Cructurus 'nescio quo spiritu ductus' ('wedi ei arwain gan ryw awydd'). Mae'r awdur hefyd yn awyddus i bwysleisio yn syth y bydd popeth yn iawn i Gybi gyfiawn yn y pen draw: 'Sed hic audiuimus quod "diu diligentibus omnia cooperantur in bonum" ' ('Ond yma clywsom fod "popeth yn cydweithio er daioni i'r rhai sy'n caru am amser hir." ')⁴⁶ Mae Buchedd Yale hefyd yn lleihau'r episod cymhleth a phroblematig hwn fel ei fod yn eistedd yn gyfforddus yn y bumed lith ac nad yw'n dominyddu'r fuchedd fel y gwna ym mucheddau Vespasian. Ymddengys bod Buchedd Yale wedi camddeall enw 'Crubthir Fintam', gan y cyfeiria ato fel 'Cructurus' yn unig ond cyfeirir at abad o'r enw 'Finuan' yn fuan ar ôl i'r meudwy gael ei gyflwyno am y tro cyntaf. Gellir gweld sut y gall ail elfen 'Crubthir Fintam' gael ei chamddehongli fel enw ynddo ei hun, ac felly crëir dau gymeriad 'Crubthir' a 'Fintam' yn lle un. Noda Barry Lewis fod 'Fintam' yn debygol o fod yn gamgymeriad am 'Fintan' neu 'Fintain'⁴⁷ ac felly gall fod yr <n> derfynol yn Llawysgrif Yale yn adlewyrchu'r ffurf wreiddiol. Camgopïwyd 'Fintan' (neu ffurf debyg) fel 'Finuan' a disodla 'Finuan' 'Enna' fel enw'r abad.⁴⁸ Camgopïir 'Crubthir' fel 'Cructurus' gan ychwanegu terfyniad Lladin. Canlyniad y camgopïo hwn, fodd bynnag, yw symlhau enw'r meudwy gan roi iddo un enw clir na fyddai'n cael ei gamddeall. Ar y cyfan, ffafria Buchedd Yale gyfeirio ato'n syml fel 'heremita'.

Ceir enghraifft arall o gynnwys naratif haws ei ddeall neu ei dderbyn ym mhennod §16. Yn lle'r disgrifiad o Gaffo yn gadael Cybi ar ddiwedd §17 ym muchedd gyntaf Vespasian, sy'n ymddangos fel petai allan o'i le, ar ddiwedd §16 ym Muchedd Yale, anfona Cybi Gaffo ymaith gan ei fod yn ei farnu'n deilwng o'i le ei hun. Daw hyn yn syth ar ôl i Gaffo gyflawni gwyrth ac nid yng nghanol y gyfranc â Maelgwn pan y mae'n digwydd ym muchedd gyntaf Vespasian. Ni cheir y digwyddiad hwn o gwbl yn ail fuchedd Vespasian. Felly, mewn sawl achos, ymddengys bod Buchedd Yale yn haws ei dilyn, er y gall traddodiadau a gwybodaeth sydd bellach ar goll fod wedi esbonio'r hyn a gawn ym mucheddau Vespasian.

PERTHYNAS Y BUCHEDDAU

Mae'n amlwg nad yw buchedd Yale yn uniongyrchol ddibynnol ar y naill na'r llall o fucheddau Vespasian fel y'u ceir yn eu llawysgrif. Gwelir hyn mewn manylion megis ach Cybi, lle rhoddir Geraint yn fab i Erbin ym muchedd Yale yn lle bod Erbin yn fab i Geraint, fel ym mucheddau Vespasian (§1). Credai Wade-Evans mai Vespasian oedd yn cynnwys fersiwn gwreiddiol a chywir yr ach, a bod yr hyn a geir mewn testunau eraill o Gymru ('Geraint fab Erbin') yn ddatblygiad diweddarach yn y 12fed ganrif.[49] Eto, mae pob ffynhonnell arall (gan gynnwys Buchedd Yale) yn cytuno yn erbyn bucheddau Vespasian, ac felly, fel yr awgryma Peter Bartrum a Ben Guy, mae'n debygol mai camgymeriad syml yw'r drefn ynddynt.[50] Os camgymeriad yw 'Erbin fab Geraint' bucheddau Vespasian, byddai'n darparu peth tystiolaeth nad bucheddau Vespasian oedd cynsail Buchedd Yale (os nad oedd Buchedd Yale wedi cywiro'r ach gyfeiliornus). Mae tystiolaeth yr orgraff hefyd yn awgrymu'n gryf nad bucheddau Vespasian oedd union sail Buchedd Yale. Ym mucheddau Vespasian, cyfeirir at eglwys Llanddyfrwyr ('Landauerguir' (Buchedd 1); 'Landeuerguir' (Buchedd 2)). Mae'r ffurf ym Muchedd Yale ('Diuerwern'), sy'n camddeall yr elfen derfynol fel 'gwern', hefyd yn cynnwys nodweddion Hen Gymraeg ond nid y rhai a ddisgwylid os Vespasian yw'r ffynhonnell, gan gynnwys y defnydd o <i> am /ə/ ac <e> am y-glir nas ceir yn ffurfiau Vespasian yma. Mae'r un peth yn wir am y ffurf 'Edelicus' (§8), sy'n wahanol i ffurf bucheddau Vespasian ('Ethelic' §§6–8). Mae hefyd enghreifftiau o enwau eraill ym Muchedd Yale sy'n dangos olion Hen Gymraeg (megis 'Megwarawk' (§5)) nas ceir o gwbl ym mucheddau Vespasian. Yn ogystal â hyn, pan ddefnyddia Buchedd 1 a Buchedd 2 ffynonellau allanol yn y bennod olaf, ni cheir dim cyfatebol ym Muchedd Yale. Fel y trafodir isod, mae nifer o wahaniaethau, megis y canolbwynt ar statws esgobol ym Muchedd Yale, yn debygol o fod yn gynnar ac yn annibynnol.

Mae hyn oll yn arwydd glir nad Buchedd 1 na Buchedd 2 Cybi o lawysgrif Vespasian A. xiv yw union ffynhonnell traddodiad testunol Buchedd Yale. Ond mae'r bucheddau yn perthyn i'w gilydd yn amlwg, gan darddu o'r un fuchedd wreiddiol. Gan fod gwahaniaethau rhwng Buchedd 1 a Buchedd 2, a yw Buchedd Yale yn agosach at y naill fuchedd na'r llall? Nid yw'r dystiolaeth yn glir o gwbl (gan gofio bod y ddwy fuchedd yn bennaf gwahanol o ran arddull yn hytrach na chynnwys). Er hynny, mae rhai enghreifftiau o le y mae Buchedd Yale yn agosach i Fuchedd 1 Vespasian na Buchedd 2, megis wrth ddisgrifio'r llo yn crwydro i gae'r meudwy (§10):

Buchedd Yale
Factum est quodam die quod vitulus predicte vacce, per pascua deuians, predicte heremite intrauit segetem, et venientes discipuli heremite, tenuerunt eum et ligauerunt cuidam taxo.
('Digwyddodd ryw ddiwrnod i lo y buwch dywededig, wrth fynd ar gyfeiliorn trwy'r porfeydd, fynd i mewn i ydfaes y meudwy dywededig. A daeth disgyblion y meudwy, a gafael ynddo [y llo] a'i glymu wrth ryw ywen.')

Buchedd 1 Vespasian
Factum est autem quodam die ut uitulus uacce Kengar pergeret in messem Crubthir Fintam, et uenerunt discipuli Crubthir Fintam, et tenuerunt uitulum et alligauerunt eum ad arborem magnam.
('Digwyddodd ryw ddiwrnod i lo buwch Cyngar fynd i mewn i ydfaes Crubthir Fintam, a daeth disgyblion Crubthir Fintam, a gafaelasant yn y llo a'i glymu wrth goeden fawr.')

Buchedd 2 Vespasian
Denique quodam die contigit, quo uitulus Kengari depasceretur messem prefati Crubthir Finte, quod eiusdem clientes conspicando tenuerunt uitulum, necnon ad arborem magnam innexuerunt.
('Wedyn digwyddodd ryw ddydd, pan oedd llo Cyngar yn pori ydfaes y Crubthir Finta dywededig, i'w wasanaethwyr weld hyn a gafael yn y llo, a hefyd ei rwymo wrth goeden fawr.')

Mewn sawl ffordd y mae Buchedd Yale yn agosach i Fuchedd 1 na Buchedd 2 yma. Dechreuir gyda'r un ymadrodd 'Factum est', yn lle 'Contigit' Buchedd 2. Mae'r ail gymal yn gymal canlyniad ym Muchedd Yale a Buchedd 1, tra ceir hwn fel trydydd cymal ym Muchedd 2. Disgrifir y llo fel 'vitulus vacce' yn lle 'uitulus Kengari' (Buchedd 2). Cyfeirir at ddisgyblion y meudwy yn dod ym Muchedd Yale a Buchedd 1 ('venientes discipuli heremite' / 'uenerunt discipuli Crubthir Fintam'), lle na ddefnyddir y ferf 'venire' yma ym Muchedd 2 a gyfeiria at y disgyblion fel 'clientes'. Mae 'ligauerunt' yn y cymal olaf yn fwy tebyg i 'alligauerunt' Buchedd 1 nag 'innexuerunt' Buchedd 2.[51] O ystyried yr holl gyffelybiaethau, mae'n dra annhebygol mai cyd-ddigwyddiad sy'n gyfrifol am y tebygrwydd, sy'n awgrymu bod traddodiad testunol Buchedd Yale a Buchedd 1 yn agosach at ei gilydd na thraddodiad testunol Buchedd Yale a Buchedd 2 (yn y frawddeg hon, o leiaf). Yn wir, gellid gweld y defnydd o 'Quod et factum est' yn gynharach yn yr un bennod ym Muchedd 2 fel tystiolaeth o'r awdur yn defnyddio deunydd o'i flaen wrth addasu rhywbeth tebyg i Fuchedd 1. Fodd bynnag, pan edrychwn ar y bucheddau yn eu cyfanrwydd, canfyddwn mai eithriad yw'r enghraifft hon.

Amwys yw stori ymadawiad Caffo a geir yn §17 ym Muchedd 1 a §16 ym Muchedd Yale. Mae'r bucheddau'n debyg i'r graddau eu bod yn cynnwys yr episod (ac yn wahanol i Fuchedd 2, nad yw'n ei gynnwys), ond mae lleoliad a manylion y stori'n wahanol ym Muchedd 1 a Buchedd Yale. Mae sawl esboniad posibl. Gall fod y stori wedi cael ei llygru a mynd o'i phriod le yn nhraddodiad bucheddau Vespasian a bod Buchedd 2 wedi penderfynu ei hepgor yn llwyr oherwydd hynny, neu gall fod fersiwn Buchedd Yale yn cynrychioli ymgais i dacluso'r stori flêr wreiddiol.

Mae Tabl 2.3 yn cymharu cyfatebiaethau rhwng Buchedd 1 neu Fuchedd 2 a Buchedd Yale fesul pennod, er mwyn dangos a yw'n agosach at y naill fuchedd na'r llall:

Tabl 2.3 Cymhariaeth o debygrwydd Buchedd Yale i Fuchedd 1 a Buchedd 2

Pennod 1: Amwys. 'ex regione Cornubiorum' ac 'extitit' yn agosach i Fuchedd 2.
Pennod 2: Amwys. 'caepit studijs semper interesse' ychydig yn agosach i Fuchedd 2 'literis cepit informari' na Buchedd 1 'incepit legere'.
Pennod 3: Amwys. 'sepulchrum dominicum' yn agosach i Fuchedd 2 'Dominicum ... sepulchrum' na Buchedd 1 'sepulcrum domini'. 'ad sanctum Hyllarium, pictavensem episcopum, venit' yn agosach i 'petiit Hilarium, Pictauensem episcopum' (Buchedd 2) na 'fuit apud beatissimum Hilarium episcopum Pictauensem' (Buchedd 1), ond yn agosach i Fuchedd 1 wrth ddatgan bod Cybi yno am 50 mlynedd (yn hytrach na 'fere quinquaginta annis' (Buchedd 2)).

Pennod 4: Amwys. 'honore pontificali' yn debycach i 'in gradum pontificis' (Buchedd 2) na 'gradum episcopalem' (Buchedd 1). 'repatriare' yn agosach i 'repatriaret' (Buchedd 2) na 'remearet ad suam patriam' (Buchedd 1).

Pennod 5: Amwys. Dim cysylltiad arbennig â'r naill fuchedd na'r llall.

Pennod 6: Amwys. 'quendam servum' ychydig yn agosach i 'quendam uirum' (Buchedd 1) na 'uirum' (Buchedd 2).

Pennod 7: Amwys. Agosach i Fuchedd 1 yn yr hanner cyntaf, ond agosach i Fuchedd 2 yn yr ail hanner: 'Equus vero cui rex insedebat statim cecidit mortuus' yn agosach i 'et statim mortuus est equus eius' (Buchedd 1) na 'equusque mox exspirauit' (Buchedd 2). 'cum familia' yn agosach i 'et tota familia eius' (Buchedd 1) na 'cum omni domu sua' (Buchedd 2). 'veniam postulauit' yn agosach i 'idem basileo in facie prostrato, beato Kebio ueniam sibi suisque enixius supplicauit' (Buchedd 2) na 'Tunc Ethelic prostrauit se in faciem suam' (Buchedd 1). 'restituit fortitudini' yn agosach i 'sospitati restitutus est' (Buchedd 2) na 'sanati sunt' (Buchedd 1).

Pennod 8: Amwys. 'quarum vna Llangybi vocatur' yn agosach i 'quarum una Lankepi uocatur' (Buchedd 1) na 'quorum[*sic*] una Lankebi ... uocatur' (Buchedd 2). 'Tunc sanctus Kybi' yn agosach i 'Tunc sanctus Kepius' (Buchedd 1) na 'Tunc agius Kebius' (Buchedd 2), ond mae'r frawddeg olaf yn amwys, gyda rhai elfennau'n agosach i Fuchedd 1 a rhai'n agosach i Fuchedd 2.

Pennod 9: Amwys. 'ibique per vii annos manens' ychydig yn agosach i 'in qua iiii. annis mansit' (Buchedd 1) nag 'in qua plane iiii annis sedit' (Buchedd 2). 'construxit ecclesiam' yn agosach i 'ecclesiam construxit' (Buchedd 2) na 'ecclesiam edificauit' (Buchedd 1). 'sanctus Kybi emit vaccam cum vitulo' yn agosach i 'sanctus Kepius emit uaccam cum uitulo suo' (Buchedd 1) na 'prescriptus uir Dei emit uaccam cum uitulo' (Buchedd 2).

Pennod 10: Agosach i Fuchedd 1 gydag un gyfatebiaeth dra sylweddol. 'vnus discipulorum eius, nomine Maelawc' yn agosach i 'unus de discipulis sancti Kepii, Maelauc nomine' (Buchedd 1) na 'quidam auditor prenotati sancti uiri, cui nomen Melauc' (Buchedd 2); cyfatebiaeth sylweddol â Buchedd 1 tua'r diwedd a drafodir uchod.

Pennod 11: Amwys. Dim cysylltiad arbennig â'r naill fuchedd na'r llall.

Pennod 12: Amwys. 'cui fuerat alligatus' yn agosach i 'cui alligabatur' (Buchedd 1) na 'cui uinciebatur' (Buchedd 2).

Pennod 13: Amwys. 'australibus partibus' yn agosach i 'australem partem' (Buchedd 2) na 'australem plagam' (Buchedd 1); 'construere cepit ecclesiam' yn agosach i 'Construxit etiam inibi ecclesiam' (Buchedd 2) na 'edificauit ibi ecclesiam' (Buchedd 1). 'ad hodiernam diem' yn agosach i 'usque hodie' (Buchedd 1) na 'huc usque' (Buchedd 2).

Pennod 14: Amwys. 'locum, in quo moratus est per xii dies' yn agosach ar y cyfan i 'ibi moratus est xii diebus' (Buchedd 1) na 'eo loci bis senis commoratus est diebus' (Buchedd 2) ond yn amwys. 'iussus est vt transfretaret' yn agosach i 'transfreta' (Buchedd 2) na 'perge trans mare' (Buchedd 1).

Pennod 15: Amwys gydag un gyfatebiaeth sylweddol â Buchedd 1. 'mittens discipulos suos' yn agosach i 'misit discipulos suos' (Buchedd 1) na 'direxit discipulos suos' (Buchedd 2). 'vt sicut vere serui Dei erant' efallai ychydig yn agosach i 'si uere Dei serui consistis' (Buchedd 2) na 'si serui Dei estis' (Buchedd 1). 'super mare positum' yn agosach i 'super mare' (Buchedd 1) na 'in ponto' (Buchedd 2). 'valida tempestas surrexit' yn agosach i 'tempestas ualida surrexit' (Buchedd 2) na 'tempestas ualida in mare uenit' (Buchedd 1). 'timentibus discipulis intentius' yn agosach i 'timuerunt ualde discipuli eius' (Buchedd 1) na 'Discipulos suos oppido perturbando perterruit' (Buchedd 2);

> 'Cuius oracione mire magnitudinis rupem Deus in duas partes diuisit ...' yn sylweddol agosach i '... cuius rogatione diuisit Deus scopulum in duas partes ...' (Buchedd 1) na 'Dominus uero sanctum prelibatum se enixius orantem exaudiens, enormen scopulum in duas partes diduxit ...' (Buchedd 2).

> **Pennod 16**: Amwys gyda chyfatebiaeth sylweddol â Buchedd 1: 'vt ignem ...' yn agosach i 'ut ignem afferret' (Buchedd 2) na 'aporta nobis ignem' (Buchedd 1). 'Magurius interrogans' yn agosach i 'Interrogauitque Magurnus' (Buchedd 1) na 'ille ... sciscitans' (Buchedd 2). 'sibi ignem non daturum nisi in suo proprio portaret sinu' yn sylweddol agosach i 'ignem tibi non dabo, nisi in sinu tuo portaueris' (Buchedd 1) na 'focum tibi non dabo, nisi in sinu tuo gestaberis' (Buchedd 2).

> **Pennod 17**: Amwys. 'capriolam' yn agosach i 'capream' (Buchedd 2 *passim*) na 'capram' (Buchedd 1 *passim*).[52]

> **Pennod 18**: Amwys. Dim cysylltiad arbennig â'r naill fuchedd na'r llall.

> **Pennod 19**: Amwys. Dim cysylltiad arbennig â'r naill fuchedd na'r llall.

> **Pennod 20**: Amwys. 'obdormiuit in Domino' yn agosach i 'obdormiuit in Domino' (Buchedd 2) na 'dormiuit cum Christo' (Buchedd 1).

Pur amwys yw'r dystiolaeth at ei gilydd, fel y dengys y tabl. Dylid cofio hefyd fod y cyfatebiaethau hyn yn aml yn fater o ddehongli ac weithiau nad yw'n gwbl glir pa ddarlleniadau sydd agosaf. Darpara pennod 2 enghraifft ddefnyddiol:

Buchedd Yale
Sanctus vero Kybi, dum adhuc teneræ erat ætatis, ad virtutum irregularem tam direxit vestigia. Quia cum vii annorum esset, cæpit studijs semper interesse, et per spacium xx annorum, Spiritu Sancto administrante, doctori suo Kyngar per omnia equalis effectus est. Sed qui primus erat

discipulus, nunc magister est nominatus. ('Pan oedd Cybi sant eto o oedran ifanc, cyfeiriodd ei gamau felly tuag at rinwedd anarferol. Oherwydd pan oedd yn saith mlwydd oed, dechreuodd ymwneud yn gyson â'i astudiaethau, ac am gyfnod o 20 mlynedd, gyda'r Ysbryd Glân yn darparu, gwnaethpwyd ef yn gydradd â'i athro Cyngar ym mhob peth. Ond yr hwn a oedd yn ddisgybl i ddechrau a enwyd yn athro yn awr.')

Buchedd 1
Beatus uero Kepius septennis erat, qua[n]do incepit legere. Postea uero fuit in regione sua per xx annos. ('Yr oedd Cybi bendigaid yn saith mlwydd oed pan ddechreuodd ddarllen. Wedyn, yn wir, bu yn ei ardal ei hun am 20 mlynedd.')

Buchedd 2
Beatus uero Kebius septennis erat, quando literis cepit informari. Deinceps autem xx annis in sui deguit nauitatis regione. ('Yn wir, yr oedd Cybi bendigaid yn saith mlwydd oed, pan ddechreuodd gael ei ddysgu mewn llythrennau. Wedyn, at hynny, bu'n byw yn ardal ei enedigaeth am 20 mlynedd.')

Gwelir bod darlleniadau Buchedd 1 a Buchedd 2 yn debyg iawn i'w gilydd gydag ambell wahaniaeth geiriol. Mae Pennod 2 yn dra gwahanol ym Muchedd Yale, ac nid yw'n amlwg yn agosach at Fuchedd 1 na Buchedd 2 yma. Gellid gweld 'cæpit studijs semper interesse' yn agosach i 'literis cepit informari' (Buchedd 2) na 'qua[n]do incepit legere' (Buchedd 1) ond nid yw'r gyfatebiaeth yn drawiadol ac mae'n bosibl nad yw'n arwyddocaol o gwbl. Dyma amwysedd a welwn drwy'r rhan fwyaf o'r fuchedd.

O'r cyfatebiaethau a nodir yn y tabl (sy'n gyfatebiaethau bach fel rheol ond sy'n cynnwys y rhan fwyaf o lawer o enghreifftiau lle gellid awgrymu bod Buchedd Yale yn agosach i'r naill fuchedd na'r llall) ceir 19 enghraifft o agosrwydd at Fuchedd 1 ac 17 enghraifft o agosrwydd at Fuchedd 2. O'r rhain y mae dwy enghraifft sylweddol ac un enghraifft dra sylweddol o gytuno gyda Buchedd 1 yn erbyn Buchedd 2, ond ni cheir yr un enghraifft mor sylweddol o gytuno gyda Buchedd 2 yn erbyn Buchedd 1. Felly o ran cyfatebiaethau bach geiriol y mae cysylltiadau Buchedd

Yale â'r ddwy fuchedd yn weddol gyfartal. Mae'r cyfatebiaethau mwy yn awgrymu cysylltiad ychydig yn agosach â Buchedd 1, ond fe'u cyfyngir i dair brawddeg o'r testun, ac felly nid ydynt yn cynnig sail gwbl gadarn am ddamcaniaethu ynghylch perthnasau'r bucheddau cyfan.

Heria'r canlyniadau hyn y casgliad cyffredin mai adffurf gaboledig ar Fuchedd 1 yw Buchedd 2. Gellid esbonio unrhyw un o'r cyfatebiaethau rhwng Buchedd Yale a Buchedd 2 fel cyd-ddigwyddiad, ond gan eu bod yn niferus ac yn digwydd yn y testun drwyddi draw, nid yw'n bosibl eu hesbonio nhw oll fel hyn. Mae Buchedd 1 a 2 yn debyg iawn i'w gilydd ac yn rhannu rhai nodweddion anarferol, megis gwneud Erbin yn fab i Geraint yn ach Cybi, felly rhaid eu bod yn cyd-ddisgyn o gangen benodol o'r traddodiad testunol. Fel y nodais uchod, nid yw Buchedd Yale yn uniongyrchol ddibynnol ar y naill fuchedd na'r llall, ac mae elfennau sy'n ymddangos yn gynnar (a drafodir ymhellach isod) yn awgrymu mai perthyn i gangen arall o Fuchedd Cybi y mae Buchedd Yale, cangen a oedd wedi ymwahanu'n gynharach na ffurfio testunau Vespasian. Darpara'r astudiaeth gymharol yma ragor o dystiolaeth dros hyn. Ni ellid seilio Buchedd Yale ar Fuchedd 1 na Buchedd 2 (neu hyd yn oed eu cynseiliau uniongyrchol) a chael y cyfatebiaethau a nodir yma. Yr unig esboniad tebygol yw bod Buchedd Yale yn disgyn yn y pen draw o fersiwn o'r testun a oedd yn gynharach na'r hyn a geir yn Vespasian. Yr oedd y fersiwn hwn yn cynnwys rhai nodweddion o Fuchedd 1 a rhai o Fuchedd 2. Ymddengys yn dra annhebygol mai ffrwyth awdur diweddarach gyda mynediad at y ddwy fuchedd a ddewisodd gymysgu elfennau o Fuchedd 1 a Buchedd 2 yw Buchedd Yale, o ystyried ffactorau megis orgraff, yr ach, a'r deunydd annibynnol cynnar.

Mae hyn yn newid ein dehongliad o ddatblygiad Buchedd Cybi i ryw raddau. Yn hytrach na gweld Buchedd 1 fel y fersiwn gwreiddiol i bob pwrpas a Buchedd 2 fel adffurf fwy llenyddol ohoni, rhaid casglu nad yw Buchedd 1 na Buchedd 2 yn cynrychioli'r fuchedd wreiddiol yn llwyr. Mae'r ddwy wedi gwneud newidiadau. Gan fod y cyfatebiaethau rhwng Buchedd 1 a Buchedd Yale ychydig yn fwy sylweddol, gellir casglu bod Buchedd 1 rywfaint yn agosach at fersiwn cynharach o'r fuchedd, ond nid oes modd profi hyn i sicrwydd.

Mae bucheddau Vespasian yn cynrychioli un gangen o draddodiad testunol *Buchedd Cybi*, felly, a chynrychiola Buchedd Yale gangen arall. Yn yr achosion lle maent yn wahanol, pa fersiwn sy'n debygol o fod yn gynharach neu'n agosach at y gwreiddiol? Mae Cotton Vespasian A. xiv dros 400 mlynedd yn hŷn na Llawysgrif Yale, sy'n bwynt amlwg o blaid bucheddau Vespasian. Serch hynny, fel y trafodwyd, mae'r ddwy fuchedd wedi datblygu oddi ar fersiwn cynharach ac yn cynnwys elfennau a all fod yn weddol ddiweddar. Dylid ystyried pob achos yn unigol, felly.

Mewn rhai achosion, mae'n haws esbonio'r gwahaniaeth os fersiwn Vespasian yw'r fersiwn cynharaf. Wrth gymharu anturiaethau Cybi yn Iwerddon yn y gwahanol fucheddau, er enghraifft, gellid esbonio'r newidiadau fel ymgais i wneud y stori yn haws ei deall ac i bortreadu Cybi mewn ffordd fwy delfrydol (o ystyried mai digon amwys yw'r portread ohono yn yr episod hwn ym mucheddau Vespasian). Mae'r cyfeiriad at Gybi yn cael ei symud o lawer o leoedd eraill gan y meudwy ('ab ... multis alijs locis') yn awgrymu mai lleihau deunydd cynharach a wneir yma. Ymddengys hefyd fod o leiaf un enghraifft o gamddeall yn y stori ym Muchedd Yale wrth i enw'r meudwy gael ei rannu ac i 'Finuan' ddod yn enw abad.[53] Llawer anos fyddai esbonio pam y byddai'r stori ym Muchedd Yale yn cael ei newid i fod yn debyg i'r hyn a geir ym mucheddau Vespasian, gyda phortread llai delfrydol o Cybi.

Fel y trafodaf isod, mae'n debygol bod y pwyslais ar statws esgobol Cybi a Chaergybi ym Muchedd Yale yn gynnar, ond eto ymddengys yn haws ei esbonio fel ychwanegiad yn hytrach na rhywbeth a ddilëwyd ym mucheddau Vespasian. Os am ddadlau bod gan Gaergybi statws esgobol, gellir gweld cymhelliant cryf dros gynyddu'r pwyslais ar hwnnw yn ei fuchedd. Nid yw mor hawdd gweld pam y byddai awdur yn mynd i'r holl ymdrech o dynnu'r cyfeiriadau niferus hyn, yn enwedig o ystyried mai 'uita sancti Kebii episcopi' yw teitl dwy fuchedd Vespasian, sy'n dangos nad oedd awduron y testunau yn ceisio dileu ei statws esgobol. Felly hefyd gellid gweld y daith i Rufain fel ychwanegiad diweddarach, o ystyried ei bod yn cynyddu statws Cybi fel esgob, wrth iddo gael dau gynnig o urddo yn lle un. Ar y llaw arall, os oedd awdur y fuchedd yn tynnu ar draddodiadau sant arall o'r enw Pupeus, fel y mae Doble a Lewis wedi awgrymu, diddorol nodi bod y sant hwnnw hefyd yn mynd i Rufain, sy'n codi'r posibilrwydd bod y daith i Rufain yn rhan o'r fuchedd wreiddiol.[54]

Diweddarach hefyd o bosibl yw trefniant Buchedd Yale ar gyfer defnydd litwrgaidd. O ystyried bod elfennau o'r litwrgi ar ddiwedd Buchedd Yale yn debygol o fod yn ddiweddar,[55] byddai elfennau litwrgaidd y fuchedd, gan gynnwys y rhaniad yn llithoedd, y cyfeiriadau at y gynulleidfa a phwysleisio elfennau moesol a gwyrthiol mewn datganiadau gan yr awdur, hefyd yn elfen ddiweddarach os daethant i fod yr un pryd â'r litwrgi. Os newidiwyd araith uniongyrchol i araith anuniongyrchol i fod yn fwy addas ar gyfer darlleniad litwrgaidd, byddai hwn hefyd yn newid diweddarach.

Hyd yn hyn, nodwyd elfennau ym Muchedd Yale y credaf eu bod yn fwy tebygol o fod yn ddiweddarach oherwydd cymhelliant (o ran statws eglwysig) neu gysylltiad â'r litwrgi. Nid yw hyn yn sicr a gall yn hawdd mai fersiynau Vespasian sy'n fwy newydd mewn sawl achos. Mae hyn yn arbennig o wir am rai elfennau eraill, sef episod Caffo, yr ymdriniaeth â'r disgyblion, elfennau lleol (gogleddol neu ddeheuol), a gweithgarwch Cybi yng Nghernyw. Fel y trafodwyd uchod, ceir hanes Cybi'n deol Caffo ym Muchedd Yale a Buchedd 1 yn unig. Mae'r episodau'n wahanol ac mae'r stori'n ymddangos fel petai allan o'i phriod le ym Muchedd 1. Gall fod Buchedd Yale wedi gwneud newidiadau pwrpasol i dwtio'r episod, neu gall fod traddodiad Vespasian wedi cynnwys fersiwn dryslyd yn sgil camgopïo (gan arwain at ddileu'r episod o Fuchedd 2). O ran disgyblion eraill Cybi, gwelir olion Hen Gymraeg mewn rhai o'r enwau yn rhestr hwy Buchedd Yale (§5) ac ni ellir bod yn sicr ai'r rhestr hwy o ddeuddeg disgybl ym Muchedd Yale neu'r rhestr fer o bedwar disgybl ym mucheddau Vespasian sy'n hŷn. Ni nodir faint o ddisgyblion sydd gan Gybi ym Muchedd 2, tra nodir deg ym Muchedd 1 a deuddeg ym Muchedd Yale a thraddodiad diweddarach. Fel yr awgrymais uchod, byddai'n haws esbonio newid o ddeg i ddeuddeg na newid y ffordd arall gan y byddai'n cryfhau'r tebygrwydd rhwng Cybi ac Iesu, ac, os felly, byddai o leiaf ddau o'r disgyblion o restr Buchedd Yale yn ychwanegiad diweddarach.[56] Fel y nodwyd uchod, mae'r rhestrau o ddisgyblion yn un enghraifft o le y mae Buchedd Yale yn dangos canolbwynt gogleddol tra bo canolbwynt bucheddau Vespasian o bosibl ychydig yn fwy deheuol. Ni ellir bod yn sicr a yw elfennau lleol gogleddol neu ddeheuol eraill yn gynharach na'i gilydd. Cwbl amwys yw'r disgrifiad o Gybi yn sefydlu eglwys yng Nghernyw a geir ym Muchedd Yale yn unig (§5). Mae'r ffurf ar enw'r eglwys a sefydla Cybi yn amwys ac ychydig iawn o fanylion a roddir. Gall fod yn ychwanegiad diweddarach ym Muchedd Yale neu'n elfen a ddilëwyd o fucheddau Vespasian.

I'r graddau bod sicrwydd o gwbl, ymddengys mai bucheddau Vespasian sy'n cadw fersiwn cynharach o'r fuchedd ar y cyfan, ond mewn llawer o achosion ni wyddys beth a ddaeth gyntaf. Yn achos 'Erbin fab Geraint', mae'n debygol iawn mai Llawysgrif Yale sy'n cynnwys y darlleniad cynharach a bod cangen Vespasian yn cynnwys camgymeriad.[57] Nodwyd uchod fod rhai elfennau, megis y pwyslais ar statws esgobol, yn debygol o fod yn ychwanegiadau cynnar ym Muchedd Yale. Wrth lwc, mae gennym fodel ar gyfer y math o broses a all fod wedi digwydd yma ym mucheddau Teilo. Ceir un fersiwn o Fuchedd Teilo (a briodolir i frawd Urban, esgob Llandaf) yn Cotton Vespasian A. xiv a fersiwn arall, mwy estynedig yn Llyfr Llandaf. Tueddir i gytuno mai fersiwn Vespasian sy'n agosaf at y gwreiddiol a bod fersiwn Llyfr Llandaf wedi ychwanegu deunydd newydd er mwyn hybu eglwys Llandaf.[58] Yn wir, gwelir cyfatebiaethau trawiadol â Buchedd Yale. Rhoddir pwyslais ychwanegol ar Deilo fel archesgob Llandaf ac ar gysylltiadau arbennig Teilo â'r eglwys honno. Felly gwelwn yma ymgais debyg i gryfhau breintiau esgobol (neu archesgobol) eglwys benodol. Ceir hefyd ddisgrifiad newydd o daith Teilo i Lydaw lle daw'n esgob Dol.[59] Mae buchedd Teilo o Lyfr Llandaf yn gymhariaeth bwysig am sawl rheswm. Mae'n dangos bod y fath newidiadau yn gallu digwydd yn gynnar, ac yn weddol fuan ar ôl cyfansoddiad y fuchedd. Tybir i fuchedd Teilo gael ei chyfansoddi yn ystod esgobaeth Urban (os cywir y priodoliad i'w frawd), sef 1107–34.[60] Mae'n rhaid bod fersiwn Llyfr Llandaf wedi ei greu cyn copïo'r llawysgrif honno tua ail chwarter y 12fed ganrif, ac felly fe wnaethpwyd y newidiadau hyn yn y blynyddoedd yn syth ar ôl y cyfansoddiad gwreiddiol. Mae'r gymhariaeth hefyd yn bwysig am fod y fersiwn newydd wedi cael ei greu yn yr un lleoliad â'r fersiwn gwreiddiol, yn ôl pob tebyg, sef Llandaf. Nid yw'r ffaith bod y fersiwn newydd yn pwysleisio hawliau Llandaf yn meddwl nad yw'r fersiwn gwreiddiol yn dod o Landaf hefyd. Felly hefyd yn achos buchedd Cybi: nid yw'r ffaith bod fersiwn o'r fuchedd sy'n canolbwyntio yn arbennig ar Gaergybi'n bodoli yn meddwl na chyfansoddwyd y fuchedd wreiddiol yno hefyd. Yn hytrach, gwelodd rhywun gyfle neu angen i bwysleisio'r hawliau hyn ymhellach nag a wnaed yn y fuchedd wreiddiol.

LITWRGI

Cyn dod i gasgliadau terfynol ynghylch dyddiad a lleoliad Buchedd Cybi o lawysgrif Yale, trown at y gweddïau unigryw a geir ar ddiwedd y fuchedd. Ni cheir litwrgi ar ddiwedd y rhan fwyaf o fucheddau Lladin seintiau Cymru. Yn wir, trawiadol o brin yw olion eu litwrgi canoloesol ar y cyfan. Yr enghraifft enwocaf yw litwrgi Dewi o antiffonari Penpont, lle cedwir gweddïau helaeth ar gyfer gŵyl Dewi.[61] Ffynhonnell bwysig arall yw'r gweddïau sy'n gysylltiedig â fersiynau Ioan o Tynemouth o fucheddau canoloesol, a drafodwyd gan Sally Harper.[62] Ni cheir dim litwrgi ar ddiwedd dwy fuchedd Cybi yn Vespasian A. xiv. Mae Buchedd Yale, ar y llaw arall, yn gopi o destun a oedd yn amlwg wedi ei fwriadu ar gyfer defnydd litwrgaidd. Mae hyn yn glir yn y fuchedd ei hun (fel y trafodir uchod) ond hefyd o ystyried y litwrgi a gynhwyswyd ar ei hôl. Buchedd Deiniol yw'r fuchedd sy'n fwyaf tebyg i fuchedd Cybi o Lawysgrif Yale yn hyn o beth. Mae Buchedd Deiniol hefyd yn goroesi mewn llawysgrif modern cynnar ac wedi ei rhannu'n naw llith.[63] Ar ddiwedd y llithoedd, ceir colect a gysylltir â Deiniol, ond ni cheir cyfres o weddïau fel a geir ym muchedd Cybi.

Ar ddiwedd Buchedd Yale, ar ôl y weddi arferol ar ddiwedd darlleniad ('tu autem, Domine, miserere nostri'), ceir pedair prif weddi, sef dau golect a dwy antiffon rythmig odledig, a argreffir ar ddiwedd y golygiad isod. Trefnir y gweddïau fel a ganlyn:

- Gweddi i nodi diwedd y llith olaf ('Tu autem, Domine, miserere nostri')
- Antiffon odledig gyntaf
- Galwad (gwersigl: 'Ora pro nobis, beati Kybi') ac ateb ('ut digni efficiamur'))
- Colect cyntaf
- Ail antiffon odledig
- Ail golect

Copïodd Robert Davies y gweddïau mewn ffordd anarferol. Er bod maint ei lawysgrifen yn weddol gyson yn y fuchedd ei hun, ceir amrywiaeth sylweddol wrth gopïo'r gweddïau. Mae'r weddi i nodi diwedd y llith, yr antiffon odledig cyntaf, a'r galwad ac ateb mewn llawysgrifen sylweddol lai nag arfer. Yna daw'r llawysgrifen yn ôl i faint debycach i'w maint arferol am y colect cyntaf, cyn mynd ychydig yn llai ar gyfer yr ail antiffon, ac yna'n fwy eto ar gyfer yr ail golect. Nid yw'n glir paham yr ysgrifennodd Robert Davies felly. Gall ei fod wedi ceisio cadw'r holl ddeunydd ar yr un tudalen (diwedd t. 251), ond mae'n debygol y byddai wedi bod yn amlwg fod gormod i'w gynnwys yno. Gall fod Robert Davies yn dilyn ei gynsail yma (fel y gwelir, er enghraifft, wrth iddo gopïo nodiadau ymylol yn yr un fformat ag a gafwyd yn yr *English Martyrologe*). Posibilrwydd arall yw ei fod wedi gadael bwlch rhwng diwedd y llith olaf a'r colect cyntaf ac wedyn wedi dod o hyd i'r gweddïau eraill a defnyddio llawysgrifen lai er mwyn eu cynnwys yn y bwlch. Oherwydd yr ansicrwydd hwn, mae'n anodd dyfalu arwyddocâd fformat anarferol y gweddïau.

Mae'r gweddïau'n amlwg yn ganoloesol. Fel yng ngweddill y fuchedd, defnyddir <e> ac <ae> ill dwy am <ae> glasurol, megis yn y sillafiad 'Iustitie' am 'Iustitiae'. Awgryma hyn yn gryf fod gan Robert Davies gynsail ganoloesol a'i fod yn diweddaru'r orgraff yma ac acw. Mwy arwyddocaol eto yw odl yr antiffonau, sy'n dyst i gyfuniad y diptong 'ae' a'r llafariad 'e', sef nodwedd ar Ladin canoloesol. Odlir 'miseriæ' (genidol) a 'requiæ' ('requie' mewn Lladin clasurol (abladol)), a hefyd 'dignissime' (cyfarchol) a 'Iustitie' ('iustitiae' mewn Lladin clasurol (genidol)), na fyddai'n odli mewn Lladin clasurol.[64] Rhesymol tybio, felly, fod y gweddïau'n gynnyrch yr Oesoedd Canol yn hytrach na gwaith rhywun yn yr 16eg ganrif neu'r 17eg, ond pryd yn ystod yr oesoedd maith hynny y cawsant eu cyfansoddi? Rhaid cofio mai sawl gweddi sydd gennym yma a gall fod ambell un yn ddiweddarach neu'n gynharach nag eraill. Defnyddir 'Wallie' (ffurf enidol ar Gymru) yn y ddwy antiffon, sy'n awgrymu dyddiad o ail hanner y 12fed ganrif ymlaen, pan ddisodlwyd geirfa 'Brydeinig' a ddefnyddid am Gymru gan eirfa 'Gymreig'.[65] Mae perthynas y gweddïau â thestunau litwrgaidd eraill yn ddadlennol hefyd. Tuedda testunau litwrgaidd i fenthyg yn helaeth oddi wrth ei gilydd, a gall hyn ein cynorthwyo wrth eu dyddio. O ran ffurf y gweddïau yn Llawysgrif Yale, mae'r defnydd o antiffonau odledig i'w weld yn y gwasanaeth ar gyfer gŵyl Dewi yn Antiffonari Penpont.[66] Dyddia'r llawysgrif honno o'r 14eg ganrif ac mae'n bosibl y cyfansoddwyd y gwasanaeth ar gyfer gŵyl Dewi yn y ganrif flaenorol.[67] O gymharu'r testunau, gwelir peth tebygrwydd rhwng y colect cyntaf ar ddiwedd Buchedd Yale ac un o'r colectau i Ddewi (amlygir y cyffelybiaethau gan lythrennau bras):

Colect cyntaf Buchedd Yale
Nostre, quesumus, Domine, obsequialitatis supplicaciones aures tue propitiacionis exaudi, vt qui **beatum Kybi, confessorem tuum atque pontificem**, pia deuocione veneramur, **eius suffragantibus meritis ad eterne beatitudinis gaudia pervenire mereamur**.

'Arglwydd, gofynnwn, gwrando ar weddïau ein hufudd-dod gyda chlustiau dy drugaredd, fel y byddom ni sy'n anrhydeddu gydag ymroddiad duwiol Gybi fendigaid, **dy gyffeswr a'th esgob, yn haeddu cyrraedd llawenydd y gwynfyd tragywydd trwy ei haeddiannau cynorthwyol**.'

Colect o wasanaeth Dewi
Deus qui **beatum Dauid confessorem tuum atque pontificem** angelo nunciante triginta annis antequam nasceretur predixisti, tribue nobis quesumus ut cuius festiuitatem colimus **eius intercessione ad eterna gaudia perueniamus**.[68]

'Dduw, a ragddywedodd **Ddewi fendigaid, dy gyfesswr a'th esgob**, trwy ddatganiad angel ddeng mlynedd ar hugain cyn iddo gael ei geni, rho inni, gofynnwn, **fel y byddom yn cyrraedd llawenydd tragywydd trwy eiriolaeth** yr hwn y dathlwn ei ŵyl.'

Mae'r colectau'n weddol debyg, a gall fod y colect o wasanaeth Dewi wedi dylanwadu ar awdur colect cyntaf buchedd Cybi, yn enwedig o ystyried bod y colect o wasanaeth Dewi wedi cylchredeg yn eang.[69] Ond ar y cyfan nid yw'r gyfatebiaeth yn union, a lle ceir cyfatebiaeth union fe'i ceir yn y rhan fwyaf cyffredinol o'r colect, lle disgwylid geiriau tebyg wrth ddisgrifio Cybi a Dewi. Ni allwn fod yn hyderus bod awdur y gweddïau i Gybi wedi tynnu ar y ffynhonnell hon, felly.

Mwy arwyddocaol yw'r cyfatebiaethau rhwng yr ail antiffon a segwens i Sierôm.[70] Mae'r holl gyfatebiaethau â rhan gyntaf y segwens, ac ni cheir dim cyfatebiaethau sylweddol fel arall. Rhoddir y rhannau perthnasol isod gan ddefnyddio llythrennau bras i amlygu'r cyfatebiaethau:

Ail antiffon Buchedd Yale

Norma **morum, decus pudititie,**
flos doctorum, arha pendentie,

De sancto Hieronymo

Salve, pater, **flos doctorum,**
Salve, flos **decus**que **morum,**
O flos eremi cultorum,
Rosa **pudicitiae!**

Mae'r cyfatebiaethau hyn yn bwysicach na'r rhai rhwng y colectau i Gybi a Dewi, gan fod y geiriau a ddefnyddir yn llai cyffredinol. O'r wyth gair a geir yn y ddwy linell o'r antiffon, cyfetyb pump ohonynt yn uniongyrchol i'r rhan hon o'r segwens i Sierôm. Ceir un ymadrodd sydd yr un fath yn y ddau destun ('flos doctorum')[71] ac mae'r geiriau eraill i gyd hefyd yn cyfateb o ran ffurf ('morum' yn enidol luosog, 'pudititie' yn enidol unigol, 'decus' yn gyfarchol unigol.) O ystyried hynny, mae'n dra annhebygol mai cyd-ddigwyddiad sy'n gyfrifol am y gyfatebiaeth hon, sy'n codi'r posibilrwydd bod ail antiffon Buchedd Yale yn defnyddio'r segwens i Sierôm fel ffynhonnell. Mae hyn yn dra arwyddocaol am ddyddiad yr antiffon, gan fod y segwens yn debygol o fod yn ddiweddar. Mae'n goroesi mewn llawysgrifau a llyfrau printiedig o ail hanner y 15fed ganrif ymlaen ac fe'i cysylltir â thraddodiad esgobaeth Utrecht yn yr Iseldiroedd yn ail hanner y 15fed ganrif.[72] Y tebygrwydd yw bod llawysgrif o'r cyfandir (neu gopi ohoni) wedi cyrraedd ein hawdur a bod y deunydd wedi cael ei godi o honno. Ni allwn fod yn gwbl sicr am ddyddiad y gweddïau yn sgil hyn: gall fod y segwens wedi ei chyfansoddi yn gynharach ond bod pob copi cynnar ohoni wedi mynd ar goll. Nid yw dyddiad diweddar ar gyfer yr ail antiffon o reidrwydd yn meddwl bod y testunau eraill yn ddiweddar chwaith. Eto mae'r cysylltiad yn awgrymu dyddiad diweddar ar gyfer y litwrgi yma (tua diwedd y 15fed ganrif), sy'n gwbl gyson â gweddill y dystiolaeth.

Testunau o'r Oesoedd Canol diweddar sydd gennym fan hyn felly, yn ôl pob tebyg, ond sut byddent wedi cael eu defnyddio?[73] Yn Antiffonari Penpont, mae'r rhuddellau megis *in laudibus* ('ar gyfer y lawdau') yn rhoi gwybod inni pryd y defnyddid y gwahanol weddïau a gofnodir. Ni chynigir yr wybodaeth hon yn achos gweddïau Cybi, ac felly erys y defnydd a wneid o'r gweddïau yn amwys. Er hynny, gall ffurf y gweddïau fod yn ddadlennol. Nid oes gennym wasanaeth llawn ar gyfer Cybi yma, ond gall fod gennym fersiwn talfyredig o'r gwasanaeth, sef *suffrage*, a fyddai fel arfer yn cynnwys antiffon, gwersigl a cholect.[74] Dywedid y *suffrages* ar ddiwedd lawdau (*lauds*) a'r gosber ar ddiwrnodau penodol o'r wythnos.[75] Gall mai fel hyn y defnyddid y gweddïau hyn yn eglwys Cybi, Caergybi, ar ddiwedd yr Oesoedd Canol. Noda Harper, '[s]uch observances serve a general votive function and reflect an ancient tradition of praying for special intentions as a conclusion to the office.'[76] Gan fod dwy antiffon a dau golect yma, gall fod gennym ddau *suffrage* neu ffurf estynedig ar un.[77] Ni wyddys a gyfansoddwyd y gweddïau hyn yn unswydd neu eu tynnu o wasanaeth llawn. Nododd Harper fel y gall *suffrages* fod wedi cael eu darllen fel rhan o grefydd breifat yn ogystal â'u darllen allan.[78] Yn achos y gweddïau i Gybi, credaf ei fod yn fwy tebygol iddynt gael eu darllen allan fel rhan o'r litwrgi o ystyried cyd-destun ehangach y fuchedd a'i chyfeiriadau at *fratres dilectissimi* (§1) a *fratres charissimi* (§5). Mae arwyddocâd posibl i hyn o ran pennu'r math o lawysgrif a oedd yn gynsail i Fuchedd Yale. Gall awgrymu mai llawysgrif litwrgaidd megis brefiari a oedd yn cynnwys y fuchedd yn hytrach na *legendarium* neu lyfr o fucheddau'r saint. Nid yw sicrwydd yn bosibl gan nad yw Robert Davies yn rhoi manylion am ei ffynhonnell heblaw nodi ei bod yn hen lawysgrif,[79] ac o ystyried mai dyma'r unig destun y gwyddys iddo ei godi o'r ffynhonnell hon.

LLEOLIAD A DYDDIAD(AU) Y FUCHEDD

Mae canolbwynt arbennig Buchedd Yale ar Gaergybi yn amlwg o edrych ar y testun ei hun ac o'i gymharu â'r bucheddau o Vespasian. Mae'n debygol y dylid lleoli cyfansoddiad fersiwn Llawysgrif Yale o fuchedd Cybi yno ar y seiliau canlynol:

- y pwyslais ar statws esgobol Cybi a Chaergybi (§19 yn enwedig)
- y sylw helaeth a roir i ddigwyddiadau yng Nghaergybi (§§17–20)
- y defnydd unigryw o enw lle lleol ('Circuitus Capriole' §18)
- y disgrifiad manylach o ffynnon Cybi yn y gogledd-orllewin (§15)
- y rhestr o ddisgyblion y mae gan y rhan fwyaf ohonynt gysylltiadau cryf ag Ynys Môn (§5)
- ychydig yn llai o sylw i fanylion y de-ddwyrain (cymh. Vesp1+2 §8)

Gellid gwneud achos cryf dros leoli cyfansoddiad y fuchedd wreiddiol yng Nghaergybi.[80] Dyma eglwys bwysicaf Cybi, ac fe gaiff lawer o sylw ar ddiwedd bucheddau Vespasian hefyd. Gall fod yr awdur gwreiddiol yn ysgrifennu yng Nghaergybi, gan ddefnyddio deunydd o ardaloedd eraill hefyd, megis o Langybi, Sir Fynwy, ar gyfer penodau 6–8. O ystyried yr holl bwyntiau o'i blaid, gallwn fod yn fwy hyderus eto mai Caergybi oedd lleoliad creu fersiwn Llawysgrif Yale o'r fuchedd. Awgrymais uchod (gan ddefnyddio datblygiad bucheddau Teilo fel model) fod y fuchedd wreiddiol yn dod o Gaergybi a bod rhai o'r newidiadau a adlewyrchir ym Muchedd Yale wedi eu gwneud yng Nghaergybi hefyd, ychydig yn ddiweddarach.

Os oedd yr awdur (neu awduron) yn ysgrifennu yng Nghaergybi, gallwn ddefnyddio hanes eglwys Cybi yno i geisio sefydlu pryd y byddai'n fwyaf tebygol i'r gwaith gael ei gyfansoddi. Hen *glas* oedd eglwys Caergybi, sef y math o eglwys a oedd yn gyffredin yng Nghymru cyn y concwest Normanaidd ac a oedd yn cael ei chysylltu â theulu neu deuluoedd penodol. Llanbadarn Fawr yw'r enghraifft enwocaf o glas, lle bu'r eglwys yn gartref i deulu dawnus yr esgob Sulien yn niwedd yr 11eg ganrif a dechrau'r 12fed.[81] Tywyllach fyth yw hanes eglwys Cybi yn yr un cyfnod, ysywaeth. Saif yr eglwys y tu fewn i furiau hynafol caer sy'n dyddio o'r cyfnod Rhufeinig diweddar.[82] Mae'n rhaid bod yr eglwys o bwys sylweddol pan gawn y cyfeiriad cyntaf ati yn *Brut y Tywysogyon* (yn y cofnod ar gyfer y flwyddyn 959 (*recte* 961)): 'y diffeithwyd Kaer Gybi a Lleyn y gan veibyon Abloyc'.[83] Ystyrid Caergybi yn ddigon pwysig bod angen nodi'r ymosodiad hwn ac fe gyfosodir Caergybi ag ardal Llŷn, sy'n ategu ei phwysigrwydd. Mae'r cyfeiriad hwn yn arwyddocaol hefyd gan fod ffynhonnell y cronicl ar gyfer y cyfnod hwn yn debygol o fod wedi'i chyfansoddi yn Nhyddewi yn y de, ymhell o Gaergybi.[84]

Yn *Vita Griffini Filii Conani* a'i haddasiad Cymraeg Canol *Historia Gruffud Vab Kenan*, gad Gruffudd ap Cynan nifer o roddion i eglwysi (eglwys Caergybi yn eu plith) yn fuan cyn ei farwolaeth ym 1137:[85]

Atque ubi iam vitae terminum approprinquare intellexit, liberos convocari praecepit, ut quae a morte sua fieri et observari vellet illis exponeret, quemadmodum aliquando Ezechias rex fecerat. Itaque substantiam suam omnem in partes divisit, cuius iustitia in aeternum permanebit. Ecclesiae Christi Dublinorum viginti solidos donavit, quo in loco et natus et nutritus fuerat, singulisque cathedralibus ecclesiis Hyberniae necnon Ecclesiae Menevensi, abbatiis Cestriae et Salopiae tantundem. Etiam amplius quod ecclesiae Bangorensi legavit. Ac Ecclesiae Caercybi decem solidos ac tantundem Penmonae, Sancti Germani, Dinerth, Gelynnawc, Enlli, et Meivot, multisque praecipuis aliis ecclesiis. Haec episcopis, archidiaconis, praesbyteris, clericis, doctoribus, Christianisque indigentibus concessit ut ...[86]

Ag eissyoes, fal ydd oedd y derfyn y fynet o'r byt hwnn yn nessau, galw y feibeon a orug a llunyethu y farwolaeth, fal y gwnaeth y brenin Ezechias weith arall. Ag wrth hynny, rhannu a orug y holl dda; a'e gyfyawnder ynteu a bara yn oes oessoedd. Ef a anfones ugein swllt y eglwys Grist yn Dulyn, yn y lle y ganet ac y magwyt, a chymeint a hynny y holl eglwysseu pennaf o Ywerddon. A'r gymeint y eglwys Fynyw, a'r gymeint y fanachlog Gaer, a'r gymeint y fanachlog Amwythig, a mwy no hynny y eglwys Vangor, a deg swllt y Gaergybi, a'r gymeint y Benmon, a'r gymeint y Gelynnawg a'r gymeint y Enlli, a'r gymeint y Feifod, a'r gymeint y Lan Armawn, a'r gymeint y Ddineirth, ag y lawer o eglwysseu pennaduraf ereill. A roddes ynteu y esgob ag archdiagon, effeirieit ag urddolyon ag athrawon, ag y achanogyon kristyawn, y daoedd hynny ...[87]

Mae'n amlwg o'r dyfyniadau hyn bod Bangor o statws uwch na Chaergybi. Rhydd Gruffudd ddeg swllt i Gaergybi, ond dros ugain i eglwys Bangor. Er hynny, deil Caergybi yn bwysig: dyma'r eglwys gyntaf yng Ngwynedd a enwir wedi Bangor. Ond nid oes dim i awgrymu mai eglwys esgobol ydoedd. Daw 'David episcopus Bangor'[88] / 'Dafydd eskob Bangor'[89] i wely angau Gruffudd yn fuan wedyn, ac nid enwir esgob arall. Diddorol yw sylwi bod Gruffudd wedi rhoi rhoddion i *episcopis* ('esgobion') yn y *Vita Griffini*, ond y ffurf unigol 'esgob' a ddefnyddir yn y fersiwn Cymraeg Canol, a gall y ffurf luosog yn y Lladin fod yn gyfeiriad at y rhoddion a rydd Gruffudd i eglwysi y tu allan i Wynedd, megis Tyddewi.

Felly eglwys bwysig, ond nid eglwys esgobol, oedd eglwys Cybi i Ruffudd ap Cynan, hyd y gellir barnu. Mae hyn yn gyson â thystiolaeth y canrifoedd dilynol. Enwir Caergybi mewn siarter amheus (dyddiedig Rhuthun, 18 Tachwedd 1225) lle rhydd Llywelyn ab Iorwerth eglwys Ellesmere i ysbyty Caersalem yn Nolgynwal. Yr ail o'r wyth o dystion a enwir (ar ôl 'magistro Ada de Sancta Trinitate') yw 'magistro Instructo archipresbitero de Karkeby'.[90] Mae 'archipresbyter' yn derm a ddefnyddir ar gyfer arweinydd eglwys golegol.[91] Mae'r siarter yn amheus am nad yw'r dyddiad a'r arddull yn cydweddu a gall fod wedi newid rywfaint yn ystod ei throsglwyddiad, ond mae'r cyfeiriad at 'archipresbyter' Caergybi yn gredadwy fel tystiolaeth am y teitl a ddefnyddid ar ei gyfer yn y 13eg ganrif.[92] O'r dystiolaeth hanesyddol, mae'n amlwg bod eglwys Cybi, Caergybi, yn eglwys golegol o bwys lle byddai litwrgi sylweddol wedi cael ei ddefnyddio. Byddai'n gartref ddelfrydol i awdur Buchedd Yale, felly. Ond, o edrych ar bob dogfen o'r 12fed ganrif ymlaen, nid oes dim i awgrymu mai eglwys esgobol ydoedd, na chwaith ei bod am gael ei gweld felly: yn wir, maent fel arfer yn gwrth-ddweud hynny. Erys hyn yn wir am ddogfennau diweddarach hefyd: heblaw fersiwn modern cynnar o ach a drafodir isod, nid yw'r un ohonynt yn galw pennaeth yr eglwys yn esgob.[93]

Fel nifer o hen glasau eraill, daethai Caergybi yn eglwys golegol a oedd yn gartref i ganoniaid seciwlar.[94] Ni wyddys yr union bryd y digwyddodd hyn ond rhaid ei fod wedi digwydd erbyn y 13eg ganrif. Yr oedd cysylltiadau teuluol yn dal yn dra phwysig i'r eglwys, fel y noda Carr:

the most interesting example of patronage in Anglesey was Caergybi or Holyhead, which had become a collegiate church with a chapter consisting of a provost and twelve canons.[95] The right of presentation was vested in the kindreds of Hwfa ap Cynddelw and Llywarch ap Bran which dominated that part of Anglesey. This was a relic of the pre-Norman pattern in which lay and ecclesiastical property rights were inextricably mixed and local kindreds often had what amounted to proprietary rights in the mother churches. It has been suggested that Hwfa and Llywarch themselves had held the lands from which tithes were due to Caergybi and that they may have been the re-founders and re-builders of the church in the twelfth century. Their sons gave their names to *gwelyau* and according to two fifteenth-century documents the descendants of three sons of Llywarch presented to two canonries each and those of five sons of Hwfa to one each;[96] the last one was shared by the descendants of two of the five. By that time the right to present in each case was divided among a large number of heirs since it was, like any other advowson, a piece of real property.[97]

Eto, nid teuluoedd lleol yn unig a oedd yn penodi'r profost a'r canoniaid: yr oedd gan y Goron ddiddordeb yng Nghaergybi hefyd. Wrth ddisgrifio'r profostiaid o'r 13eg ganrif i'r 15fed, dywed Carr, 'They were royal clerks, civil servants, for whom preferment all over England and Wales was their reward.'[98] Fel arfer, nid oedd ganddynt gysylltiadau â Chymru. Os eglwys gwbl anghymreig oedd Caergybi, ni ddisgwylid i fuchedd o'r fath a geir yn Llawysgrif Yale gael ei chynhyrchu yno, gan fod y fuchedd yn cymryd yn ganiataol fod gan y gynulleidfa wybodaeth o'r Gymraeg. Mae tystiolaeth y canoniaid eu hunain yn fwy cymysg. Noda Carr, 'In 1379, there were seven canons, all but one of whom had local connections', ond dros y degawdau canlynol penodwyd nifer cynyddol o ganoniaid Seisnig.[99] Mae Carr yn parhau, 'Some local canons remained but they were now joined by absentee royal clerks and pluralists ... Caergybi is an interesting example of the patronage of local kindreds and the preferment of royal clerks existing side-by-side; there certainly seems to have been no such thing as a community and the chapter can never have met.'[100] Diddorol yn y cyswllt hwn yw defnydd Buchedd Yale o'r dyfyniad 'qui non laboret, non manducet' (§9), a all gynnig beirniadaeth gynnil o ganoniaid absennol.¹⁰¹ Er gwaethaf absenoldeb nifer o'r canoniaid a'r profostiaid, nid adeilad gwag oedd eglwys Cybi, a gall fod cymuned y canoniaid lleol wedi ffynnu. Os cywir y dybiaeth mai yng Nghaergybi y lluniwyd buchedd Cybi a fersiwn Llawysgrif Yale ohoni, byddai'n darparu rhagor o dystiolaeth dros ddiwylliant litwrgaidd cryf yno.

Un o brif gasgliadau'r bennod hon am Fuchedd Yale yw ei bod wedi cael ei newid er mwyn pwysleisio statws esgobol Cybi a Chaergybi. Ac eto, er bod eglwys Cybi yn sefydliad pwysig erbyn y 10fed ganrif, mae bron i bob dogfen o'r 12fed ganrif ymlaen sy'n sôn amdani'n gwneud yn weddol glir nad eglwys esgobol ydoedd. Tu allan i fuchedd Cybi, ni allwn weld arwydd o ymgyrch esgobol Caergybi. Pryd yn union y byddai'r eglwys yn dymuno hawlio statws esgobol? Gan nad oes arwydd o ymdrech am statws esgobol yn ddiweddarach yn yr Oesoedd Canol, try ein sylw at y cyfnod cynharach.¹⁰² Ni wyddys llawer am hanes cynnar yr hyn a ddaeth yn esgobaeth Bangor. Cyn chwarter olaf yr 11eg ganrif, nid yw statws eglwys Bangor yn glir o gwbl. Enwir Elfoddw (y nodir ei farwolaeth ar gyfer y flwyddyn 809) fel 'archiepiscopus guenedote regione' neu 'archesgob Gwyned', sy'n codi'r posibilrwydd bod sawl eglwys a ystyrid yn esgobol yno.¹⁰³ Pwysig yn y cyswllt hwn yw perthynas Elfoddw â Chaergybi yn *Bonedd y Saint* lle rhoddir ei ach mewn llawysgrifau o ail hanner y 15fed ganrif ymlaen fel 'Eluoc [*recte* Eluot] sant ap Tecwlit o Gaer Gybi'.¹⁰⁴ Awgrymir cysylltiad rhwng Caergybi a ffigwr a ystyrir yn archesgob mewn ffynonellau eraill. Mwy diddorol eto yw'r disgrifiad ohono mewn tair llawysgrif modern cynnar o *Bonedd y Saint*. Gelwir Elfoddw'n 'esgob Kaergybi a Gwenvrewy verch Tyvid ap Evnydd oedd i vam' yn Peniarth 128 a Peniarth 75 (ail hanner yr 16eg ganrif), sy'n amlwg yn ddarlleniad dryslyd gan mai santes wyryfol oedd Gwenfrewy.¹⁰⁵ Yn LlGC 16962–3 (1578–1609) gan Thomas Wiliems, ceir y disgrifiad canlynol: 'Elwad vab Cowlwyd a vu escop yNghaer Gybi pan oed oedran Christ 773.'¹⁰⁶ Ni wyddys ai dyma gofnod o fanylyn a geid mewn ffynonellau cynharach neu gynnyrch rhesymeg o ystyried swyddogaeth Elfoddw a'i gysylltiad â Chaergybi mewn fersiwn cynharach o'r testun. Er hynny, mae cysylltu

Elfoddw â Chaergybi yn yr ach yn awgrym bach arall o bosibilrwydd mai statws esgobol oedd gan Gaergybi yn yr Oesoedd Canol cynnar.

Fel y dangosir yn nhrafodaeth fanwl Thomas Charles-Edwards, mae tystiolaeth bod llawer mwy o esgobion ac eglwysi esgobol o wahanol fathau yng Nghymru'r Oesoedd Canol cynnar nag ar ôl dyfodiad y Normaniaid, a gall yn hawdd fod Caergybi yn un o'r eglwysi hynny a ystyriai ei hun yn eglwys esgobol.[107] Daw'r Normaniaid i fod yn rym pŵerus yng Ngwynedd erbyn y 1080au gan adeiladu nifer o gestyll mewn gwahanol leoliadau yng Ngwynedd, gan gynnwys Aberlleiniog ym Môn, wedi 1081.[108] Erbyn 1092 yr oedd y Normaniaid yn amlwg wedi dewis mai Bangor oedd yr eglwys egobol, gan i Lydawr o'r enw Hervé gael ei gysegru yn esgob Bangor gan archesgob Efrog yn y flwyddyn honno.[109] Tybed ai'r cyfnod hwn tua 1081–92, rhwng dyfodiaid y Normaniaid a'u dewis o Fangor fel eglwys esgobol, fyddai'r amser mwyaf tebygol i Gaergybi ddymuno pwysleisio ei statws esgobol? Byddai presenoldeb y Normaniaid yn rhoi rheswm i eglwys Caergybi fynegi ei statws uchel mewn ffordd y gallai'r Normaniaid ei ddeall, ac mae'n bosibl mai cwbl ansicr oedd statws Bangor cyn i'r Normaniaid ei ddewis, ac felly dyma oedd cyfle i Gaergybi ei sefydlu ei hun fel eglwys esgobol rymus. Gall fod un o frenhinoedd Gwynedd wedi cefnogi'r cais hwn o ystyried pwyslais y fuchedd ar Faelgwn Gwynedd yn cadarnhau statws y sedd esgobol. Ni allwn ddweud hyn â sicrwydd ac mae sawl posibilrwydd arall.

Yr oedd esgobaeth Bangor yn wag yn y cyfnodau canlynol, a fyddai efallai wedi cynnig cyfle i eglwys arall yn yr ardal godi ei statws ei hun (er nad oes arwydd amlwg bod hynny wedi digwydd): 1109–20, 1161–77, 1191–95, 1212–1215.[110] O'r rhain, mae'r cyfnod 1109–20 o ddiddordeb arbennig oherwydd cyfeiriad perthnasol yn *Brut y Tywysogyon* am y flwyddyn 1112 (*recte* 1115):

Ac gwedy clybot o Ruffud vab Kynan y dianc y'r eglwys, anuon gwyr [a oruc] y tynnu ef o'r eglwys allan. Ac ny adawd escyb a henafyeit y wlat hynny rac llygru nawd yr eglwys.[111]

Escyb 'esgobion' yw'r gair pwysig fan hyn. Ym 1115, nid oedd esgob ym Mangor na Llanelwy a bu farw Wilfrid, esgob Tyddewi, yn yr un flwyddyn, gyda'r canlyniad nad oedd ond un esgob yng Nghymru am ran o'r flwyddyn.¹¹² Mae'n bosibl bod y cyfeiriad at *esgyb* yma yn awgrymu bod rhagor nag un unigolyn a ystyrid yn esgob yng Ngwynedd yn y cyfnod hwn (neu a oedd yn ceisio cael ei ystyried felly, o leiaf). Byddai cyfnod o'r fath hefyd wedi cynnig cyfle i Gaergybi bwysleisio ei statws esgobol. Opsiwn arall yw bod y newidiadau'n gynharach eto ac yn dyddio i gyfnod cyn-Normanaidd pan oedd yr eglwys, am ryw reswm neu'i gilydd, am bwysleisio ei statws, ond mae diffyg tystiolaeth am y cyfnod yn meddwl na allwn ond nodi'r posibilrwydd hwn.

Ar y cyfan, ffafriaf y cyfnod 1081–92 ar gyfer dyddiad creu fersiwn Llawysgrif Yale o fuchedd Cybi yng Nghaergybi. Dyma gyfnod o newid ac ansefydlogrwydd mawr yng ngwleidyddiaeth Gwynedd, a welodd frwydr Mynydd Carn (1081) a charcharu Gruffudd ap Cynan.¹¹³ Prin bod awgrym yn y ffynonellau o'r 12fed ganrif ymlaen bod Caergybi yn cael ei gweld fel eglwys esgobol na chwaith ei bod am gael ei gweld felly. Mae hynny o dystiolaeth sydd gennym am eglwysi Cymru yn yr Oesoedd Canol cynnar hefyd yn awgrymu bod llawer mwy o eglwysi yn cael eu hystyried yn eglwysi esgobol cyn dyfodiad y Normaniaid na wedyn. Byddai dyddiad yn chwarter olaf yr 11eg ganrif hefyd yn gyson â'r hyn a welwn ym muchedd Padarn, testun y credaf iddo gael ei gyfansoddi yn yr un cyfnod.¹¹⁴ Yn y fuchedd honno, ceir pwyslais tebyg ar statws esgobol Llanbadarn Fawr, a oedd, fel Caergybi, yn hen glas pwerus. Mae dyddio'r fersiwn hwn o fuchedd Cybi i'r cyfnod hwn yn ddadlennol o ran dyddiad y fuchedd wreiddiol, a oedd hyd yn hyn yn gwbl ansicr. Rhaid bod y fersiwn gwreiddiol o leiaf ychydig yn hŷn na'r fersiwn 'esgobol', ac felly, os derbynnir yr awgrym uchod, rhaid ei fod yn bodoli erbyn chwarter olaf yr 11eg ganrif.

Mae'n debygol bod Buchedd Yale, felly, yn mynd yn ôl i fersiwn o fuchedd Cybi a gyfansoddwyd tua 1081–92, yn seiliedig ar fuchedd wreiddiol a gyfansoddwyd ychydig yn gynharach. Er hynny, mae sawl haen i'r fuchedd fel y mae ac mae'n amlwg wedi parhau i ddatblygu. Nid y cysylltiad ag eglwys Cybi, Caergybi, yw'r unig arf sydd gennym wrth geisio pennu dyddiad y fuchedd a'r fersiwn hwn ohoni. O ran orgraff ac iaith, mae Robert Davies yn amlwg yn copïo llawysgrif ganoloesol, gan fod y testun yn cael ei fritho gan enghreifftiau o'r sillafiad <e> am <ae> glasurol. Mwy arwyddocaol eto yw orgraff rhai o'r enwau priod. Fel y nodwyd uchod, mae 'Diuerwern' (§8) yn llygriad o ffurf ar Ddyfrwyr mewn Hen Gymraeg, ond ffurf wahanol i'r hyn a geir yn Vespasian. Mae 'Megwarawk' a enwir yn y rhestr o ddisgyblion ym Muchedd Yale yn unig (§5) yn debygol o fod yn gamddiweddariad o'r ffurf Hen Gymraeg *'Meguarauc', lle byddai'r <gu> yn cynrychioli /w/ a'r <e> yn cynrychioli /ə/.[115] Ymddengys bod 'Llybiaw' (§5) yn gamddiweddariad o ffurf Hen Gymraeg fel 'Libiau', lle dehonglwyd yr <i> gyntaf yn anghywir fel /ə/ yn hytrach na /i/. Mae olion orgraff Hen Gymraeg yn awgrymu bod y gangen hon o'r fuchedd yn mynd ôl i hanner cyntaf y 13eg ganrif neu'n gynharach. Ar y cyfan, orgraff Cymraeg Canol a geir yn y fuchedd gan gynnwys <aw> am /ɔ/ ddiacen (Maelawk, Llybiaw, Megwarawk); <k> am /k/ ddechreuol (Kybi, Kyngar, Kenev, Kaffo) a /g/ derfynol (Maelawk, Megwarawk).[116] Defnyddir <y> am /ə/ heblaw'r ddwy enghraifft o gamddiweddaru orgraff Hen Gymraeg (Kybi, Kyngar, Kynvarwy), sy'n gyson â dyddiad tua 1300–500.[117] Mae'n amlwg nad Robert Davies oedd yn gyfrifol am y ffurfiau hyn: ni cheir yr un enghraifft o ddefnyddio <aw> am /ɔ/ ddiacen yn y testunau Cymraeg a gopïodd Davies a olygir yn y bennod nesaf. Yn hytrach, mae tystiolaeth yr orgraff yn awgrymu mai llawysgrif o'r cyfnod 1300–500 a gopïai, a oedd yn y pen draw yn tynnu ar lawysgrif a ddefnyddiai orgraff Hen Gymraeg (cyn 1250).

O ran ffynonellau, dengys y fuchedd ddylanwad traddodiad *Bonedd y Saint* wrth nodi mai Gwen oedd enw mam Cybi a'i bod yn gyfnither i Non, mam Dewi.[118] Dyddia *Bonedd y Saint* i'r 12fed ganrif neu ddechrau'r 13eg[119] ond mae'r manylion hyn yn llawer diweddarach. Dwy lawysgrif o'r 16eg ganrif (Peniarth 127; Peniarth 74) sy'n nodi mai Gwen oedd enw mam Cybi.[120] Rhestrir Cybi a Dewi fel dau o'r Saith Gefnder Gwynfydedig yn *Achau'r Sant* (datblygiad diweddar o *Fonedd y Saint* a geir mewn llawysgrifau o'r 16eg ganrif ymlaen).[121] Mae'r gerdd 'Y Saith Gefnder Sant' yn gwneud Dewi a Cybi yn gefndryd hefyd.[122] Fe briodolir y gerdd i Hywel Rheinallt a oedd yn ei flodau yn ail hanner y 15fed ganrif a dechrau'r 16eg.[123] Os cywir y priodoliad, dyma dystiolaeth bod y traddodiadau hyn yn bodoli erbyn ail hanner y 15fed ganrif man pellaf. Nid oes tystiolaeth eu bod yn gynharach na hynny, sy'n awgrymu dyddiad pur ddiweddar i'r elfen hon o Fuchedd Yale, sef tua'r un cyfnod â'r litwrgi yn ail hanner y 15fed ganrif.

Gan gasglu'r holl dystiolaeth ynghyd, dyma *stemma codicum* sy'n dangos fy nehongliad o'r traddodiad testunol. Afraid nodi mai un dehongliad yn unig yw hwn a bod sawl posibilrwydd arall, fel y trafodwyd uchod. Yr hyn sydd gennym yn Llawysgrif Yale yw copi modern cynnar o fersiwn canoloesol diweddar o fersiwn 'esgobol' o'r fuchedd wreiddiol. Er bod fersiwn Vespasian wedi teithio i'r de-ddwyrain, nid oes rheswm dros feddwl bod Buchedd Yale erioed wedi gadael Caergybi yn yr Oesoedd Canol. O ystyried y dystiolaeth uchod, tybiaf mai'r fersiwn 'esgobol' sy'n bennaf cyfrifol am y gwahaniaethau mawr rhwng Buchedd Yale a bucheddau Vespasian, a bod rhai newidiadau pellach yn ddiweddarach, megis yn y deunydd achyddol, ond fel arfer nid oes modd bod yn sicr. Mae tebygrwydd bucheddau Vespasian i'w gilydd a'r ffaith iddynt rannu nodweddion megis ach anghywir ac, yn aml iawn, orgraff enwau priod, yn dangos eu bod yn perthyn i'r un gangen nad yw Buchedd Yale yn disgyn ohoni. Mae cymharu Buchedd Yale yn awgrymu nad yw Buchedd 2 yn ddibynnol ar Fuchedd 1, ond yn hytrach bod y ddwy fuchedd wedi datblygu o fersiwn cynharach, a bod Buchedd 1, at ei gilydd, yn debygol o fod ychydig yn debycach i'w ffynhonnell (ac i'r fuchedd wreiddiol). Model lleiafol a gynrychiolir gan y stema. Mewn gwirionedd byddai'r sefyllfa yn llawer mwy cymhleth gyda dylanwad gwahanol gangau o draddodiad testunol ar ei gilydd a llawer mwy o gamau o ddatblygiad testunol. Gobeithiaf, serch hynny, ei fod yn llwyddo i ddangos y prif berthnasau testunol.

Ffigur 2.1 Stemma Codicum Buchedd Cybi

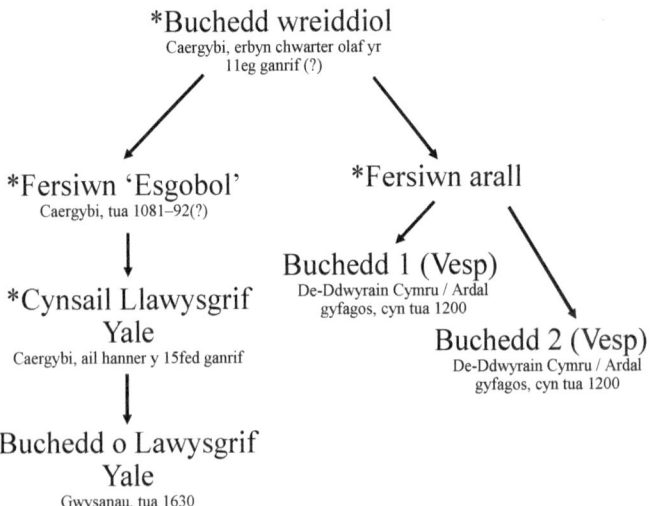

CASGLIAD: ARWYDDOCÂD Y FUCHEDD

Mae buchedd Cybi o Lawysgrif Yale yn cynnig llawer o wybodaeth newydd inni am gwlt a thraddodiadau Cybi, gan gynnwys gweddïau a manylion unigryw. Ond pan ddaw testun newydd i sylw ysgolheigion, gall gyfrannu at ein dealltwriaeth ehangach o'r maes yn ogystal ag ennyn diddordeb ynddo ei hun. Sut, felly, y mae'r fersiwn newydd o fuchedd Cybi yn cyfrannu at ein dealltwriaeth o hagiograffeg Cymru yn yr Oesoedd Canol? Yn gyntaf, pwysleisia ei fodolaeth mai testunau symudol a symudadwy oedd bucheddau'r seintiau a oedd yn datblygu'n gynhyrchiol dros amser. Gan fod ein tystiolaeth o fucheddau seintiau Cymru fel arfer wedi ei chyfyngu i un neu ddau gopi, gallwn gael y camargraff o sefydlogrwydd testunol. Eithriaid yw testunau fel buchedd Dewi Rhygyfarch a buchedd Gwenfrewy Robert o Amwythig sydd â thraddodiadau testunol mawr amlieithog. Mewn ffordd ychydig yn gynilach, cynigia tair buchedd Cybi ragor o dystiolaeth bod y testunau hyn yn amrywio'n fawr wrth symud o ardal i ardal ac o ganrif i ganrif, a bod y defnydd a wneir ohonynt hefyd yn datblygu. Llawn mor bwysig â chanolbwynt Buchedd Yale ar Gaergybi yw'r manylion de-ddwyreiniol a gynhwysir yn fersiynau Vespasian nas ceir yn fersiwn Yale. Er nad yw'r manylion yn niferus, mae eu bodolaeth yn awgrymu nid yn unig fod Cotton Vespasian A. xiv yn dangos tueddamlwg at y de-ddwyrain o ran y bucheddau y mae'n ei chynnwys, ond hefyd fersiynau mwy de-ddwyreiniol o fucheddau sy'n deillio o'r tu allan i'r ardal honno.

Mewn gwlad lle mae olion litwrgi canoloesol yn arswydus o brin, darpara'r gweddïau i Gybi ffynhonnell bwysig am litwrgi seintiau brodorol Cymru, ond un sydd eto'n pwysleisio pa mor rhyngwladol a rhyngdestunol oedd y gwaith hwn, gan dynnu ar ffynhonnell ddiweddar iawn o'r Iseldiroedd. Mae'r ffaith i fuchedd Cybi barhau i gael ei newid yn gynhyrchiol yn niwedd yr Oesoedd Canol yn darparu ychydig o dystiolaeth ychwanegol dros ffyniant diwylliant eglwysig Lladin yng Nghymru'r cyfnod, fel y gwna'r cerddi fernaciwlar i seintiau a chysegrfeydd o ran diwylliant eglwysig Cymraeg.[124] A symud i begwn arall datblygiad Buchedd Yale, mae'r canolbwynt ar statws esgobol yn darparu rhagor o dystiolaeth bod hen glasau wedi ceisio pwysleisio eu statws esgobol yn wyneb dyfodiad y Normaniaid (os cywir y dehongliad uchod), fel y gellid ei weld yn barod ym muchedd

Padarn. Darpara hyn, yn ei dro, ychydig yn rhagor o dystiolaeth am amlder esgobion yng Nghymru'r Oesoedd Canol cynnar. Yn olaf ac, efallai, yn bennaf, dengys Buchedd Yale fod testunau sy'n goroesi mewn llawysgrifau modern cynnar yn gallu bod o'r pwys mwyaf i ni'r canoloesegwyr ac yn wir i'r rhai sy'n astudio'r Oesoedd Canol cynnar. Gwyddys hyn yn barod, wrth gwrs, gan i sawl testun enwog, megis *Vita Griffini Filii Conani*, fodoli mewn copïau modern cynnar yn unig, ond gall fod angen rhagor o bwyslais ar y ffaith hon wrth inni barhau i chwilio ac ymchwilio ymhellach i ehangu a dyfnhau ein gwybodaeth o'r Gymru ganoloesol.[125] Tybed faint o destunau fel buchedd Cybi sy'n dal i hel llwch mewn llawysgrifau modern cynnar, heb i'r un ohonom sylwi arnynt?

NODYN AR Y TESTUN

Golygir y testun o'r unig gopi yn Llawysgrif Yale gydag *apparatus criticus*. Ychwanegir atalnodi modern ac estynnir talfyriadau. Nodir ychwanegiadau gan fachau petryal [ ] a deunydd a ddileuais gan fachau onglog < >. Amlygir diwygiadau eraill gan **lythrennau bras**. Yn yr *apparatus criticus*, rhoddir llinell trwy lythrennau a ddileuwyd a defnyddir 'ӿ' ar gyfer llythrennau a ddileuwyd sy'n annarllenadwy. Ychwanegir rhifau penodau sy'n cyfateb i raniadau Vespasian yn VSBG er mwyn hwyluso cymhariaeth. Mae anfantais sylweddol i'r dull hwn o gyflwyno'r testun gan ei fod yn torri ar draws rhaniad pwrpasol y llithoedd yn Llawysgrif Yale, ond o ystyried bod bucheddau Vespasian eisoes yn gyfarwydd, rhaid cyflwyno'r fuchedd hon mewn ffordd a fydd yn galluogi gwaith cymharol. Ceir cyfieithiad yn dilyn y testun, nid yn gyfochrog ag ef, gan nad wyf am godi statws y cyfieithiad i lefel y testun ei hun.

HIC INCIPIT VITA SANCTI KYBI, EPISCOPI ATQUE CONFESSORIS

Lectio prima
§1 Ad salvatoris nostri laudem sancti Kybi presulis celebremus sollempnitatem, qui vere servus Dei erat, vt in nomine eius multa testantur

miracula. Ergo venerabilem huius sancti vitam, fratres dilectissimi, producamus in palam, vt quanti meriti fuerat antistes eius relatione ostendatur. Fuit enim vir vite venerabilis Kybi ex regione Cornubiorum natus, ex stirpe regia ducens originem. Nam pater eius, nomine Salomon, filius Gerendi regis extitit. Gerendus filius Herbini regis, Herbinus filius Llud fuisse perhibetur. Vir iste nobilis genere sed nobilior dignitate, quia ad Dei laudem non personarum nobilitas, sed vite morumque honestas describitur. Sanctissimus vero Dauid et sanctus Kybi duas germanas habuisse perhibetur parentes, quarum vna, videlicet mater sancti Dauid, Non vocabatur. Mater vero sancti Kybi Gwen vocabatur, et merito, quia alba interpretaretur fuisse, quia de se genuit natum Spiritus Sancti infusione aspersum et super niuem dealbatum.

§2 Sanctus vero Kybi, dum adhuc teneræ erat ætatis, ad virtutum irregularem tam direxit vestigia. Quia cum vii annorum esset, cæpit studijs semper interesse, et per spacium xx annorum, Spiritu Sancto administrante, doctori suo Kyngar per omnia equalis effectus est. Sed qui primus erat discipulus, nunc magister est nominatus.

§3 Qui multa docta precepta perscrutatus, vnum invenit satis sibi delectabile. Dicit enim Dominus in evangelio, 'Qui vult venire post me, abneget semetipsum et tollat crucem suam et sequatur me.'
Lectio secunda.
Quia vir sanctus ad sanctam doctrinam suam scriptum satis intellexit, patrem cum ceteris amicis relinquens, < >[1] ad sepulcrum dominicum direxit vestigia. Qui cum discipulis suis iter agentes, Romam ingressus est, et veniens ad ecclesiam beati Petri, principis apostolorum, vidit miræ magnitudinis silicem ostium ecclesie occupantem, ita duntaxat, vt omnibus ingredientibus magnam inferret molestiam. Qui, impleta oratione, pietatis verbo inter [se] et dominum Papam impleto, interrogavit cur sic permitteret silicem introitum occupare basilice? Cui dominus Papa respondit illum pre magnitudinis pondere esse immutabilem. Produxit in palam dominicum ...[2] ... ei vt mortem faceret mutabilem. Et in conspectu domini Pape prostratus cum magna devocione Dominum deprecatus est, vt ei secundam fidem

---

[1]] et
[2] Llinell wedi ei thocio

ostenderet. Et oracione impleta, ille ingens lapis amotus est ab ostio ecclesie, impedimentum nullum vlli prestans.

Eum cum dominus Papa vidisset, illum fulgentem miraculis multis precibus rogavit, vt regimen sedis apostolice susciperetur, dignum iudicans honore vir qui tali fulgit miraculo. Sanctus vero Kybi, timens ne elevacione superbiretur, vnius noctis quesiuit respectum, postulans a Domino < >,[3] vt de hac re sibi suam < >[4] ostenderet voluntatem. Et valedic[t]o domino Pape, recessit ad hospitium suum. Dominus vero Papa vas plenum sancto viro misit pro munere. Qui cum suscepisset, gratias agens, hausto vino, vas per suum clericum ad dominum Papam remisit. Qui cum festinaret, vt sui magistri voluntatem adimpleret, lapsus in media cecidit via, et vas quem portabat fractum cecidit in fragmenta. Surgens vero clericus, colligens fragmenta recurrit ad magistrum suum ostendens ei fragmenta. Sanctus vero Kybi, edito crucis signo, vas pristinæ restituit fortunæ.

Eadem nocte cum in lectulo requiesceret, iussus est angelico iussu vt incepta perficeret. Sanctus vero diluculo surgens cum clericis suis inceptam arripuit viam, et veniens ad sepulchrum dominicum, ibi multis infusis lachrimis moratus est per biennium. Ibi diuersis infirmitatibus debilitatos pristinæ restituit sanitati.

Lectio tercia

Deinde reuersus cum discipulis suis, Dei dispositione et ductu ad sanctum Hyllarium, pictavensem episcopum, venit, apud quem moratus per .l. annos. Cuius oracione infirmorum **multitudinem**,[5] cecorum et claudorum pristinæ restituit sanitati.

§4 Postquam Hyllarium conspexit hunc virum Spiritu Sancto repletum, dignum **iudicauit**[6] honore pontificali, et confestim Spiritu administrante consecrauit.

Quadam nocte sancto Kybi in lecto quiescente more soluto, angelus assistens pontificem cum clericis repatriare precepit. Cuius precepto vir sanctus parere[7] non distulit.

[3]] ait
[4]] sibi
[5] multitudinem] multitudo; (ymyl) multitud...
[6] iudicauit] consecrauit
[7] parere] parare

§5 Quem amici cum gaudio sucipientes, regni obtule...[8]
Quos vir sanctus in hac oblacione conspiciens indiscretos, non multum post in partes cum discipulis recessit aquilonis. Sciendum est, fratres charissimi, quod sancti discipuli, qui secuti sunt eum, post sanctissimum eorum transitum multis **fulsere**[9] miraculis, et quia de singulis tractare longum est, saltem nomina eorum sub breuitate perstringamus: primus fuit Kyngar, secundus Peulan, tertius Maelawk, iiijus Paternus, vus Llybiaw, vjus Edern, vijus Kenev, viijus Adarwy, ixus Kynvarwy, xus nomine Megwarawk, xius Dyneioel Vâb, xiius Kaffo.
In prima igitur nocte **qua**[10] recessit a propria hereditate, hospitatus est apud quandam villam nomine **Treconan**.[11] Ibi eius nomine traduntur esse miracula. Vnde ad laudem ab indigenis fabricata[m] (vt vsque in presens) constituit basilicam.
§6 Deinde, vt prediximus, ad partes aquilonis transfretauit, intransque regionem Gwent, factum vt regali appropinquaret curie, considerans locum in regio prato aptum orationi, ibi cum clericis finxit tentorium. Quod cum regi nomine **Edelic**[12] per quendam servum esset nunciatum, viz cum clericis in prato quendam Dei famulum, (§7) rex vero quasi furiosus cum familia ad pontificale festinauit tentorium. Quem vir sanctus intelligens non ex caritate sed invidia, viz vt eum eiceret, advenientem, inuincibilis oracionis clipeo et gladio Spiritus educto, regem cum familia ereptis luminibus cecatis reddidit humo. Equus vero cui rex insedebat statim cecidit mortuus.
Lectio quarta.
Rex vero cum hoc intellexit signum propria inequitate precogitata, veniam postulauit. Sanctus vero Kybi pietatis visceribus infusa commotus, oratione substracta, reddidit lumina et regium equum pristinæ restituit fortitudini.
§8 Rex vero Edelicus recepto lumine gavisus est et sancti Kybi cum omni familia perpetuus effectus est servus, atque duas ecclesias, quarum vna

[8] Diwedd y llinell wedi ei docio
[9] fulsere] fulgere
[10] qua] quam
[11] Treconan] Trecomā
[12] Edelic] Edelie

Llangybi vocatur, alia Diuerwern nuncupata est, Deo et sancto pontifici in perpetuuam tradidit possessionem. Tunc sanctus Kybi, data regi Edelico omnique familiæ benedicione, quam cicius potuit ad ciuitatem Dauid sancti pontificis direxit vestigia, ibique moratus est, verbum veritatis administrans.

§9 Post triduum vero data benedic[i]one et accepta parata nauicula, ad Hiberniam direxit insulam. Est autem in occidente **quedam**[13] insula nomine Aryurn(?), in qua multitudinem sanctorum audiuit congregatam, ad quam quam citius potuit cum clericis tetendit, ibique per vii annos manens, in honore Domini construxit ecclesiam. Tunc consobrinus eius Kyngar adeo erat senex vt preter lactucia aliquo non vtebatur alimento. Tunc sanctus Kybi emit vaccam cum vitulo. Discipuli quoque illud ad memoriam reuocantes ('qui non laboret, non manducet') inierunt culturras.

§10 Contingit quodam die quod vnus discipulorum eius, nomine Maelawc, terram cuiusdam heremite, nomine Cructurus, cellule adiacentem foderat. Videns heremita, venit ad illum, interrogans cur suam foderat terram, et cum ira eiecit illum. Erat autem in eadem insula quidam abbas, nomine Finuan, ad quem venientes cum discordia, abbas cum ammonicione reddidit concordes.

Factum est quodam die quod vitulus predicte vacce, per pascua deuians, predicte heremite intrauit segetem, et venientes discipuli heremite, tenuerunt eum et ligauerunt cuidam taxo.

Lectio quinta.

§11 Quod cum nunciatum fuit sanctissimo viro, misit quendam discipulum, rogans heremitam vt suum redderet vitulum. Cructurus adeo in sua tenebatur iracundia, vt ad discipuli preces nullo modo flecteret aures. Vir sanctus ad Eum conuersus, qui iustis oracionibus **semper preceps**[14] erat, (§12) vitulum cum taxo cui fuerat alligatus, extractis radicibus, reuocauit ad matrem. Ecce quanta Dei misericordia, qui ad serui la[u]dem etiam in brutis animalibus dignatus est facere mirabilia. Tunc Cructurus (nescio quo spiritu ductus) Dominum deprecatus est, vt ab illa insula Dei expelletur seruus. Sed hic audiuimus quod 'diu

---

[13] quedam] quadam
[14] semper preceps] super precepto

diligentibus omnia cooperantur in bonum.' Tunc sanctus Kybi angelica ammonicione a predicta amotus est insula, (§13) veniensque ad quendam in australibus partibus locum, in quo moratus est per xl dies, < >[15] ibi construere cepit ecclesiam quam perficere nequiuit propter predicte heremite impatientiam, nam ab illo loco et multis alijs locis eum ammouit; que quidem ecclesia a subsequentibus perfecta vsque ad hodiernum diem Mocob ...[16]

§14 ... locum, in quo moratus est per xii dies, a predicta heremita iussus est vt transfretaret. §15 Tunc sanctus Kybi, mittens discipulos suos, precepit vt colletis virgis 8 lembum artificarent. Quibus predicta heremita superveniens, precepit vt sicut vere serui Dei erant, paratum sine chorio lembum intrarent. Quod eis, vt prediximus, in bonum cooperatum est. Nam sanctissimus presul Kybi lembum super mare positum cum discipulis intrauit, proferens illud vt propheticum mirabile in sanctis eius. Pro quibus heremita fundit oracionem, vt nunquam lembum portum tangeret aptum. Quod ad pontificis laudem versus est in miraculum. Nam statim valida tempestas surrexit in mari, ita vt nauicula fluentibus pene operietur, et timentibus discipulis intentius, vir sanctus cepit orare. Cuius oracione mire magnitudinis rupem Deus in duas partes diuisit, et sic mirabilem fecit nauicule viam, que vsque in hodiernum diem humanis appararet visionibus. Ecce mirabile miraculum, quod beati Martini potest esse secundum, qua propter iudicamus quod vir iste secundus Martinus vocetur.

Lectio vja

Dumque egressi essent de nauicula, quidam ex discipulis eius nomine Kyngar, quem pre cæteris dilexit, maximam sitis molestiam passus est, quod sancto viro satis patienter ostendit. Cuius molestie nullum perspiciens esse solatium, illud per Moysen factum ad memoriam reuocauit miraculum, percutiensque silicem baculo, mire pulchritudinis produxit fontem, qui vsque in presens cernentibus fulget in miraculum, nam tribus stillantibus guttis omnibus illuc advenientibus abundanter administrat potum. Nunc homini hausto crescendo vel decrescendo proprium deserit statum. Nam ibi mulcotiens multitudo congregatorum populorum, quicumque ex eius

---

[15]] et
[16] Llinell wedi ei thocio

gustauerit aqua, quacumque oppressus[17] infirmitate, pristinam recipit sanitatem.

§16 Denique vir sanctus, egressus ad quendam locum, qui Locus Cundaf vocitatur, illuc pervenit cum discipulis ibique parvum ædificavit habitaculum. Cumque ignis deesset, misit quendam discipulum nomine Kaffo, vt ignem ...[18]

... Magurius interrogans quis esset, confessus est se esse discipulum sancti Kybi. Quem faber interrogans quid vellet, respondit se ignem velle habere. Cui cum vellet faber respondere sibi ignem non daturum nisi in suo proprio portaret sinu, ille, igne illesus corpore et vestimentis, quam citius potuit reuersus est ad magistrum suum. Cumque vir sanctus perspiceret famulum in miraculis fulgentem, iudicauit eum dignum proprij regiminis loco et misit eum a se.

§17 Contigit quadam die quod rex illius regionis, nomine Maelgwn, venandi causa montem intraret, surgentemque capriolam discopulatis canibus veloci impetu subsequutus est. Que canibus diu fugata et nimium per devia montis fatigata, venit ad sancti Kybi domum refugij causa, et inter sancti viri religionis vestem et tunicam se abscondit. Ecce mirabilem, dilectissimi, virum, quem etiam indomita sanctum confitetur bestiola.

§18 Rex autem Maelgwn, canibus ducentibus, vestigia cum magno strepitu subsecutus [est], et tali eloquio virum convenit: 'Dimitte', inquit, 'bestiolam quam per deuia montis fatigatam duxi ad montem.' Cui sanctissimus presul respondit, 'Si Dei omnipotentis servitio et meo terram quam circuendo canes tui precurrent subiungaueris, dimittam.' Cui rex cum iuramento concessit. Sanctus igitur presul cum oratione dimisit bestiolam, que canes precurrens maximam circuit insulam regiamque ciuitatem, quam Dominus illesa[m] reduxit ad presulem. Terra vero Circuitus Capriole vocitatur.

§19 Rex autem Maelgwn cum iracundia reuersus predictam requisiuit bestiolam. Cuius precibus nullo modo voluit obedire, nec etiam precepto. Rex autem, vt vidit hoc, nutu diuino prenominatam concessit insulam, et ciuitatem in perpetuam pontificalem sedem confirmauit, in qua sanctissimus presul magnam constituit ecclesiam.

---

[17] oppressus] ~~grauatus~~ oppressus
[18] Llinell wedi ei thocio

§20 Ergo finito huius labentis seculi spatio, cum esset annorum centum xx[ti] et vij[tm], octauo idus Nouembris, sanctissimus presul obdormiuit in Domino.

Tu autem, Domine, miserere nostri.

Sancte Kybi, Cornubiæ
sol et lux Hibernie,
pastor, splendor Walliæ,
post metam miseriæ
fac nos frui requiæ.

Ora pro nobis, beati Kybi, ut digni efficiamur.

Nostre, quesumus, Domine, obsequialitatis supplicaciones aures tue propitiacionis exaudi, vt qui beatum Kybi, confessorem tuum atque pontificem, pia deuocione veneramur, eius suffragantibus meritis ad eterne beatitudinis gaudia pervenire mereamur.

Mundi jubar, splendor Wallie,
lux fontalis, reductor venie,
fac nos sequi, Kybi dignissime,
viam morum directo tramite.
Norma morum, decus pudititie,
flos doctorum, arha pendentie,
fac nos frui, Kybi dignissime,
per te donis Solis Iustitie.

Omnipotens sempiterne [Deus], qui in atestacione sanctissime **conversationis**[19] gloriosi episcopi et confessoris tui Kybi per medium montis saxi iter atque aque viue beneficium indeficiens populo tuo tribuisti, fac nos propter misericordiam nominis tui corda nostra lapidea **de voto**[20] tue voluntatis emol[l]iri atque aqua sapientie salutaris irrigari. Per Christum.

[19] conversationis] contersationis
[20] de voto] de=vote

CYFIEITHIAD O'R FUCHEDD

Yma y dechreua buchedd Cybi sant, esgob a chyffeswr.

Y Llith Gyntaf

§1 Er mwyn moli ein hiachawdwr, dathlwn ŵyl y sanctaidd esgob Cybi, a oedd yn was Duw yn wir, fel y tystia'r gwyrthiau niferus yn ei enw. Felly, frodyr anwylaf, cyflwynwn yn gyhoeddus fuchedd anrhydeddus y sant hwn, fel y dangoser wrth ei hadrodd pa mor deilwng oedd yr esgob. Yr oedd Cybi, felly, y dyn hwn â'i fywyd yn anrhydeddus, wedi cael ei eni yn ardal y Cernywiaid, yn disgyn o linach frenhinol. Canys yr oedd ei dad, o'r enw Salomon, yn fab i'r brenin Geraint. Dywedir bod Geraint yn fab i'r brenin Erbin, ac Erbin yn fab i Ludd. Yr oedd y dyn hwn yn ardderchog o ran ei deulu ond yn fwy ardderchog o ran ei urddas, canys, er mwyn moli Duw, ni ddisgrifir gwychder pobl, ond yn hytrach uniondeb eu bywyd a'u moesau. Dywedir bod gan Ddewi sancteiddiaf a Chybi sant rieni a oedd yn gyfnitherod. Gelwid un ohonynt, sef mam Dewi sant, yn Non. Gelwid mam Cybi sant, ar y llaw arall, yn Gwen, ac yn haeddiannol felly, oherwydd y gellid deall yr oedd hi'n wyn, am iddi roi genedigaeth ohoni ei hun i un yr oedd yr Ysbryd Glân wedi ei ysgeintio â'i dywalltiad ac a oedd wedi ei wynnu yn wynnach nag eira.

§2 Pan oedd Cybi sant eto o oedran ifanc, cyfeiriodd ei gamau felly tuag at rinwedd anarferol. Oherwydd pan oedd yn saith mlwydd oed, dechreuodd ymwneud yn gyson â'i astudiaethau, ac am gyfnod o 20 mlynedd, gyda'r Ysbryd Glân yn darparu, gwnaethpwyd ef yn gydradd â'i athro Cyngar ym mhob peth. Ond yr hwn a oedd yn ddisgybl i ddechrau a enwyd yn athro yn awr.

§3 Wedi edrych yn fanwl ar lawer o orchmynion dysgedig, daeth Cybi o hyd i un a oedd yn ddymunol ddigon ganddo. Canys dywed yr Arglwydd yn yr efengyl, 'Os myn neb ddod ar fy ôl i, rhaid iddo ymwadu ag ef ei hun a chodi ei groes a'm canlyn i.'

Yr Ail Lith

Oherwydd i'r dyn sanctaidd ddeall yn dda ddigon fod hyn wedi ei ysgrifennu er mwyn ei addysg sanctaidd, fe adawodd ei dad a gweddill ei gyfeillion, a chyfeirio ei gamau tua beddrod yr Arglwydd. Teithiodd i Rufain gyda'i ddisgyblion, a dod i eglwys Pedr fendigaid, tywysog yr apostolion. Gwelodd yno faen o faint rhyfeddol yn llenwi drws yr eglwys i'r fath raddau fel y parai drafferth fawr i bawb a ddeuai i mewn. Wedi cwblhau gweddi a gair o dduwioldeb rhyngddo a'r arglwydd Pab, gofynnodd pam y gadawai i'r maen lenwi mynedfa'r eglwys felly. Atebodd yr arglwydd Pab iddo fod y maen yn anghyfnewidiol oherwydd pwysau ei faint. Daeth â ... yr Arglwydd i'r amlwg ...

... iddo fel y gallai wneud marwolaeth yn gyfnewidiol. Ac wedi ymgreinio yng ngolwg yr arglwydd Pab, gweddïodd wrth yr Arglwydd gyda duwiolfrydedd mawr am iddo ddangos sicrhad buddiol iddo. Ac wedi cwblhau gweddi, symudwyd y garreg enfawr honno o ddrws yr eglwys, heb greu rhwystr i neb.

Pan welsai'r arglwydd Pab y garreg, gofynnodd gyda llawer o ymbiliau wrth y dyn a ddisgleiriai â gwyrthiau, a fyddai'n derbyn rheolaeth dros sedd apostolaidd, gan farnu bod dyn sy'n disgleirio gyda chymaint o rym gwyrthiol yn deilwng o'r anrhydedd. Ond pryderodd Cybi sant y byddai'n cael ei wneud yn falch gan y dyrchafiad, ac fe ofynnodd am ohiriad o un noson, gan ofyn wrth yr Arglwydd iddo ddangos ei ewyllys ynghylch y peth hwn wrtho. Ac wedi ffarwelio â'r arglwydd Pab, dychwelodd i'w lety. Ond anfonodd yr arglwydd Pab lestr llawn yn wobr i'r dyn sanctaidd. Pan oedd wedi derbyn hwn a rhoi diolch a thynnu'r gwin, dychwelodd y llestr i'r arglwydd Pab drwy ei glerigwr. Pan oedd hwnnw'n brysio i gyflawni ewyllys ei feistr, fe lithrodd a disgyn yng nghanol yr heol, a disgynnodd y llestr a gariai a thorri'n ddarnau. Ond gan godi a chasglu'r darnau, rhedodd y clerigwr yn ôl at ei feistr a dangos y darnau iddo. Wedi gwneud arwydd y groes, adferodd Cybi sant y llestr i'w gyflwr gwreiddiol.

Ar yr un noson, pan orffwysai yn ei wely, fe'i gorchmynnwyd ef drwy orchymyn angylaidd i gwblhau'r pethau a ddechreuwyd. Yn wir, fe gododd ar doriad y dydd ac ailgychwyn gyda'i glerigwyr ar y llwybr yr oedd wedi ei ddechrau. A chan ddod i feddrod yr Arglwydd, arhosodd yno am ddwy flynedd wedi wylo dagrau lawer. Yno adferodd rai a oedd yn llesg gan amrywiol glefydau i'w hiechyd gwreiddiol.

Y Drydedd Lith

Wedyn wedi dychwelyd gyda'i ddisgyblion, daeth trwy ordinhad ac arweiniad Duw i Sant Ilar, esgob Poitiers, gyda'r hwn yr arhosodd am 50 mlynedd. Gyda'i weddi, fe adferodd nifer mawr o gleifion a deillion a chloffion i'w hiechyd gwreiddiol.

§4 Ar ôl i Ilar weld bod y dyn hwn wedi ei lenwi â'r Ysbryd Glân, barnodd ei fod yn deilwng o'r anrhydedd esgobol a'i gysegru ar unwaith gyda'r Ysbryd yn darparu.

Rhyw noson pan oedd Cybi sant yn gorffwys yn ei wely yn ôl ei arfer, gorchmynnodd angel a safai gerllaw i'r esgob ddychwelyd i'w wlad gyda'i glerigwyr. Nid oedodd y dyn sanctaidd wrth ufuddhau i'r gorchymyn.

§5 A'i gyfeillion yn ei dderbyn gyda llawenydd, cynigiasant ... y deyrnas ... Pan ganfyddodd y dyn sanctaidd eu bod yn annoeth gyda'r cynnig hwn, aeth i ffwrdd i ardaloedd gogleddol gyda'i ddisgyblion yn fuan wedyn. Dylid gwybod, frodyr anwylaf, fod y disgyblion sanctaidd a'i dilynodd wedi disgleirio â llawer o wyrthiau wedi eu taith dra sanctaidd. Ac oherwydd y mae'n hir traethu amdanynt yn unigol, crybwyllwn gymaint â'u henwau'n fyr: Cyngar oedd y cyntaf, Peulan yr ail, Maelog y trydydd, Padarn y pedwerydd, Llibio y pumed, Edern y chweched, Cenau y seithfed, Adarwy yr wythfed, Cynfarwy y nawfed, Mwrog oedd enw'r degfed, Deiniol Fab yr unfed ar ddeg, Caffo y deuddegfed.

Ac felly ar y noson gyntaf pan aeth i ffwrdd o dref ei dad ei hun, cafodd ei letya mewn rhyw dref o'r enw Tregony(?). Dywedir bod gwyrthiau yno oherwydd ei rym ef. Oherwydd hyn, sefydlodd eglwys a wnaethpwyd gan y brodorion er moliant (fel y mae hyd yn awr).

§6 Wedyn, fel y dywedasom o'r blaen, hwyliodd draw i ardaloedd gogleddol. Ac wrth fynd i mewn i ranbarth Gwent, digwyddodd iddo agosáu at y llys brenhinol. Fe ystyriodd le ar y ddôl frenhinol yn addas ar gyfer gweddi, a gosod pabell yno gyda'i glerigwyr. Pan oedd hyn wedi cael ei ddatgan wrth frenin Edelig gan ryw was, sef bod rhyw was i Dduw gyda chlerigwyr yn y ddôl, (§7) brysiodd y brenin (fel petai'n gandryll yn wir) gyda'i osgordd i babell yr esgob. Pan ddeallodd y dyn sanctaidd nad oherwydd cariad y deuai ond oherwydd casineb (hynny yw, er mwyn ei ddeol), wedi tynnu tarian gweddi anorthrech a chleddyf yr Ysbryd, dychwelodd y brenin gyda'i osgordd i'r llawr yn ddall, wedi cipio eu golwg. Syrthiodd y ceffyl yr oedd y brenin yn eistedd arno'n farw'n syth.

Y Bedwaredd Lith
Ond pan ddeallodd y brenin fod hwn yn arwydd o'i anghyfiawnder bwriadol ei hun, gofynnodd am faddeuant. Felly, ar ôl cael ei ysgogi gan dywalltiad duwioldeb i'w berfeddion, wedi tynnu ei weddi yn ôl, dychwelodd Cybi sant eu golwg ac adfer y ceffyl brenhinol i'w gryfder gwreiddiol.

§8 Felly, pan gafodd brenin Edelig ei olwg, llawenhaodd, a gwnaethpwyd ef (ynghyd â'i holl osgordd) yn was bythol i Gybi sant, a rhoddodd ddwy eglwys, yr enwir un ohonynt yn Llangybi, ac y galwyd y llall yn Ddyfrwyr, i Dduw ac i'r esgob sanctaidd yn eiddo bythol. Wedyn, ar ôl i Gybi sant fendithio'r brenin Edelig a'i holl osgordd, cyfeiriodd ei gamau mor gyflym ag y gallai i ddinas yr esgob sanctaidd Dewi, ac yno yr arhosodd, gan weini gair gwirionedd.

§9 Felly, ar ôl tri diwrnod, wedi rhoi bendith a derbyn cwch parod, anelodd am ynys Iwerddon. Ond yn y gorllewin y mae rhyw ynys o'r enw Árainn, y clywodd fod nifer mawr o seintiau wedi ymgasglu arni, at yr hon yr aeth cyn gynted ag y gallai gyda'i glerigwyr. Ac wrth aros yno am saith mlynedd, adeiladodd eglwys er anrhydedd i'r Arglwydd. Pryd hynny yr oedd ei gefnder Cyngar mor hen fel na allai fwyta dim bwyd heblaw pethau llaethog. Wedyn prynodd Cybi sant fuwch gyda llo. Cofiodd y disgyblion hefyd am y dywediad hwnnw, sef 'gadewer i'r hwn na lafurio beidio â bwyta', a dechreusant amaethu.

§10 Digwyddodd ryw ddiwrnod i un o'i ddisgyblion, o'r enw Maelog, amaethu'r tir ar bwys cell fach rhyw feudwy o'r enw Cructurus. Pan welodd y meudwy hyn, daeth ato, gan ofyn pam yr oedd wedi amaethu ei dir, a'i ddeol â dicter. Ond yr oedd ar yr un ynys rhyw abad o'r enw Finuan: pan ddaethant ato gydag anghytgord, fe'u dychwelodd yr abad nhw'n gytgordol gydag anogaeth.

Digwyddodd ryw ddiwrnod i lo'r buwch dywededig, wrth fynd ar gyfeiliorn trwy'r porfeydd, fynd i mewn i ydfaes y meudwy dywededig. A daeth disgyblion y meudwy, a gafael ynddo a'i glymu wrth ryw ywen.

Y Bumed Lith

§11 Pan oedd hyn wedi cael ei ddatgan wrth y dyn sancteiddiaf, anfonodd ryw ddisgybl, gan ofyn i'r meudwy ddychwelyd ei lo. Delid Cructurus yn ei ddicter o hyd, fel na fyddai'n gostwng clust at ymbilion y disgybl mewn unrhyw ffordd. A'r dyn sanctaidd wedi troi at yr Hwn a oedd wastad yn frysiog ar gyfer gweddïau cyfiawn, (§12) galwodd y llo yn ôl at ei fam ynghyd â'r ywen yr oedd wedi cael ei glymu wrthi, a'i gwreiddiau wedi eu tynnu allan. Dyma mor fawr yw trugaredd Duw, yr Hwn a welodd yn dda wneud pethau gwyrthiol, hyd yn oed mewn anifeiliaid direswm. Wedyn gweddïodd Cructurus (wedi ei arwain gan ryw awydd) i'r Arglwydd daflu gwas Duw allan o'r ynys honno. Ond yma clywsom fod 'popeth yn cydweithio er daioni i'r rhai sy'n caru am amser hir.' Wedyn symudwyd Cybi sant o'r ynys ddywededig gan rybudd angylaidd, (§13) a chan ddod i ryw le mewn ardaloedd deheuol, lle yr arhosodd am 40 diwrnod, dechreuodd adeiladu eglwys yno na allai ei chwblhau oherwydd anoddefgarwch y meudwy dywededig, canys symudodd y meudwy ef o'r lle hwnnw ac o lawer o leoedd eraill ... yr eglwys hon, wedi ei chwblhau gan olynwyr, yn Mocob hyd y dydd heddiw ...

§14 ... lle, lle yr arhosodd am 12 diwrnod, gorchmynnwyd ef i hwylio draw gan y meudwy dywededig.

§15 Wedyn anfonodd Cybi sant ei ddisgyblion a gorchymyn iddynt gasglu wyth gwialen ac adeiladu cwch. Gorddiweddodd y meudwy dywededig â'r rhain gan orchymyn, os ydynt wir yn weision Duw, y dylent fynd i mewn i'r cwch parod heb groen. Cydweithiodd hyn er daioni iddynt, fel yr ydym wedi ei ddweud. Canys aeth yr esgob sancteiddiaf Cybi i'r cwch wedi cychwyn i'r môr gyda'i ddisgyblion, gan ei gyhoeddi fel "peth rhyfeddol yn ei seintiau" y proffwydi. Gwnaeth y meudwy weddi ar eu cyfer, fel na fyddai'r cwch byth yn cyrraedd porth addas. Trowyd hyn yn wyrth er moliant i'r esgob. Oherwydd cododd storm gref yn syth ar y môr, fel bron na orchuddiwyd y cwch bach gan y tonnau, ac wrth i'w ddisgyblion ofni'n gynyddol, fe ddechreuodd y dyn sanctaidd weddïo. Oherwydd gweddi Cybi, fe rannodd Duw faen o faint rhyfeddol yn ddwy ran, ac felly creodd ffordd wyrthiol ar gyfer y cwch bach, a ymddengys hyd heddiw i olwg pobl. Dyma wyrth ryfeddol, a all fod yn ail i rai Martin sant. Oherwydd hyn, rydym yn barnu y dylid galw'r gŵr hwn yn ail Martin.

Y Chweched Llith

A phan oeddent wedi mynd allan o'r cwch, dioddefodd un o'i ddisgyblion, Cyngar ei enw, yr hwn a garodd Cybi yn fwy na'r lleill, drafferth fawr oherwydd syched, yr hyn a adroddodd yn amyneddgar ddigon i'r dyn sanctaidd. Ar ôl gweld nad oedd cysur i'w drafferth, cofiodd Cybi am y wyrth a wnaethpwyd gan Moses, a chan fwrw'r maen â'i ffon, cynhyrchodd ffynnon o harddwch rhyfeddol, sy'n disgleirio â grym gwyrthiol hyd heddiw i'r rhai sy'n ei gweld, canys darpara ddiod yn helaeth mewn tri diferyn diferol i bawb sy'n dod yno. Nawr i rywun wrth ei yfed, cyll ei gyflwr ei hun gan dyfu neu ddirywio. Canys yno yn aml cafodd nifer mawr o bobl gasgledig ei iechyd gwreiddiol, pwy bynnag a flasai'r dŵr, pa glefyd bynnag oedd yn ei lethu.

§16 Wedyn ar ôl i'r dyn sanctaidd fynd allan i ryw le a elwir yn lle Cundaf, cyrhaeddodd yno gyda'i ddisgyblion ac adeiladu annedd fach yno. A phan nad oedd tân, anfonodd ryw ddisgybl o'r enw Caffo, er mwyn ... tân ... ... Pan ofynnodd Magurius pwy ydoedd, datgelodd ei fod yn ddisgybl i Gybi sant. Pan ofynnodd y gof beth a fynnai, atebodd yntau ei fod yn dymuno cael tân. Pan fynnai'r gof ymateb iddo na fyddai'n rhoi tân iddo os na fyddai'n ei gario yn ei gôl ei hun, dychwelodd ef cyn gynted ag y gallai at ei feistr, heb anaf i'w gorff na'i ddillad gan y tân. A phan ganfyddodd y dyn sanctaidd fod y gwas yn disgleirio gyda gwyrthiau, barnodd ef yn deilwng o le o dan ei lywodraeth ei hun ac anfonodd ef ymaith oddi wrtho.

§17 Digwyddodd ryw ddiwrnod i frenin y rhanbarth hwnnw, Maelgwn ei enw, ddod i fynydd er mwyn hela, ac, wedi gollwng ei gŵn, ymlidiodd gydag ymosodiad cyflym iwrch a oedd yn codi. Ac yntau wedi ei yrru ar ffo am amser hir gan gŵn ac wedi ei flino'n ormodol trwy bellafion y mynydd, fe ddaeth yr iwrch i gartref Cybi sant i gael noddfa, ac ymguddiodd rhwng abid a thiwnig y dyn sanctaidd. Dyma, anwyliaid, ddyn rhyfeddol, yr hwn y mae hyd yn oed anifail bach gwyllt yn ei ddatgelu'n sant.

§18 Ond dilynodd y brenin Maelgwn ei drywydd gyda sŵn mawr a'i gŵn yn ei arwain, a chyfarfu â'r dyn ag araith fel hyn: 'Anfon ymaith', meddai, 'yr anifail bach a arweiniais at y mynydd, wedi ei flino trwy bellafion y mynydd.' Ymatebodd yr esgob sancteiddiaf iddo, 'Os darostyngi di'r tir y bydd dy gŵn wrth fynd o gwmpas yn rhedeg y tu hwnt iddo i wasanaeth Duw hollalluog ac i mi, anfonaf ef ymaith.' Rhoddodd y brenin hyn iddo gyda llw. Felly anfonodd yr esgob sanctaidd yr anifail bach ymaith gyda gweddi, a chan redeg o flaen y cŵn aeth yr anifail o gwmpas ynys fawr iawn a'r ddinas frenhinol. Daeth Duw â'r anifail yn ôl i'r esgob yn ddianaf. Fe elwir y tir hwn yn Gylch yr Iwrch.

§19 Ond wedi iddo ddychwelyd â dicter, gofynnodd y brenin Maelgwn am yr anifail dywededig. Nid oedd Cybi am ufuddhau i'w ymbiliau, na hyd yn oed ei orchymyn, mewn unrhyw ffordd. Ond, gan i'r brenin weld hyn, rhoddodd yr ynys ragddywededig trwy ewyllys Duw, a rhoddodd statws sedd esgobol i'r ddinas am byth, yn yr hon y sylfaenodd yr esgob sancteiddiaf eglwys fawr.

§20 Felly, wedi gorffen cyfnod y bywyd darfodedig hwn, pan oedd yn 127 oed, ar yr 8fed o idiau Tachwedd, cysgodd y sancteiddiaf esgob yn yr Arglwydd.

Tithau, Arglwydd, trugarha wrthym.

Cybi sant, haul Cernyw a golau Iwerddon, bugail, gogoniant Cymru, ar ôl diwedd tristwch gwna inni fwynhau heddwch.

Gweddïa drosom, Gybi fendigaid, fel y'n gwneler yn deilwng.

Arglwydd, gofynnwn, gwrando ar weddïau ein hufudd-dod gyda chlustiau dy drugaredd, fel y byddom ni sy'n anrhydeddu gydag ymroddiad duwiol Gybi fendigaid, dy gyffeswr a'th esgob, yn haeddu cyrraedd llawenydd y gwynfyd tragywydd trwy ei haeddiannau cynorthwyol.

Llewyrch y byd, gogoniant Cymru, golau gwreiddiol, dychwelwr maddeuant, gwna inni ddilyn, Gybi deilyngaf, ffordd moesau trwy lwybr union. Enghraifft o foesau, anrhydedd diweirdeb, blodeuyn ysgolheigion, ernes ad-daliad(?), gwna inni fwynhau, Gybi deilyngaf, roddion Haul Cyfiawnder trwyddot ti.

Dduw hollalluog tragywydd, a roddaist, i dystio i ffordd o fyw dra sanctaidd dy esgob gogoneddus a'th gyffeswr Cybi, daith trwy ganol mynydd o garreg a budd gwastadol dŵr byw i'th bobl, gwna inni oherwydd trugaredd dy enw i'n calonnau o garreg gael eu meddalu gan ddymuniad dy ewyllys a'u trochi yn nŵr llesol doethineb. Trwy Grist.

NODIADAU

Cyfetyb y rhifau isod i rifau penodau golygiad Wade-Evans o fucheddau Vespasian, a nodir ar ôl y symbol § yn y testun. Dylid cymharu'r drafodaeth uchod hefyd.

Ex antiquo manuscripte ('O hen lawysgrif') Nodir y geiriau hyn ar ben t. 246. 'Manuscripto' fyddai'r ffurf gywir. Nid yw llythyren derfynol 'manuscripte' yn glir ac mae'n edrych yn debycach i 'e' nag 'o' fel y saif, ond nid yw'n amhosibl ei bod yn 'o' fler a ysgrifennwyd ar frys neu nas ysgrifennwyd yn llawn gan fod y terfyniad disgwyliedig yn amlwg.

§1

Llud ('Lludd') Ceir marc uwchben y llinell ar ôl yr enw hwn sy'n edrych yn debyg i'r llythyren 'e' ac a ddefnyddir mewn mannau eraill yn y testun ar gyfer talfyriadau megis 'er' ac 'ur'. Gall fod yn gamgymeriad am 'Lludh'. Posibiliad arall yw bod y marc yn 'e' ac yn dangos mai 'e' yw ail lythyren yr enw 'Gerendi' a geir yn union uwchben ac y mae ei ail lythyren wedi ei chuddio i ryw raddau gan yr 'G' fawr. 'Lud' ('Lludd' mewn orgraff fodern) yw darlleniad yr enw ym mucheddau Vespasian.

Gwen vocabatur, et merito, quia alba interpretaretur fuisse ('Gelwid ... yn Gwen, ac yn haeddiannol felly, canys gellid deall yr oedd yn wyn') Dyma dystiolaeth bod yr awdur a'i gynulleidfa yn deall Cymraeg. Cymerir yn ganiataol eu bod yn deall ystyr 'Gwen', yn lle bod yr enw yn cael ei esbonio. Pwysleisir addasrwydd enw mam Cybi o ystyried purdeb ei mab.

§3

'Qui vult venire post me, abneget semetipsum et tollat crucem suam et sequatur me.' ('Os myn neb ddod ar fy ôl i, rhaid iddo ymwadu ag ef ei hun a chodi ei groes a'm canlyn i.'). Cymh. Mathew 16.24: 'Tunc Iesus dixit discipulis suis si quis vult post me venire abneget semet ipsum et tollat crucem suam et sequatur me' (BSV, t. 1551; cymh. hefyd Luc 9.23; Marc 8.34). Dyfynnir yma gyfieithiad y Beibl Cymraeg Newydd, sy'n cytuno'n dda â'r Lladin yn yr achos hwn.

Quia vir sanctus ad sanctam doctrinam suam scriptum satis intellexit, patrem cum ceteris amicis relinquens, < > ad sepulcrum dominicum direxit vestigia. ('Oherwydd i'r dyn sanctaidd ddeall yn dda ddigon fod hyn wedi ei ysgrifennu er mwyn ei addysg sanctaidd, fe adawodd ei dad a gweddill ei gyfeillion, a chyfeirio ei gamau tua beddrod yr Arglwydd.') Ceir 'et' cyn 'ad sepulcrum' yn y llawysgrif, ond nid yw hyn yn ramadegol a rhaid bod camgymeriad. Gall fod 'relinquens' yn gamgymeriad am 'reliquit', neu gall fod 'et' yn gamgymeriad. Ffafriais yr ail opsiwn gan fod 'et' yn air bach cyffredin y gellid ei ychwanegu neu anghofio ei dynnu yn hawdd. Gall fod y defnydd gwallus o 'et' yma yn arwydd o docio ffynhonnell, hynny yw, bod cymal neu ragor wedi ei dynnu o'r fuchedd wrth droi'r gwaith yn llithoedd ond gan anghofio tynnu'r 'et' hefyd. Mae darlleniadau bucheddau Vespasian yn dra chryno yma, felly ni oleuant y sefyllfa.

inter [se] et dominum Papam ('rhyngddo a'r arglwydd Pab') Mae'n debygol bod llygad Robert Davies neu gopïwr o'i flaen wedi neidio dros 'se' yma.

immutabilem ('anghyfnewidiol') Rhaid bod y maen yn 'ansymudadwy', ond 'anghyfnewidiol' yw ystyr llythrennol y gair a ddefnyddir i'w ddisgrifio.

Produxit in palam dominicum ... ... ei vt mortem faceret mutabilem ('Daeth â ... yr Arglwydd i'r amlwg ... ... iddo fel y gallai wneud marwolaeth yn gyfnewidiol') Collwyd llinell ar waelod y tudalen heblaw hanner uchaf rhai llythrennau ac nid oes dim cyfatebol i'w gymharu ym mucheddau Vespasian. Mae'n debygol mai tynnu sylw at rym Duw a wneir yn y llinell sydd ar goll a bod Cybi'n arddangos y grym hwnnw. Ar ddechrau'r tudalen nesaf, nodir bod Duw yn gallu newid marwolaeth. Gall mai 'possibile esset' yw dau air olaf y llinell goll.

timens ne elevacione superbiretur, vnius noctis quesiuit respectum, postulans a Domino < >, vt de hac re sibi suam < > ostenderet voluntatem ('Ond pryderodd y byddai'n cael ei wneud yn falch gan y dyrchafiad, ac fe ofynnodd am ohiriad o un noson, gan ofyn wrth yr Arglwydd iddo ddangos ei ewyllys ynghylch y peth hwn wrtho') Ceir 'ait' ('meddai') ar ôl 'Domino' yn y llawysgrif. Disgwyliem araith uniongyrchol Cybi yn dilyn 'ait', ond nis ceir. Gall mai 'vt de hac re mihi tuam ostenderes voluntatem' a ddilynodd 'ait' yn wreiddiol, sef araith uniongyrchol Cybi yn cyfarch Duw yn yr ail berson. Gall fod ysgrifydd wedi newid i'r 3ydd person er mwyn symleiddio'r testun ar gyfer darlleniad mewn eglwys (gw. uchod) ond gan anghofio tynnu 'ait' hefyd. Mae'n bosibl mai wrth addasu yr ysgrifennwyd y 'sibi' ychwanegol ar ddamwain.

multitudinem ('nifer mawr') Ceir 'multitudo' yn y llawysgrif wedi ei danlinellu, gyda 'multitud' ar ymyl y tudalen (tociwyd y llythrennau olaf). Gan fod y frawddeg yn gofyn am y cyflwr gwrthrychol, mae'n debygol bod Robert Davies wedi sylwi ar y camgymeriad ac ysgrifennu 'multitudinem' ar ymyl y tudalen.

§4

dignum iudicauit honore pontificali, et confestim Spiritu administrante consecrauit. ('barnodd ei fod yn deilwng o'r anrhydedd esgobol a'i gysegru ar unwaith gyda'r Ysbryd yn darparu.') Yn y llawysgrif, ceir 'consecrauit' am 'iudicauit'. Mae'n debygol bod hwn yn gamgymeriad yn deillio o neidiad o lygad i'r enghraifft nesaf o 'consecrauit' ar y llinell ganlynol. Diwygir 'consecrauit' i 'iudicauit', gan fod dwy enghraifft arall yn y testun o ddefnyddio'r ferf 'iudicare' gyda 'dignum' (§§2, 6) ond mae sawl opsiwn posibl.

§5

regni obtule... ('cynigiasant ... y deyrnas') Tociwyd diwedd y llinell hon yn y llawysgrif. Darlleniad posibl fyddai 'regni obtulerunt regulam' ('cynigiasant lywodraeth y deyrnas') a roddai synnwyr ac a gydweddai â darlleniadau buchedau Vespasian: 'Rogatusque est, itaque, ut uenit, quatinus rex esset Cornubiorum' ('A gofynnwyd ef felly i ddod i fod yn frenin y Cernywiaid', Vesp1); 'Qua tempestate postulatus admodum, ut et super gentem Cornubiorum regnaret' ('Bryd hynny y gofynnwyd wrtho lawer i reoli dros bobl y Cernywiaid', Vesp2). Er bod ystyr tebygol y frawddeg ym Muchedd Yale yn weddol gadarn felly, erys yr union eiriad yn dra ansicr.

Sciendum est, fratres charissimi, quod sancti discipuli, qui secuti sunt eum, post sanctissimum eorum transitum multis fulsere miraculis ('Dylid gwybod, frodyr anwylaf, fod y disgyblion sanctaidd a'i dilynodd wedi disgleirio â llawer o wyrthiau wedi eu taith dra sanctaidd.') Ceir 'fulgere' ('disgleirio') yn y llawysgrif, sef y ferf annherfynol, ond nid yw hon yn ramadegol yn ei chyd-destun yn dilyn 'quod'. Disgwylid ffurf orffennol neu amherffaith trydydd person lluosog, yn disgrifio gweithred y disgyblion sanctaidd. Camgymeriad hawdd fyddai newid y *lectio difficilior* 'fulsere' (ffurf orffennol trydydd person lluosog barddonol, a ddefnyddir weithiau ym mucheddau Lladin seintiau Cymru) i 'fulgere', sy'n ffurf lawer mwy cyffredin.

In prima igitur nocte qua recessit ('Ac felly ar y noson gyntaf pan aeth i ffwrdd') Ceir y talfyriad am 'quam' yn y llawysgrif, ond mae angen diwygio i 'qua' er mwyn i'r rhagenw gyfateb o ran cyflwr i 'prima ... nocte'.

primus fuit Kyngar, secundus Peulan, tertius Maelawk, iiijus Paternus, vus Llybiaw, vjus Edern, vijus Kenev, viijus Adarwy, ixus Kynvarwy, xus nomine Megwarawk, xius Dyneioel Vâb, xiius Kaffo ('Cyngar oedd y cyntaf, Peulan yr ail, Maelog y trydydd, Padarn y pedwerydd, Llibio y pumed, Edern y chweched, Cenau y seithfed, Adarwy yr wythfed, Cynfarwy y nawfed, Mwrog oedd enw'r degfed, Deiniol Fab yr unfed ar ddeg, Caffo y deuddegfed.') Dyma'r unig fersiwn o fuchedd Cybi sy'n rhoi rhestr lawn o ddisgyblion Cybi. Ym mucheddau Vespasian, enwir Maelog, Llibio, Peulan, a Cyngar (yn y drefn hon) yn unig, gan nodi bod disgyblion eraill hefyd. Ni nodir eu rhif ym Muchedd 2, ond cyfeirir at ddeg disgybl ym Muchedd 1, dau yn llai na rhestr Buchedd Yale. Ceir cerdd o ddyddiad ansicr (ond y gellir ei chysylltu o bosibl â Hywel Rheinallt a fu yn ei flodau tua 1460–1506) o'r enw 'Teulu Cybi

Sant', sy'n rhestru 'deuddeg morwyr' Cybi, sef Deiniel, Mwrog, Cenau, Cyngar, Cynfarwy, Adwarwy, Padarn, Edern, Maelog, Caffo, Llibio, a Peulan.[126] Ceir 'Mwrog' am 'Megwarawk' a 'Deiniel' am 'Dyneioel Vâb' ond fel arall cyfetyb y rhestrau o ddisgyblion yn llwyr, gan awgrymu bod y gerdd a'r fuchedd yn tynnu ar yr un traddodiadau (os nad ar ei gilydd yn uniongyrchol).[127] Mae Cyngar yn fab i Geraint fab Erbin yn ôl *Bonedd y Saint* a fyddai'n ei wneud yn ewyrth i Gybi.[128] Nawddsant Llanbadarn Fawr yw Padarn a cheir buchedd iddo yn Vespasian A. xiv. Mae Peulan, Maelog, Edern, Cenau, Cynfarwy, Deiniolfab, Llibio a Chaffo yn nawddseintiau sawl eglwys hefyd ond nid yw eu bucheddau ar glawr. Mae llawer o'r disgyblion yn nawddseintiau eglwysi ym Môn, sef Cyngar (Llangefni), Peulan (Llanbeulan), Maelog (Llanfaelog), Llibio (Llanllibio), Edern (Bodedern), Cynfarwy (Llechgynfarwy), Mwrog (Llanfwrog), Deiniolfab (Llanddaniel-fab), a Chaffo (Llangaffo) (WCD, tt. 201, 504, 618, 251, 198, 560, 217, 102, 470). Dengys hyn gysylltiadau cryf Buchedd Yale ag Ynys Môn a chais, o bosibl, i ddangos goruchafiaeth Cybi a'i eglwys dros eglwysi eraill yr ardal. Nid enwir 'Adarwy' neu 'Adwarwy' y tu allan i Fuchedd Yale a 'Teulu Cybi Sant' ac ni wyddys pa ffurf sy'n gywir. Mae'n debygol mai camddiweddariad o ffurf fel 'Libiau' yw 'Llybiaw' Buchedd Yale.[129] 'Megwarawk' yw'r ffurf fwyaf diddorol. Ymddengys yn llwgr fel y saif, ond gall fod yn gamddiweddariad o ffurf Hen Gymraeg fel *'Meguarawc' ('Mywarog' mewn orgraff fodern). Yn Hen Gymraeg, defnyddid <gu> am /w/ a gellid defnyddio <e> am /ə/. Fel y nodwyd uchod, cyfetyb 'Megwarawk' yn rhestr Buchedd Yale i 'Mwrog' yn 'Teulu Cybi Sant'. Ymddengys mai 'Mwrog' yw ffurf enw'r sant ym mhob achos yng Nghymru.[130] Ond fel y noda Baring-Gould a Fisher, ceir sant Albanaidd o'r enw 'Moroc', ffurf debyg iawn i 'Mwrog'.[131] Yr hyn sy'n bwysig am 'Moroc' yma yw bod ffurf amgen ar ei enw, sef 'Mawarrok', a ddefnyddir yn Lecropt ger Stirling.[132] Dehonglwyd yr enw fel ffurf anwes ar Findbarr.[133] O dan y dehongliad hwn, cynnwys yr enw yr elfennau 'Mo' + 'Barr' + 'Og', ac mae'r defnydd o 'Mo' dechreuol ac 'Og' terfynol yn dra chyffredin mewn enwau anwes ar seintiau Gaeleg.[134] Byddai *'Meguarauc' yn ffurf Hen Gymraeg gwbl ddilys ar gyfer yr enw hwn. Beth bynnag fo gwreiddiau'r enw, dengys Buchedd Yale fod y ffurf hon ar enw Mwrog yn bodoli yng Nghymru ac yn debygol o fod yn hynafol, o farnu o'r defnydd o <gu> am /w/ nad oes tystiolaeth iddo gael ei ddefnyddio'n gynhyrchiol ar ôl tua 1250. Cryfha hyn y cysylltiad rhwng y sant Albanaidd a'r sant Cymreig gan awgrymu mai cynnyrch cwlt yr un unigolyn ydynt.

Treconan ('Tregony(?)') Mae'r fuchedd yn disgrifio Cybi'n sefydlu eglwys yng Nghernyw cyn hwylio i'r gogledd a chyrraedd Gwent. Ni cheir y disgrifiad hwn ym mucheddau Vespasian. 'Trecomā' yw ffurf Buchedd Yale.[135] Mae'n debygol bod 'm' yn sefyll am 'nn' neu'n gamgymeriad am 'n' yma, gan na cheir enwau lleoedd yn dechrau gyda 'Trecom-'. Mae Cybi/ Cuby yn nawddsant ar ddwy eglwys yng Nghernyw, sef Duloe a Cuby (yn Tregony). Os 'Treconan' yw'r ffurf gywir, ymddengys bod hyn yn enw a seilir ar 'Tre' + yr enw personol 'Conan' ('Cynan' yn Gymraeg). Disgwylid treiglad meddal o /k/ i /g/ ar ôl yr enw benywaidd 'tre', ond nis dangosir yma, a gall hyn fod yn arwydd o orgraff Hen Gymraeg. Noda Oliver Padel wyth enw lle yng Nghernyw a sillefid yn 'Tregonan' neu 'Tregonnan' yn yr Oesoedd Canol: Tregonning (Mawgan in Pydar); Tregonning (Newlyn East); Tregonning (Luxulyan); Tregonning (Breage); Tregonning (Stithians); Tregonian (St Michael Penkevil); Tregoning (St Keverne); Tregonan (St Ewe).[136] Noda hefyd wyth enw lle arall a all fod wedi cael eu camddehongli fel 'Tregon(n)an': Tregenna (St Veep); Tregunna (St Breock); Tregenna (St Columb Minor); Tregona (St Eval); Tregonna (Little Petherick); Tregonhayne (Cuby: ond noder y sillafiad canoloesol 'Tregenhehan'); Tregunno (Breage); Tregonhay (Budock). Mae'r rhan fwyaf o'r enwau lleoedd hyn yn agos at yr hyn a geir ym Muchedd Yale o ran ffurf, ond yn anffodus nid oes modd cysylltu'r un ohonynt ag un o eglwysi Cybi. Posibilrwydd amlwg arall yw mai rhyw ffurf ar 'Tregony' sydd gennym. Byddai hynny'n gwneud synnwyr llwyr gan fod eglwys gynnar yno a Chybi yn nawddsant arni. Yn anffodus, nid yw'n hawdd esbonio'r hyn sydd ym Muchedd Yale fel ffurf ar 'Tregony'. Noda Padel ddau sillafiad ar gyfer Tregony o'r 11eg ganrif, sef 'Tref hrigoni' (o siarter o'r flwyddyn 1049) a 'Treligani' (*recte* 'Trerigani': o Domesday Exon).[137] Mae'r rhain yn dra gwahanol i 'Trecon(n)an', sef ffurf wreiddiol dybiedig yr hyn a geir yn Llawysgrif Yale. Yn gyntaf, maent yn ffurfiau pedeirsill ac ni wyddys pryd y daeth yr enw lle yn deirsill. Maent hefyd yn cynnwys y sillafiad <g> yn lle <c>, er eu bod yn hŷn na'r ffurf ym muchedd Cybi yn ôl pob tebyg. Nid oes rheswm, felly, dros dybio bod ffurf fel '**Treconi' wedi bodoli a all fod wedi cael ei chamddehongli fel 'Treconan'. Yr esboniad hawsaf yw mai 'Tregony' yw'r eglwys a ddisgrifir yn y fuchedd ond bod camgymeriad wedi digwydd efallai gan yr awdur ei hun, lle drysid rhwng 'Tregony' ac un o'r enwau lleoedd eraill yng Nghernyw o'r enw 'Tregonan'. Nid yw'n hawdd gweld sut y gall hyn fod wedi digwydd yn y traddodiad ysgrifenedig, ond gall mai ar lafar y clywodd yr awdur yr enw, yn enwedig o ystyried cyn lleied o wybodaeth a roddir am yr eglwys yn y fuchedd a'r tebygrwydd bod clerigwyr eglwysi Cybi yn ymwybodol o'r eglwysi eraill yr oedd Cybi yn nawddsant arnynt (a welir yn yr ymdriniaeth â Llangybi, Sir Fynwy, yn y fuchedd hon, er enghraifft). Gall fod yr awdur wedi clywed ffurf megis 'Tref hrigoni' ar lafar a'i dehongli'n 'Treconan', sef 'tre' + 'Conan', sy'n enw lle cyffredin yng Nghernyw. Erys hyn yn dra ansicr a gall fod llawer iawn o newid wedi digwydd yn ystod trosglwyddiad testunol y fuchedd. Er mai Tregony yw'r opsiwn amlycaf ar gyfer yr eglwys yma, ni allwn fod yn hyderus mai eglwys Tregony a ddisgrifir.

Ibi eius nomine traduntur esse miracula ('Dywedir bod gwyrthiau yno oherwydd ei rym ef.') Am y cyfieithiad o 'nomine' yma, gw. DMLBS, d.g. *nomen* 11.

fabricatam ('a wnaethpwyd') Ceir 'fabricata' yn y llawysgrif ac mae'n debygol bod Robert Davies neu ysgrifydd o'i flaen wedi anghofio ychwanegu bar trwynol uwchben yr 'a' olaf.

(vt vsque in presens) ('(fel y mae hyd yn awr)') Gall 'vt vsque in presens' fod yn ychwanegiad a ddylai fod yn dilyn 'miracula' ar ddiwedd y frawddeg flaenorol, lle byddai'r ystyr yn amlwg, ond nid yw'n amhosibl ei gadw lle y mae.

§6
Edelic Ceir 'Edelie' yn fai am 'Edelic' yn y llawysgrif. Er bod yr 'c' derfynol wedi ei chamddarllen yma (o bosibl gan Robert Davies ei hun), mae'r 'd' yn adlewyrchu diweddariad cywir o ffurf gynharach megis 'Etelic' neu wybodaeth am y brenin o ffynhonnell arall (lafar neu ysgrifenedig). Ceir

'Edelicus' ac 'Edelico' yn §4. Ceir 'Ethelic' ym mucheddau Vespasian, sy'n dangos dylanwad Normanaidd wrth ysgrifennu 'th' yn lle 't'. Darpara hyn dystiolaeth ychwanegol nad Vespasian A. xiv oedd ffynhonnell cynsail Buchedd Yale.

§7

inuincibilis ('anorthrech') Mae'r darlleniad yn amwys yn y llawysgrif. Dilynir cyfres o chwe minim (gyda marc talfyrru uwchben y tri olaf) gan 'ctis' neu 'clis'. Os 'i' yw'r minim cyntaf, nid oes dot amlwg drosti, fel y disgwylid gan Robert Davies, ond gall fod yn ymguddio yn y marc talfyrru ar ddiwedd 'advenientem'. Ni cheir dot amlwg chwaith ar y minim cyn yr 'c', os nad yw hwn hefyd wedi mynd ar goll yn y bar trwynol. Byddai modd darllen 'in uinclis', sef 'mewn cadwynau'. Byddai hynny'n haws o ran y talfyriadau ond yn anos o ran ystyr a hefyd raniad y gair. Os darllenwn 'in uinclis', gellid cyfieithu'r cymal fel 'er mwyn deol y dyn oedd yn cyrraedd [sef Cybi] mewn cadwynau', ond byddai hynny'n gwneud y cymal blaenorol yn anos, gan fod angen 'advenientem' i fynd gyda 'quem ... intelligens'. Arfer Robert Davies yw gadael bwlch rhwng arddodiad a'r gair canlynol, sy'n cefnogi darllen hwn fel un gair yn hytrach na'r arddodiad 'in' + gair arall. Cymeraf hwn felly yn ansoddair i ddisgrifio gweddi Cybi. Gall fod Robert Davies wedi hepgor marc talfyrru arall uwchben 'clis'.

§8

Diuerwern Mae'r ffurf hon yn feius: cymh. 'Landauerguir' (Buchedd 1) a 'Landeuerguir' (Buchedd 2) ym mucheddau Vespasian. Collwyd y 'llan' ddechreuol a chamddehonglwyd yr elfen olaf fel 'wern', gan ychwanegu 'n' ar y diwedd. Fel arall, mae'n ffurf ddilys ar 'Dyfrwyr'. Diweddarwyd 'gu' i 'w' yn gywir a chedwir orgraff Hen Gymraeg fel arall. O ran llafariaid, defnyddir <i> ac <e> am /ə/ ac <e> am /i/. Digwydd <e> am /i/ hyd y 13eg ganrif ond yn anaml iawn wedyn. Felly hefyd ni ddefnyddir <e> am /ə/ fel arfer wedi'r cyfnod tua 1330. Ni ddefnyddir <i> am /ə/ ar ôl canol y 13eg ganrif.[138] Felly mae'r ffurf hon yn adlewyrchu ffurf a ysgrifennwyd cyn 1250 yn ôl pob tebyg ac nad oedd ysgrifyddion megis Robert Davies bellach yn deall ei horgraff. Nid oes rheswm dros feddwl mai'r ffurfiau

penodol a geir yn nwy fuchedd Vespasian sy'n sail iddi, gan fod nifer o wahaniaethau arwyddocaol, megis sillafiad y llafariad olaf.
cum omni familia ('ynghyd â'i holl osgordd') Mae'n bosibl bod Robert Davies wedi ceisio dileu'r gair 'omni'.

§9
Aryurn ('Árainn') Amwys yw'r ffurf dalfyredig yn Llawysgrif Yale. Ceir 'Aryn' a marc talfyrru tebyg i 'e' rhwng 'y' ac 'n'. Defnyddir y marc i dalfyrru 'ur', 'er', 're', a roddai 'Aryurn', 'Aryern', neu 'Aryren'. 'Aruin' neu 'Arvin' yw'r ffurf ym mucheddau Vespasian a gwêl Barry Lewis hyn fel cyfeiriad at Árainn, sef Inis Mór oddi ar arfordir gorllewinol Iwerddon. Awgryma y gall y ffurf 'Aruin' ddeillio o ffurf yn y cyflwr gwrthrychol neu'r cyflwr derbyniol.[139] Yr esboniad hawsaf ar gyfer y ffurf yn Llawysgrif Yale yw bod ffurf megis 'Arvin' wedi ei chamddarllen.

preter lactucia aliquo non vtebatur alimento ('na allai fwyta dim bwyd heblaw pethau llaethog') Ceir 'lactucia' yn y llawysgrif. Os cyfeiriad at 'letus' yw hwn, disgwylid 'lactucam' os unigol, 'lactucas' os lluosog. Efallai y camddehonglwyd 'lactuca' gyda bar trwynol fel 'lactucia'. Ond eto awgryma'r cyd-destun mai dim ond llaeth, nid letus, y gall Cyngar ei gael (dyna'r achos hefyd ym mucheddau Vespasian). Nid yw'r cysylltiad â 'lac' yn gwbl hawdd, serch hynny. Ceir 'lactucium' fel gair prin i gyfeirio at *seborrhea* neu *cradle cap*, ac ymddengys mai ar sail 'lac' y lluniwyd. 'Croûte de lait' yw'r enw amdano yn Ffrangeg.[140] Gwell cymryd 'lactucia' yn lluosog o 'lactucium' felly, yn cyfeirio at 'bethau llaethog'.

qui non laboret non manducet ('gadewer i'r hwn na lafurio beidio â bwyta') Ni phriodolir y dyfyniad cyffredin hwn yn y fuchedd, ond fe'i cysylltir yn aml â geiriau Paul yn 2 Thessal. 3.10: 'si quis non vult operari nec manducet' ('os nad yw rhywun am weithio, gadewer iddo beidio â bwyta'), er nad yw'n ddyfyniad uniongyrchol.[141] 'Qui non laborat, non manducet' yw'r ffurf arferol. Dyma a gawn ym muchedd Dewi gan Rygyfarch ('Qui enim non laborat, ait apostolus, non manducet' §1) fel rhan o reol Dewi ar gyfer ei fynachod.[142] Fe'i dyfynnir nifer o weithiau mewn cyd-destunau canonaidd hefyd, sy'n bwysig o gofio mai eglwys golegol o ganoniaid oedd Caergybi.¹⁴³ Ar draws gogledd-orllewin Ewrop, yr oedd tueddi rai canoniaid o eglwysi colegol fod yn absennol weithiau, a gallai canoniaid absennol dderbyn llai o dâl.¹⁴⁴ Dyma ergyd y dyfyniad yma felly: rhaid i'r canoniaid weithio am eu bwyd, fel y gwna disgyblion Cybi yma. Cawn enghraifft o'r agwedd hon mewn llythyr gan y pab Lucius III (5 Ionawr 1182) sy'n cynnwys y dyfyniad ac sy'n gwahardd clerigwyr absennol rhag derbyn yr hyn a oedd yn ddyledus i ganoniaid eglwys Saint-Pierre de Lille.¹⁴⁵ Rhydd Post enghreifftiau pellach: 'The chapters sometimes opposed the absence of a canon for study in a university, on the principle that "qui non laborat, non manducet" ... So Honorius III: "Quum qui non laborat, non debet secundum apostolum manducare," therefore the bishop of Segovia should deprive absentee canons of their prebends, unless they were absent for the study of theology'.¹⁴⁶ Yn achos buchedd Cybi, felly, gallai'r geiriau hyn fod yn feirniadaeth gynnil o ganoniaid a phrofostiaid absennol ac yn awgrymu na ddylent dderbyn eu *prebenda*.

§10

Cructurus Ar y ffigwr hwn a ffurf ei enw yma, gw. tt. 56–7 uchod a Lewis, 'Strange Irish Career'.

Finuan Mae'n debygol mai ffrwyth camgopïo 'Fintan' yw'r ffurf yma: gw. trafodaeth uchod, t. 57.

§11

Vir sanctus ad Eum conuersus, qui iustis oracionibus semper preceps erat ('A'r dyn sanctaidd wedi troi at yr Hwn a oedd wastad yn frysiog ar gyfer gweddïau cyfiawn') Aneglur. Disgwylid i hyn ddisgrifio Duw (fel y gwna'r adran gyfatebol ym mucheddau Vespasian), ond os felly, mwy addas fyddai defnyddio'r presennol 'est' yn hytrach na'r amherffaith 'erat'. Os cedwir 'super precepto', gellid ei ddehongli fel 'ar orchymyn' ('a oedd wastad ar orchymyn ar gyfer gweddïau cyfiawn'). Nid hwyrach ei fod yn well diwygio i 'semper preceps' ('wastad yn frysiog [ar gyfer gweddïau cyfiawn]'), ond ni welais fod y gair hwn yn cael ei ddefnyddio ar gyfer Duw chwaith, a disgwylid 'est' o hyd.

Sed hic audiuimus quod ('Ond yma clywsom fod') Ceir 's̶i̶ʰⁱᶜ' yn y llawysgrif, ac mae'r inc yn drwm iawn ar yr 'i' yn 'hic', sy'n awgrymu o bosibl ei bod wedi ei newid o lythyren arall. Tybed ai 'o'? Os 'hoc' oedd y gair yn wreiddiol, byddai'n cytuno â 'quod' ac yn rhoi'r ystyr 'Ond clywsom hyn, sef bod ...'.

diu diligentibus omnia cooperantur in bonum. ('popeth yn cydweithio er daioni i'r rhai sy'n caru am amser hir.') Cymh. Rhuf. 8:28: 'scimus autem quoniam diligentibus Deum omnia cooperantur in bonum' (BSV, t. 1759). Gall 'diu' fod yn gamgymeriad am 'Deum', yn enwedig os ysgrifennwyd 'deu' gyda bar trwynol yn y gynsail. Ni cheir 'diu' mewn copi hysbys o'r Vetus Latina, ond digwydd y drefn 'Deum diligentibus omnia' nifer o weithiau, a all fod wedi bod yn y gynsail hefyd.[147]

§12

Tunc sanctus Kybi angelica ammonicione a predicta amotus est insula, veniensque ad quendam in australibus partibus locum, in quo moratus est per xl dies, < > ibi construere cepit ecclesiam ... ('Wedyn symudwyd Cybi sant o'r ynys ddywededig gan rybudd angylaidd, a chan ddod i ryw le mewn ardaloedd deheuol, lle yr arhosodd am 40 diwrnod, dechreuodd adeiladu eglwys yno') Yn y llawysgrif, ceir 'et' cyn 'ibi', ond nid yw hyn yn ramadegol fel y saif. Opsiwn arall ar gyfer creu brawddeg ramadegol fyddai newid 'veniensque' yn 'veniens'. Penderfynais ddileu 'et' am iddo ddod yn ddiweddarach yn y frawddeg hir hon a gall fod Robert Davies neu ysgrifydd o'i flaen wedi colli golwg ar gystrawen y frawddeg erbyn cyrraedd y cymal hwn.

§13

nam ab illo loco et multis alijs locis eum ammouit ('canys symudodd y meudwy ef o'r lle hwnnw ac o lawer o leoedd eraill') Mae'r cyfeiriad at 'multis alijs locis' yn awgrymu talfyrru. Cynnwys bucheddau Vespasian ragor o ddisgrifiadau o Gybi yn cael ei symud (§§10–15).

Mocob ... Tociwyd llinell olaf y tudalen. Mae modd gweld rhannau o rai llythrennau a gall mai 'no*m*inat*ur*' ('enwir') yw'r gair cyntaf, a roddai ystyr amlwg. Gosodir yr enw 'Mocob' mewn cromfachau ond nid yw'r rheswm dros hynny'n glir. 'Mochop' (Buchedd 1) a 'Macop' (Buchedd 2) yw'r ffurfiau ym mucheddau Vespasian (§13). Mae'r 'b' derfynol yn diweddaru'r 'p' derfynol a geir yn orgraff Hen Gymraeg yr enw ym mucheddau Vespasian. Gall fod yr 'c' yn cadw orgraff Hen Gymraeg, lle defnyddiwyd <c> am /χ/, neu gall fod yn gamddiweddariad o ffurf fel 'Mochop', gan weld <ch> yn sillafiad Normanaidd am /k/.

§14
locum, in quo moratus est per xii dies ('lle, lle yr arhosodd am 12 diwrnod') Yr un cyfnod ag y maent yn aros yn 'Vobyun' (Buchedd 1) / 'Uobiun' (Buchedd 2) ym mucheddau Vespasian (§14).

§15
paratum sine chorio lembum intrarent ('y dylent fynd i mewn i'r cwch parod heb groen') Ceir ymadrodd tebyg ym mucheddau Vespasian (§15). Myn Cructurus fod Cybi a'i ddisgyblion yn mynd ar y cwch heb orchuddio corff y cwch â chroen anifail a fyddai'n rhwystro dŵr rhag gollwng iddo. Ar y defnydd o grwyn wrth adeiladu llongau yn y cyfnod hwn, gw. S. McGrail, *Ancient Boats in North-West Europe*, argraffiad cywiriedig (London and New York, 1998), tt. 9, 173–87; cymh. J. Wooding, 'Ffynonellau dogfennol ynghylch mordwyo yn yr Oesoedd Canol cynnar', yn M. Redknap, S. Rees ac A. Aberg (goln), *Cymru a'r Môr: 10,000 o Flynyddoedd o Hanes y Môr* (Aberystwyth, 2019), tt. 92–3; M. Redknap, 'O gyryglau i garacau', yn Redknap, Rees ac Aberg, *Cymru*, tt. 116–19.
proferens illud vt propheticum mirabile in sanctis eius. ('gan ei gyhoeddi fel "peth rhyfeddol yn ei seintiau" y proffwydi') Ymadrodd cyffredin iawn ym mucheddau'r saint yw 'mirabilis Deus in sanctis suis' ('rhyfeddol yw Duw yn ei seintiau') a ddaw o Salm 67:36 yn y Fwlgat (BSV, t. 850). Mae Cybi'n datgan, felly, y bydd Duw yn cyflawni gwyrth trwyddo i sicrhau eu bod yn cyrraedd y lan er gwaethaf eu cwch anniogel.
mirabilem fecit ('creodd ... wyrthiol') Nid yw'r 'e' ar y diwedd yn glir ac mae o bosibl wedi'i newid o 'a'.

Ecce mirabile miraculum, quod beati Martini potest esse secundum ('Dyma wyrth ryfeddol, a all fod yn ail i rai Martin sant') Os cywir fy nehongliad, mae'r awdur yn disgrifio'r wyrth a wnaeth Duw drwy Gybi, wrth hollti'r maen yn y môr a chreu llwybr gwyrthiol trwyddo, yn debyg i neu'n gydradd â gwyrthiau Martin. Nid oes gwyrth debyg ym muchedd Martin gan Sulpicius Severus nac yn y cyfieithiad Cymraeg Canol ohono.[148] Er hynny, fel yr amlinella Jenny Day, ceir nifer o draddodiadau o gyfnod Sulpicius Severus i'r Oesoedd Canol diweddar lle mae Martin yn achub eraill rhag boddi, ac mae'n debygol mai dyna pam y dewisa'r awdur gymharu Cybi â Martin yma.[149] Wrth wneud y gymhariaeth hon, mae'r awdur hefyd yn gosod yr un statws i Gybi ag i Martin, un o seintiau enwocaf a mwyaf dylanwadol Ewrop, ac un a oedd yn fawr ei ddylanwad yng Nghymru'r Oesoedd Canol.[150] Cyfeirir ato mewn ystod eang o destunau o sawl canrif, gan gynnwys *Historia Brittonum* (o 829/30) a barddoniaeth ganoloesol ddiweddar, ac felly nid oes modd defnyddio'r cyfeiriad hwn i gysylltu'r fuchedd â chyfnod penodol.[151] Yr oedd Martin hefyd yn enwog fel esgob, sy'n cydweddu â chanolbwynt Buchedd Yale ar statws esgobol Cybi.[152] Nid yn unig y mae Cybi yn esgob, y mae'n ail Martin, yn ddyn sy'n batrwm i esgobion ar draws y byd cristnogol.[153]

produxit fontem ('cynhyrchodd ffynnon') Cofia Cybi am wyrth Moses o Exodus 17:5–7, lle tery'r graig fel y daw dŵr allan ohoni i'r bobl ei yfed. Ar leoliad posibl y ffynnon, gw. uchod t. 54. Coda Cybi'r ffynnon ym Muchedd Yale gan fod Cyngar yn dioddef o syched, a byddai modd cysylltu Cyngar â sawl ffynnon: mae cysylltiad amlwg ag Ynys Môn gan ei fod yn nawddsant Llangefni ond ceir cysylltiad hefyd â Llangybi, Sir Gaernarfon, yn yr enw lle cyfagos 'Ynys Gyngar' (LBS, ii: 252).

Nunc homini hausto crescendo vel decrescendo proprium deserit statum. ('Nawr i rywun wrth ei yfed, cyll ei gyflwr ei hun gan dyfu neu ddirywio.') Nid yw ystyr 'crescendo vel decrescendo' yn amlwg. Os cywir y dehongliad mai pobl sy'n colli eu cyflyrau eu hunain yma (yn hytrach na'r ffynnon), gall awgrymu bod pobl yn gwella neu'n gwaethygu wrth yfed y dŵr. Gellir cymharu'r disgrifiad o gymorth Gwenfrewy ym muchedd Gwenfrewy gan Robert o Amwythig, yn dilyn disgrifiad o'i ffynnon: 'Secundum uero est quod quicumque aliqua infortunia passus te requisierit, et per te a sua inualitudine seu oppressione se liberari petierit, prima siue secunda aut certe tercia uice uoluntatis sue compos effectus, quod postulauerat se impetrasse gaudebit. Si autem contigerit petentem te trine uicis petitione quod optauerat non consecutum fuisse, certissime sciat se presentis uite luce in proximo cariturum, atque ideo occulto Dei iudicio precis sue fructu in presenti frustratum fuisse. Proficere sibi tamen ad animę suę medelam te inuocasse constanter intelligat, atque per te aliquid sibi maius diuinitus prestari, quam si quod petebat exterius consequeretur.' ('Yr ail [rodd] yw bod pwy bynnag sydd wedi dioddef rhyw anffawd fydd yn dy geisio, ac a fydd wedi gofyn cael ei ryddhau gan ei salwch neu orthrwm trwyddot ti, wedi cael ei ddymuniad y tro cyntaf neu'r ail neu'r trydydd yn sicr, bydd yn gorfoleddu ei fod wedi cael yr hyn y gofynnodd amdano. Ond os digwydd bod y deisyfwr heb gael yr hyn a ddymunodd wrth ofyn deirgwaith, boed hysbys iddo yn dra sicr ei fod ar fin colli golau'r bywyd presennol yn fuan iawn, ac am y rheswm hwnnw y'i hamddifadwyd o ffrwyth ei gais y tro hwn drwy farn ddirgel Duw. Ond boed iddo ddeall ei fod yn buddio iachâd ei enaid iddo alw arnat yn gyson, ac y rhoddir iddo o'r nefoedd trwyddot ti rywbeth mwy nag a gawsai os cafodd yr hyn a geisiodd y tu allan' (§7)).[154] Nodir, felly, os na chyflawnir y dymuniad erbyn i'r gofynnwr ofyn deirgwaith, bydd yn marw. Gall yr un peth fod yn wir am ffynnon Cybi, ond nid yw'r fuchedd yn gwneud hynny'n glir. Opsiwn arall fyddai gweld y frawddeg fel disgrifiad aneglur o'r ffynnon ei hun.

§16
Locus Cundaf ('lle Cundaf') Anhysbys. Nid hwyrach y dylid dileu'r 'locus' gan adael 'ad quendam locum, qui Cundaf vocitatur' ('i ryw le a elwir yn Cundaf'): cymh. bucheddau Vespasian. Yr oedd Baring-Gould a Fisher o'r farn mai Llangybi yw 'Cundaf' ond nid oes tystiolaeth glir dros hynny (LBS, ii: 208).
vt ignem ... ('er mwyn ... tân ...') Tociwyd llinell gyfan ar waelod y tudalen. Mae'r rhan fwyaf o'r geiriau wedi diflannu'n llwyr, ond gall mai 'Maguri*um*' neu ffurf debyg yw'r gair olaf. Byddai'r llinell wedi cynnwys

gorchymyn Cybi i Gaffo i gael tân ar eu cyfer (cymh. bucheddau Vespasian §16) a disgrifiad o Gaffo'n mynd i weld Magurius.

§17

veloci impetu subsequutus est, que canibus ('ymlidiodd gydag ymosodiad cyflym ... ac yntau ... gan gŵn') Ychwanegir ar ymyl y tudalen.

inter sancti viri religionis vestem et tunicam ('rhwng abid a thiwnig y dyn sanctaidd') Ceir 'ad casulam' ym mucheddau Vespasian (§17): 'ad sancti Kepii casulam' (Buchedd 1); 'ad casulam beati Kebii' (Buchedd 2). Cyfieitha Wade-Evans 'casula' fel 'cot'/'cottage', sy'n ystyr posibl (VSBG, t. 247), ond darpara Buchedd Yale dystiolaeth gref mai 'religionis vestis' yw'r 'casula' neu gasul dan sylw yma. Ceir episod tebyg yn *Historia Divae Monacellae* (*Buchedd Melangell*) lle ymguddia ysgyfarnog yn nillad y santes wrth gael ei hela.[155]

§18

Rex autem Maelgwn, canibus ducentibus, vestigia cum magno strepitu subsecutus [est], et tali eloquio virum convenit ('Ond dilynodd y brenin Maelgwn ei drywydd gyda sŵn mawr a'i gŵn yn ei arwain, a chyfarfu â'r dyn ag araith fel hyn') Er mwyn cael brawddeg ramadegol, mae angen dileu 'et' neu ychwanegu 'est'. Ychwanegais 'est' sy'n creu cystrawen haws.

Terra vero Circuitus Capriole vocitatur ('Fe elwir y tir yn Gylch yr Iwrch.') Ni lwyddais i ddod o hyd i 'Gylch yr Iwrch' ar Ynys Cybi neu Ynys Môn, ond ni wyddys, wrth gwrs, mai dyma'r enw Cymraeg a gyfieithwyd yma. Byddai 'Iyrchell' neu 'Iyrchen' yr un mor bosibl ag 'Iwrch', ac maent hefyd yn cynnwys elfen fachigol fel y gair Lladin.[156] Nid yw'r elfen 'Cylch' yn gyffredin mewn enwau lleoedd Cymraeg hanesyddol, ond nid yw'n amlwg beth arall y gall 'Circuitus' fod yn ei gyfieithu. Darpara Glenda Carr drafodaeth ddefnyddiol o enwau lleoedd Ynys Môn sy'n cynnwys enwau anifeiliaid.[157] Noda sawl enghraifft o enw sy'n cynnwys yr elfen 'Iwrch':

Mae *Cefniwrch* yn enw a welir ger Rhydyclafdy yn Llŷn a Chricieth yn ogystal ag ym Môn. Fe'i cofnodwyd yn y ffurf *Kevyn orwch* yn Llanddyfnan yn 1530/1 ...; mae'n debyg mai'r un lle yw hwn â'r annedd *Cefn iwrch* a nodwyd yn RhPDegwm plwyf Llanfair Mathafarn Eithaf yn 1841. Mae hefyd yn enw ar ardal i'r gogledd o Langefni ... Dehonglodd Melville Richards y ffurf ryfedd *Wele Yorgh* a gofnodwyd yn nhrefgordd Eiriannell yn 1352 ... fel *Gwely Iwrch*. Mae *Craig yr Iwrch* neu *Carreg yr Iwrch* yn enw ar ynys fechan oddi ar Drwyn Cemlyn, a gwelir carw arall yn *Llam Carw* ar yr arfodir ger Porth Amlwch.[158]

Ym Muchedd Yale, mae'r iwrch yn cylchu 'maximam ... insulam regiamque ciuitatem' (§18) a rhydd Maelgwn yr ynys a'r ddinas i Gybi wedyn (§19). Rhaid mai enw ar Ynys Cybi neu ran ohoni oedd 'Circuitus Capriole' felly. Yn anffodus, nid yw'r un o'r enwau sy'n cynnwys yr elfen 'Iwrch' yn arbennig o agos i Ynys Cybi, ond dangosant fod y gair wedi ei ddefnyddio mewn nifer o enwau lleoedd yn Ynys Môn, a hynny o'r Oesoedd Canol ymlaen, os nad cyn hynny. Tybiaf felly mai enw tebyg ar gyfer Ynys Cybi neu ran ohoni sydd wedi ei chyfieithu yma, ond ei fod ar goll ers canrifoedd maith.

cum esset annorum centum xx^{ti} **et vij**^{tm} ('pan oedd yn 127 oed') Ychwanegir ar ymyl y tudalen. Nid yw'r 'tm' ar ôl 'vij' yn glir gan fod diwedd y gair wedi ei docio. Ni nodir oedran Cybi pan fu farw ym mucheddau Vespasian. Ym Muchedd Yale, mae Cybi'n 7 oed pan ddechreua astudio'n gyson, ac yn dod yn hafal i Gyngar ym mhopeth ar ôl 20 mlynedd (§2). Wedyn ar ôl ei daith i Rufain, erys yng Nghaersalem am 2 flynedd (§3), felly mae Cybi erbyn hyn yn 29 oed neu'n hŷn. Wedi hynny, erys gydag Ilar am 50 mlynedd (§3), ac felly mae'n 79 oed neu'n hŷn pan ddychwel i Brydain. Ar ôl hyn, ni nodir manylion am faint o flynyddoedd y bu'n aros mewn gwahanol leoedd fel arfer, ond nodir nifer y diwrnodau weithiau pan erys mewn lleoedd am gyfnod byr a nodir ei fod wedi aros yn Árainn am saith mlynedd (§9). Ceir yr un manylion am y blynyddoedd ym mucheddau Vespasian (§§2–3) heblaw'r ddwy flynedd a dreuliodd yng Nghaersalem. Nodant hefyd iddo aros bedair blynedd yn Árainn, nid saith (§9).¹⁵⁹ Felly yn y tair buchedd mae Cybi yn hynafgwr hybarch pan ddaw yn ôl i Gymru. Gwedda hyn â'i statws esgobol sydd mor bwysig ym Muchedd Yale, a phwysleisir ei henaint mawr ymhellach yn y fersiwn hwn yn unig, wrth nodi iddo fyw ymhell dros ei gant.

§20

octauo idus Nouembris ('6 Tachwedd') Mae hwn yn ddyddiad gwahanol ar gyfer gŵyl Cybi i'r ddau ddyddiad a geir yng nghalendr Llawysgrif Yale, sef 13 Awst a 5 Tachwedd. 5 Tachwedd yw'r dyddiad mwyaf cyffredin yn y calendrau, ond ceir 13 Awst a 6 Tachwedd hefyd. Rhoddir 6 Tachwedd fel dyddiad yr ŵyl yn llawysgrif Peniarth 186 (Gutun Owain) a chalendr o dde Cymru sy'n goroesi mewn copïau yn llawysgrif Cwrtmawr 44 a llawysgrifau eraill.¹⁶⁰ Yn nwy fuchedd Vespasian yn unig, rhoddir 'ui. Idus Nouembris' (8 Tachwedd) fel dyddiad marwolaeth Cybi. 7 Tachwedd yw'r dyddiad yng nghalendr Vespasian A. xiv.¹⁶¹ Gan fod 6 Tachwedd i'w gael fel dyddiad gŵyl Cybi mewn llawysgrifau eraill, nid oes rheswm dros ei weld yn gamgymeriad yma, a gall adlewyrchu pryd y dethlid gŵyl Cybi yng Nghaergybi pan drefnwyd y llithoedd.

Tu autem, Domine, miserere nostri. ('Tithau, Arglwydd, trugarha wrthym.') Dyma'r ateb arferol i ddiwedd llith. Defnyddia Robert Davies lawysgrifen lawer llai rhwng 'Tu autem' a 'digni efficiamur'. Ysgrifenna 'misere' am 'miserere' heb farc amlwg i nodi talfyriad, efallai am fod y ffurf lawn mor gyfarwydd. Mae'r un peth yn wir i raddau am 'efficiamur' isod lle rhoddir 'effic', ond estynnir yr 'c' derfynol i'r dde.

Ora pro nobis, beati Kybi, ut digni efficiamur ('Gweddïa drosom, Gybi fendigaid, fel y'n gwneler yn deilwng') Mae 'Ora pro nobis, beati Kybi' yn wersigl (*versiculus*) ac 'ut digni efficiamur' yn atebiad (*responsum*). Fel y nodir uchod, ysgrifennir 'effic' gan estyn yr 'c' derfynol. Y ffurf lawn fyddai 'ut digni efficiamur promissione Christi' ('fel y'n gwneler yn deilwng o addewid Crist').

arha pendentie ('ernes ad-daliad(?)') Ni welais yr ymadrodd hwn mewn testun arall. Mae *arha* ('ernes') yn ddealladwy ddigon. *Pendentie* sy'n fwy problemataidd. Cynigia DMLBS y diffiniadau canlynol: '1 something that deserves hanging (as form of punishment, torture, or execution) ...; 2 schedule of arrears, the sum of amounts pending represented by such a schedule (Scot) ... ; 3 period during which matters are left pendent or undecided; b (leg., ~*ia litis*) period during which a suit is pending, or status created by the fact of a suit being pending' (DMLBS, d.g. *pendentia*). Rhoddai trosiad o'r ail ystyr derbyniol, sef bod Cybi yn ernes y bydd dyled pechod yn cael ei ad-dalu. Ar y llaw arall, ni ddigwydd y gair yn yr ystyr hwn y tu allan i'r Alban a dim ond o'r 14eg ganrif ymlaen y'i defnyddir felly yno. Mae'n ddigon posibl bod y gweddïau hyn yn dod o'r Oesoedd Canol diweddar, ond nid oes rheswm o gwbl dros feddwl y byddent yn defnyddio'r gair mewn ystyr penodol Albanaidd. Opsiwn arall fyddai gweld *pendo*, yn hytrach na *pendeo*, fel sail *pendentia* yma. Ceir fel ystyr 'to pay, pay out ... b (transf.) to grant, bestow. c (w. *poenas, tormenta*) to pay, suffer. d (transf.) to pay for one's sins, do penance (intr.)' (DMLBS, d.g. *2 pendĕre* 3). Byddai Cybi felly'n ernes o'r taliad (sef bywyd tragwyddol) i'r sawl sy'n ei ddilyn ar lwybr cyfiawnder neu 'ernes taliad (am bechod)'. Anhawster yr esboniad hwn yw nad oes tystiolaeth fel arall o ddefnyddio *pendentia* fel hyn. Beth bynnag fo'r esboniad, ymddengys bod yr ymadrodd yn ddisgrifiad o Gybi ac yn awgrymu ei fod yn ernes o ryw fath o ad-daliad.

Solis Iustitie ('haul cyfiawnder') Enw cyffredin ar Grist (Malachi 4:2).

aque viue beneficium indeficiens ('budd gwastadol dŵr byw') Cyfeiriad at ffynnon Cybi a ddisgrifir yn y chweched llith. Daw'r ymadrodd 'aqua viva' o'r Beibl: Ioan 4:10; Jeremeia 2:13; 17:13.

Per Christum ('Trwy Grist') Dywedir y geiriau 'Per Christum, Dominum nostrum' (a dalfyrrir yma) ar ddiwedd nifer o weddïau.

NODIADAU

1 Am y llawysgrifen, gw. uchod tt. 2–5. Gwelir ôl brys yr ysgrifydd hefyd wrth i Robert Davies wneud camgymeriadau cyn eu cywiro, gan gynnwys gadael allan nifer o eiriau a'u hychwanegu ar ymyl y ddalen ddwywaith tua diwedd y testun: gw. uchod t. 20.
2 [A. Luders ac eraill] (goln), *The Statutes of the Realm*, 11 cyf. (London, 1810–28): iv.i: 110.
3 [Luders ac eraill], *Statutes*, iv.i: 111. Cymh. yn ddiweddarach losgi llyfrgell yr Iesuwyr yn Nhreffynnon ym 1688: C. M. Seguin, 'Cures and Controversy in Early Modern Wales: The Struggle to Control St Winifred's Well', *North American Journal of Welsh Studies*, 3:2 (2003), 1–17 (16–17).
4 Gw. J. Wyn Evans a J. M. Wooding (goln), *St David of Wales: Cult, Church and Nation* (Woodbridge, 2007); O. Tudor Edwards (gol.), *Matins, Lauds and Vespers for St David's Day* (Woodbridge, 1990). Addaswyd y fuchedd i Gymraeg Canol a Saesneg Canol hefyd: D. Simon Evans (gol.), *Buched Dewi* (Caerdydd, 1959); S. Horobin (gol.), *Bokenham's Lives of Saints*, cyf. 1, Early English Text Society, o.s. 356 (Oxford, 2020), tt. 339–45.
5 *Repertory*, ii: 664–5.
6 Am drosolygon defnyddiol, gw. WCD, d.e. *Cybi*; LBS, ii: 202–15; G. H. Doble, *S. Cuby* (Long Compton, 1929) (adargraffiad talfyredig yn G. H. Doble, *The Saints of Cornwall: Part Three, Saints of the Fal* (Felinfach, 1997), 105–32).
7 EWGT, t. 58; cymh. EWGT, tt. 70–1; LBS, iv: 383.
8 WCD, t. 181; Rh. M. Andrews ac eraill (goln), *Gwaith Bleddyn Fardd a Beirdd Eraill Ail Hanner y Drydedd Ganrif ar Ddeg*, Cyfres Beirdd y Tywysogion 7 (Caerdydd, 1996): cerdd 54, ll. 39; A. Parry Owen, 'Mynegai i Enwau Priod yng Ngwaith Beirdd y Bedwaredd Ganrif ar Ddeg', *Llên Cymru* 31 (2008), 35–89, d.e. *Cybi*; H. M. Edwards (gol.), *Gwaith y Nant* (Aberystwyth, 2013), cerdd 12, ll. 69; A. Cynfael Lake (gol.), *Gwaith Hywel Dafi*, 2 gyf. (Aberystwyth, 2015), ii: cerdd 71, ll. 77.
9 Gw. t. 115.
10 PW, tt. 96, 81, 60, 87.
11 Doble, *Saints*, tt. 105–6; Doble, *S. Cuby*, t. 4.
12 L. Olson, 'Introduction: "Getting Somewhere" with the First Life of St Samson of Dol', yn L. Olson (gol.), *St Samson of Dol and the Earliest History of Brittany, Cornwall and Wales* (Woodbridge, 2017), tt. 1–18 (15).
13 P. Sims-Williams (gol.), *Buchedd Beuno: The Middle Welsh "Life" of St Beuno* (Dublin, 2018), tt. 18–19.
14 VSGB, t. xii.
15 Cymh. C. Brett, *You Read it Here First: Early Traditions of Welsh Saints in Brittany*, Kathleen Hughes Memorial Lectures 19 (Cambridge, 2022); C. Brett, *Brittany and the Atlantic Archipelago, 450–1200: Contact, Myth and History* (Cambridge, 2021).
16 D. Callander (gol.), 'Vita Sancti Paterni', Prosiect Vitae Sanctorum Cambriae: *https://saints.wales/ygolygiad/*.
17 B. Guy (gol.), 'Vita Sancti Samsonis', Prosiect Vitae Sanctorum Cambriae: *https://saints.wales/ygolygiad/*.
18 Horobin, *Bokenham's Lives*, tt. 339–45.

19 Gw. golygiadau Francesco Marzella, Prosiect Vitae Sanctorum Cambriae: *https://saints.wales/ygolygiad/* (i ymddangos).
20 Cymh. D. Callander, 'Adapting Winefride in Welsh, Latin and English', yn S. M. Pons-Sanz a L. Sylvester (goln), *Medieval English in a Multilingual Context: Current Methodologies and Approaches* (London, 2023), tt. 441–66.
21 VSBG, tt. 234–51.
22 Gw. tt. 57–8.
23 VSBG, t. xiv; cymh. B. Lewis, 'The Strange Irish Career of St Cybi of Holyhead', *Peritia*, 32 (2021), 163–80 (165). Ymddengys y credir hyn gan ei fod yn haws gweld Buchedd 2 fel datblygiad o Fuchedd 1, yn newid geirfa ac arddull i fod yn fwy rhodresgar, na gweld Buchedd 1 fel fersiwn wedi'i symleiddio o Fuchedd 2.
24 Gw. F. Marzella, 'Vita Sancti Kebii (John of Tynemouth)', Prosiect Vitae Sanctorum Cambriae: *https://saints.wales/ygolygiad/* (i ymddangos).
25 A. Kinney, 'Rhythm, Rhyme, Sources and Style in the Vitae Sanctorum Cambriae' (papur a gyflwynwyd yn y Gyngres Ganoloesol Ryngwladol, Leeds, 2019).
26 Tynna'r casgliad ar amrywiaeth o ffynonellau ac ni wyddys union ddyddiad ei gyfansoddi, ond mae'n goroesi mewn llawysgrif o'r 10fed ganrif: A. Wilmart (gol.), *Analecta reginensia: extraits des manuscrits latins de la Reine Christine conservés au Vatican*, Studi e testi 59, (Città del Vaticano, 1933), t. 29. Cyfetyb darlleniad yn homili XIII yn rhannol i ddarlleniad yn homili III (Wilmart, *Analecta*, t. 46) ac mewn gwaith a briodolir i Beda: PL 94, col. 545.
27 Wilmart, *Analecta reginensia*, t. 111, ll. 55–61.
28 'XXXVIII Eterni festi gaudi: Saint Augustin', yn J. Grossfilier (gol.), *Les Séquences d'Adam de Saint-Victor: Étude Littéraire (Poétique et Rhétorique), Textes et Traductions, Commentaires* (Turnhout, 2008), tt. 412–14 (413).
29 Awgryma Bartrum mai afon Lynher yw *Limar* yma (WCD, t. 180).
30 Am Tregony o bosibl, gw. tt. 104–5.
31 Cyfeiria *ciuitas* at ddinas, yn enwedig un sy'n sedd esgobol (gw. DMLBS, d.g. *civitas*). Defnyddir yr un gair ychydig uwchben wrth ddisgrifio'r hyn y mae'r iwrch yn ei gylchu.
32 Noder hefyd y defnydd o *episcopus* yn yr ail golect ym Muchedd Yale.
33 Noder hefyd y defnydd o *pontificem* yn y colect cyntaf ym Muchedd Yale.
34 Ar henaint esgobion, cymh., er enghraifft, oedran Dewi pan fu farw'n 147 oed yn ôl ei fuchedd a'r cyfeiriadau mynych at oedran sylweddol esgobion yn hanes eglwysig Eusebius, a oedd ar gael yng ngorllewin Ewrop trwy gyfieithiad Lladin Rufinus: Sharpe a Davies, 'Rhygyarch's *Life*', t. 148; E. Schwarz a Th. Mommsen (goln), *Eusebius Werke: Zweiter Band: Die Kirchengeschichte ... Erster Teil* (Leipzig, 1903), e.e. tt. 269 a 333.
35 Gw. t. 111.
36 Gw. t. 111.
37 Trafodir eglwys Cybi ymhellach, tt. 74–80. Nid yw'n glir ai 'monachi' buchedau Vespasian neu 'clerici' Buchedd Yale sy'n gynharach.
38 Gw. tt. 113–14.
39 LBS: ii, 208; cymh. Doble, *Saints*, t. 124; Doble, *S. Cuby*, t. 29; F. Jones, *The Holy Wells of Wales* (Cardiff, 1954), t. 142. Ar y ffynnon yn Llangybi, Sir Gaernarfon, gw. LBS ii, 212–13; F. Jones, *Holy Wells*, tt. 27 ac 151; R. Bond, *The Ancient Wells of Llŷn* (Llwyndyrys, 2017), tt. 136–43.

40 Gw. ymhellach tt. 102–3.
41 LBS, iii: 404–5.
42 Gw. M. Richards, *Welsh Administrative and Territorial Units* (Cardiff, 1969), tt. 63 ac 81.
43 Gw. trafodaeth tt. 102–3.
44 Am drafodaeth fanwl o'r episod hwn, gw. Lewis, 'Strange Irish Career'. Diolch i'r Athro Lewis am rannu drafft o'r erthygl cyn ei chyhoeddi.
45 Lewis, 'Strange Irish Career', 171.
46 Mae 'diu' yn debygol o fod yn fai am 'Deo', gw. t. 109.
47 Lewis, 'Strange Irish Career', 175.
48 Posibilrwydd arall, llai tebygol, yw bod yr enw 'Finuan' ym Muchedd Yale yn cyfeirio at un o'r ddau 'Finnian' oedd ar yr ynys ar y pryd yn ôl Buchedd Ladin Enda, ac felly o bosibl yn cadw deunydd gwreiddiol yma: C. Plummer (gol.), *Vitae sanctorum Hiberniae*, 2 gyf. (Oxonii, 1910), ii: 71 a 74; Lewis, 'Strange Irish Career', 176.
49 A. W. Wade-Evans, *The Life of S. David* (London, 1923), tt. 98–9; Doble, *Saints*, tt. 111–12; Doble, *S. Cuby*, tt. 12–13.
50 Gw. WCD, d.e. Geraint ab Erbin. Diolch i Dr Ben Guy am drafod hyn gyda fi ac am adael imi nodi ei farn yma.
51 Mae 'predicte heremite' (Buchedd Yale) ychydig yn agosach i 'prefati Crubthir Finte' (Buchedd 1) na 'Crubthir Fintam' (Buchedd 2) ond mae ansoddeiriau o'r fath yn dra chyffredin ym Muchedd Yale, felly nid ymddengys ei ddefnydd yma yn arwyddocaol.
52 Dylid nodi nad yw'r ffurf 'capram' a argraffa Wade-Evans yn ei olygiad o Fuchedd 1 yn gwbl ddiamwys, gan ei bod ym mhob achos yn dalfyriad.
53 Gw. uchod t. 57.
54 Mae'n bosibl yr oedd awdur buchedd Cybi yn ymwybodol bod 'p' yn yr ieithoedd Brythoneg yn aml yn cyfateb i 'c' Goedeleg. Mae gan Pupeus a Chybi ill dau gysylltiadau ag Árainn hefyd, sy'n cryfhau'r posibilrwydd bod rhyw fath o gysylltiad rhwng y ddau ffigwr. Dadleua Doble fod awdur buchedd Cybi yn tynnu ar ryw ffurf ar fuchedd Énna, sy'n sôn am Pupeus: Doble, *Saints*, tt. 117–21; Doble, *S. Cuby*, tt. 21–5. Noda Lewis nad oes llawer o dystiolaeth dros ddylanwad uniongyrchol buchedd Énna, ond gall yr wybodaeth fod wedi cyrraedd yr awdur mewn rhyw ffordd arall: Lewis, 'Strange Irish Career', 167–70.
55 Gw. trafodaeth tt. 72–3.
56 Gw. uchod tt. 54–5.
57 Mae'n bosibl, wrth gwrs, fod Buchedd Yale wedi cywiro'r camgymeriad yn annibynnol.
58 Gw. B. Guy (gol.), 'Vita Sancti Teliaui (Liber Landauensis)', Prosiect Vitae Sanctorum Cambriae (2022): *https://saints.wales/ygolygiad/*.
59 Am drafodaeth o'r ychwanegiadau, gw. Guy, 'Vita Sancti Teliaui (Liber Landavensis)'.
60 Awgryma Ben Guy ddyddiad mwy penodol o 1107 x 1119: Guy (gol.), 'Vita Sancti Teliaui (Vespasian A. xiv)', Prosiect Vitae Sanctorum Cambriae (2022): *https://saints.wales/ygolygiad/*.
61 Edwards, *Matins*.
62 S. Harper, 'Traces of Lost Late Medieval Offices? The *Sanctilogium Angliae, Walliae, Scotiae, et Hiberniae* of John of Tynemouth (*fl.* 1350)', yn E. Hornby a D. Maw (goln),

Essays on the History of English Music in Honour of John Caldwell: Sources, Style, Performance, Historiography (Woodbridge, 2010), tt. 1–21.
63 D. Callander (gol.), 'Vita Sancti Danielis', Prosiect Vitae Sanctorum Cambriae: https://saints.wales/ygolygiad/.
64 Ar y newid hwn, gw. e.e. G. Rohlfs, *Vom Vulgärlatein zum Altfranzösischen*, 3ydd arg. (Tübingen, 1968), tt. 26, 44.
65 H. Pryce, 'British or Welsh? National Identity in Twelfth-Century Wales', *English Historical Review*, 116 (2001), 775–801.
66 Edwards, *Matins*, tt. 101–10.
67 Edwards, *Matins*, tt. 1, 159–69
68 Edwards, *Matins*, t. 102.
69 Edwards, *Matins*, t. 115.
70 AH 55, testun 165. Diolch i'r Athro Rosalind Love am dynnu fy sylw at y gyfatebiaeth.
71 Diddorol yw sylwi ar yr un ymadrodd mewn cerdd i Sierôm gan Franciscus Thebaldus (1241–1331), sydd at ei gilydd yn agosach i'r segwens i Sierôm na'r antiffon o Fuchedd Yale, a gall fod wedi bod yn ffynhonnell ar gyfer y segwens: F. Tadra, 'Kancléř Jan ze Středy a jeho 'Život sv. Jeronyma', *Věstník České Akademie*, 8 (1899), 421–6 (425); J. Verkholantsev, 'St Jerome as a Slavic Apostle in Luxemburg Bohemia', *Viator*, 44 (2013), 251–86.
72 AH 55, t. 188; C. M. Bower, 'The Sequence Repertoire of the Diocese of Utrecht', *Tijdschrift van de Koninklijke Vereniging voor Nederlandse Muziekgeschiedenis*, 55 (2003), 49–104 (68–9).
73 Rwy'n dra diolchgar i'r Dr Sally Harper ac i'r Athro Rosalind Love am rannu o'u gwybodaeth helaeth wrth drafod y gweddïau hyn gyda fi. Myfi sy'n gyfrifol am bob camgymeriad a erys.
74 Diolch i'r Dr Sally Harper am yr awgrym hwn.
75 S. E. Roper, *Medieval English Benedictine Liturgy: Studies in the Formation, Structure, and Content of the Monastic Votive Office, c. 950–1540* (New York and London, 1993), tt. 142–3.
76 Harper, 'Traces', t. 2.
77 Trafoda Harper enghreifftiau o *suffrages* o *Sanctilogium* Ioan o Tynemouth sy'n cynnwys dau golect neu ddwy antiffon: 'Traces', tt. 4–5.
78 Harper, 'Traces', tt. 6–7.
79 Gw. t. 99.
80 Cymh. Lewis, 'Strange Irish Career', 165.
81 J. R. Davies, 'The Medieval Church', yn G H. Jenkins, R. Suggett ac E. M. White (goln), *Cardiganshire County History Volume 2: Medieval and Early Modern Cardiganshire* (Cardiff, 2019), tt. 175–96 (186–92).
82 Royal Commission on the Ancient and Historical Monuments and Constructions in Wales and Monmouthshire, *An Inventory of the Ancient Monuments in Anglesey* ([London], 1937), tt. 31–4.
83 T. Jones (gol.), *Brut y Tywysogyon: Peniarth MS. 20* (Caerdydd, 1941), t. 9; cymh. T. Jones, *Brut y Tywysogyon or the Chronicle of the Princes: Red Book of Hergest Version* (Cardiff, 1955), t. 14; T. Jones, *Brenhinedd y Saesson or The King of the Saxons* (Cardiff,

1971), t. 36. Mae'r ffaith bod y gaer yn cael ei chyfeirio ati fel Caer *Gybi* yn dangos bod eglwys iddo'n bodoli yno yn barod.

84 J. E. Lloyd, *The Welsh Chronicles* (London, 1928), tt. 16–17 (adargraffiad o J. E. Lloyd, 'The Welsh Chronicles', *Proceedings of the British Academy*, 14 (1928), 369–91); B. Guy, 'Historical Scholars and Dishonest Charlatans: Studying the Chronicles of Medieval Wales', yn B. Guy, G. Henley, O. W. Jones a R. Thomas (goln), *The Chronicles of Medieval Wales and the March: New Contexts, Studies and Texts* (Turnhout, 2020), tt. 69–106 (81).

85 Tybir i'r fuchedd Ladin wreiddiol gael ei chyfansoddi yn ystod teyrnasiad Owain Gwynedd (*r.* 1137–70) a'i chyfieithu i'r Gymraeg yn hanner cyntaf y 13eg ganrif: J. B. Smith, 'The Biography of Gruffudd ap Cynan: Literary Form and Historical Interpretation', *Cylchgrawn Hanes Cymru*, 29 (2019), 337–76; HGK, tt. ccxci–cccv.

86 VGC, t. 88.
87 HGK, tt. 31–2.
88 VGC, t. 88.
89 HGK, t. 32.
90 AWR, t. 419.
91 DMLBS, d.g. *archipresbyter*.
92 Cymh. AWR, tt. 420–1.
93 Gw. J. G. Edwards, *Calendar of Ancient Correspondence Concering Wales* (Cardiff, 1935), t. 136; J. Denton ac eraill (goln), *Taxatio* (2014): https://www.dhi.ac.uk/taxatio/forms, d.e. Holyhead alias Caergybi; H. Ellis (gol.), *Registrum vulgariter nuncupatum "The Record of Caernarvon": e codice msto Harleiano 696 descriptum* ([Londini], 1838), tt. 246–8; J. Caley a J. Hunter (goln), *Valor Ecclesiasticus temp. Henr. VIII.*, 6 chyf. ([Londini], 1810–34), iv: 428.
94 A. D. Carr, *Medieval Anglesey*, 2il arg. (Llangefni, 2011), t. 216.
95 Amrywiai nifer y canoniaid dros amser. Noda Carr fod saith canon yno ym 1379: *Medieval Anglesey*, t. 221.
96 Ellis, *Registrum*, tt. 246–8.
97 Carr, *Medieval Anglesey*, tt. 219–20.
98 Carr, *Medieval Anglesey*, t. 220.
99 Carr, *Medieval Anglesey*, t. 221.
100 Carr, *Medieval Anglesey*, tt. 221–2.
101 Gw. tt. 107–8.
102 Rwy'n dra diolchgar i'r Dr Shaun McGuiness am drafod y dystiolaeth a'r posibiliadau gyda mi. Myfi sy'n gyfrifol am bob camgymeriad a erys.
103 S. D. McGuiness, 'The Bishops of Bangor and their *Acta*, 1092–1306' (traethawd PhD anghyhoeddedig, Prifysgol Bangor, 2021), t. 18 a'r ffynonellau a nodir yno.
104 EWGT, t. 64.
105 EWGT, t. 64.
106 EWGT, t. 64.
107 T. M. Charles-Edwards, *Wales and the Britons, 350–1064* (Oxford, 2013), tt. 583–98.
108 McGuiness, 'Bishops', t. 80.
109 McGuiness, 'Bishops', t. 79.
110 McGuiness, 'Bishops', t. 25.

111 Jones (gol.), *Brut y Tywysogyon or The Chronicle of the Princes*, t. 84; 'yr esgyb a gwyr yr eglwys' yw darlleniad *Brenhinedd y Saesson*: Jones, *Brenhinedd*, t. 126. Noder bod darlleniad fersiwn Peniarth 20 yn wahanol ('Preladyeid y wlad'): Jones, *Brut y Tywysogyon: Peniarth MS. 20*, t. 64.
112 Diolch i'r Dr Shaun McGuiness am nodi hyn wrthyf.
113 D. Moore, 'Gruffudd ap Cynan and the mediaeval Welsh polity' yn K. L. Maund (gol.), *Gruffudd ap Cynan: A Collaborative Biography* (Woodbridge, 1996), tt. 1–60 (18–20).
114 Callander, 'Vita Sancti Paterni'.
115 Gw. tt. 103–4.
116 Defnyddir <c> ar gyfer /g/ derfynol hefyd yn 'Edelicus' a'r ffurf 'Edelic' a gamgopïwyd fel 'Edelie' (§§6, 8).
117 P. Sims-Williams, "'Dark' and 'Clear' *Y* in Medieval Welsh Orthography: Caligula versus Teilo', *Transactions of the Philological Society*, 119 (2021), 1–39 (34).
118 Ar fater 'Geraint fab Erbin' / 'Erbin fab Geraint', gw. uchod tt. 57–8.
119 B. Lewis, '*Bonedd y Saint, Brenhinedd y Saesson*, and Historical Scholarship at Valle Crucis Abbey', yn B. Guy, G. Henley, O. W. Jones ac R. Thomas (goln), *The Chronicles of Medieval Wales and the March: New Contexts, Studies and Texts* (Turnhout, 2020), tt. 139–54 (n. 2).
120 EWGT, t. 58. Sylwer hefyd fod Peniarth 50 (1415–56) yn gwneud Gwen yn fam i Iestin fab Geraint fab Erbin a thybia Bartrum mai camgymeriad ydyw ac y dylai fod yn nodi bod Gwen yn fam i Gybi: EWGT, tt. 58, 143.
121 EGWT, t. 71.
122 LBS, iv: 383.
123 M. ap Huw, 'A Critical Examination of Welsh Poetry Relating to the Native Saints of North Wales (c. 1350–1670)', 2 gyf. (traethawd DPhil anghyhoeddedig, Prifysgol Rhydychen, 2001), ii: 404–7.
124 Cymh. B. Lewis (gol.), *Medieval Welsh Poems to Saints and Shrines* (Dublin, 2015), t. 29.
125 VGC. Enghraifft bwysig arall a ddaeth i'r amlwg yn ddiweddar yw Archifdy Swydd Northampton FH7, y darganfu Dr Gruffudd Antur ei bod yn un o lawysgrifau coll Syr Siôn Prys, sy'n cynnwys hengerdd: Repertory, i: 716–7.
126 Ap Huw, 'Critical Examination', ii: 233–4, 402–3; LBS, iv: 383.
127 Ar y ffurf 'Dyneioel Vâb', cymh. 'Deinioylvab' (Peniarth 27ii): EWGT, t. 56.
128 EWGT, t. 65. Nid yw'n glir a oes cysylltiad rhwng y Cyngar sy'n ddisgybl i Gybi a Cungar, nawddsant Congresbury: WCD, d.e. Cungar, St.
129 Gw. uchod t. 81.
130 LBS, iii: 505–6; WCD, t. 560.
131 LBS, iii: 506. Dethlir dydd gŵyl Moroc ar 8 Tachwedd.
132 Nodir y rhodd ganlynol i'r eglwys gan y Brenin Iago IV ym 1497: 'Item, the xix day of Aprile, giffin to the Kingis offerand in Sanct Mawarrokis ... xiiij š.': T. Dickson (gol.), *Accounts of the Lord High Treasurer of Scotland: Vol. I A.D. 1473–1498* (Edinburgh, 1877), t. 329. Cymh. 'Lecropt Parish Church' yn R. Fawcett a J. Luxford, *A Corpus of Scottish Medieval Parish Churches* (St Andrews): *https://arts.st-andrews.ac.uk/*

corpusofscottishchurches/site.php?id=157243#fn1_7; A. P. Forbes, *Kalendars of Scottish Saints* (Edinburgh, 1872), t. 414; ASS Nov. III: 857.

133 A. Macbain, *Place Names: Highlands & Islands of Scotland* (Stirling, 1922), t. 154; A. Macbain, 'Old Gaelic System of Personal Names', *Transactions of the Gaelic Society of Inverness*, 20 (1894–6), 279–315 (tt. 296–7); G. Calder, *A Gaelic Grammar* (Glasgow, [1923]), t. 158.

134 P. Russell, 'Patterns of Hypocorism in Early Irish Hagiography', yn M. Herbert a P. Ó Riain (goln), *Studies in Irish Hagiography: Saints and Scholars* (Dublin, 2001), tt. 237–49.

135 Rwy'n dra diolchgar i'r Dr Oliver Padel am drafod yr enw lle hwn gyda mi ac am rannu ei wybodaeth helaeth ar y pwnc.

136 O. J. Padel, gohebiaeth bersonol.

137 S. Keynes ac eraill (goln), *The Electronic Sawyer: Online Catalogue of Anglo-Saxon Charters* (2010): *https://esawyer.lib.cam.ac.uk/about/index.html*: Siarter S 1019; J. Crick ac eraill, *Exon: The Domesday Survey of SW England*: *https://www.exondomesday.ac.uk/*: Entry 253a2.

138 Am astudiaeth ardderchog o ddatblygiad sillafiadau Cymraeg o /i/, /ɨ/, ac /ə/, sy'n sail i'r datganiadau yma, gw. Sims-Williams, "Dark".

139 Lewis, 'Strange Irish Career', 167.

140 Rhoddir 'lactucium' fel enw ar 'Croûte de lait' gan Nicole Prevost, *La Cirurgie de maistre Guillaume de Salicet* (Lyon, 1492); R. Martin ac eraill, *Dictionnaire du Moyen Français (1330–1500)*, Version du 30 mai 2021, d.g. *rasque*: *http://www.atilf.fr/dmf/definition/rache1*.

141 BSV, t. 1831.

142 Sharpe a Davies, 'Rhygyfarch's *Life* of St David', t. 126.

143 Cymh. A. Massoni, 'La *vita apostolica*, modèle de vie religieuse dans les communautés de chanoines séculiers (XIIe–XVe siècle)', yn Société des historiens médiévistes de l'Enseignement supérieur public (goln), *Apprendre, Produire, Se Conduire: Le Modèle au Moyen Âge* (Paris, 2015), tt. 87–98. Ceir defnydd cynnar o'r dyfyniad ar ei ffurf arferol yn *Regula Pauli et Stephani*, cyfansoddiad o'r Eidal o ganol y 6ed ganrif: M. Vilanova (gol.), *Regula Pauli et Stephani: Edició crítica i Comentari* (Monsterrat, 1959); H. H. Hagan, 'The Rule of Paul and Stephen: A Translation and Commentary', *The American Benedictine Review*, 58 (2007), 313–42; S. MacCormack, 'The Virtue of Work: An Augustinian Transformation', *Antiquité Tardive*, 9 (2002), 219–37 (220).

144 J. Barrow, *The Clergy in the Medieval World: Secular Clerics, their Families and Careers in North-Western Europe, c. 800–c. 1200* (Cambridge, 2015), tt. 292–3.

145 É. Hautcoeur, *Cartulaire de l'église collégiale Saint-Pierre de Lille* (Lille a Paris, 1894), tt. 43–4.

146 G. Post a W. J. Courtenay (goln), *The Papacy and the Rise of the Universities* (Leiden, 2017), n. 24.

147 *Vetus Latina Database: Online* (Brepols, 2022): *https://www.brepols.net/series/vld-o#publications*, Rom. 8:28.

148 P. Burton (gol.), *Sulpicius Severus' Vita Martini* (Oxford, 2017); J. Day (gol.), 'Buchedd Martin', Prosiect Cwlt y Seintiau yng Nghymru: *https://saints.wales/ygolygiad/*.

149 J. Day, 'Agweddau ar Gwlt Martin o Tours mewn Llenyddiaeth Gymraeg hyd *c*.1525', *Llên Cymru*, 40 (2017), 3–39 (14).
150 Am drosolwg, gw. Day, 'Agweddau'.
151 Day, 'Agweddau', tt. 6–17.
152 Day, 'Agweddau', t. 5. Gw. t. 53 uchod.
153 Noder bod ymgais tebyg i gymharu Dewi â Martin ym Muchedd Dewi: Day, 'Agweddau', t. 8.
154 D. Callander (gol.), 'Vita Sanctae Wenefredae (Robert of Shrewsbury; Laud)' Prosiect Vitae Sanctorum Cambriae: *https://saints.wales/ygolygiad/*.
155 H. Pryce, 'A new edition of the 'Historia Divae Monacellae'', *Montgomeryshire Collections*, 82 (1994), 23–40 (37).
156 Diolch i'r Dr Dylan Foster Evans am nodi'r posibiliadau eraill hyn.
157 G. Carr, *Hen Enwau o Ynys Môn* (Caernarfon, 2015), tt. 136–45.
158 Carr, *Hen Enwau*, t. 140; cymh. G. T. Jones a T. Roberts, *Enwau Lleoedd Môn* ([Llangefni a Bangor], 1996), t. 36.
159 Gall 'vii' yn hawdd fod wedi datblygu o gamddarlleniad o 'iiii' ac felly'r ffordd arall hefyd. Nid yw'n glir pa un sy'n wreiddiol.
160 LBS, i: 75.
161 LBS, iv: 211.

Pennod 3

TRAWSFFURFIO HAGIOGRAFFEG GYMRAEG: *BUCHEDD BEUNO* A *BUCHEDD COLLEN*

CYFLWYNIAD

Trawiadol yw faint o hagiograffeg Gymraeg sy'n goroesi mewn llawysgrifau modern cynnar yn hytrach na llawysgrifau canoloesol, yn enwedig mewn cymhariaeth â hagiograffeg Ladin o Gymru.[1] Mae'r fersiynau o *Buchedd Beuno* a *Buchedd Collen* yn Llawysgrif Yale yn arwydd bellach o'r tuedd hwn. Ymwna'r rhan fwyaf o'r bucheddau Cymraeg sy'n goroesi â seintiau rhyngwladol megis *Buchedd Martin* a *Buchedd Mair o'r Aifft*. Gwelir, felly, fod Robert Davies wedi penderfynu canolbwyntio ar seintiau Brythonaidd yn hytrach na chopïo ystod gynrychioladol o hagiograffeg Gymraeg. Yn yr un ffordd ag y dewisodd seintiau 'of British blood' wrth gopïo detholion o'r *English Martyrologe*, felly y dewisodd fucheddau seintiau Cymreig neu Frythonaidd yn unig i'w copïo a'u haddasu, yn Gymraeg, Lladin, a Saesneg, gan greu casgliad cyfoethog o ddeunydd am y seintiau hyn.[2]

Mewn rhai achosion, dim ond mewn un llawysgrif modern cynnar y mae buchedd Gymraeg yn goroesi. Mae hyn yn wir, er enghraifft, am *Buchedd Wrswla*.[3] Ond yn achos Llawysgrif Yale, deuir o hyd i'w bucheddau Cymraeg mewn llawysgrifau eraill hefyd. Rhydd hyn gyfle inni gymharu a gweld fel yr addaswyd ac y trawsffurfiwyd deunydd cynharach. Gwnaethpwyd nifer o wahanol gopïau o *Buchedd Beuno* a *Buchedd Collen*. Bwriad y bennod hon yw cynnig y golygiadau cyhoeddedig cyntaf o'r fersiynau o'r ddwy fuchedd a geir yn Llawysgrif Yale a Llansteffan 117. Nodaf yr hyn sy'n wahanol am y fersiwn dan sylw mewn cymhariaeth â'r fersiynau eraill, gan drafod y newidiadau a gyflwynwyd a'u harwyddocâd. Telir sylw penodol i ddulliau crynhoi'r fersiynau newydd a'r pwyslais a roddir ar Wenfrewy yn y fersiwn hwn o *Buchedd Beuno*.

TRADDODIAD TESTUNOL *BUCHEDD BEUNO*

Mae gan *Buchedd Beuno* draddodiad testunol llawer hŷn na *Buchedd Collen* a thraddodiad llawysgrifol llawer mwy o ran nifer y copïau sydd ar glawr. Ceir y testun mewn o leiaf 14 o lawysgrifau yn dyddio rhwng y 14eg ganrif a'r 18fed. O'r rhain, mae pedwar copi canoloesol yn Llyfr Ancr Llanddewibrefi (Rhydychen, Coleg yr Iesu 119, tua 1346); Peniarth 15 (s.xiv/xv); Llyfr Coch Talgarth (Llansteffan 27, s.xiv/xv); a Llansteffan 4 (s.xiv/xv).[4] Mae testunau'r llawysgrifau hyn yn debyg iawn i'w gilydd er bod dechrau testun Llansteffan 4 ar goll o'r llawysgrif.[5] Yn hynny o beth, dangosant nad yw'r broses o drosglwyddo testunau Cymraeg Canol wastad yn arwain at addasu testunau'n sylweddol neu eu trawsffurfio. Yma, ymddengys bod yr ysgrifenyddion canoloesol yn cadw'n agos at eu cynseiliau, sy'n dueddlawn mor bwysig â'r awydd i newid a welir (neu a adlewyrchir) mewn rhai llawysgrifau.

Arall yw tystiolaeth y fersiynau diweddarach a geir mewn llawysgrifau modern cynnar. Mae nifer o'r rhain yn gopïau o lawysgrifau cynharach sydd ar glawr, ond nid pob un sydd felly.[6] Mae fersiwn Peniarth 252 (*s.* xvi/xvii) yn cynnwys deunydd lleol newydd ac yn haeddu ei olygu ynddo ei hun.[7] Fersiwn arall sydd heb ei olygu yw'r hyn a geir yn Llansteffan 117 a Llawysgrif Yale yn unig.[8] Mae testun Llawysgrif Yale o *Buchedd Beuno* yn wahanol iawn i bob llawysgrif heblaw Llansteffan 117, ond mor debyg i fersiwn Llansteffan 117 fel ei fod yn bosibl mai copi o Llansteffan 117 ydyw. Fel yn Llansteffan 117, mae *Buchedd Beuno* yn rhagflaenu *Buchedd Collen* yn uniongyrchol yn Llawysgrif Yale. Fel y dangosaf isod, mae'r fersiwn hwn o'r fuchedd (a alwaf yn Fersiwn 2) yn ei thrawsffurfio i ganolbwyntio ar ffigwr Gwenfrewy tra'n lleihau'r elfennau sy'n ymwneud â Beuno'n unig. O ran perthynas Fersiwn 2 (Llansteffan 117/Yale) gyda'r llawysgrifau eraill, ni welir cysylltiad agos â Peniarth 252, gan na cheir ychwanegiadau fersiwn y llawysgrif honno yn Fersiwn 2. O ran y llawysgrifau canoloesol, mae'r ffaith bod Fersiwn 2 yn hepgor cymaint o ddeunydd ac yn aralleirio'r testun yn drwyadl yn meddwl nad yw'n hawdd ei gysylltu â fersiwn un llawysgrif ganoloesol rhagor na'i gilydd. Mae'r fersiynau canoloesol hefyd yn debyg iawn i'w gilydd, heblaw am i Llansteffan 4 golli dechrau'r fuchedd. Yr unig amrywiad sylweddol arall rhwng y llawysgrifau canoloesol sy'n berthnasol i Fersiwn 2 yw'r defnydd o 'dvw' ym mhennod 4. 'Gorchymynneu' yw'r darlleniad yn Llyfr yr Ancr a Peniarth 15 ond ceir 'gorchymynneu du6' yn Llansteffan 4 a Llyfr Coch Talgarth. 'Y gorchmynion dvw' yw darlleniad Fersiwn 2. Mae hyn yn cynnig ychydig o dystiolaeth nad Llyfr yr Ancr na Peniarth 15 oedd cynsail Fersiwn 2, ac eto byddai ychwanegu 'dvw' yn y cyddestun hwn yn newid digon amlwg i ysgrifydd. Os y fannod yw'r 'y' cyn 'gorchmynion', mae'r darlleniad yn Fersiwn 2 yn anghywir ac o bosibl yn ffrwyth ychwanegu 'dvw' heb gofio dileu'r fannod. Felly mae'r dystiolaeth yn llawer rhy amwys i'w defnyddio i gysylltu Fersiwn 2 ag unrhyw gopi canoloesol yn arbennig.

BUCHEDD BEUNO (FERSIWN 2)

CRYNODEB O GYNNWYS Y FUCHEDD GYNHARACH

Crynhoir yma *Buchedd Beuno* fel y'i ceir yn Llyfr yr Ancr er mwyn amlygu'r hyn a newidir yn fersiwn Llansteffan 117/Yale (Fersiwn 2). Er nad yw union berthynas Fersiwn 2 â fersiwn y pedair llawysgrif ganoloesol yn glir, mae'n amlwg bod fersiwn y fuchedd yn y llawysgrifau canoloesol yn gynharach ac mae'n debygol bod Fersiwn 2 yn tynnu ar hwn yn y pen draw, er nad ydym yn sicr o sut y crëwyd y fersiwn newydd a faint o gamau o addasu a thrawsffurfio oedd. Mae hyn yn wahanol i sefyllfa *Buchedd Cybi* yn Llawysgrif Yale, lle mae'n bosibl bod rhai elfennau'n gynharach na'r hyn a geir ym mucheddau llawysgrif Vespasian A.xiv. Gan fod y testun yn debyg yn y pedair llawysgrif ganoloesol, dewiswyd cymharu Llyfr yr Ancr er mwyn galluogi croesgyfeirio hawdd â golygiad hwylus Patrick Sims-Williams. Dilynir rhaniadau penodau'r golygiad hwnnw.

Dechreua'r fuchedd cyn geni Beuno. (§1) Mae ei rieni, Bugi a Beren, yn hen ac yn ddi-blant, ond (§2) un diwrnod daw angel atynt a dweud y genir mab iddynt. A'r mab hwnnw a enir ac a elwir Beuno. (§3) Meithrinant y mab a'i anfon i ddysgu yng Nghaer-went lle dysga gyda sant *Tangusius* 'yny wybu yr holl yscrythur lan'. (§4) Derbynia'r brenin Ynyr Gwent Feuno'n anrhydeddus a rhoi rhoddion a thiroedd iddo. (§5) Â tad Beuno'n sâl ac anfona negesydd at Feuno i roi gwybod iddo. Daw Beuno at ei dad, gan adael tri disgybl ar ei ôl, ac mae ei dad yn marw'n sanctaidd. (§6) Adeilada Beuno eglwys ar dref ei dad, a phlannu mesen wrth fedd ei dad, a dyf yn dderwen fawr sy'n peri marwolaeth i Saeson sy'n mynd rhwng un o'i cheinciau a bon y goeden ond nad yw'n amharu ar y Cymry sy'n gwneud yr un peth. (§7) Gad Beuno dref ei dad wedi peth amser a mynd i weld Mawn fab Brochwel, sy'n ei dderbyn yn garedig ac yn rhoi Aberriw iddo. (§8) Pan mae Beuno'n cerdded ger Afon Hafren, clyw Sais yn annog ei gŵn. Gofynna Beuno i'w ddisgyblion adael y lle hwn, a oresgynnir gan genedl y dyn anghyfiaith, gan adael un disgybl, *Rithwlint*, i drigo yno. (§9) Â Beuno a'i ddisgyblion i Feifod ac aros yno gyda Thysilio am ddeugain diwrnod a deugain noson. (§10) Daw i'r brenin Cynan fab Brochwel, a rydd Wyddelwern i Feuno, lle a gafodd ei enw am i Feuno godi Gwyddel o farw yno. Adeilada Beuno eglwys yno, ond daw meibion i ofyn am fwyd ganddo. Nid yw'r bwyd yn berwi ar y tân a rhoddir y bai ar Feuno. Pan glyw Beuno hyn, melltithia'r un a'i dywedodd, sy'n marw'n fuan wedyn. Melltithia Beuno feibion Selyf yn fwy cyffredinol hefyd.

(§11) Cerdda Beuno ar lan afon Dyfrdwy nes dod at Dyfid fab Eiludd, sy'n rhoi trigfa iddo, lle adeilada Beuno eglwys. (§12) Un diwrnod, pan â Tyfid a'i wraig i'r eglwys, gadewir eu merch gartref i warchod y tŷ. Daw'r brenin Caradog heibio a mynnu cael y ferch yn gariad iddo. Llwydda hi i ddianc rhagddo a rhedeg am yr eglwys, ond mae'r brenin yn ei gorddiweddyd a thorri ei phen. Darganfydda Beuno a'i rhieni hyn a melltithia Beuno Garadog, gan beri iddo doddi. (§13) Rhydd Beuno gorff a phen y ferch ynghyd a gorffen yr offeren. Wedi gorffen yr offeren, cyfyd y forwyn yn holliach. Lle syrthiodd ei gwaed ar y ddaear, yr oedd ffynnon rinweddol wedi codi, a elwir yn ffynnon Wenfrewy ar ei hôl. Try'r wyrth lawer at Grist, gan gynnwys Cadfan brenin Gwynedd, sy'n rhoi llawer o dir i Feuno. (§14) Wedi marwolaeth Cadfan, â Beuno at ei fab Cadwallon, sy'n rhoi tir yn Arfon iddo adeiladu eglwys arno. Rhydd Beuno waell aur i'r brenin. Daw mam a baban heibio ac esbonia'r fam fod y baban yn wylo am mai tref ei dad yw'r tir a roddwyd i Beuno. Bedyddia Beuno y mab ac â i weld y brenin gyda'r fam a'i baban. (§15) Ânt i Gaernarfon a gofyn i'r brenin ddychwelyd tref tad y baban a rhoi tir arall i Feuno. Gwrthoda'r brenin ac mae Beuno yn ei felltithio. Mae cefnder brenin Cadwallon, *Gwydeint*, yn rhoi Clynnog i Feuno a gwna Duw lawer o wyrthiau trwy Feuno. (§17) Yn yr amser hwnnw, â un o weithwyr Aberffraw i lys Ynyr Gwent. Syrthia merch Ynyr Gwent mewn cariad â'r gwas a threfna'r brenin iddynt briodi. (§18) Dychwel y gwas a'i wraig tua'i wlad a gorffwysant ym Mhennarth yn Arfon. Syrthia'r wraig i gysgu ac mae'r gwas, wedi ei annog gan gythraul, yn torri ei phen am na allai ei chynnal yn dda. Â i'r brenin gyda'i chyfoeth a phrynu swydd distain iddo'i hun. (§19) Mae bugeilydd Beuno yn rhoi gwybod iddo am ddarganfyddiad y corff. Gweddïa Beuno ar Dduw a chodi'r fenyw yn ôl yn fyw. Dewisa hi aros yno i wasanaethu Duw. Yr oedd ffynnon wedi ymddangos lle syrthiodd ei gwaed, a elwir ar ei hôl, sef ffynnon Digiwg. (§20) Ar ôl ychydig, daw ei brawd, Iddon, i ofyn amdani a gweld ei bod am aros yno yn gwasanaethu Duw. Yna, gofynna Iddon i Feuno ddod gydag ef i ofyn i'r brenin ddychwelyd ei chyfoeth a ddygwyd gan y gwas. Yn llys y brenin, gwêl Iddon y gwas a'i ladd. Llidia'r brenin a gofyn i'w ddynion ei ddal. Gorchmynna Beuno iddynt beidio â chyffwrdd ag Iddon. Medd y brenin y bydd yn ei ladd yn gyflym oni chyfyd Beuno'r dyn a laddwyd yn fyw, yr hyn a wna. Edifarha'r brenin a rhoi ei blas i Feuno. (§21) Noda'r awdur ei fod wedi peidio â sôn am nifer o bethau rhag i'r llyfr fynd yn rhy hir, a disgrifia weithredoedd da Beuno'n fwy cyffredinol. (§22) Mae Beuno'n agos at farw ac yn cael gweledigaeth o'r nefoedd, lle mae Duw yn gwahodd ei enaid i fod yn y nef, yr hyn a haeddodd trwy ei weithredoedd. (§23) Sonia'r awdur am Ddydd y Farn a gofynna am drugaredd Duw, drwy gymorth Beuno sant, fel y gall gael bywyd tragwyddol. Nodir ach Beuno.

NEWIDIADAU FESUL PENNOD

Yma ymdrinnir â newidiadau Fersiwn 2 (Llansteffan 117/Yale) fesul pennod cyn trafod eu pwrpas a'u harwyddocâd yn fwy cyffredinol.

§1
Lleiheir y bennod, gan adael allan y cyfeiriadau daearyddol at Afon Hafren. Try 'Banhenic', y lle ym Mhowys lle'r oedd Bugi yn byw, yn 'Heninoc'. Symleiddir y bennod gan wneud yn glir nad oedd y rhieni erioed wedi ceisio cael plant ('heb i keisio'). Dilëir y cyfeiriadau penodol at oedran sylweddol y rhieni ond try'r 'deudeg mlyned' lle na chawsant ryw yn 'xl mlynedh', felly rhaid eu bod yn oedrannus erbyn hyn.

§2
Cedwir prif gynnwys a strwythur y bennod. Nis lleiheir yn eithafol, ond cwtogir yma a thraw, megis dileu'r disgrifiad o wisg wen yr angel. Aralleirir a symleiddir y mynegiant gan droi 'hi a geiff veichogi, ac o'r beichogi hwnnw ef a enir mab idi' yn 'hi a geyff veichiogi ar vâb', er enghraifft.

§3
Lleiheir y bennod yn sylweddol, gan ddileu'r holl gyfeiriadau daearyddol a phersonol penodol (fel na sonnir am Gaer-went na *Tangusius*). Cedwir prif ffaith y naratif, sef i Feuno gael ei anfon i ddysgu ac iddo ddod yn dra dysgedig. Rhoddir manylion mwy penodol am ei oedran, sef iddo fod yn chwe mlwydd oed yn cael ei anfon i'r ysgol, a gymer le 'yny vu amser' y ffynhonnell nad yw'n nodi union oedran y sant.

§4
Collir enw personol Ynyr Gwent, gan ei alw'n syml 'y brenhin'. Newidir y disgrifiad positif o'r brenin i ddisgrifiad o fel yr oedd y brenin yn gweld Beuno. Yn y fersiwn hwn, gwêl y brenin Feuno'n ufudd ac yn cadw gorchmynion Duw. Oherwydd hyn y rhydd y brenin roddion a thir i Feuno yn Fersiwn 2 a dod yn ddisgybl iddo, nid yn syml oherwydd ei fod yn frenin da a duwiol, fel yr awgryma'r testun canoloesol. Dangosir

cymeriad y brenin yn Fersiwn 2, yn hytrach na'i ddisgrifio. Dilëir cyfeiriad daearyddol penodol at Ewias.

§§5–9
Dilëir y penodau hyn yn llwyr, gan symud yn syth i bennod 10.

§10
Aralleirir ond cedwir prif strwythur y bennod. Dilëir enw 'Kynan', sy'n troi'n 'vrenhin fâb Brochwel ysgytheroc', ond, yn fwy diddorol, try 'yr Yscot' yn 'Lorkan wydhel', gan roi enw penodol ar y dyn hwn wrth esbonio tarddiad enw Gwyddelwern. Mae'r cig yn berwi 'o'r bore hyd hanner dydh', yn hytrach nag o'r drydedd awr hyd brynhawn. Symlheir a lleiheir ail hanner y bennod. Yn Fersiwn 2, melltithia Beuno y meibion i gyd, ac maent i gyd yn marw 'kynn y nôs', tra bo Beuno'n melltithio'r dyn a'i sarhaodd (sy'n marw wedyn), cyn mynd ymlaen i annerch meibion Selyf a'u melltithio'n fwy cyffredinol yn y fersiwn canoloesol.

§11
Lleiheir a symlheir y bennod gan gadw'r prif gynnwys, sef bod Beuno wedi cael tir gan Dyfid ac adeiladu tŷ yno. Defnyddir y sillafiad cywir 'Tyfid', yn hytrach na fersiwn ar 'Temic' y llawysgrifau canoloesol, sy'n adlewyrchu camgymeriad yn y gynsail Ladin. Try 'Temic vab Eliud' yn 'Tyfid', felly. Dilëir y cyfeiriad at Feuno yn cerdded hyd yng nglan afon Dyfrdwy ond ychwanegir cyfeiriad bod Beuno'n adeiladu'r eglwys 'yn Negaingl'.

§12
Cedwir strwythur y bennod a'i chynnwys, gan ychwanegu rhywfaint o ddeunydd newydd i stori Gwenfrewy. Newidir rhai brawddegau i newid pwyslais neu wrth ddilyn ffynhonnell amgen. Trafodir newidiadau'r bennod hon a'u harwyddocâd isod.

§13
Cedwir strwythur a chynnwys y bennod. Symlheir rhai ymadroddion tra'n ychwanegu rhagor o ddeunydd am Wenfrewy. Dilëir y disgrifiad o ffynnon Wenfrewy a'i heffaith (§13.5–9). Trafodir newidiadau'r bennod hon a'u harwyddocâd isod.

§§14–21
Dilëir y penodau hyn yn llwyr, gan symud yn syth i bennod 22.

§22

Symleiddir a lleiheir y bennod. Caiff Beuno ei weledigaeth o'r nefoedd ar 'xvii dydh o fis Ebrill' ('y seithvet dyd gwedy y Pasc' yn y fersiwn canoloesol). Disgrifir gweledigaeth Beuno mewn ffordd symlach, heb y sgwrs rhwng Beuno a'r angylion a Duw, a geir yn y fersiwn cynharach. Nodir marwolaeth Beuno ('ag yna yr aeth Bevno i'r nef') nad yw ond yn ymhlyg yn y fersiwn canoloesol.

§23
Dilëir y bennod hon, gan gynnwys ach Beuno. Ceir un deisyfiad i fod yn feddiannol o deyrnas nef, sy'n atseinio §23.2 yn fras, ond heb gyfatebiaethau geiriol.

ARWYDDOCÂD Y NEWIDIADAU

Daw'n hollol amlwg o gymharu'r penodau bod y fersiwn hwn yn dra gwahanol i fersiwn canoloesol y fuchedd. Nid dryll na gwaith anorffenedig mohono. Mae'n ffrwyth gwaith addasu a newid sylweddol sydd wedi trawsffurfio'r fuchedd. Nododd Dahlman, nad oedd yn gallu darllen ond ychydig o destun Llansteffan 117, mai talfyriad ydoedd, ac mae hynny'n wir, ond mae'n gymaint yn fwy na hynny hefyd.[9]

O edrych ar y testun yn ei gyfanrwydd, y dileadau sy'n fwyaf amlwg. Dilëir penodau 5–9, 14–21 a 23 yn gyfan gwbl, a lleiheir nifer o benodau eraill yn sylweddol. Ond ceir ychwanegiadau a chyfnewid am ddeunydd newydd hefyd. Un ychwanegiad diddorol yw'r cyfeiriad at 'Lorkhan Wydhel' ym mhennod 10. Dyma'r dyn a fu farw gan roi ei enw i Wyddelwern ac a atgyfodwyd gan Feuno. Yn y fersiwn canoloesol, dim ond 'yr Yscot' sydd. Mae'r newid o 'Yscot' i '[g]wydhel' yn amlygu'r cysylltiad rhwng y dyn marw â Gwyddelwern. Er bod y term 'Ysgot' yn cael ei ddefnyddio ar gyfer siaradwyr Gwyddeleg yn yr Oesoedd Canol, erbyn y cyfnod modern cynnar mwy arferol oedd ei ddefnyddio i gyfeirio at drigolion yr Alban, ac felly mae cyfnewid y termau'n sicrhau bod y cysylltiad rhwng y dyn marw ac enw'r lle'n dal yn glir.[10] Enwir Llorcan Wyddel yn y rhestr o bobl a gyfododd Beuno yn ôl yn fyw yn llawysgrif Peniarth 75 (s.xvi[2]), t. 21.[11] Gall fod awdur Fersiwn 2 wedi defnyddio ffynhonnell o'r fath neu fod y traddodiad am enw'r dyn yn cylchredeg ar lafar.[12]

Ceir yr ychwanegiadau a newidiadau mwyaf arwyddocaol yn y ddwy bennod (§§12–13) sy'n ymdrin â Gwenfrewy. Tystiant i gryn wybodaeth yr ailgyfansoddwr am Wenfrewy ac, o bosibl, ddefnydd o ffynonellau eraill ganddo. Ni cheir llawer o ychwanegiadau ym mhennod 11, sy'n disgrifio digwyddiadau'n arwain at stori Gwenfrewy. Enwir tad Gwenfrewy yn 'Tyfid', gan ddefnyddio'r ffurf gywir a geir ym muchedd Gymraeg Gwenfrewy, yn hytrach na'r ffurf feius 'Temic' a geir yn fersiwn canoloesol *Buchedd Beuno*. Nodir hefyd fod Beuno'n adeiladu eglwys 'yn Negaingl'. Nid oes cyfeiriad at Degeingl yn fersiwn gwreiddiol *Buchedd Beuno*, ond dyma'r ardal lle digwydd dioddefaint Gwenfrewy, a enwir yn ei buchedd Ladin ddienw.[13]

Wrth symud i bennod 12, daw'r ychwanegiadau'n fwy amlwg. Achlysur y digwyddiadau yw 'dvw Svlgwaith o'r haf', yn hytrach na 'dydgweith'. Mae bucheddau Gwenfrewy i gyd yn datgan mai ar y Sul y'i merthyrwyd, a defnyddia buchedd Gymraeg Gwenfrewy yr union ymadrodd 'duw Sulgwaith'.[14] Nodir mai unig blentyn yw Gwenfrewy yn Fersiwn 2: 'i hvn ferch'. Nid oes sôn am hyn yn fersiwn cynharach *Buchedd Beuno* ond mae'n agwedd bwysig ar fucheddau Gwenfrewy, lle Gwenfrewy yw unig blentyn ei rhieni a'r unig obaith am barhad y teulu, ac mae sawl cyfeiriad at hynny, megis ym muchedd Gymraeg Gwenfrewy §3, lle dywed ei thad: 'vn ferch yssydd ym, diddanwch bydawl dec, ac heb vn gobaith etivedd yn ol honno'.[15] Yn y fersiwn canoloesol (fel yn *vitae* Gwenfrewy), gofynna Caradog wrth Wenfrewy ble yr oedd ei thad wedi mynd, ond yn y fersiwn hwn o *Buchedd Beuno* gofynna ble yr aeth 'i thâd a'i mam'.[16] Mae hyn yn gwneud yn amlycach mai ceisio sicrhau bod Gwenfrewy ar ei phen ei hun y mae Caradog yma, yn hytrach na bod ganddo reswm go iawn dros siarad â'i thad. Ail-lunnir ac estynnir dialog Caradog a Gwenfrewy i wneud cymeriad Caradog yn hyd yn oed yn fwy negyddol nag yn y gwreiddiol a Gwenfrewy'n fwy arwrol. Pan ddatgeinia Caradog na fydd yn aros os na fydd Gwenfrewy yn gariad iddo, yn y gwreiddiol mae Gwenfrewy yn dechrau ar gynllun i ddianc yn syth, gan ddweud nad yw'n gweddu iddo oherwydd ei statws uchel ef ond y bydd hi'n gwneud a fyn ar ôl dod yn ôl o'i siambr. Yn Fersiwn 2, mae Gwenfrewy yn gwrthod yn blaen ddymuniad Caradog i ddechrau: '"Na fydhaf", ebr hi, "ac ni wedhaf i yn ordherch i ti. Brenhin wyt ti."' Ychwanegir wedyn yr araith ganlynol gan Garadog: '"Myfi", ebr ef, "a'th wnaf di, ferch, yn ordherch i mi, bîd drŵg bid da genyt di"'. Pwysleisia hyn chwant dinistriol sy'n hollol ddiofal o farn a theimladau Gwenfrewy. Dim ond wedyn yr ailgydia Fersiwn 2 â'r fersiwn canoloesol gyda Gwenfrewy'n smalio cytuno ac wedyn yn ffoi. Mae hyn yn gyffelyb i'r dialog mwy estynedig rhwng Gwenfrewy a Charadog yn *vitae* Gwenfrewy, er nad oes cyffelybiaethau geiriol uniongyrchol rhyngddynt a'r hyn a geir yma.[17]

Felly mae Gwenfrewy'n ffoi rhag Caradog 'a chyrchu tu a'r eglwys yr athoet y that a'e mam idi' yn y fersiwn canoloesol. Newidir y geiriad yn Fersiwn 2 i 'y ffoes hi tva'r eglwys at i thâd a'i mam'. Mae hyn yn ennyn llawer mwy o gydymdeimlad na'r gwreiddiol. Nid ffoi tuag at yr eglwys lle roedd ei thad a mam y mae'r forwyn, ond at yr eglwys ac at ei thad a'i mam yn ceisio diogelwch. Pwysleisir ei bregusrwydd, a'i dymuniad am loches gyda'i rhieni. Pan mae Caradog yn gorddiweddyd â Gwenfrewy, mae'n torri ei phen. Yn y fersiwn canoloesol, 'y gordiwes a oruc ynteu, ac a'e gledyf taraw y phenn yny vu yn yr eglwys a'r corff y maes ohonei'. Yn Fersiwn 2, 'ef a dorres i phen hi odhiar i chorff ag a dreiglodd y pen i'r eglwys i mewn, a'i thad a'i mam hi a ganfv hynny.' Mae cyfatebiaeth eiriol yma rhwng Fersiwn 2 a buchedd Gymraeg Gwenfrewy. Ym muchedd Gymraeg Gwenfrewy §11 '... yn emyl yr eglwys y llas i phenn hi. Y penn a dreiglawdd oddi yno y'r eglwys a'r corph allan'.[18] Yn y ddau achos defnyddir y ffurf ferfol 'treiglodd' i ddisgrifio symudiad y pen i mewn i'r eglwys. Yn Fersiwn 2 a buchedd Gymraeg Gwenfrewy, mae tad a mam Gwenfrewy yn darganfod y pen cyn Beuno, tra yn y fersiwn canoloesol 'Beuno a'e that a'e mam a arganvuant hynny'.[19]

Mae cyfatebiaeth sylweddol arall rhwng Fersiwn 2 a Buchedd Gymraeg Gwenfrewy ar ddiwedd pennod 12. Yn y fersiwn cynharach o *Buchedd Beuno*, pan felltithia Beuno Garadog am ladd Gwenfrewy, y darlleniad yn yr holl lawysgrifau eraill yw 'y todes y brenhin yn llynn tawd'. Darlleniad unigryw Fersiwn 2 yw 'y lhynkodh y dhaiar y brenhin'. Fe dâl cymharu yma ddisgrifiad buchedd Gymraeg Gwenfrewy (§11) o'r un digwyddiad. Darlleniad y fuchedd honno yw 'myned y korff yn llyn tawd a'i lyngkv o'r ddayar ef' yn Peniarth 27ii ac 'y llynckawdd y ddayar ef' yn Llansteffan 34.[20] Gwelir bod y darlleniad hwn yn cyfateb yn agos i ddarlleniad Fersiwn 2 ac mae'r ddau'n agosach i'w gilydd nag ydynt i fersiwn canoloesol *Buchedd Beuno* a darlleniad bucheddau Lladin Gwenfrewy.

Ym mhennod 13, symudir i atgyfodiad Gwenfrewy. Yn y ddau fersiwn, gofynna Beuno i rieni wylofus Gwenfrewy dawelu ac ychwanega Fersiwn 2 orchymyn Beuno iddynt 'gwedhio Dvw'. Ceir y gorchymyn hwn yn yr un geiriau gan Feuno ym muchedd Gymraeg Gwenfrewy §11 hefyd: 'ef a ddyly pawb ostwng ar daleu y gliniau y weddiaw Duw am y chyfodi yn vyw'.[21] Yn fersiwn canoloesol *Buchedd Beuno*, cyfyd Gwenfrewy yn holliach wedi gorffen yr offeren. Yn Fersiwn 2, ceir cam ychwanegol: 'A phan dharfv i Vevno yr yfferen, ef a roes i law ar benn y vorwyn, ag a erchis idhi hi godi yn enw Dvw, ac a godes y forwyn yn oll iach.' Mae'r ychwanegiad hwn yn cyfateb yn fras i'r hyn a geir ym mucheddau Gwenfrewy, lle gweddïa Beuno ar i Dduw atgyfodi Gwenfrewy, ond mae nifer o wahaniaethau ac nid oes cyfatebiaethau geiriol amlwg.[22] Fel y nodwyd uchod, diléir y sôn am ffynnon Wenfrewy sy'n llenwi ail hanner pennod 13 y fersiwn canoloesol. Mae hyn yn ddewis diddorol o ystyried pwysigrwydd ei ffynnon i'w chwlt yn yr Oesoedd Canol diweddar a'r ffaith bod beirdd y cyfnod wedi canolbwyntio ar ei ffynnon yn anad dim wrth foli Gwenfrewy. Gall hyn awgrymu nad yn Nhreffynnon na Dinas Basing gerllaw y crëwyd yr addasiad hwn. Ond nid dileu yn unig sydd fan hyn chwaith. Ar ôl atgyfodiad Gwenfrewy, ychwanegir y frawddeg hon: 'A'r forwyn honno oedh Gwenfrewi santes, yr hon a wnaeth lawer o wared a gwrthie gida dvw i dhynion ag i dha'. Yn y fersiwn canoloesol, y ffynnon sy'n 'rodi yechyt y dynyon ac anyveileit oc eu heinyeu a'e clwyfeu'. Yn Fersiwn 2, trosglwyddir y rhinweddau i Wenfrewy ei hun. Hi ei hun sy'n gwaredu dynion a da byw, ac felly cryfheir canolbwynt yr addasiad ar sancteiddrwydd Gwenfrewy.

O edrych ar y ddwy bennod hyn yn Fersiwn 2 o *Buchedd Beuno*, gwelir bod rhai cyfatebiaethau rhyngddynt a buchedd Gymraeg Gwenfrewy. Mae gwahanol bosibiliadau ar gyfer esbonio hyn: gall fod darlleniad Fersiwn 2 yn tynnu ar y cyfieithiad gwreiddiol o fuchedd Ladin Beuno, sef fersiwn cynharach o *Buchedd Beuno* nag a geir yn Llyfr yr Ancr, ond mae'r ffaith bod Llansteffan 117 a Llawysgrif Yale yn ddiweddar a bod y llawysgrifau canoloesol i gyd yn cytuno yn eu herbyn yn awgrymu bod hynny'n dra annhebygol. Posibilrwydd arall yw i'r addaswr dynnu ar fuchedd Ladin Gwenfrewi gan Robert o Amwythig, ond ni fyddai hynny'n esbonio'r cyfatebiaethau geiriol rhwng buchedd Gymraeg Gwenfrewi a Fersiwn 2 ac ni fyddai'n helpu esbonio'r cysylltiad arbennig o agos yn y disgrifiad o farwolaeth Caradog. Mwy tebygol yw i'r addaswr dynnu rywfaint ar fuchedd Gymraeg Gwenfrewi wrth greu'r fersiwn newydd hwn o *Buchedd Beuno*. Nid oes digon o dystiolaeth i brofi'r cysylltiad hwn ond mae'r dystiolaeth sydd gennym yn ei awgrymu. Mae cysylltiad o'r fath yn arwyddocaol. Ni wn am enghraifft arall o ddylanwad buchedd Gymraeg Gwenfrewi ar destunau eraill. Mae hyn hyd yn oed yn fwy diddorol gan fod buchedd Gymraeg Gwenfrewi yn seiliedig yn y pen draw ar Fuchedd Beuno (y fuchedd wreiddiol yn Lladin, hynny yw). Mae'n gyfieithiad o destun Lladin Robert o Amwythig oedd wedi defnyddio buchedd Ladin Beuno fel un o'i brif ffynonellau. Felly mae modd olrhain y dylanwad o fuchedd Ladin Beuno i fuchedd Ladin Gwenfrewi i fuchedd Gymraeg Gwenfrewi ac yn awr yn ôl i fuchedd Gymraeg Beuno yn y fersiwn hwn.[23] Mae cydblethiad y bucheddau hyn yn amlygu canrifoedd o newidiadau i gadw'r testunau'n berthnasol ac yn rymus mewn gwahanol gyd-destunau.

Wrth drafod amrywiaeth destunol tueddwn i sôn am bethau sy'n cael eu hychwanegu neu eu dileu ond mae llai o duedd i sôn am effaith y newidiadau hyn. Sut mae'r testun yn darllen ar ei newydd wedd? Beth yw effaith gynyddol y cyfuniad o ddileadau, newidiadau ac ychwanegiadau a roes fod i'r testun sydd gennym? I ddechrau, o'i gymharu â golygiad Sims-Williams, nid yw penodau 5 i 9 na 14 i 21 yno o gwbl. Felly ar ôl trafod genedigaeth wyrthiol Beuno (yn gyflymach nag yn y fersiynau eraill), noda'r testun yn frysiog bod Beuno wedi dod yn ddysgedig ac wedi cael anrhegion gan frenin (ond nid enwir y brenin hwn). Wedyn neidia'r testun yn syth i bennod 10 lle mae Beuno'n cwrdd â Chynan mab Brochfael Ysgythrog (er nad yw Cynan yn cael ei enwi chwaith). Felly ni cheir dim sôn am salwch a marwolaeth tad Beuno, am Feuno'n adeiladu eglwys a phlannu coeden lle bu farw ei dad, y cyfarfod gyda Mawn fab Brochfael (lle mae Mawn yn rhoi Aberriw i Feuno), y stori am y Saes yn annog ei gŵn ar lan Afon Hafren ac arhosiad Beuno gyda Thysilio ym Meifod: gadewir hynny oll allan. Mae'r rhan fwyaf o bennod 10 yno lle melltithia Beuno y meibion. Wedyn â Beuno i ffwrdd a chyrraedd Tegeingl a chwrdd â gŵr o'r enw Tyfid a roddodd dir i Feuno adeiladu eglwys arno. Yn awr mae'r testun yn arafu, achos dyma ddechrau stori Gwenfrewy, ac mae'r cwtogi'n llawer llai fan hyn: mae'r penodau i gyd yno ac mae peth ychwanegu hefyd, gan dynnu, o bosibl, ar fuchedd Gymraeg Gwenfrewy. Mae'r stori gyfarwydd yn dilyn gyda Charadog yn dod heibio'r tŷ tra bo rhieni Gwenfrewy'n gwrando ar yr offeren, hithau'n ceisio rhedeg oddi wrtho, ac yntau'n ei dal ar drothwy'r eglwys a thorri ei phen, cyn bod Beuno'n dod, melltithio Caradog a chodi Gwenfrewy'n ôl yn fyw. Pwysleisir bod Gwenfrewy'n santes sy'n gwneud gwyrthiau. Dilynir hyn yn syth gan 'ac felly yr oedh hoedl Bevno yn byrhav ar dydh yn dyfod', felly dyma fywyd Beuno drosodd yn sydyn iawn ar ôl atgyfodi Gwenfrewy. Hepgorir wyth o benodau'n trafod yr hyn a wnaeth Beuno ar ôl ei hatgyfodiad, a lleiheir yr ymdriniaeth â'i farwolaeth, yn ogystal â hepgor ei ach ar y diwedd. Felly ni sonnir am y gwyrthiau lu eraill sy'n digwydd yn ddiweddarach ym mywyd Beuno.

Beth yw effaith y newidiadau hyn? Collir llawer o elfennau'r fersiwn cynharach. Mae Fersiwn 2 at ei gilydd yn llai lleol ac yn canolbwyntio'n llai ar faterion bydol. Mae'r elfennau gwrth-Seisnig (§§6, 8) wedi mynd ac felly hefyd nifer o enwau lleoedd ac enwau personol. Mae llai o bwyslais, felly, ar gysylltiad Beuno ag ardaloedd penodol (a hawl ei olynwyr dros eglwysi'r ardaloedd hynny). Ymddengys mai enghraifft dda y sant a'r santes sy'n bwysicach fan hyn nag eiddo eglwysi yn y byd. Mae'r newidiadau hefyd yn sicrhau bod pwyslais arbennig ar Wenfrewy. Yn wir, bron na thry *Buchedd Beuno* yn Fuchedd Gwenfrewy yn y fersiwn hwn. Mae canolbwynt ar y fenyw arbennig hon, gyda'r cymeriadau gwrywaidd o'i chwmpas yn cael eu lleihau neu eu hepgor.

Felly yn y testun hwn, mae ymdriniaeth gyflym â geni Beuno ar y dechrau ac fe nodir ei fod yn dduwiol ac fe geir un wyrth ddechreuol sy'n arwain at stori Gwenfrewy. Yna stori Gwenfrewy sy'n hoelio ein holl sylw am weddill y testun, gyda'r fersiwn yn ychwanegu bod Gwenfrewy'n santes a'i bod hi ei hun wedi cyflawni llawer o wyrthiau, ac wedi hynny nid oes ond angen nodi marwolaeth Beuno'n gyflym. Mae'r dewis o ddarnau a ddilëwyd yn sicrhau bod pwyslais ar Wenfrewy hefyd. Yn y fersiwn canoloesol, ceir stori am forwyn arall, Digiwg, y torrir ei phen (§§18–9). Atgyfoda Duw y forwyn drwy Feuno ac yr oedd ffynnon wedi codi lle syrthiodd ei gwaed ar y llawr, a enwyd yn *Ffynnawn Digiwc* ar ei hôl. Mae'r stori hon yn atseinio stori Gwenfrewy'n glir. Wedi dileu stori Digiwg, daw Gwenfrewy'n ffigwr amlycach a mwy unigryw. Felly hefyd nid oes sôn am y gwyrthiau mynych eraill sydd yn y fersiwn gwreiddiol. Nid ydynt yn bwysig yma. Atgyfodi Gwenfrewy yw'r wyrth o bwys ac mae'r addaswr wedi cael gwared o ddeunydd all dynnu meddwl y darllenwyr oddi wrth hynny.

Mae rheswm dros ddiddordeb cynyddol y testun yng Ngwenfrewy a oedd yn niwedd yr Oesoedd Canol ac ar eu hôl yn santes arbennig o bwysig yng Nghymru ac yn Lloegr, ac yn enwedig yng ngogledd-ddwyrain Cymru, lle copïwyd Llansteffan 117 a Llawysgrif Yale.[24] *Terminus ad quem* Fersiwn 2 *Buchedd Beuno* yw dyddiad Llansteffan 117 (tua 1542–54).[25] Rhaid ei fod yn ddiweddarach na chyfieithiad gwreiddiol *Buchedd Beuno*, sy'n dyddio o hanner cyntaf y 14eg ganrif (cyn 1346) yn ôl pob tebyg.[26] Nid oes dim yn iaith Fersiwn 2 (nad yw'n tynnu ar y fersiwn cynharach) sy'n awgrymu ei fod yn sylweddol hŷn na llawysgrif Llansteffan 117, ac eto rhaid bod yn ofalus yn hyn o beth, gan y gall fod iaith Fersiwn 2 wedi cael ei diweddaru yn Llansteffan 117 neu mewn llawysgrif flaenorol. Mae'r ffocws ar Wenfrewy yn awgrymu dyddiad yn y 15fed ganrif neu'r 16eg pan oedd ei chwlt yn llawer mwy grymus nag yn y canrifoedd blaenorol.

Mae Gwenfrewy'n un o ffigyrau pwysicaf Llawysgrif Yale. Yn ogystal â chynnwys fersiwn o *Buchedd Beuno* â phwyslais arbennig ar Wenfrewy, ceir cyfieithiad Saesneg cyflawn o fuchedd Robert o Amwythig gan Edward Morgan o Sir y Fflint yn hwyrach ymlaen yn y llawysgrif.[27] Mae'r ffaith i enw Gwilym Farrar, a enwir mewn coloffon yn Llawysgrif Yale, gael ei gynnwys mewn coloffon arall ar ddiwedd copi o fuchedd Robert o Amwythig mewn llawysgrif arall o'r cyfnod (Brwsel, Bibliothèque Royale, MS 8067–74) eto'n tystio i'w phwysigrwydd i'r gymuned ysgrifennu a ddarparodd ffynonellau Robert Davies am lawer o ddeunydd Llawysgrif Yale.[28] Mae nodiadau ymylol copi Llawysgrif Yale o *Buchedd Beuno* hefyd yn tynnu sylw at Wenfrewy, gan nodi 'torri pen y forwyn' a 'Gwenfrewy santes', fel y gall darllenydd weld y deunydd sy'n ymwneud â hi'n syth. Mae'n bosibl nad y sant ond y santes oedd y prif reswm dros y diddordeb yn *Buchedd Beuno* yn y gogledd-ddwyrain erbyn hyn.

TRADDODIAD TESTUNOL *BUCHEDD COLLEN*

Nid yw *Buchedd Beuno* yn unigryw o gwbl fel buchedd Gymraeg a newidir yn gynhyrchiol mewn fersiynau diweddarach. Ceir naw copi hysbys o *Buchedd Collen*, sy'n dyddio rhwng 1536 a dechrau'r 19eg ganrif. Mae'r ddau gopi cynharaf (Caerdydd 2.629 (copïwyd tua 1535–6) a Llansteffan 117 (copïwyd tua 1542–54)) yn eiddo i Ieuan ap William ap Dafydd o Riwabon.[29] Er mai'r un ysgrifydd a'u copïodd, cynhwysant fersiynau go amrywiol o'r testun. Fel y nodwyd, mae fersiwn Llansteffan 117 (Fersiwn 2) yn dra gwahanol i'r hyn a geir yn y llawysgrifau eraill. Yr unig lawysgrif arall sy'n cynnwys fersiwn Llansteffan 117 yw Llawysgrif Yale ac mae'n bosibl mai copi o'r testun yn Llansteffan 117 a geir yn Llawysgrif Yale gan fod eu darlleniadau mor debyg, er nad yw hynny'n gwbl sicr. Yn ei astudiaeth o'r testun, creodd Hywel Wynn Williams stema ar gyfer *Buchedd Collen*, sy'n adeiladu ar waith blaenorol Mary Delpino.[30] Seilir y stema yn Ffigur 3.1 ar hwnnw gan ychwanegu Llawysgrif Yale:[31]

Ffigur 3.1 Stemma Codicum Buchedd Collen

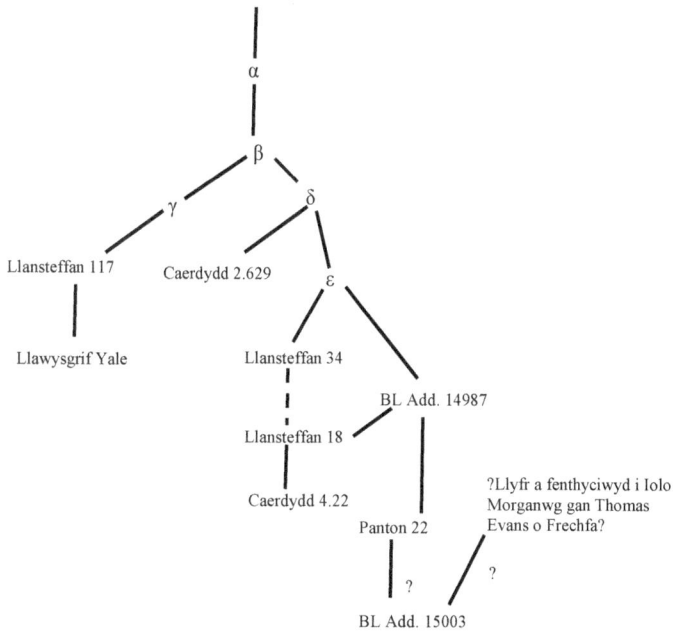

Gwelir mai esboniad Williams am y gwahaniaethau sylweddol rhwng fersiwn Llansteffan 117 a'r fersiynau eraill yw ei fod yn cynrychioli cangen arall o draddodiad y testun (sef γ) a bod honno wedi ymwahanu o gangen Caerdydd 2.629 (δ) yn weddol gynnar. Ymddengys bod Caerdydd 2.629 a Llansteffan 34 (a'r llawysgrifau eraill sy'n disgyn o δ ar y stema) yn amrywiadau ar yr un fersiwn gyda pheth aralleirio, tra bo Llawysgrif Yale a Llansteffan 117 yn cynrychioli fersiwn arall, talfyredig. Felly wrth drafod *Buchedd Collen* yng nghyd-destun y cyfnod modern cynnar, mwy defnyddiol na chyfeirio'n syml at *"Buchedd Collen"* fel petai'n undod yw sôn am *Buchedd Collen* (Fersiwn 1), sef yr hyn a gynrychiolir yn Caerdydd 2.629, Llansteffan 34 a'r llawysgrifau eraill sy'n disgyn o δ, a *Buchedd Collen* (Fersiwn 2), sef yr hyn a geir yn Llawysgrif Yale a Llansteffan 117, sy'n disgyn o γ. Ymddengys bod Fersiwn 1 at ei gilydd yn gynharach na Fersiwn 2. Mae Fersiwn 2 wedi ei dalfyrru mewn cymhariaeth â Fersiwn 1. Enghreifftir ei fyrder gan y disgrifiad o farwolaeth Collen (Tabl 3.1):

Tabl 3.1 Disgrifiad o farwolaeth Collen

Yale	Ll117	C 2.629	Ll34
A phan fv ef farw, fe aeth i enaid i'r nef ac y mae yn sant gida Dvw.	A ffan vv varw ef aeth i enaid i'r nef ac y mae ef yn sant gida Duw,	Ac yn y kvddigl hwnw y kyladdwyd kollen ac yr aeth i enaid i'r llywenydd tyragwyddol. Ac y mae yn sant yn y nef yn gwnevthvr gwyrthiav yny yr awr hon a ffan oedd ar y ddaiar hon yn dwyn kic a chynawd yr oedd yn gwnevthvr gwyrthief mawr o achos i ffydd.	Ac yn y kudigyl hunnu y claduyd ef ac yr aeth y enaid y'r lauenyd tragyuydol. Ac y mae yn Sant yn y nef yn guneüthyr gurthiaü yn yr aur honn a phan oed ar y dayar honn yn duyn cic a chnaud yr oed yn guneüthyr gurthiaü maur a hynny o achos kadernid y phyd a'i daioni tra fü ar y dayar honn.

Mae Caerdydd 2.629 a Llansteffan 34, sy'n debyg iawn i'w gilydd, yn sôn am fan claddedigaeth Collen, y ffaith ei fod yn parhau i wneud gwyrthiau yn y nef a'i fod wedi gwneud yr un peth pan oedd yn dwyn cig a chnawd ar y ddaear oherwydd ei ffydd. Llawer byrrach a symlach yw Fersiwn 2, sy'n nodi ei fod wedi marw a mynd i'r nef lle y mae'n sant gyda Duw. Mae ieithwedd Fersiwn 2 yn symlach hefyd: try 'llywenydd tyragwyddol' yn 'nef', er enghraifft. Ni fuasai'n amhosibl i ysgrifennwr ychwanegu at y fuchedd fer a geir yn Fersiwn 2 gan esgor ar rywbeth tebyg i Fersiwn 1, ond mae'r dystiolaeth yn awgrymu'n gryf nad dyna a ddigwyddodd yn achos y fuchedd hon. Ceir enghreifftiau o Fersiwn 2 yn lleihau'r testun gymaint fel nad yw'r hyn a erys bellach yn glir (Tabl 3.2):

Tabl 3.2 Fersiwn 2 yn lleihau'r testun

Yale	Llansteffan 117	Caerdydd 2.629	Llansteffan 34
'Myfi sydh gennad i Wynn ap Nudh, brenin Annwn, i erchi i ti dhyfod i ymdhidhan ac ef i'r bryn erbyn hanner dydh y forv.' Ac yna yr aeth Kolhen. A thronoeth y doeth y gennad a thrwsiad a'i hanner yn goch a'r hanner aralh yn lâs. Ac yna y gwnaeth Kolhen dhŵr bendiged, ac a'i rhoes mewn piservn bach ar i gefn ag aeth ef i benn y brynn.	'Myvi sydd ganad i Wyn ap Nvdd, brenin Anwn, i erchi ti ddyvod i mddivan ac ef i'r bryn erbyn haner dydd yvory.' Ac yna yr aeth Kollen. A thyranoeth y doeth y ganad a thrwsiad haner yn goch a'r llall yn las. Ac yna y gwnaeth Kollen ddwr bendig..., ac a'i rroes mewn piseryn bach ar i gevyn ac aeth ef i ben y bren	'Myvi sy ganad i Wyn ap Nvdd, brenin Anwn, i erchi iti ddyvod i mddivan ac ef i ben y byryn erbyn haner dydd yvory.' A Chollen nid aeth. A thyranoeth, llyma'r vn ganad a thyrwsiad a'r naill haner yn yn goch a'r llall yn las amdano yn erchi i Gollen ddyvod i ymddivan a'r brenin i bryn erbyn haner dydd dyranoeth. A Chollen nit aeth. Llyma yrr vn ganad yn dyvod y dyrydedd waith yn erchi i Gollen	'Myfi cennad Vynn ap Nụḍ, brenhin Annụn, y erchi y ti ḍyfod y ymḍiḍan ac ef y benn y brynn hanner dyḍ.' A Choḷen nid aeth. A thrannoeth ḷyma yr vn genad a thrụssiad y naiḷ hanner o goch a'r ḷaḷ o las amdanaụ yn erchi y Goḷen ḍyfod y ymḍiḍan a'r brenhin y benn y bryn erbyn hanner dyḍ a Choḷen nid aeth. A'r trydyḍ dyḍ dyma yr vn genad yn erchi i Goḷen ḍyfod y ymḍiḍan a'r brenhin y benn y brynn erbyn

		ddyvod i mddivan ar brenin haner dydd 'Ac oni ddoi, Kollen, ti a vyddi waeth.' A Chollen yn ovynoc yna a godes i vynv ac a naeth ddwr bendiged ac a'i roes mewn pisser ar i glvn ac aeth i ben y byryn.	hanner dyḍ. 'Ac oni ḍoei, Coḻen, ti a fyḍi ṵaeth.' A Choḻen yn ofnoc a gyfodes y vynyḍ ac a ṵnaeth ḍṵr bendigaid ac a'i rhoes meṵn pott ar y glün ac a aeth y benn y bryn.

Yn Fersiwn 1, mae'r stori'n glir. Daw cennad Gwyn ap Nudd at Gollen a gofyn iddo ddod i ben y bryn i ymddiddan ag ef erbyn hanner dydd drannoeth. Mae Collen yn gwrthod. Yna daw cennad eto gan ofyn yr un peth ac mae Collen eto'n gwrthod. Y drydedd waith, daw cennad eto a bygwth y bydd Collen yn waeth o beidio â dod. Ac yntau'n ofni hyn, llenwa Collen biser â dŵr bendigaid a mynd i ben y bryn.

Yn Fersiwn 2 ar y llaw arall, mae'r hyn a geir yn llawer llai eglur. Yr un dechreuad sydd i'r fersiynau: daw cennad Gwyn ap Nudd at Gollen a gofyn iddo ddod i ben y bryn i ymddiddan ag ef erbyn hanner dydd drannoeth. Wedyn cynnwys Fersiwn 2 y darlleniad amwys 'ac yna yr aeth Kollen'. Nid oes datganiad clir bod Collen wedi gwrthod neu dderbyn y cynnig. Daw cennad eto y diwrnod wedyn, ond nid eglurir yr hyn a wna. Yna, heb esboniad pellach, llenwa Collen biser â dŵr bendigaid a mynd i ben y bryn. Anodd yw deall llif naratif y darn yn Fersiwn 2 fel y saif a hynny am fod cymaint o ddeunydd wedi ei hepgor, megis y disgrifiad o Collen yn gwrthod y cynnig ar y dechrau a'r rheswm pam y penderfynodd Collen gyrchu pen y bryn yn y pen draw, ond gall fod cyfiawnhad dros gael gwared â'r rheswm hwnnw, fel y trafodir isod.

Awgryma hyn yn glir mai Fersiwn 1 sy'n debycach i fersiwn cynharach y fuchedd a bod Fersiwn 2 yn cynrychioli talfyriad ac addasiad o hyn. Anos fyddai esbonio'r gwahaniaethau rhwng y ddau fersiwn os Fersiwn 2 sy'n fwyaf tebyg i'r gwreiddiol. Mae'n annhebygol y byddai'r strwythur triphlyg a welir uchod yn cael ei ychwanegu a llawer mwy tebygol fyddai ei ddileu, gan fod tuedd yn Fersiwn 2 i hepgor deunydd. Nid yw hyn yn meddwl, wrth gwrs, mai Fersiwn 1 piau'r darlleniad cynharaf bob tro, a thrafodir hyn ymhellach isod. Mae peth amrywiaeth (er nad cymaint) rhwng Caerdydd 2.629 a'r copïau eraill sy'n ddisgynyddion i δ ar y stema. Nid yw Fersiwn 2 yn dangos cysylltiad arbennig â'r un o'r copïau hyn. Mae Caerdydd 2.629 a Llansteffan 34 yn llawer agosach i'w gilydd nag yr ydynt i Lawysgrif Yale a Llansteffan 117, gan rannu llawer o ddeunydd nas ceir yn y fersiwn arall. Mae Fersiwn 2 weithiau'n cytuno o ran geiriad â Caerdydd 2.629, weithiau â Llansteffan 34, gan gytuno â Caerdydd 2.629 ychydig yn amlach. Er y gwahaniaethau sylweddol rhwng Fersiwn 1 a Fersiwn 2 sy'n peri iddynt haeddu ystyriaeth fel fersiynau ar wahân, mae'n amlwg mai o un fuchedd wreiddiol y tardda'r traddodiad. Mae cyfiawnhad, felly, dros sôn am *Buchedd Collen* yn syml wrth drafod cyfansoddiad a datblygiad cynnar y testun. Darpara Llawysgrif Yale dystiolaeth newydd (ac yn wir yr unig dystiolaeth) fod fersiwn Llansteffan 117 wedi parhau i gael ei ddarllen ar ôl oes Ieuan ap William ap Dafydd. Cyhoeddwyd fersiwn Caerdydd 2.629 o'r fuchedd sawl tro,[32] ond ni chyhoeddwyd unwaith fersiwn Llansteffan 117/Yale.

BUCHEDD COLLEN (FERSIWN 2)

CRYNODEB O GYNNWYS Y FUCHEDD GYNHARACH (FERSIWN 1)

Crynhoir yma *Buchedd Collen* (Fersiwn 1) fel y'i ceir yn y llawysgrif gynharaf, sef Caerdydd 2.629, er mwyn dangos sut y mae *Buchedd Collen* (Fersiwn 2) wedi ei newid ac egluro arwyddocâd y newidiadau hynny.

Ar ôl nodi ach Collen ar ochr ei dad (§1) a'i fam (§2), disgrifir breuddwyd ei fam, Ethinen, y noson y ganwyd Collen. Yn ei breuddwyd, gwêl golomen yn hedfan tuag ati a thynnu ei chalon allan a hedfan â'r galon i'r nef ac yna ei dodi yn ôl yn ei chorff cyn diflannu. Wedi hyn neidia'r testun ymlaen a'n cyflwyno i Gollen yn fab seithmlwydd (§3) yn dysgu gwasanaethau Duw. Ac yntau'n fachgen, â i Orléans i ddysgu am chwe mis. Yn §4 cyflwynir y cyd-destun hanesyddol ehangach lle mae rhyfeloedd di-rif ac mae Cristnogion yn dioddef o dan Iwlian y Gwrthgiliwr. Yna agosâ'r lens at un dyn o'r enw Bras (§5) sy'n cynnig ateb. Bydd un pagan, sef Bras ei hun, yn ymladd ag un Cristion a bydd pawb yn dilyn ffydd yr enillydd. Ceisia'r Pab ddod o hyd i Gristion i ymladd â Bras ac yn cael cyngor gan Dduw i fynd i Southampton. Wedi cyrraedd (§6), gwêl y Pab Gollen a mynega ei ddymuniad. Croesawa Collen hyn a dod gyda'r Pab i faes yr ornest. Yno mae Bras, sy'n gwisgo helmed ag eli rhyfeddol yn ei goron, yn ymladd â Chollen ac yn cael y gorau i ddechrau. Rhydd Bras ychydig o'r eli i iacháu anaf i law Collen, ond tafla Collen yr eli yn yr afon wedyn fel na all yr un ohonynt ei ddefnyddio. Mae Collen yn anafu Bras yn ddifrifol gyda'r trawiad nesaf a gofynna Bras am nawdd ganddo. Gwrthod a wna Collen ond yn sydyn datgana Bras ei fod am gael ei fedyddio, ac yn sgil hynny rhydd Collen nawdd iddo, a bedyddir Bras a'i holl genedl. Caiff Collen (§7) grair o lili gan y Pab, a oedd wedi blodeuo gerbron y paganiaid pan ddywedodd un ohonynt nad oedd mwy o wirionedd yn yr hanes bod y Forwyn Fair wedi rhoi genedigaeth i fab na bod y lili crynion yn y pot yn blodeuo â blodau teg.

Daw Collen â'r lili i Brydain (§8). Glania yng Nghernyw cyn symud ymlaen i Glastonbury, lle daw'n fynach. Ar ôl tri mis, etholir Collen yn abad. Yna gadawa Collen i bregethu ymysg y bobl am dair blynedd cyn trigo eto yn y fynachlog am bum mlynedd, gan felltithio dynion ei wlad am eu camweddau. Crea Collen (§9) guddygl iddo ei hun ar fynydd Glastonbury ac un diwrnod clyw ddynion yn dweud mai Gwyn ap Nudd oedd frenin Annwfn. Gorchmynna Collen iddynt dewi gan ddweud mai cythreuliaid yw'r rhain. Yn fuan wedyn, daw cennad gan Wyn ap Nudd yn gofyn iddo ddod i ben y bryn i ymddiddan ag ef. Ar ôl gwrthod ddwywaith, daw Collen y drydedd waith â phiser o ddŵr bendigaid i ben y bryn. Gwêl yno y castell tecaf a welsai erioed a bechgyn yn marchogaeth. Croesewir Collen gan Wyn ap Nudd sy'n ei wahodd i fwyta o'i fwrdd, ond gwrthod a wna, ac wedi ymddiddan byr, tafla ddŵr bendigaid drostynt ac ânt ymaith o'i olwg, fel nad oes castell na dim arall i'w weld. Y noson honno (§10), daw'n ôl i'w guddygl a chael neges gan Dduw i godi'r bore trannoeth a cherdded nes dod o hyd i geffyl a'i farchogaeth. Byddai'r ardal y byddai Collen yn marchogaeth o'i chwmpas y dydd hwnnw yn noddfa a phlwyf ganddo hyd Ddydd y Farn. Gwna Collen hyn gan ddod o hyd i'r ceffyl yn Rhysfa Maes Cadfarch a dyna'r lle y mae'n adeiladu cuddygl iddo ei hun a thrigo yno nes ei farwolaeth. Yn y cuddygl hwnnw fe'i cleddir ac â ei enaid i'r nef lle y mae'n gwneud gwyrthiau yr awr hon. Nodir yn olaf ei fod wedi cyflawni gwyrthiau mawr pan oedd ar y ddaear hefyd ac felly mae'r fuchedd yn gorffen.

NEWIDIADAU FESUL PENNOD

Disgrifir newidiadau Fersiwn 2 (fersiwn Llansteffan 117/Yale) fesul pennod cyn trafod eu pwrpas a'u harwyddocâd yn fwy cyffredinol. Mae'r term 'newidiadau' yn llai sicr yn yr achos hwn nag yn achos *Buchedd Beuno*. Trinnir Fersiwn 1 (fersiwn Caerdydd 2.629 a llawysgrifau δ) fel y fersiwn mwyaf tebyg i'r gwreiddiol yn unol â'r drafodaeth uchod, ond gan fod y llawysgrifau oll yn dod o'r cyfnod modern cynnar, yn aml nid oes sicrwydd pa fersiwn sydd hynaf. Felly nid yw pob 'newid' a nodir isod o reidrwydd yn newid: gall fod yn adlewyrchu'r gwreiddiol a bod Fersiwn 1 wedi ei newid. Er hynny, mae'r dystiolaeth at ei gilydd yn awgrymu bod Fersiwn 2 yn dalfyriad, diweddariad ac addasiad o rywbeth tebyg i fersiwn Caerdydd 2.629, er nad yr un copi yn union.

§1
Lleiheir y bennod, gan ddileu'r manylion am Garadog Freichfras yn yr ach.
§2
Lleiheir y bennod i ryw raddau, gan gadw'r prif fanylion. Cedwir rhai manylion am fam Collen, Ethinen/Eithinen (Ethni Wyddeles yn *Bonedd y Saint*),[33] ond diléir y cyfeiriad at deyrnas ei thad Mathylwch, sef 'Rwngkwc', a'r datganiad mai merch anghyfreithlon oedd Ethinen, yn ferch i un o lawforynion gwraig briod Mathylwch. Cedwir stori'r breuddwyd gan symleiddio'r iaith ychydig a dileu'r cyfeiriad at 'erogle tec' pan ddaw'r golomen â'r galon yn ôl.
§3
Cedwir y rhan fwyaf o'r bennod fel y mae. Cysylltir y naratif yn amlycach â'r bennod flaenorol drwy gyfeirio at Gollen yn cael ei fagu nes yn saith

mlwydd oed cyn mynd i ddysgu (tra bo Fersiwn 1 yn neidio'n syth i sefyllfa lle y mae Collen yn saith mlwydd oed) a symleiddir y frawddeg ddechreuol. Yn lle mynd yn syml 'i Orlians i Ffyraink', â Collen 'i'r ysgol bema [*recte* benna] Orlians i Ffraingk', gan roi pwyslais ar ddysg Collen. Yn ogystal â hynny, nodir bod Collen yn dysgu yno 'vi blynedh a vi mîs', yn lle'r 'chwe mis' yn unig a geir yn Caerdydd 2.629. Ceir 'chwe mis ac wyth mlynedd' yn Llansteffan 34, ac felly mae'n ddigon posibl bod deunydd wedi mynd ar goll o Caerdydd 2.629 yma ac mai yn Llansteffan 34 neu Fersiwn 2 y ceir y darlleniad gwreiddiol.[34]

§4
Cedwir y rhan fwyaf o'r bennod. Symleiddir y cyfeiriadau at ryfel, gan ddileu'r sôn am y 'Grix' a gwneud yn amlwg mai ymosodiad ar wŷr Rhufain a'r Cristnogion oedd hwn. Camddehonglir 'Svlan Appostat' (Iwlian y Gwrthgiliwr) fel dau enw personol 'Svlan a Ffostans', gan briodoli'r ymosodiad hwn i ddau ddyn.

§5
Ceir pennod debyg o'r un hyd yn fras ond gyda rhai newidiadau a rhywfaint o symleiddio. Cyflwynir elfen o wrthsemitiaeth wrth newid 'pykanied' yn 'Eidhewon' a disgrifio Bras fel 'pagan Idhew' yn lle 'pegan'. Cymysgir y cyfeiriadau at y bobl ac at Fras fel paganiaid ac Iddewon, yn hytrach na newid yn hollol o un term i'r llall.[35] Yn lle gofyn 'mae dy gyngor?', mae'r Pab yn ymbil ar Dduw 'moes di dy Gyngor i mi am dy wllys di', gan gryfhau'r portread o'i dristwch a'i ansicrwydd.

§6
Ceir pennod o'r un hyd yn fras gyda rhai newidiadau. Ychwanegir cyfeiriad at faintioli Collen: 'ŵr glân mawr'. Wrth ddisgrifio'r ornest, nodir 'ac yna'r aethant i ymladh ar dwmpath oedh ynghanol yr afon', efallai er mwyn esbonio'r cyfeiriad diweddarach at Gollen yn taflu'r fasned neu helmed yn yr afon. Symleiddir 'Ac yna y byriowodd ychydic arr law Kollen gantho vo, yr hwn a elwit Byras' i 'ac yna i briwodh Kolhen i law gan y Brâs'. Tafla Collen yr eli i'r afon yn y ddau fersiwn, ond yn Fersiwn 2 dilëir yr esboniad ei fod wedi gwneud 'rac kael o'r vn ohonvnt o'r lles oddi wrtho'. Yn Llansteffan 117, Bras sy'n rhoi'r eli ar anaf Collen, tra bo Collen yn gwneud yn Llawysgrif Yale. Dilëir 'ac yntef aeth i'r llawr' wrth ddisgrifio anaf Bras, efallai am fod difrifoldeb yr anaf eisoes yn amlwg. Try 'Oni chaf

vi, myvi a'th vilia di gar byron Duw, y Gorvchaf Dduw, yr hwn y kyredi di idho. Ac y kyredaf vinef yr awr hon dy voti yn gwnevthvr kam a myvi,' yn 'oni chaf i nawdh myfi a'th gyhvdhaf di ger bron Dvw yr hwn y kredi di idho, a'r hwn a kredaf innav idho yr owran, a'th fôd di yn gwnevthvr kam'. Amlyga hyn ddatganiad Bras ei fod bellach yn credu yn y Duw Cristnogol. Ar ôl i Bras ddweud ei fod am gael ei fedyddio a bod Collen yn gwneud cam ag ef drwy beidio â rhoi nawdd, gadewir allan y frawddeg 'A'r geirie hyn a ovynodd Kollen yn vawr', sy'n dileu unrhyw awgrym o ofn Collen. Dilëir y sôn am y 'Grix' eto, gan gyfeirio at 'y bobl'.

§7
Cedwir yn debyg, ond gan newid y cyfeiriad at 'y pekanied' i gyfeiriad mwy penodol at 'Herodr greulon'.[36]

§8
Lleiheir y bennod. Mae Fersiwn 2 yn daerach na Fersiwn 1 wrth fynnu am y lili 'y mae hwy yng Haerfrangon etto' (cymh. Fersiwn 1: 'y vo a ddywedir mai yNghaer Ivyrangon y mae y lili hwnw eto'). Try 'Glansymbyri' yn 'Llan symbri'. Pan ddaw Collen yn fynach, yn lle 'y gwnaethbwyd ef yn y kyrevydd' ceir 'a'i gwnaethbwyd ef yn fynach yno', sy'n ddatganiad llai amwys. Symleiddir 'Ac ni bv yno on dyri mis oni ddeffoled ef yn abad' i 'ac ef aeth yn abad yno'. Dilëir deunydd sylweddol o ddiwedd y bennod, gan nodi'n syml fod Collen yn gadael i bregethu'r ffydd. Ni sonnir amdano'n dychwelyd i'r fynachlog am bum mlynedd nag am ei lid wrth y bobl am eu camweddau a'i felltith arnynt.

§9
Lleiheir y bennod gan hepgor llawer o ddeunydd. Wrth ddisgrifio Collen yn clywed sgwrs am Wyn ap Nudd, lleiheir 'Ac estyn a naeth Kollen i ben allan o'i gvddigl a dywedvd,' i 'ebr Kolhen', a symleiddir 'Nid oes o'r hai hyny ond kythyrelied!' i 'kythreilieid yw'r rheini'. Fel y nodwyd uchod, lleiheir yn sylweddol yr adran cyn i Gollen fynd i ben y bryn, gan hepgor y strwythur triphlyg lle cytuna Collen i ddod y trydydd tro a hepgor y cyfeiriad bod Collen wedi penderfynu mynd yno 'yn ovynoc' yn dilyn bygythiad y cennad. Yn Llawysgrif Yale, ond nid yn Llansteffan 117, symlheir y sgwrs gyda Gwyn ap Nudd: gwrthoda Collen fwyta ei fwyd ('yna i dyfod Kolhen, na vwytai ef dhim') yn lle dweud yn fwy penodol 'Ni vwytaf vi ddail y koed', sef darlleniad Fersiwn 1 sy'n pwysleisio mai

rhith yw holl ysblander Gwyn ap Nudd. Eglurir ail ran yr ymddiddan yn Fersiwn 2, gan i Wyn ap Nudd gyfeirio at 'trwsiad ... o goch a glas' cyn i Collen ddehongli ei arwyddocâd. Daw'n eglurach yn Fersiwn 2 mai esbonio arwyddocâd y lliwiau y mae Collen gan i Wyn ap Nudd ofyn 'beth ... a arwydhocka'r trwssiad yna?' yn lle 'Pa ryw trwsiad yw hwnw?' a geir yn Fersiwn 1.

§10

Lleiheir y bennod yn sylweddol. Symlheir gorchymyn yr angel iddo farchogaeth a thrwy hynny greu plwyf. Dilëir y frawddeg ganlynol sy'n disgrifio Collen yn marchogaeth ac yn cysylltu ei noddfa â lle penodol: 'Ac velly y kyvarvv ac ef y march yn y lle a elwir Rrysva Maes Kadvarch, ac a'i marchogess ef yn gwmpas i bylwy.' Adeilada Collen ei 'eglwys' yn ei noddfa: 'kvddigl' yw'r gair cyfatebol yma yn Fersiwn 1. Fel y nodir uchod, lleiheir a symlheir y brawddegau olaf, sy'n disgrifio marwolaeth Collen.

ARWYDDOCÂD Y NEWIDIADAU

Wrth drafod fersiwn Llansteffan 117 (Fersiwn 2) o *Buchedd Collen*, sonia Hywel Williams am bum prif gwahaniaeth rhyngddo a Fersiwn 1 (Caerdydd 2.629), sef (1) bod Fersiwn 2 yn sôn am yr Iddewon ond nid y Groegwyr; (2) Fersiwn 2 yn unig sy'n disgrifio Collen a Bras yn ymladd ar dwmpath yng nghanol yr afon; (3) ni cheir sôn yn Fersiwn 2 am Gollen yn dychwelyd i'w fynachlog am bum mlynedd ym mhennod 8; (4) ni cheir yn Fersiwn 2 y strwythur triphlyg wrth ofyn i Gollen fynd i gwrdd â Gwyn ap Nudd; (5) ni sonnir am 'Rysfa Cadfarch' yn y bennod olaf yn Fersiwn 2.[37] Mae'r amrywiadau hyn yn sicr yn bwysig, yn enwedig os ydym am geisio cyrraedd syniad o'r gwahanol draddodiadau a gylchredai am Gollen ac a adlewyrchir yn nau fersiwn ei fuchedd. Ac eto, o edrych ar Fersiwn 2 ar ei hyd, gallwn hefyd dynnu sylw at ei dueddiadau ehangach ac at nifer o amrywiadau pwysig eraill. Nid ar hap y mae Fersiwn 2 yn wahanol ac mae patrwm i'r amrywiaeth.

Symleiddir iaith y fuchedd yn aml yn Fersiwn 2. Gwelwn enghraifft o hyn ym mhennod 3. Try 'A'r Kollen hwnw, ir yn vab seithymylwydd, a vv yn dysgv gwysynevthv Duw a'r Arglwyddes Vair y bv ef heb orffowys' yn 'a'r mâb a aned ac a fagwyd hyd yn saith mlwydh, ac yna ef a aeth i dhysgv ag i wasanaethv Dvw a Mair heb orffowys'. Trwy dynnu'r cymal a ddechreuir gan 'ir' ('er') ac ychwanegu 'ac yna', crëir prif gymalau byrrach a symlach. Noder hefyd fel y try 'a'r Arglwyddes Vair' yn 'a Mair'. Nid yw'r enghraifft hon yn eithriad. Gallwn gymharu hefyd ymateb Collen wrth glywed pobl yn sôn am Wyn ap Nudd yn y ddau fersiwn ar ddechrau pennod 9:

Fersiwn 1
Ac val yr oedd ef ddiwyrnod yn i gvddigyl, ef a glowai ddav ddyn yn siarad am Wyn ap y Nvdd, ac yn dywedvd mai hwnw oedd vyrenin Anwn. Ac estyn a naeth Kollen i ben allan o'i gvddigl a dywedvd, 'Tewch yn vvan! Nid oes o'r hai hyny ond kythyrelied!' 'Taw di!' heb yr hwyntav, 'Ti a gai, yn wir, ymliw a thi gan hwnw'. A chav y dyrws a naeth Kollen.

Fersiwn 2 (Llansteffan 117/Yale)
Ac val ir oedh Kolhen yn i gvdhigl, ef a glowe dhav yn ymdhidhan am Wynn ap y Nvdh, ac yn dywevdvd mae hwnnw oedd vrenhin Annwn. 'Tewch!' ebr Kolhen, 'Kythreilieid yw'r rheini!' 'Taw di!' ebr ynhwy, 'Tydi a gai ymyliw gan hwnnw'. A chav y drŵs a wnaeth Kollen.

Yn Fersiwn 2, ceir yr un digwyddiadau ond fe'u disgrifir hwy mewn ffordd symlach. Hepgorir adferfau ('ddiwyrnod', 'yn vvan', 'yn wir'); symlheir 'ddav ddyn' yn 'dhav'; hepgorir y cymal diangen 'Ac estyn a naeth Kollen i ben allan o'i gvddigl a dywedvd'; a symlheir 'Nid oes o'r rhai hyny ond kythyrelied!' i 'Kythreilieid yw'r rheini!' Gwelir patrwm, felly, o symlhau a hepgor deunydd diangen.

Mae Fersiwn 2 yn cadw a chreu naratif sy'n gysylltiedig yn gronolegol (os nad bob tro yn rhesymegol, fel y tystia'r ymddiddan cyn i Gollen fynd i ben y bryn i gwrdd â Gwyn ap Nudd). Yn wir, mae'r newidiadau i bennod 3, sy'n dechrau 'a'r mâb a aned ac a fagwyd hyd yn saith mlwydh', yn ei chysylltu'n gronolegol â phennod 2, a ddisgrifia freuddwyd a gafodd Eithinen, mam Collen, ar noson ei eni. Yn Fersiwn 1, ar y llaw arall, neidir o'r breuddwyd i sefyllfa lle mae Collen yn saith mlwydd oed, heb sôn yma am ei eni a'i fagu. Yn Llawysgrif Yale (ond nid yn Llansteffan

117), mae'r nodiadau ymylol yn gwneud y testun yn haws ei ddefnyddio hefyd, gan dynnu sylw at ddau ddigwyddiad pwysig, sef gornest Collen a Bras a chyfarfod Collen a Gwyn ap Nudd. Hepgorir rhagor o ddeunydd ar ddechrau a diwedd y fuchedd nag yn ei chanol, a gall hyn adlewyrchu pwyslais ar ornest Collen a Bras ar draul digwyddiadau eraill. Diddorol yw sylwi ar batrwm tebyg yn Fersiwn 2 o *Buchedd Beuno*, lle canolbwyntir yn bennaf ar un rhan o'r fuchedd.

Gwelir nifer o batrymau yn y ffordd y mae Fersiwn 2 yn hepgor deunydd. Dilëir dau enw lle sy'n awgrymu eu bod wedi colli eu pwysigrwydd yma, sef 'Rwngkwc' (teyrnas taid Collen) a 'Rrysva Maes Kadvarch' (sef y lle y cenfydd Collen y ceffyl y mae'n ei farchogaeth i gwmpasu ei blwyf a'i noddfa cyn ei farwolaeth).[38] Nid yw Fersiwn 2 yn ceisio hybu hawliau penodol eglwys yn yr ardal hon felly, o bosibl am nad oedd hyn bellach yn berthnasol.

Ceir enghreifftiau o bechodau posibl a gysylltir mewn rhyw ffordd neu'i gilydd gyda'r sant yn Fersiwn 1 a dilëir llawer o'r rhain yn Fersiwn 2. Yn yr achosion hyn eto, mae'n llawer mwy tebygol bod Fersiwn 2 wedi eu dileu na bod Fersiwn 1 wedi eu hychwanegu. Dilëir y ffaith fod ei fam yn ferch anghyfreithlon ('A'r Ethinen hono a gad o vn o law vorrynion y wraic briod ef' §2). Hepgorir y cyfeiriad at ddicter Collen wrth wŷr ei wlad a'r felltith a rydd arnynt (§8). Byddai modd cyfiawnhau'r fath ddicter, gan ei fod yn ddig wrth y bobl 'am i kamav', ond penderfynir ei ddileu yn Fersiwn 2. Dilëir hefyd y ddau gyfeiriad at ofn Collen, lle yr ofna rywbeth amgen na Duw o bosibl. Ar ôl i Bras ddweud bod Collen yn gwneud cam ag ef drwy beidio â rhoi nawdd, noda Fersiwn 1 (ond nid Fersiwn 2) 'a'r geirie hyn a ovynodd Kollen yn vawr' (§6). Gellid gweld hyn yn enghraifft o ofn Duw, am fod Collen o bosibl yn ofni cosb am beidio â dangos trugaredd i'w gyd-Gristion, ond nid yw ymddygiad Collen yn yr ornest yn gwbl gywir, o reidrwydd. Ar ôl i'w law gael ei iacháu gan eli Bras, tafla Collen yr eli i'r afon yn y ddau fersiwn, ond yn Fersiwn 2 dilëir yr esboniad ei fod wedi gwneud hynny rhag i'r un ohonynt gael lles oddi wrtho. Gellid dehongli darlleniad Fersiwn 1 fel cais i gael mantais anrheg dros Bras, gan fod Collen eisoes wedi ei iacháu gan yr eli. Problematig hefyd yw'r ail enghraifft o ofn Collen yn Fersiwn 1 wrth i Gollen godi 'yn ovynoc' (§9) i wneud dŵr bendigaid ar ôl cael ei fygwth gan gennad Gwyn ap Nudd.

Eto, ni cheir hyn yn Fersiwn 2. Felly hepgorir elfennau a allai gysylltu Collen â thri o'r saith pechod marwol, sef *luxuria*, *ira*, a *tristitia*.[39] Rhydd Fersiwn 2 inni bortread mwy delfrydol o Gollen na Fersiwn 1, a welir hefyd yn y pwyslais ychwanegol ar ei ddysg ym mhennod 3, ac yntau'n astudio yn yr 'ysgol benna'. Cryfheir y darlun delfrydol o Gollen drwy ei wrthgyferbynnu â gelynion Iddewig yn Fersiwn 2.

Nid yw pob newid yn Fersiwn 2 yn enghraifft o addasu creadigol a chynhyrchiol. Ceir camgymeriadau syml, megis camddeall 'Svlan Appostat' fel 'Svlan a Ffostans'. Mae'r toriadau i'r ymddiddan cyn i Gollen gwrdd â Gwyn ap Nudd hefyd yn creu naratif sy'n llai effeithiol ac yn anos ei ddilyn yn rhesymegol. Eto, llwydda'r fersiwn i symleiddio'r fuchedd a'i hiaith tra'n cadw bron i bob digwyddiad pwysig a sicrhau parhad cronolegol clir fel arfer. Mae dyfeisgarwch yn y dileu a chrëir fersiwn newydd o'r testun sydd at ei gilydd yn gelfydd ac eto'n hawdd ei ddarllen, sy'n hepgor manylion nad ydynt yn berthnasol bellach, ac sy'n cyflwyno delwedd fwy rhinweddol o'r sant.

CASGLIADAU

Dengys y drafodaeth hon fod fersiynau diweddarach y bucheddau'n haeddu ystyriaeth ar eu telerau eu hunain. Os ydym am geisio ail-greu bywyd hanesyddol y seintiau, mae'n deg rhoi llai o sylw i addasiadau diweddarach. Ac eto, erbyn hyn, prin fod yr un ysgolhaig yn gweld y bucheddau canoloesol o Gymru'n ffynonellau y gellir eu defnyddio fel sail i'n dealltwriaeth o fywyd y sant go iawn. Felly nid oes modd cyfiawnhau ffocws unllygeidiog ar fersiynau cynharaf y bucheddau lle nad yw'r fersiynau diweddarach ond yn cyfrif fel tystion anghyflawn a phroblemataidd i'r gogoniant a fu. Mae'r newid yn yr ysgolheictod tuag at ganolbwyntio ar gyd-destun cyfansoddi'r testunau yn rhoi cyfle inni ymdrin â holl amrywiaeth gyfoethog y traddodiad testunol yn fanwl, a fydd yn ei dro yn rhoi llawer gwell syniad inni o fel yr amrywiai cwlt y sant dros amser. Mae'r fersiynau diweddarach yn codi cwestiynau am y nifer sylweddol o fuchedau Cymraeg sy'n goroesi mewn un neu nifer cyfyngedig o lawysgrifau modern cynnar yn unig ac yn cynnig modelau posibl am sut y gallent fod wedi datblygu. Gyda phob buchedd sy'n goroesi mewn llawysgrifau o'r cyfnod modern cynnar, dylid gofyn a ydynt yn tynnu ar fersiwn canoloesol cynharach ac os felly a ydynt wedi mynd trwy'r un broses o newid yn ystod yr Oesoedd Canol diweddar a'r cyfnod modern cynnar.

Mae nifer o gyffelybiaethau trawiadol rhwng y fersiynau diweddarach o *Buchedd Collen* a *Buchedd Beuno* ond, cyn trafod y rheini, rhaid nodi'r gwahaniaethau mwyaf arwyddocaol. Er i'r ddau fersiwn hepgor deunydd, hepgorir llawer mwy o *Buchedd Beuno*. Mae buchedd wreiddiol *Buchedd Beuno* yn llawer hwy na'r fersiwn cynharach o *Buchedd Collen* (er na wyddys a fodolai fersiwn cynharach hwy o *Buchedd Collen* unwaith) ond mae Fersiwn 2 *Buchedd Beuno* yn sylweddol fyrrach na Fersiwn 2 *Buchedd Collen*. Mae pob pennod yn fersiwn cynharach *Buchedd Collen* i'w chael yn Fersiwn 2 ar ryw ffurf, ond hepgorir 14 o benodau *Buchedd Beuno* (sef y mwyafrif ohonynt). Gwelir yn Fersiwn 2 *Buchedd Beuno* hefyd symud i ganolbwyntio ar ffigwr arall, sef Gwenfrewy, ond ni cheir newid o'r fath yn *Buchedd Collen*. Yn wahanol i Fersiwn 2 *Buchedd Collen*, mae'n bosibl bod Fersiwn 2 *Buchedd Beuno* yn tynnu ar ffynonellau eraill, gyda buchedd Gymraeg Gwenfrewy yn bosibilrwydd amlwg. At ei gilydd, felly, mae Fersiwn 2 *Buchedd Beuno* yn drawsffurfiad mwy pellgyrhaeddol ac uchelgeisiol.

Wedi dweud hyn, mae'n amlwg bod nifer o'r un prosesau ar waith yn y ddau fersiwn newydd. Ymysg y prosesau pwysicaf mae lleihau a symleiddio. Yn y ddau achos (ond yn fwy amlwg yn Fersiwn 2 *Buchedd Beuno*), mae hepgor deunydd yn gwneud i'r bucheddau ganolbwyntio ar rai prif ddigwyddiadau, sef yn enwedig hanes Gwenfrewy yn *Buchedd Beuno* a gornest Collen a Bras yn *Buchedd Collen*. Trafodwyd yn barod ddiddordeb penodol Fersiwn 2 *Buchedd Beuno* yng Ngwenfrewy ac mae'n bosibl bod yr ymladd o ddiddordeb arbennig i addaswr Fersiwn 2 *Buchedd Collen* hefyd. Diddorol yw nodi yn y cyswllt hwn mai dyma'r unig fersiwn o *Buchedd Collen* i'w ddisgrifio fel 'Kollen filwr' yn y teitl. Tynnir cyfeiriadau daearyddol penodol at dir a oedd yn eiddo'r seintiau yn y ddau achos, gan nad oedd hynny bellach yn berthnasol na defnyddiol i'r addaswr. Nid yw'r fersiynau hyn o'r bucheddau yn ceisio hybu braint rhyw eglwys ac ni welir chwaith ddiddordeb yr hynafieithydd a fynnai gadw pob manylyn hanesyddol a geid yn y fuchedd. Yn hytrach, tystiant i ddiddordeb yn y seintiau eu hunain (gan gynnwys Gwenfrewy yn benodol) a'r enghraifft a rydd y seintiau am sut i fyw'n dda.

Esbonia hyn rai enghreifftiau o leihau ond nid pob un. Cynnwys Llansteffan 117 gasgliad o fucheddau, ac felly hefyd Lawysgrif Yale (sydd â'i phrif ganolbwynt ar fucheddau'r saint). Efallai felly fod y lleihau a'r symlhau'n digwydd er mwyn crynhoi'r manylion o'r bucheddau a oedd bwysicaf yn llygaid yr addaswr. Mewn casgliad sylweddol o fucheddau, ni fyddai o reidrwydd yn ymarferol cadw fersiwn cynnar *Buchedd Beuno* yn ei faint llawn, os nad oedd Beuno o ddiddordeb penodol i'r casglwr. Mae llawer o dystiolaeth o du'r Lladin a Saesneg Canol am leihau bucheddau er mwyn eu cynnwys mewn casgliad. Dyna a ddigwydd yn *Sanctilogium* mawr Ioan o Tynemouth o'r bedwaredd ganrif ar ddeg, lle ceir crynhoad byr o nifer helaeth o fucheddau Lladin o Loegr, Cymru, yr Alban ac Iwerddon.[40] Gwelir prosesau tebyg yn y casgliadau mawr o fucheddau Saesneg Canol, megis y *South English Legendary*.[41] Byddai rhagor o astudiaeth gymharol yn ddadlennol: a yw'r fersiynau diweddarach o fucheddau Cymraeg yn dilyn patrymau a welir yn y casgliadau mawr (a chynharach) yn Lladin a Saesneg neu a oes gwahaniaethau arwyddocaol?

Ffactor arall yn y lleihau yw delfrydu. Mae Fersiwn 2 *Buchedd Collen* yn cael gwared â deunydd a all gysylltu Collen â phechod, megis y cyfeiriadau at ei ofn. Dilea hefyd y datganiad bod Ethinen, mam Collen, yn ferch anghyfreithlon. Yn Fersiwn 2 *Buchedd Beuno*, yn ogystal â'r canolbwynt ar y forwyn Gwenfrewy, nodir yn benodol fod rhieni Beuno heb geisio cael plant a hynny am 'xl mlynedh' (mewn cymhariaeth â 'deudeg mlyned' yn y fersiwn canoloesol). Felly mae newidiadau'r ddau fersiwn yn pwysleisio purdeb rhywiol, yn enwedig yn Fersiwn 2 *Buchedd Beuno*.

Mae'r cyffelybiaethau rhwng y newidiadau yn y ddau fersiwn, yn ogystal â'r ffaith eu bod yn digwydd yn syth ar ôl ei gilydd yn yr un llawysgrifau, yn codi'r posibilrwydd mai un unigolyn oedd yn gyfrifol am eu creu. Byddai hwnnw'n frodor o ogledd-ddwyrain Cymru, yn ôl pob tebyg, a greodd y fersiynau newydd am resymau defosiynol yn bennaf yn hytrach na rhai hynafiaethol. Am y tro, rhaid i hyn aros yn awgrym yn unig. Fel y nodwyd uchod, mae Fersiwn 2 *Buchedd Beuno* yn drawsffurfiad llawer mwy eithafol na Fersiwn 2 *Buchedd Collen* (er y gall fod angen hynny er mwyn creu testun cryno, gan fod y gwreiddiol gymaint yn hwy) ac nid yw hanes testunol *Buchedd Collen* yn gwbl sicr. Bid a fo am hynny, mae'r ddau fersiwn diweddarach yn dyst i brosesau o newid a lleihau wrth addasu deunydd cynharach a dylid cadw'r prosesau hyn mewn meddwl wrth astudio'r holl fucheddau Cymraeg sy'n goroesi mewn llawysgrifau modern cynnar.

NODYN AR Y TESTUNAU

Seilir y testun ar Lawysgrif Yale gydag amrywiadau sylweddol o Llansteffan 117, ac o lawysgrifau eraill pan fo angen diwygio. Llansteffan 117 yw'r llawysgrif hŷn y mae'n bosibl y seilir y copïau yn Yale arni, ond nid ceisio ail-greu fersiwn cynharaf y testunau yw prif nod y llyfr hwn. Llawysgrif Yale yw ei ffocws a thestunau'r llawysgrif hon a olygir, fel y cawn gipolwg ar y testunau hyn fel y maent, yn y casgliad amrywiol hwn o'r 17eg ganrif. Felly ceir yma olygiadau beirniadol o'r testunau llawn o Lawysgrif Yale, gan ddilyn yr un dull â'r golygiad o *Buchedd Cybi* ym Mhennod 1.

Gan fod fersiynau Llansteffan 117/Yale o'r testunau hyn mor wahanol i'r fersiynau eraill, ni cheisir cynnwys yr holl amrywiadau o lawysgrifau eraill, gan y bydd yn haws i'r darllenydd gymharu'r golygiadau cyhoeddedig ohonynt. Ychwanegais rifau penodau'n cyfateb i'r penodau yng ngolygiadau Patrick Sims-Williams ac Alaw Mai Edwards er mwyn hwyluso'r gymhariaeth.

BUCHEDD BEUNO (FERSIWN 2)

Bvchedh y Seintiav
Bvchedh Bevno Sant.[1]
§1 Gŵr bonhedhig oedh gynt yMhowys, yn lle a elwid Heninoc,[2] a henw y gŵr oedh[3] Bygi, a'r wraig a elwid Beren verch Lhowdhen, a dynion gwirion oedhynt hwy, a da oedh i bvchedh i gadw gorchmynion Dvw, ag

---

[1] Llyma Vvchedd Bevno bevno sant Ll117
[2] Heninic Ll117
[3] yw Ll117

nid oedh ydhynt dhim o'r plant irioed a heb i keisio, a hynny o gŷd gyngor eres[4] xl mlynedh.

§2 Ag fal yr oedhynt hwy yn[5] ymdhidhan yn i gwelv, hwynt a welent angel yn dyfod atynt, ag yn dywevdyd wrthynt hwy, 'Bydhwchi lawen, Dvw a wrandewis ych gwedhi.' Ag yna y dywad yr angel wrth y gŵr, 'Gwna di achos a'th wraig heno, a hi a geyff veichiogi ar vâb, a hwnnw a fydh sant yn y nef.' A hwynt a wnaethant[6] fal yr archasae[7] yr angel ydhynt.[8] A phan aned y mâb y rhoed[9] henw arno fo, Bevno[10] fâb Bvgi, (§3) a'i fagv hyd yn chwe blwydh, ag[11] y rhoed ef i dhysgv mewn ysgol. Ag yntav a dhysgodh holl[12] dhysc yr yscrythyr lân, a gwasanaeth yr eglwys i gyd.

§4 Ag yna y gweles y brenhin ef[13] yn vfvdh ag yn kadw < >[14] gorchmynion[15] Dvw, ag am hynny y rhoes y brenhin idho ef fodrwy o avr a choron a thair rhann o dîr, a bôd i hvn yn dhysgvbl i Vevno sant, a'r bobl yn talv idho fo. §10 Ag yn[a][16] yr aeth Bevno at vrenhin fâb Brochwel Ysgytheroc[17] i geisio lle i wnevthvr adeiladaeth i wasanevthv Dvw, ag i wedhio dros i enaid ef ag eneidiav i dylwyth ef. Ag yna y rhoes y brenhin i Bevno y lle a elwid Gwydhelwern.[18] Ag yna i kafas yno[19] i henw gan Lorkan Wydhel, a godes Bevno o farw yn fyw, hwnnw a gladhessid yn y wern honno, a'i wraig a'i lladhasai ef. Ag yno y gwnaeth Bevno eglwys, ac yno i trigodh Bevno hyd oni dhoeth neient Kynan o Heli i geisio i bwyd ac i drigo yno yn oestad. Ac yna yr erchis Bevno y'w weision gyrchv ŷch brâs y'w ladh ac arlwyo bwyd i'r gwŷr, a'r kîg a roed i ferwi. O'r bore hyd hanner dydh y bv ar y

[4] ir Ll117
[5] – Ll117
[6] ai gwnaethant Ll117
[7] erchi Ll117
[8] – Ll117
[9] roe Ll117
[10] Nodyn ymylol yn Yale: Bevno
[11] ac yna Ll117
[12] yr holl Ll117
[13] – Ll117
[14] y Yale, Ll117
[15] gorchmynxion Yale; gorchymynion Ll117
[16] yna Ll117
[17] Nodyn ymylol yn Yale: Brochwel Ysgytheroc
[18] Nodyn ymylol yn Yale: Gwydhelwern
[19] yn/o Yale. Ychwanegwyd blaenslaes ar gam rhwng yn ac o

tân a'r gwŷr yn kynne'r tân,[20] er hynny 'r oedh y kîg heb dwymno na throi lliw'r gwaed.[21] Ac yna y dyfod vn o'r gwŷr, kelfydhyd vn o'r yscolheicgion yw hynny rhac kael ohonom ni dhim o'r bwyd hedhiw yma. A phan glybv Bevno hynny, ef a'i melldigodh hwynt am dhywedvd arno fo hynny o gelwydh,[22] ac y nhwy a fvon feirw kynn y nôs.

§11 Ac yna yr aeth Bevno at ŵr a elwid Tyfid, a hwnnw a roes tîr i Vevno i wnevthvr eglwys arno, ac ynte a'i gwnaeth hi yn Negaingl.[23]

§12 A dvw Svlgwaith o'r haf y doeth Tyfid a'i wraig i'r eglwys i wrando yfferen a phregeth gan Vevno, ag a adowson i hvn ferch yn kadw i ty, a'r ferch decka yn y bŷd oedh honno. Ac **yna**[24] hi a wele ŵr yn dyfod i'r ty, a elwid Kariadoc.[25] A hi a'i kroesawodh fo yno yn lhawen. Sef a **wnaeth**[26] ef, gofvn i'r ferch i ble[27] 'r aeth i thâd a'i mam. 'Nwy aethon i'r eglwys', **ebr** hi,[28] 'Od oes i chwi negessav a hwynt, arhowch, nhwy a dhôn[29] yma yn y man.' 'Nag af ', ebr ef, 'Oni bydhi di gordherch i mi yr owran.' 'Na fydhaf ', ebr hi, 'Ac ni wedhaf i yn ordherch i ti. Brenhin wyt ti.' 'Myfi', ebr ef, 'a'th wnaf di, ferch, yn ordherch i mi, bîd drŵg bid da genyt di.' 'Aro', ebr hi, 'Oni dhelwy fi o'r siambr, a thi a gai yr hyn a fynnych di.'

Ac yna y ffoes hi tva'r eglwys at i thâd a'i mam, a phan weles ef y hi yn ffo, yntav a'i ymlidiodh hi hyd yn rŵs yr eglwys. Ag yno i godhiwedhodh ef hi, ag a'i gledhef ef a dorres i phen[30] hi odhiar i chorff, ag a dreiglodh y pen i'r eglwys i mewn, a'i thâd a'i mam hi a ganfv hynny. A Bevno a dhyfod wrth y brenhin, 'Myfi a archaf i Dhvw nad arbedo ac na'th barcho fo dydi, mwy nag y perchaist tithav y forwyn dha honn.' Ac yn y man y lhynkodh y dhaiar y brenhin.

---

[20] yn i gyne y tan Ll117
[21] ar kic heb dwmyno dim ar y kic na thyroi dim ar i liw vo gwaed Ll117
[22] gelvyddyd Ll117
[23] Nodyn ymylol yn Yale: Tyfid yn rhoi ... i Vevno i w ... vthvr Eglwys yn Nhegaing.
[24] yn y Yale; yna Ll117
[25] Nodyn ymylol yn Yale: Kariadoc
[26] wⁿaaeth Yale; wnaeth LL117
[27] pa le Ll117
[28] erbr hi Yale; – Ll117
[29] ef a ddaw Ll117
[30] Nodyn ymylol yn Yale: Torri pen y forwyn

§13 Ag yna y kodes Bevno y pen, ac a'i rhoes ar i gwdhwf hi, ac a dhyfod wrth i thâd a'i mam oedh yn drîst vwch i phen hi am[31] dewi a'i wylo a gwedhio Dvw 'A gedewch fellv y hi hyd oni dharffo i mi yr yfferen.' A phan dharfv i Vevno yr yfferen, ef a roes i law ar benn y vorwyn,[32] ag a erchis idhi hi godi yn enw Dvw, ac a godes y forwyn yn oll iach. A'r forwyn honno oedh Gwenfrewi santes,[33] yr hon a wnaeth lawer o wared a gwrthie gida Dvw i dhynion ag i dha.

§22 Ac fellv[34] yr oedh hoedl Bevno yn byrhav a'r dydh yn dyfod, nid amgen xvii[35] dydh o fîs Ebrill, Bevno a weles y nef yn egori, ag ef a weles y Tâd a'r Mâb a'r Ysbryd Glân yn vn Dvw a thri pherson a holl radhae nef. Ag yna yr aeth Bevno i'r nef, a ni a attylygwn i Dhvw yn bôd ni yn fedhiannol o'r deyrnas honno.[36]

Amen. Poed gwîr a fo.[37] etc.

NODIADAU

Dylid cymharu'r nodiadau llawnach yn Sims-Williams, *Buchedd Beuno*, tt. 32–79 a 157–66 a'r drafodaeth uchod tt. 126–38.

§1 **Heninoc** Ymddengys bod hyn yn ffurf garbwl ar 'Banhenic' a geir yn y fuchedd ganoloesol ac a drafodir yn Sims-Williams, *Buchedd Beuno*, tt. 38–41.

§3 **holl dhysc yr yscrythyr lân** Os yw Robert Davies yn copïo Llansteffan 117, dyma gywiriad ganddo i gael gwared ar y fannod ychwanegol cyn 'holl' er mwyn gwneud yr ymadrodd yn ramadegol.

§10 **Heli** Mae'r briflythyren a'r sillafiad 'Heli' yn awgrymu mai camddehongliad yw hwn o'r ffurf ganoloesol 'hely' fel enw lle. Disgwylid iddi gael ei diweddaru i 'hela' neu 'hel'.

---

[31] ac yna yr erchi bevno yw thad hi ai mam Ll117
[32] ar i ffen y vorwyn Ll117
[33] Nodyn ymylol yn Yale: Gwenfrewy Santes
[34] val Ll117
[35] xvⁿii Yale; y vij Ll117
[36] yn bod ni i gyd veddianv y dyrnas hono Ll117
[37] ac velly i tervyna oed krist ... Ll117

§10 **'r oedh y kîg heb dwymno na throi lliw'r gwaed** Darlleniad Llansteffan 117 yw 'ar kic heb dwmyno dim ar y kic na thyroi dim ar i liw vo gwaed'. Os yw Llawysgrif Yale yn copïo Llansteffan 117 yma, dewisodd Robert Davies dacluso'r adran hon ychydig, gan ei newid yn fwy sylweddol nag arfer.

§12 **nhwy a dhôn** 'ef a ddaw' yw darlleniad Llansteffan 117. Gan fod Caradog a Gwenfrewy wedi cyfeirio at ei dau riant yn Fersiwn 2, gwna darlleniad Llawysgrif Yale well synnwyr. Mae darlleniad Llansteffan 117 yn debycach i'r 'evo a daw' a geir yn y llawysgrifau canoloesol. Felly mae'r darlleniad yn Llansteffan 117 yn adlewyrchu cam cynharach yn yr addasu, lle nad oedd pob elfen wedi ei newid. Mae'r newid yn Llawysgrif Yale yn creu darlleniad sy'n fwy rheolaidd yng nghyd-destun y fersiwn newydd.

§13 **am dewi** 'Ac yna yr erchi [*sic*] bevno yw thad hi ai mam am dewi' yw'r darlleniad yn Llansteffan 117. Os yw Llawysgrif Yale yn ei chopïo, mae'n bosibl bod Robert Davies wedi gadael rhai geiriau allan ar ddamwain neu wedi dewis symleiddio'r adran drwy eu dileu.

§22 **xvii dydh o fîs Ebrill** 'Y seithvet dyd gwedy y Pasc' yw darlleniad y llawysgrifau canoloesol ac 'y vij dydd o vis ebrill' yn Llansteffan 117. Rhoddir 21 neu 22 Ebrill ar gyfer gŵyl Beuno yng nghalendr Llawysgrif Yale. Yn ôl casgliad Baring-Gould a Fisher, nid oes unrhyw galendr â gŵyl Beuno ar 17 Ebrill ond ceir nifer â'r ŵyl ar 21 neu 22 Ebrill, fel yng nghalendr Llawysgrif Yale.[42] Gan fod dilead yn y rhif yma yn Llawysgrif Yale (x~~v~~ii), mae'n bosibl bod Robert Davies yn ansicr ac wedi gwneud camgymeriad, gan roi 'xvii' yn lle'r 'xxii' disgwyliedig.

BUCHEDD COLLEN (FERSIWN 2)

Ystoria ne Fvchedh Kollen Filwr[1]

§1 Kollen ap Gwynoc ap Kydeboc ap Kowrda ap Kariadoc Vreichfras ap Llŷr vrenhin, hwnnw a briodes Farged merch i Iarll Rhydychen.

§2 Mam Golhen oedh Eithinen merch Vathylwch, arglwydh y Werdhon,[2] Gwydhel, a hi a anfoned i'r ynys honn y'w magv. A'r nôs y [kad][3] Kollen, ef

---

[1] LLYMA ystoria Kollen vilwr Ll117
[2] o werddon Ll117
[3] — Yale, Ll117; kad C2.629; cad Ll34

a weles i fam ef trwy i hvn vrevdhwyd. Y hi a welai glomen wenn yn hedeg **ati** hi,[4] ac yn i brathv hi tan benn i bron, ac yn tynnv i chalon hi allan o'i chorff ac yn myned tva'r nef. Ac yna hi a dhoeth a'i chalon ac a'i hyrdhodh yn y lle i tynnassav[5] hi, ac yna yr aeth y glomen o'i golwc hi.

§3 A'r mâb a aned ac a fagwyd hyd yn saith mlwydh, ac yna ef a aeth i dhysgv ag i wasanaethv Dvw a Mair heb orffowys. Ag ef aeth i dhysgv i'r ysgol **bena**[6] Orlians i Ffraingk, ag yno i bv Gollen yn dysgv vi blynedh a vi mîs.

§4 Ac yn yr amser hwnnw y **rhyfelodh**[7] Svlan a Ffostans ar wŷr Rhvfain a'r[8] Kristnogion oedh yn kadw ffydh Grîst arnvnt. Ac yr oedhynt hwy yn lladh lhawer o'r Kristnogion, ac yn i gyrrv[9] i ffo yn fynych.

§5 Ac yn yr amser hwnnw y doeth gŵr a elwir Byras a hwnnw a gymerth ar i law i hvn[10] [ymladd][11] tros yr Eidhewon i gyd, o[12] rhoe y Kristnogion vn gŵr i daro ag efo am y ffydh, a'r nêb a elai a'r maes, kredai'r holh bobl i ffydh hwnnw. Ac yno kvtvno a wnaeth y Pâb a'r pygan ar berv i vn gŵr[13] ymladh yn enw ffydh Grîst. Ac yna i dyfod y pygan Idhew, 'Pwy bynnag o'r dhav a gaffo y maes, kredv o'r dhwyblaid i ffydh hwnnw.' Ac yna yr aeth y Pâb i symio i wŷr i edrych pwy ai i daro a'r Byras hwnnw, a'i nackav fo a wnaeth pawb o fyned, a thrîst a fv gan y Pâb hynny. Ac yna yr [aeth][14] y Pâb i'r eglwys gar bron delw yr Arglwydh Iessv Grist ar y groes ac a dhyfod fal hynn, 'O tydi y gwîr Dhvw sydh yn y nef, moes di dy gyngor i mi am dy wllys di.' Ar hynny y doeth llef[15] vwch i benn fo ac a erchis idho fyned i'r Porthantwn, a'r kynta a welai fo, hwnnw oedh fal y mynai Ddvw y'w roi drosto fo i ymladh.

[4] at hi hi Yale; ati hi Ll117
[5] tynase Ll117; dynasai C2.629; tynnassei Ll34
[6] bema Yale; bena Ll117
[7] rhyfel Yale; rryvelodd Ll117
[8] ac ar Ll117
[9] ai gyrv Ll117
[10] ari llaw hvn Ll117
[11] — Yale, Ll117; y kymerai ar i law ymladd yn enw y ffydd C2.629; y kymerai ar y la͡u ymlaḍ ynghu̯eryl y phy̯ḍ yntu̯y y Paganiaid Ll34
[12] o (newidir o 'a') Yale; a Ll117
[13] beri vn gwr i Ll117
[14] — Yale; aeth Ll117; myned a naeth C2.629; myned a u̯naeth Ll34
[15] lle Ll117

§6 Ac yna yr aeth y Pâb ar draws môr a thîr hyd y Porthantwn, a phan dhoeth y Pâb yno, ef a welai ŵr glân mawr, a hwnnw oedh Gollen. A dywedyd a wnaeth y Pâb i Golhen i hanes, a chroesawy a wnaeth Kollen hynny yn anrhydedhvs, a dywevdvd 'Dvw gida mi', a dyfod i'r maes lle'r oedh idho ymladh.[16] A'r gwr a elwid Brâs a dhoeth yno a'i blaid yn i gylch ac am i ben bacshynede,[17] yr oedh yng horvn y vasyned eli gwyrthfawr. Ag yno'r erchis ef i Golhen dhyfod y nes i ymladh ag ef, ac yna i tynnodh Kolhen i gledhef[18] ac a roes yfengil ar[19] groes y kledhe. Ac yna i trowsant ynghyd i ymladh. Ac yna'r aethant i ymladh ar dwmpath oedh ynghanol yr afon. Ac yna i trowsant hwy ac yna i briwodh Kolhen[20] i law gan y Brâs ac yna y keisiodh Bras gan Golhen ymroi idho fo, a chredv y'w dhvw ef, ac ef a'i gwnai fo yn iach o'r briw yr awr honno a'r eli gwyrthfawr oedh gantho fo. Ac yna y tynnodh Brâs y blwch a'r eli ac a'i rhodhes yn lhaw Kolhen, ac a gymerth Kollen o'r eli bêth,[21] ac a'i rhodhes ef ar i friw, ac aeth yn iach yr awr honno. Ac yna y teflis Kolhen y blwch yn yr afon ac yna y **trowsont**[22] hwy yng hŷd. Ac yno i trewis[23] Kolhen ef tan i gessail oni welid i av ef a'i ysgyfaint.[24] Ac yna y dyfod Brâs, 'Kolhen, dy nawdh!' 'Na chai, myn y dail!' ebr Kolhen. Ac yna y dyfod Brâs wrth Golhen, 'Oni chaf i nawdh myfi a'th gyhvdhaf di ger bron Dvw, yr hwn y kredi di idho, a'r hwn a kredaf innav idho yr owran, a'th fôd di yn gwnevthvr kam. Ac mi fynaf fy medydhio fal i galhwyf i gael kyfran o'r lhawenydh sydh yn y nef gida thydi ym mheradwys.' Ac yna y rhoes Kolhen idho fo nawdh ac a'i bydydhiodh ef,[25] ac yna y kredodh y bobl[26] i Iessv Grist ac a'i bydydhiodh y Pâb hwynt oll.

---

[16] yr ymladd Ll117
[17] bacshynede Ll117; basyned C2.629; basged Ll34. Nodyn ymylol yn Yale: megis blwch yn yr hwm [sic] yr oedh yr eli
[18] i gledde yn oeth Ll117
[19] iddo ir Ll117
[20] Nodyn ymylol yn Yale: Kolhen yn ymladh ar Brâs y Pygan
[21] ac agymerth beth or eli Ll117
[22] trwosont Yale; trowson Ll117; tyrowson C2.629; trausant Ll34
[23] ef ai trewis Ll117
[24] Nodyn ymylol yn Yale: Kolhen yn gorchfygv yr Brâs-
[25] ai bedyddiwyd ef Ll117
[26] yr holl bobyl hyny Ll117

§7 A chwedi darfod i Golhen gael y gorav, ef a gymerth i gennad gan y Pâb.[27] A'r Pâb a roes[28] idho grair o'r lili, vn o'r rhai a flodevodh gar bron Herodr grevlon, pan dhyfod vn o'r gwŷr nad oedh wirach geni mâb i'r Forwyn Fair, na bôd y lili krinion y sydh yn y pot akw yn lhawn blodav irion têg arnynt. Ac yna i blodevodh y lili hwnnw, a'r lili hwnnw a roes y Pâb i Golhen.

§8 Ac ef[29] a'i dvg hwynt i'r ynys honn, ac y mae hwy yng Haerfrangon[30] etto. Ac yna y doeth Kolhen i Geirniw i dîr ac i fynachloc Llan symbri,[31] ac a'i gwnaethbwyd ef yn fynach yno, ac ef aeth yn abad yno. Ac yna i kymerth[32] Kollen gennad i fyned i wnevthvr bvchedh a fai galedach na bôd yn abad, ac yna'r aeth Kolhen i bregethv ffydh Grîst a'r ffydh gytholic y mysc y bobl dair blynedh.

§9 Ac yna y doeth Kolhen i gwr mynydh Glasvyri[33] ac a wnaeth gvdhigl dan gwr karreg, mewn lle dirgel. Ac val ir oedh Kolhen yn i gvdhigl, ef a glowe dhav yn ymdhidhan am Wynn ap Ynvdh,[34] ac yn dywevdvd mae hwnnw oedd vrenhin Annwn. 'Tewch,' ebr Kolhen, 'Kythreilieid yw'r rheini!' 'Taw di!', ebr ynhwy, 'Tydi a gai ymyliw gan hwnnw.' A chav y drŵs a wnaeth Kollen. Ac yn lleiges y doeth vn a gofyn pwy oedh[35] i mewn. 'Myfi,'[36] ebr Kolhen, 'Pwy a'i gofyn?' 'Myfi sydh gennad i Wynn ap Nudh, brenin Annwn, i erchi i ti dhyfod i ymdhidhan ac ef i'r bryn erbyn hanner dydh y forv.' Ac yna yr aeth Kolhen. A thronoeth y doeth y gennad a thrwsiad a'i hanner yn goch a'r hanner aralh[37] yn lâs. Ac yna y gwnaeth Kolhen dhŵr bendiged, ac a'i rhoes mewn piservn bach ar i gefn ag aeth ef i benn y brynn. A phan dhoeth ef yno, ef a welai y kestill teka yn y bŷd, a meirch a bechkin yn i marchogaeth a gore i pwynt yn y bŷd. Ac ef a welai

---

[27] ar pab ai roes iddo Ll117
[28] ac a roes Ll117
[29] Ac ef Yale; — Ll117
[30] ynghaerifrangon Ll117
[31] llan symbri LL117; glansymbyri C2.629; Lassynbri Ll34
[32] kymer Ll117
[33] glasvyri Ll117; glassymbyri C2.629; Glassynbri Ll34
[34] Wyn ap ynvdd Ll117; Wyn ap ynvdd C2.629; Vynn ap Nüḍ Ll34. Nodyn ymylol yn Yale: Gwynn ap Nvdh brenin annwn
[35] oedd ygwr Ll117
[36] Ydiw Ll117
[37] haner yn goʒ ar llall yn las Ll117

ŵr yn erchi idho³⁸ dhyfod i mewn, ac a dhyfod fôd y brenhin yn i aros fo am i ginio. A dyfod a wnaeth Kollen i mewn i'r kastell, a phan dhoeth ef, yr oedh y brenin yn eistev mewn kadair avr. A chroesawy Kollen yno a wnaeth y brenhin yn anrhydedhvs ac erchi idho fyned i'r bwrdh i vwyta. Ac yna i dyfod Kolhen na vwytai ef dhim.³⁹ 'A welaisti wŷr,' ebr y brenhin, 'well i trwsiad no'r rhain o goch a glas?' 'Da dhigon yw i trwssiad hwy,' ebr Kolhen,⁴⁰ 'o'r fâth⁴¹ drwsiad ac yw.' 'Beth,' ebr y brenhin, 'a arwydhocka'r trwssiad yna?' 'Tân yw y koch a rhew yw y glâs.' Ac yna y tynnodh Kolhen i siobo ac a fwriodh y dŵr bendiged, ac yna yr aeth y kastell yn dwmpath noeth a nhwythau yn wylht i ffordh.

§10 A'r noson honno y doeth Kolhen i'w gvdhigl, ac a wedhiodh ar Dhvw am gael lle i barsedhv tra fai ef fyw. A'r noson honno yr erchis angel idho godi y bore dranoeth a dal march a marchogaeth yn gwmpas kimint ac a gerdhai ef y diwernod⁴² hwnnw, a hynn a fydhe i blwy ef. Ac ynghanol i nodhfa y gwnaeth Kolhen i eglwys, ac yno i bv Golhen tra fv fo fyw. A phan fv ef farw, fe aeth i enaid i'r nef ac y mae yn sant gida Dvw.⁴³

NODIADAU

Dylid cymharu'r nodiadau llawnach yn Edwards, 'Buchedd Collen' a'r drafodaeth uchod tt. 139–51.

§6 **bacshynede** Mae'r nodyn ymylol yn Llawysgrif Yale a'r ffurf 'basged' yn Ll34 yn awgrymu nad oedd y gair hwn yn dra hysbys erbyn y cyfnod modern cynnar. Digwydd y gair yn Saesneg Canol ac Eingl-Normaneg o'r 14eg ganrif ymlaen a all awgrymu dyddiad ar gyfer *Buchedd Collen* nad yw'n gynharach na'r 14eg ganrif, os ceid y gair yn y cyfansoddiad gwreiddiol: MED, d.g. *bacinet*; *Anglo-Norman Dictionary* (ar-lein): https://anglo-norman.net/, d.g. *bacinet*. Gall fod ffurfiau Yale a Ll117 yn garbwl yma (ceir 'vasyned', sy'n fwy disgwyliedig, yn ddiweddarach yn

---

³⁸ i gollen Ll117
³⁹ ni vydaf i ddail y koed hebr ef Ll117
⁴⁰ ebr kolhen Yale; — Ll117
⁴¹ rruw Ll117
⁴² dydd Ll117
⁴³ Ac felly i tervyna oed Krist ... Ll117

yr un frawddeg) neu gallent awgrymu bod y gair yn cael ei weld fel gair estron a'i sillafu mewn ffordd estron. Digwydd 'bacinet' Saesneg Canol gydag 'e' derfynol ond nid yw hyn yn gyffredin iawn: MED, d.g. *bacinet*. Gall 'bacsh' y sillaf gyntaf fod yn gais i adlewyrchu ynganiad o'r sillaf fel /batʃ/ ond ymddengys mai /s/ oedd terfyniad y sillaf gyntaf erbyn y cyfnod modern cynnar yn Gymraeg ac yn Saesneg: GPC, d.g. *basned*[1]; OED, d.g. *basinet*.

§8 **yng Haerfrangon** Caerwrangon

Geirniw Ceir y ffurf hon ar Gernyw yn Yale, Ll117 a C2.629. 'Gerniụ' a geir yn Ll34. Ni cheir y ffurf hon gydag 'ei' yn y sillaf gyntaf yn *Corpws Hanesyddol yr Iaith Gymraeg 1500–1850*, nac yng nghorpws *Rhyddiaith Gymraeg 1300–1425*, nac yn *Rhyddiaith y 13eg Ganrif: Fersiwn 1.0*, ond ceir 17 enghraifft yn *Rhyddiaith y 15eg ganrif: Fersiwn 2.0*.[43] Digwyddant yn Peniarth 23 (s.xv/xvi) a LLGC 7006 (s.xv²).[44] Ymddengys felly fod y ffurf 'Ceirniw' / 'Ceirnyw' yn amrywiad sy'n digwydd o ail hanner y 15fed ganrif ymlaen.

Llan symbri Cymh. Glasvyri (§9). Yn Yale a Ll117, mae 'Llan symbri' yma a 'Glasvyri' yn y bennod nesaf yn ffurfiau gwahanol ddigon fel na fyddai'r darllenydd o reidrwydd yn meddwl mai at yr un lle y cyfeiriant. Yn C2.629 a Ll34, ceir ffurfiau tebyg iawn, sy'n cysylltu'r ddau leoliad â Glastonbury, sef mynachlog Glastonbury a Glanstonbury Tor.[45] Digon hawdd fyddai esbonio'r newid o rywbeth fel 'Glan' ar y dechrau i 'Llan', gan fod 'Llan' yn ddechreuad mor gyffredin i enwau lleoedd Cymraeg. Gall fod y ffurf 'Glasvyri' yn Yale a Ll117 yn dangos dylanwad yr enw lle 'Glasbury' (Y Clas-ar-Wy).[46]

§9 **Wynn ap Ynvdh** Dilynir 'ap' ar ddiwedd y llinell gan '=' sy'n symbol sydd fel arfer yn meddwl bod y gair yn parhau ar y llinell nesaf, fel petai 'apynvdh' yn un gair. Yn yr achos hwn, gall fod yn nodi'r cyswllt rhwng y gair 'ap' a'r gair nesaf. Rhennir 'ap' a 'Nudd' yn yr enghreifftiau eraill, fel y disgwyl. Ceir y ffurf 'Ynudd' (y gellid ei rhannu yn 'y Nudd') ym mhob llawysgrif heblaw Llansteffan 34. Gall fod y ffurf yn deillio o gysylltu 'nudd' gyda'r enw cyffredin, sy'n golygu niwlen.[47]

gore i pwynt yn y bŷd Dilynir awgrym Edwards, *Buchedd Collen*, mai disgrifiad o'r meirch sydd yma a bod pwynt yn meddwl 'cyflwr', 'stad': GPC, d.g. *pwynt*[1]. Dyma oedd y ceffylau gorau eu cyflwr yn y byd.

NODIADAU

1 Trafododd Barry Lewis bwysigrwydd y gwahaniaeth ieithyddol mewn cyflwyniadau yng Nghyngres Ganoloesol Ryngwladol Leeds (Leeds, 2019) a chynhadledd prosiect Vitae Sanctorum Cambriae (Caer-grawnt, 2019).

2 Mae'r ddau destun Cymraeg arall ar ddechrau'r llawysgrif, sef *Ystoria ar a weles Owain farchog da yn Vffern gynt [ac] fal yr aeth ef i'r Pvrdan Padric* a *Fal hyn y kafas Elen y Groes vendigaid*, hefyd yn ymwneud â ffigyrau a welwyd yn Gymry: cymh. B. Guy, 'Constantine, Helena, Maximus: on the appropriation of Roman history in medieval Wales, c.800–1250', *Journal of Medieval History*, 44 (2018), 381–405; WCD, tt. 265–6. Ar Owain Farchog Da, a elwir hefyd yn Owain ap Cadwgan, gw. J. E. Caerwyn Williams, 'Welsh Versions', *Studia Celtica*, 8/9 (1973/4), 121–94.

3 J. Cartwright (gol.), *Hystoria Gweryddon yr Almaen: The Middle Welsh Life of St Ursula and the 11,000 Virgins* (Cambridge, 2020).

4 Mae'r adran hon yn ddyledus i P. Sims-Williams, *Buchedd Beuno*, tt. 8–9. *Repertory*, i: 742–3, 340, 65–6, 61.

5 Am drafodaeth fer o'u perthynas, gw. Sims-Williams, *Buchedd Beuno*, t. 9. Rhestrir prif amrywiadau Llansteffan 27 mewn cymhariaeth â Llyfr yr Ancr ar d. 155.

6 Ymdrinnir â'r rhain yn Dahlman, 'Critical edition', tt. 12–29, ond bydd angen rhagor o waith i sefydlu *stemma codicum* cadarn ar eu cyfer.

7 Golygwyd y fersiwn hwn yn annigonol yn Dahlman, 'Critical edition', tt. 267–75; *Repertory*, i: 433.

8 Nid yw Ina Lloyd-Evans yn trafod fersiwn Llansteffan 117: Lloyd-Evans, 'Testun'. Mae Dahlman yn ceisio ei drafod ychydig ond nid oedd yn ymwybodol o'r copi microfflilm o Lyfrgell y Gyngres, ac felly ni allodd ddarllen llawer o'r testun: Dahlman, 'Critical edition', tt. 275–6.

9 Dahlman, 'Critical edition', tt. 275–6.

10 GPC, d.g. *Sgotiaid*.

11 Sims-Williams, *Buchedd Beuno*, t. 56; *Repertory*, i: 369.

12 A. W. Wade-Evans, 'Beuno Sant', *Archaeologia Cambrensis*, 85 (1930), 315–41 (tt. 329–30); WCD, t. 473; Sims-Williams, *Buchedd Beuno*, tt. 55–6.

13 D. Callander (gol.), 'Vita Sanctae Wenefredae (Anonymous)', Prosiect Vitae Sanctorum Cambriae: *https://saints.wales/ygolygiad/*, §§2, 21, 24.

14 J. Cartwright (gol.), 'Buchedd Gwenfrewy', Prosiect Cwlt y Seintiau yng Nghymru: *https://saints.wales/ygolygiad/* (i ymddangos), §§9, 11; Callander, 'Vita Sanctae Wenefredae (Robert of Shrewsbury; Laud)', §§3–4; Callander, 'Vita Sancte Wenefredae (Anonymous)', §8. Mae'r cyfeiriad at ei merthyrdod yn yr haf yn tynnu ar ddydd gŵyl ei dioddefaint, a nodir ar 22 Mehefin yng nghalendr Llawysgrif Yale a nifer fawr o galendrau eraill: LBS, i: 72.

15 Cartwright, 'Buchedd Gwenfrewy'; Callander, 'Vita Sanctae Wenefredae (Robert of Shrewsbury; Laud)' §1; Callander, 'Vita Sancte Wenefrede (Anonymous)', §3. Am drafodaeth o fuchedau Gwenfrewy a'r ffynonellau eraill amdani, gw. isod t. 172; J. Cartwright, 'The Welsh Versions of the Life of Gwenfrewy' yn D. N. Parsons a P. Russell (goln), *Seintiau Cymru Sancti Cambrenses: Astudiaethau ar Seintiau Cymru* (Aberystwyth, 2022), tt. 237–67; Callander, 'Adapting'; D. Callander, 'Y seintiau a

thraddodiad llenyddol: achos y canu i Wenfrewy,' *Studia Celtica*, 45 (2020), 99–114; J. R. Gregory, 'A Welsh Saint in England: Translation, Orality, and National Identity in the Cult of St Gwenfrewy, 1138–1512' (traethawd PhD anghyhoeddedig, Prifysgol Georgia, 2012).

16 Cymh. Cartwright, 'Buchedd Gwenfrewy', §9; Callander, 'Vita Sanctae Wenefredae (Robert of Shrewsbury; Laud)', §3; Callander, 'Vita Sanctae Wenefredae (Anonymous)', §8.

17 Cymh. Cartwright, 'Buchedd Gwenfrewy', §9; Callander, 'Vita Sanctae Wenefredae (Robert of Shrewsbury; Laud)', §3; Callander, 'Vita Sanctae Wenefredae (Anonymous)', §§9–11.

18 Cymh. Callander, 'Vita Sanctae Wenefredae (Robert of Shrewsbury; Laud)', §3 (sail darlleniad Cartwright, 'Buchedd Gwenfrewy'). Nid oes sôn penodol am y pen yn treiglo i'r eglwys yn Callander, 'Vita Sanctae Wenefredae (Anonymous)', §§12–13.

19 Cartwright, 'Buchedd Gwenfrewy', §11; Callander, 'Vita Sanctae Wenefredae (Robert of Shrewsbury; Laud)', §3. Ymddengys bod rhieni Gwenfrewy'n gweld y pen cyn Beuno yn y *vita* ddienw hefyd, ond nid yw'n hollol glir: Callander, 'Vita Sanctae Wenefredae (Anonymous)', §13.

20 Cymh. Callander, 'Vita Sanctae Wenefredae (Robert of Shrewsbury; Laud)', §4; Callander, 'Vita Sanctae Wenefredae (Anonymous)', §13. Ar y disgrifiad hwn, cymh. Callander, 'Seintiau', tt. 107–8; Callander, 'Vita Sanctae Wenefredae (Anonymous)'.

21 Cymh. Callander, 'Vita Sanctae Wenefredae (Robert of Shrewsbury; Laud)', §4 (sail darlleniad Cartwright, 'Buchedd Gwenfrewy').

22 Cartwright, 'Buchedd Gwenfrewy', §12; Callander, 'Vita Sanctae Wenefredae (Robert of Shrewsbury; Laud)', §5; Callander, 'Vita Sanctae Wenefredae (Anonymous)', §14.

23 Gellir cymharu cymhlethdod datblygiad *Vita Griffini Filii Conani*, gyda'r Lladin yn cael ei addasu i Gymraeg Canol a'r fersiwn Cymraeg Canol yn cael ei gyfieithu i'r Lladin yn ddiweddarach: VGC.

24 Am drosolwg o agweddau testunol ar ei chwlt yn yr Oesoedd Canol diweddar, gw. isod t. 172.

25 *Repertory*, i: 82–3.

26 Gw. trafodaeth yn Sims-Williams, *Buchedd Beuno*, tt. 9–11.

27 Gw. pennod 4 isod.

28 Gw. uchod t. 2.

29 *Repertory*, i: 554–5.

30 Gw. Williams, "Llyma Ystoria", t. 29; cymh. Delpino, 'Study', tt. 168–83.

31 Posibilrwydd arall fyddai i gopi Llawysgrif Yale fod yn gytras â Llansteffan 117 heb fod yn ddibynnol arni, ac felly disgyn o γ ar y stema.

32 LBS, iv: 375–8; [T. H. Parry-Williams], *Rhyddiaith Gymraeg: Y Gyfrol Gyntaf, Detholion o Lawysgrifau 1488–1609* (Caerdydd, 1954), tt. 36–41; Edwards, 'Buchedd Collen'.

33 EWGT, t. 62.

34 Gw. Edwards, 'Buchedd Collen'.

35 Yng nghyd-destun gwrth-semitiaeth yr Oesoedd Canol a'r cyfnod modern cynnar, gallai portreadu Bras a'r paganiaid fel Iddewon greu darlun mwy negyddol ohonynt na'u galw yn baganiaid yn unig: cymh. J. Trachtenberg, *The Devil and the Jews: The*

Medieval Conception of the Jew and its Relation to Modern Antisemitism (New Haven, 1943). Nid yw'r disgrifiad 'pagan idhew' yn synhwyrol, gan mai grwpiau heblaw'r Cristnogion a'r Iddewon a ddisgrifir fel paganiaid gan awduron canoloesol Cristnogol fel arfer. Yn wir, mae astudiaethau megis gwaith Trachtenberg yn pwysleisio fel yr ymdrinid â'r Iddewon yn wahanol i grwpiau eraill. Er hynny, gellir cymharu'r arfer o gynnwys mewn dramâu gymeriadau Iddewig sy'n galw ar Mohamed, a ddengys nad yw cymysgu Iddewon a grwpiau ffydd eraill yn y ffordd hon yn ddigynsail mewn testunau canoloesol a modern cynnar: cymh. M. M. Chemers, 'Anti-semitism, Surrogacy, and the Invocation of Mohammed in the Play of the Sacrament', *Comparative Drama*, 41 (2007), 25–55; M. A. Krummel, *Crafting Jewishness in Medieval England: Legally Absent, Virtually Present* (New York, 2011), tt. 137–55.

36 Ymddengys bod hwn yn gyfeiriad at un o'r brenhinoedd beiblaidd a elwir yn Herod, ond disgwylid y ffurf 'Erod' neu 'Herod' a gall fod yr 'r' derfynol yn deillio o ddylanwad yr enw cyffredin 'herodr'. Mae symud o'r paganiaid i'r Brenin Herod eto'n cryfhau'r darlun negyddol o wrthwynebwyr a roddir yma.

37 Williams, '"Llyma Ystoria"', tt. 39–40.

38 Ni wyddys union leoliad Rhysfa Maes Cadfarch ond cymerir mai yn ardal Llangollen ydoedd, gan mai yma y gesyd ei noddfa: WCD, t. 157; LBS, ii: 160; Edwards, 'Buchedd Collen'. Collen oedd nawddsant eglwys Llangollen ac os cywir y dehongliad mai yn Llangollen yr oedd y 'Rhysfa', byddai Fersiwn 1 yn pwysleisio'r cysylltiad rhwng Collen a Llangollen, ond nid felly Fersiwn 2: PW, t. 106.

39 Gregori Fawr, *Moralia*, XXXI, cap. xlv (PL 75: 620–2). Cysyllta Gregori *tristitia* â llwfrdra ac anobaith yn benodol: 'De tristitia, malitia, rancor, pusillanimitas, desperatio, torpor circa præcepta, vagatio mentis erga illicita nascitur' ('O dristwch, genir malais, drwgdeimlad, llwfrdra, anobaith, diogi wrth ddilyn gorchmynion, a chrwydrad y meddwl tuag at bethau anghyfreithlon.')

40 C. Horstmann (gol.), *Nova Legenda Anglie*, 2 gyf. (Oxford, 1901).

41 C. D'Evelyn ac A. J. Mill, (goln), *The South English Legendary, edited from Corpus Christi College Cambridge MS. 145 and British Museum MS. Harley 2277*, 3 cyf., Early English Text Society o.s. 235, 236 a 244 (London a New York, 1956–60).

42 LBS, i: 71.

43 I. Mittendorf a D. Willis, *Corpws Hanesyddol yr Iaith Gymraeg* (2004). Ar gael ar-lein: https://www.celticstudies.net/hafan.htm; Luft, Thomas a Smith (goln), *Rhyddiaith Gymraeg 1300–1425*; G. R. Isaac ac eraill, *Rhyddiaith y 13eg Ganrif: Fersiwn 1.0* (Aberystwyth, 2010): https://doi.org/10.20391/3abf4ef1-e364-4cce-859d-92bf4035b303; K. Himsworth ac eraill, *Rhyddiaith Gymraeg y 15fed Ganrif: Fersiwn 2.0* (Aberystwyth, 2019): https://doi.org/10.20391/148879e0-6ce3-49d6-bf77-5d7597ba4422.

44 *Repertory*, i: 230–1, 344–5.

45 Edwards, 'Buchedd Collen'.

46 H. Wyn Owen a R. Morgan, *Dictionary of the Place-Names of Wales* (Llandysul, 2007), t. 167.

47 Gw. GPC, d.g. *nudd*.

Pennod 4

CYNNYRCH MERTHYR CATHOLIG: CYFIEITHIAD EDWARD MORGAN O'R *VITA WENEFREDAE*

Erbyn hyn y mae testunau Llawysgrif Yale wedi eu hesmwytho gan draul blynyddoedd. Rhaid gwneud ymdrech i gofio eu bod unwaith yn destun dicter, trais a marwolaeth. Dyna ddigwyddodd yn achos Edward Morgan, offeiriad Catholig o Lys Bedydd yn Sir y Fflint, cyfieithydd y testun a olygir nesaf. Dengys bywyd Morgan y cylchoedd dysgedig rhyngwladol yr oedd yn rhan ohonynt a pherygl ei weithredoedd a'i alwedigaeth. Ganed Morgan ym 1584 yn Llys Bedydd yn Sir y Fflint.[1] Fe'i haddysgwyd yn Swydd Stafford, cyn mynd ymlaen yn 19 oed i Goleg Douai ac wedyn i'r Coleg Seisnig yn Rhufain ym 1606. Ar 25 Hydref 1609, ymunodd â'r Iesuwyr ond dioddefodd o salwch meddwl. Yna aeth i Loegr a St Omer ac ym 1615 cafodd ei dderbyn i'r Coleg Seisnig yn Valladolid cyn cael ei drosglwyddo i'r Coleg Seisnig ym Madrid. Ym 1618, ar ôl ei ordeinio yn offeiriad yn Salamanca, fe'i hanfonwyd i'r genhadaeth Seisnig, gan arfer y cyfenwau Singleton a Dee hefyd. Ar ôl cyfnod o genhadu (lle cafodd ei anfon i fyw gyda'i dad yn Sir y Fflint am iddo feirniadu ei esgob), fe'i daliwyd ym 1628 a'i garcharu yn y Fflint am flwyddyn o leiaf, ac ar ôl hynny yn y Fleet, lle yr arhosodd am ryw ddegawd (tua 1632–42). Ceir y dyddiad '10mo Maij 1629' ar ddiwedd y copi o gyfieithiad Morgan yn Llawysgrif Yale. Os Edward Morgan ei hun nododd y dyddiad hwn, byddai Morgan wedi gorffen ei gyfieithiad yng ngharchar y Fflint.

Posibilrwydd arall yw mai Robert Davies a ychwanegodd y dyddiad i nodi pryd y cwblhaodd gopïo'r testun. Ar 23 Ebrill 1642, dedfrydwyd Morgan i farwolaeth am fod yn offeiriad Catholig, yn ôl statud 27 Elizabeth cap. 2. Ar 26 Ebrill 1642, cafodd ei grogi, ei ddiberfeddu a'i chwarteru.

Ychydig cyn ei ddienyddio, ysgrifennodd Morgan lythyr ar gyfer ei gyhoeddi. Dyddir y llythyr i 23 Ebrill 1642, tri diwrnod cyn ei farwolaeth, ac fe'i cyhoeddwyd yn bamffled chwe thudalen yr un flwyddyn.[2] Cyfeirir y llythyr 'To the Kings most excellent Majesty, And to the High Court of Parliament, and in them to the whole Kingdome of England.' Gan gyfarch y brenin Siarl I drwy gydol y testun, mae Morgan yn ei rybuddio i wrando arno i osgoi'r peryglon oedd ar ddyfod. Dywed petai'r brenin wedi gwrando arno dros 13 mlynedd yn ôl,

> not only your iudges and other persons of higher ranke and note, who lye now exposed to the rod of Iustice, might have beene freed from undergoing the danger now threatning them; but your Majesty also might with ease and security have prevented those troubles, and mischiefes, which turmoile at this present all your Realmes, and threaten a desolation.

Mae'n parhau:

> I have strove to keepe silence now these many yeers, being loth to medle any more in a cause, which hath cost me so much trouble, and affliction ... but I dare be silent no longer, being furnished now with such illustrious evidence of fore-pessed events proper to my cause, to confirme my words, and the thing it selfe concerning so deeply your Royall Majesty, our gracious Queene, your royall off-spring, and our whole Kingdome

Dymuna gael gwrandawiad cyn ymhelaethu: 'I will forbeare to trouble your Royall Majesty, with the specification of particulars, till I see whether I be thought fit to bee admitted to a free, and indifferent heating, or no.' Nid yw Morgan yn cyfeirio at y posibilrwydd o gael ei ddienyddio na gofyn i'r brenin ei achub rhag y fath gosb chwaith.

Ysgrifennodd Morgan y llythyr hwn ychydig o fisoedd cyn dechrau'r Rhyfel Cartref yn ystod cyfnod o berygl enbyd i offeiriaid Catholig ym Mhrydain. Yng nghyd-destun rhyfeloedd ac ansefydlogrwydd cyfansoddiadol, tyfu a wnaeth gwrthgatholigaeth gyda llu o wleidyddion ac ysgrifenwyr yn beio holl broblemau'r wlad ar Gatholigion a'u brad tybiedig.³ Yn y blynyddoedd cythryblus hyn yr oedd offeiriad Catholig yn cael eu dienyddio pan fyddent o dan amgylchiadau eraill o bosibl wedi dianc â'u bywydau.⁴ Ceisiodd Morgan elwa ar y sefyllfa, gan gynnig cyngor defnyddiol i'r brenin ynghylch 'those troubles, and mischiefes, which turmoile at this present all your Realmes', ond mewn gwirionedd yr oedd wedi ei beryglu'n fwy nag erioed.

Fel cyfieithiad Morgan o *vita* Gwenfrewy, mae'r llythyr wedi ei ysgrifennu yn Saesneg safonol y cyfnod ac yn arddangos dyfnder dysg Beiblaidd Morgan. Nid yw'r llythyr yn cael llawer o sylw yn y gweithiau Catholig sy'n adrodd hanes Morgan, o bosibl am nad yw'n datgan yn ddiamwys gefnogaeth Morgan i'r achos Catholig. Yn wir, mae'n dweud iddo gyhoeddi'r llythyr 'that ... I may ... be introduced to a free, and publike audience: or else upon compassion be voted, as a foole or madman, to be set free from prison, and further trouble (seeing I never appeared in so many yeares extremities, either furious, seditious, or turbulent) and so be committed to the care of my friends, that I may end my old age in peace, and quietnesse.' Ni chafodd ei ddymuniad.

VITA WENEFREDAE ROBERT O AMWYTHIG A CHWLT GWENFREWY

Y gwaith mwyaf sylweddol i oroesi gan Edward Morgan yw ei gyfieithiad o'r *Vita Wenefredae* gan Robert, prior abaty Amwythig. Llawysgrif Yale sy'n cynnwys yr unig gopi hysbys o'r gwaith. Priodolir y cyfieithiad iddo mewn ychwanegiad ar ddechrau'r testun, yn llaw'r ysgrifydd, lle y'i disgrifir felly: 'Mr. Edward Morgan of Bechfield, a supposed Catholique Prieste'.⁵ Mae *Vita Wenefredae* Robert yn fuchedd estynedig a gyfansoddwyd rywbryd rhwng 1137 a 1142.⁶ Mewn prolog, mae Robert yn cyfarch Gwarin, prior Caerwrangon, ac yn esbonio pam y dewisodd ysgrifennu'r testun. Ar ddechrau'r fuchedd ei hun, disgrifir Beuno'n dod at deulu bonheddig Gwenfrewy a chael ei groesawu a'i noddi'n hael ganddynt. Mae Gwenfrewy yn derbyn dysg sanctaidd gan Feuno ac yn penderfynu peidio â phriodi ac aros yn wyry er mwyn Crist. Ond buan y daw'r Diawl i ymladd yn ei herbyn. Ar ddydd Sul, pan mae ei rhieni yn gwrando ar yr offeren a gynhelir gan Feuno, daw Caradog, mab y brenin, heibio i'w thŷ, gan ddymuno siarad â'i thad. Ar ôl sylwi bod Gwenfrewy gartref ar ei phen ei hun, penderfyna Caradog fanteisio ar y sefyllfa a mynnu bod Gwenfrewy yn cysgu ag ef. Ceisia Gwenfrewy dwyllo Caradog a dianc trwy ddrws arall. Rhed hi at yr eglwys, ond mae Caradog yn marchogaeth ar ei hôl a'i gorddiweddyd. Ar ôl iddi wrthod ildio i'w orchmynion, mae Caradog yn torri pen Gwenfrewy. Tardda ffynnon rinweddol o'r man lle y disgynodd ei phen, sef ffynnon Gwenfrewy sy'n aros yn gyrchfan i bererinion hyd heddiw. Daw Beuno a rhieni Gwenfrewy i wybod am ei marwolaeth, a melltithia Beuno Garadog, gan beri iddo gael ei doddi a'i lyncu gan y ddaear yn y man a'r lle. Ar ôl hynny, cysyllta Beuno ben a chorff Gwenfrewy, ac yn gweddïo ar i Dduw ei hatgyfodi. Wedi gweddi daer, mae Duw yn atgyfodi Gwenfrewy trwy Feuno.

Ar ôl ei hatgyfodiad, penderfyna Gwenfrewy gael ei gwisgo'n lleian, ac, wedi i Feuno ymadael, mae'n dod yn arweinydd ar grŵp o leianod yn ardal ei ffynnon. Tra bo hi yno, mae hi'n gweu casul a'i anfon bob blwyddyn at Feuno nes ei farwolaeth. Mae'r casul yn nofio'n wyrthiol yr holl ffordd o'r ffynnon at Feuno yng Nghlynnog Fawr, heb fynd yn wlyb. Wedi saith mlynedd, mae hi'n clywed araith ddwyfol sy'n ei gorchymyn i fynd i sant Dier ym Modfari. Dyma ddechrau taith Gwenfrewy, lle mae'n ymweld â Dier ym Modfari, sant Sadwrn yn Henllan, ac o'r diwedd sant Eleri yng Ngwytherin, lle treulia weddill ei hoes. Yng Ngwytherin, mae hi'n batrwm a delfryd cymuned o leianod, o dan arweinyddiaeth Tenoi, mam Eleri. Wedi marwolaeth Tenoi, Gwenfrewy sy'n arwain y gymuned, nes ei marwolaeth hi a'i chladdu gan Eleri.

Nid yw'r testun yn gorffen gyda marwolaeth Gwenfrewy, ac, ar ôl ymdrin â gwyrthiau a ddigwyddodd yn ardal ei ffynnon, try'r fuchedd ei sylw at rywbeth llawer mwy cyfoes. Ym 1137, aeth mintai o fynachod, o dan arweinyddiaeth Prior Robert (awdur y *vita*), i Wytherin i ddwyn creiriau Gwenfrewy a'u cymryd yn ôl i Amwythig. Gall hyn ymddangos i ni yn drosedd halogol sy'n adlewyrchu sefyllfa drefedigaethol. Nid hwyrach nad oes peth gwirionedd yn hynny, ond roedd *translationes* eraill o fewn Cymru wedi digwydd yn y cyfnod Normanaidd (ni sonnir amdanynt cyn hynny). Yn wir, ychydig cyn hyn, ar 7 Mai 1120, yr oedd Urban, esgob Llandaf, wedi cymryd creiriau Dyfrig ac Elgar o'u gorffwysfeydd yn Ynys Enlli, lle arall a oedd yn enwog am helaethder ei seintiau, fel yr oedd Cymru gyfan ym marn Robert.[7] Mae brodyr Amwythig yn chwilio am nawddsant ar gyfer eu heglwys, ac yn edrych i gyfeiriad Cymru oherwydd yr oedd gan y wlad gymaint o seintiau. Yn y stori fel y'i ceir yma, mae un o fynachod abaty Amwythig wedi mynd yn sâl iawn. Mae newyddion y salwch yn cyrraedd Abaty Caer, ac mae un o'i fynachod yn cael breuddwyd, lle mae'n siarad â gwyry brydferth sy'n ei gynghori y dylai un o'r mynachod fynd i ffynnon Gwenfrewy a chynnal offeren yno. Wedi i'r offeren gael ei chynnal, mae'r mynach sâl o Abaty Amwythig yn gwella ac yn dod yn holliach wedi ymweld â Threffynnon ac yfed o'r ffynnon yno.

Oherwydd hyn, mae'r anrhydedd a rydd y mynachod i Wenfrewy yn cynyddu a dymunant gael rhan o'i chorff. Anfonant genhadon i Gymru a chael cefnogaeth esgob Bangor. Wedyn mae Herbert, abad abaty Amwythig, yn anfon Robert y prior a mynach arall i Gymru gyda'r bwriad o gael creiriau Gwenfrewy. Cânt dderbyniad positif gan esgob Bangor a chan dywysog yr ardal, sydd o blaid eu cynlluniau. Ond wrth i Robert a'i fintai nesáu at Wytherin, daw cennad gan y trigolion, sy'n dweud eu bod eisiau cadw Gwenfrewy ac yn gwrthwynebu cynlluniau Amwythig yn gryf. Wedi cyrraedd, mae Robert yn cael cefnogaeth offeiriad lleol, sydd wedi cael breuddwyd i ddangos y dylai gefnogi'r trosglwyddiad. Mae'r prior, yn siarad trwy gyfieithydd, yn ceisio darbwyllo'r trigolion, sy'n dalcen caled, gan fod un ohonynt yn ffyrnig yn ei erbyn, ond mae'n tawelu ar ôl derbyn arian gan y mynachod (sy'n cael ei ystyried yn rhyw fath o wyrth gan y trigolion lleol na wyddant am y llwgrwobr.) Cymer y mynachod esgyrn Gwenfrewy a'u lapio, ac mae'r creiriau'n dangos eu rhinweddau cyn cyrraedd Amwythig. Wedi dod yn ôl a chynllunio, penderfynir cymryd yr esgyrn i mewn i'r abaty mewn seremoni fawreddog a'u gosod uwchben yr allor.

Dyna ddiwedd y testun cyfareddol hwn. Yma ceir, dros hanner canrif cyn *Itinerarium* Giraldus Cambrensis, hanes llygad-dyst sy'n symud ar draws gogledd Cymru'r cyfnod, ac y mae o ddiddordeb mawr i haneswyr ac eraill. Felly hefyd yr oedd y *vita* a'r *translatio* o werth arhosol i gynulleidfaoedd canoloesol a modern cynnar. Er mai Edward Morgan yw'r awdur cyntaf y gwyddys iddo gynhyrchu cyfieithiad manwl gywir o'r testun, y mae mewn llinach hir o addaswyr.

Tyfodd cwlt Gwenfrewy yn aruthrol tua diwedd yr Oesoedd Canol ac yr oedd *vita* Robert yn graidd iddo, gyda nifer o weithiau Cymraeg a Saesneg yn cael eu cyfansoddi a chwlt pŵerus yn Amwythig yn ogystal â Threffynnon.[8] Ym 1415, dyrchafwyd gŵyl Gwenfrewy fel gŵyl y dylid ei dathlu trwy gydol talaith Caer-gaint. O *vita* Robert y tynnwyd y llithoedd ar gyfer yr ŵyl.[9] Cyfieithwyd *vita* Robert i'r Gymraeg ar ffurf *Buchedd Gwenfrewy*, sy'n goroesi mewn tair llawysgrif annibynnol, sef LlGC Peniarth 27ii (ail hanner y 15fed ganrif), Peniarth 225 (1594–1610) a LlGC Llansteffan 34 (1585x1633).[10] Yn ogystal ag argraffu crynhoad Saesneg o'r fuchedd yn ei *Gilte Legende*, cyfieithodd ac aralleiriodd Caxton *vita* Robert i'r Saesneg a'i hargraffu'n bamfflled ym 1484.[11] Ar ddiwedd y pamfflled, cynhwysodd Caxton gasgliad cyfoethog o ddeunydd litwrgaidd Lladin Gwenfrewy.[12]

O ran *vitae* Lladin, yn ogystal â *vita* Robert, ceir *Vita Wenefredae* ddienw a gyfansoddwyd yn y 12fed ganrif, yng Nghymru yn ôl pob tebyg.[13] Cyfunwyd deunydd o'r *vita* ddienw a *vita* Robert i greu fersiwn newydd o *vita* Gwenfrewy yn Llyfrgell Brydeinig, Lansdowne 436 (hanner cyntaf y 14eg ganrif).[14] Ceir talfyriadau o waith Robert hefyd yn llawysgrif Caer-grawnt, Coleg y Drindod, O.4.42 (hanner cyntaf y 13eg ganrif) a chan Ioan o Tynemouth, casglwr o'r 14eg ganrif.[15] Er bod *vita* ddienw Gwenfrewy a *vita* Robert yn ymddangos yn annibynnol ar ei gilydd, tynnodd y ddwy ar *vita* goll Beuno, a gynhwysai hanes merthyru Gwenfrewy, sy'n esbonio nifer o gyfatebiaethau rhyngddynt.[16] Er nad yw *vita* Ladin Beuno yn goroesi, mae cyfieithiad ac addasiad Cymraeg Canol ohoni ar glawr, sef *Buchedd Beuno*.[17] Fel y trafodwyd ym Mhennod 3, cynnwys *Buchedd Beuno* ddeunydd am Wenfrewy o hyd, ac fe addesid y testun drwy gydol yr Oesoedd Canol diweddar a'r cyfnod modern cynnar.

Saif gwaith Edward Morgan fel y cyfieithiad cyntaf, yn ystyr modern y gair, o *Vita Wenefredae* Robert. Ond sut mae fel cyfieithiad? Beth yw dull y cyfieithu? Pa lawysgrif fu'n sail i'r cyfieithiad? A wnaeth Morgan addasu ei ffynhonnell o gwbl? A welir ôl y Gymraeg ar ei waith? Dyma'r cwestiynau y ceisiaf eu hateb isod. Trwy hynny, gobeithiaf y gallwn ddysgu rhagor am arferion ysgrifenwyr a chopïwyr reciwsantaidd mewn cyd-destun Cymreig a chysylltiad eu gwaith â'r deunydd canoloesol fu'n sail iddo. Amlygir hefyd amrywiaeth yr arferion hyn a'r gwahanol ddulliau cyfieithu a ddefnyddid. Rhennir yr adran hon yn ddwy ran. Edrycha'r rhan gyntaf ar sut y mae Morgan yn newid neu'n atgynhyrchu ei ffynhonnell, gan ystyried ei ffyddlondeb i'r gwreiddiol (a'r tebygrwydd mai o lawysgrif Laud Misc. 114 y cododd y testun). Gwrthgyferbynnir cyfieithiad Morgan ag aralleiriad rhydd John Falconer sy'n dyddio o'r un cyfnod. Yn yr ail ran, canolbwyntir ar iaith cyfieithiad Morgan, gan gynnwys ei ymdriniaeth ag enwau priod Cymraeg y ffynhonnell, sy'n amlygu nifer o'i ddewisiadau diddorol.

Trafodais ym Mhennod 1 arwyddocâd y ffaith mai copi Robert Davies o gyfieithiad Morgan sydd gennym yn Llawysgrif Yale, yn hytrach na drafft gwreiddiol yn llaw'r awdur.[18] Wrth gopïo, cyflwynodd Davies nifer o gamgymeriadau yn ogystal â newid manylion megis sillafu. Mae'n debygol bod elfennau bach o gyfieithiad Morgan wedi mynd ar goll, er nad oes awgrym y digwyddodd hynny ar raddfa helaeth. Ar y llaw arall, ni ellir bod yn gwbl hyderus bod unrhyw sillafiad yn y cyfieithiad yn adlewyrchu arfer Morgan yn hytrach nag arfer Davies, a dylid cofio hynny yn yr adran sy'n trafod pwysigrwydd y sillafiadau isod.

Y FFYNHONNELL

Mae'n debygol iawn mai llawysgrif Rhydychen, Laud Misc. 114 neu gopi ohoni yw sail cyfieithiad Morgan. Cyfeirir at y ffynhonnell fel 'a very ancient lateine Manuscript' ar ddechrau'r cyfieithiad. Fel copi cynnar iawn o'r *vita*, yn dyddio o'r 12fed ganrif, mae llawysgrif Laud yn sicr yn cyfateb i'r disgrifiad hwn, ac mae rhesymau eraill dros ffafrio'r llawysgrif hon fel y ffynhonnell.

Mae cynnwys y cyfieithiad yn amlwg yn llawer agosach i gynnwys llawysgrif Laud na chynnwys y fersiynau Lladin eraill o'r *vita*. Laud yn unig sy'n cynnwys hanes trosglwyddo'r creiriau, felly mae'n amlwg nad llawysgrif Caer-grawnt, Coleg y Drindod, O.4.42 na llawysgrif y Llyfrgell Brydeinig, Lansdowne 436 oedd y ffynhonnell, gan na chynhwysant hyn na llawer o bethau eraill a geir yn Laud. Mae'r un peth yn wir am *vita* ddienw Gwenfrewy a geir yn llawysgrif y Llyfrgell Brydeinig, Cotton Claudius A. v. Rhennir cyfieithiad Morgan yn benodau sy'n cyfateb yn union i raniadau penodau llawysgrif Laud.[19] Yn fwy na hyn, mae cyfatebiaeth agos rhwng pob brawddeg o eiddo'r *vita* yn Laud a chyfieithiad Morgan. Nid oes yr un frawddeg a adewir allan yn llwyr.

O'r llawysgrifau sydd gennym, llawysgrif Laud sy'n tystio orau i gopi gwreiddiol Robert o'r *vita*. Byddai modd dadlau mai copi cynnar arall o'r *vita*, oedd hefyd yn ffyddlon i'r gwreiddiol, oedd ffynhonnell Morgan. Ymddengys hyn yn llai tebygol, am fod Morgan yn cadw at ddarlleniad Laud hyd yn oed pan mae darlleniad llawysgrif Coleg y Drindod yn debygol o fod yn agosach i'r gwreiddiol. Gwelir hyn yn y disgrifiad o Feuno'n dod o hyd i'r casul a anfonwyd gan Wenfrewy (§10). Dyma ddarlleniadau Laud a llawysgrif Coleg y Drindod:

Coleg y Drindod O.4.42
'a beata uirgine illud sibi transmissum, angelorumque ministerio per equoreos sinus illese sibi delatum'

Laud
'a beata uirgine illud transmissum, a beata uirgine per equoreas sinus illese sibi delatum'

Morgan
'that it was sent vnto him, by that holy virgin, it was safelie conueyed vnto him, through the sea waves'

Mae ailadrodd lletchwith Laud ('a beata uirgine ... a beata uirgine') yn debygol o ddeillio o gamgymeriad copïo, tra bo 'angelorumque ministerio' Trinity yn fwy tebygol o adlewyrchu'r darlleniad gwreiddiol. Hepgora Morgan yr ailadrodd, ond nid yw'n cynnwys dim sy'n cyfateb i 'angelorumque ministerio'. Y casgliad hawsaf yw bod Morgan yn defnyddio llawysgrif Laud neu gopi ohoni, ac wedi dilyn ei darlleniad ond wedi hepgor yr ailadrodd. Ni fyddai rheswm dros hepgor 'angelorumque ministerio'. Awgryma hyn mai Laud (neu gopi ohoni) a ddefnyddiwyd yn hytrach na chopi cywir arall o destun gwreiddiol Robert.[20]

Ai'r llawysgrif wreiddiol Laud Misc. 114 neu gopi ohoni a oedd wrth law Morgan? Ni ellir bod yn sicr am hyn. Dyma grynodeb o hanes llawysgrif Laud yn nodi lle y'i cedwid mewn gwahanol gyfnodau:

1200 (o leiaf) i 1539: Abaty Pershore, Swydd Caerwrangon
1539 i 1555: eiddo Syr John Prys
1555 i 1600: eiddo Gregory Prise
1600 i 1635: Coleg yr Iesu, Rhydychen
1635 ymlaen: eiddo'r Archesgob Laud (rhan o gasgliad Laud).[21]

Felly byddai'r llawysgrif wedi bod yng Ngholeg yr Iesu pan wnaeth Morgan ei gyfieithiad. Tra diddorol fyddai meddwl bod gan Morgan gysylltiadau yn y coleg hwnnw. Buasai ganddo ragor o gyfle i ymgynghori â'r llawysgrif neu ei benthyg pan oedd yn weithgar gyda'r genhadaeth Seisnig tua 1621 i 1628 cyn iddo gael ei garcharu o 1628 i 1642. Ond gall Morgan fod wedi defnyddio copi cywir ohoni, ac os felly ni fyddai modd pennu'n union ble y digwyddodd y cyfieithu.

Os copi a ddefnyddiodd, rhaid bod y copi hwnnw gryn dipyn yn gywirach nag eiddo llawysgrif Brwsel, Bibliothèque Royale, MS 8067–74, yr unig gopi o'r *vita* y tybir iddi gael ei chopïo o lawysgrif Laud. Fel y trafodwyd ym Mhennod 1, mae gan y llawysgrif hon berthynas ddiddorol â Llawysgrif Yale, gan fod y ddwy yn cynnwys coloffonau sy'n enwi Gulielmus Farrarus.[22] Mae'n amlwg nad copi llawysgrif Brwsel a ddefnyddiodd Morgan, gan fod dyddiad y *Vita Wenefredae* yn y llawysgrif honno (1631) yn ddiweddarach na'r dyddiad ar ddiwedd cyfieithiad Morgan yn Llawysgrif Yale (1629). Mae cyfieithiad Morgan hefyd yn cytuno gyda llawysgrif Laud lle mae darlleniad Brwsel yn wahanol (trwy gamgymeriad copïo yn hytrach na bwriad, yn ôl pob tebyg). Felly os copi a ddefnyddiodd Morgan, rhaid mai copi tra ffyddlon oedd ac un a gadwodd yn agosach at lawysgrif Laud na chopi llawysgrif Brwsel. Ni fyddai trawsysgrifiad modern cynnar yn 'very ancient lateine manuscript', fel y dywedir ar ddechrau'r cyfieithiad, ond gall fod y fath ddisgrifiad wedi ei gymryd o'r copi Lladin ei hun (hynny yw, bod y copi'n nodi ei fod yn tynnu ar hen lawysgrif). Ar hyn o bryd gellir bod yn weddol hyderus mai llawysgrif Laud oedd y ffynhonnell yn y pendraw ond ni ellir bod yn sicr ai'r llawysgrif ei hun neu gopi ohoni oedd ffynhonnell uniongyrchol Morgan.

Mae angen rhagor o sylw ar gopïau modern cynnar o'r *Vita Wenefredae*. Mewn dogfen a ddyddir ym 1664, nodir bod clerigwyr catholig Treffynnon wedi casglu ynghyd y swm enfawr o 101 o gopïau o *vita* Gwenfrewy.[23] Gellir tybio mai llyfr printiedig Falconer sy'n cyfrif am y rhan fwyaf o'r copïau a bod yr offeiriad yn eu gwerthu yno yn Nhreffynnon, ond mae geiriad y catalog yn amwys ddigon fel na ellir bod yn sicr nad oedd y casgliad yn cynnwys llawysgrifau hefyd.[24] Ni fu ymgais penodol i astudio a chasglu'r rhain (cymaint ag oedd wedi goroesi tân 1688) ond pe gellid dod o hyd i ragor ohonynt, gallent ychwanegu at ein dealltwriaeth o gwlt Gwnefrewy yn y cyfnod hwn.[25]

DULL Y CYFIEITHU

Gan y gallwn fod yn hyderus mai llawysgrif Laud neu gopi ohoni oedd ffynhonnell Morgan, cawn gyfle i gymharu ei waith yn fanwl gyda'r gwreiddiol a deall dull ei gyfieithu. Ceid amrywiaeth fawr yn nulliau cyfieithu'r cyfnod modern cynnar, fel y mae Erich Poppe wedi trafod yn ddiweddar yng nghyd-destun cyfieithu i'r Gymraeg gan Gatholigion.[26] Weithiau, yn enwedig wrth gyfieithu'r Beibl, yr oedd angen cyfieithu gair am air, fel y nododd cyfieithwyr ac awduron megis Robert Gwyn (awdur *Y Drych Kristnogawl*) yn Gymraeg a Gregory Martin yn Saesneg.[27] Ond yr oedd cyfieithu'n llawer mwy hyblyg fel arfer. Er enghraifft, yn achos Robert Gwyn, noda Poppe, '[he] foregrounds the purpose of a translation and the respective demands of genre; because of his specifically didactic intentions in *Y Drych Kristnogawl*, he subordinates fidelity on the literal level to the demands of comprehensibility and accessibility.'[28] Dewisa Robert Gwyn gyfieithu synnwyr ei ffynonellau yn lle cyfieithu gair am air am resymau ymarferol, er mwyn sicrhau bod ei gynulleidfa'n deall. Yn wahanol i Robert Gwyn, nid yw Edward Morgan yn cynnig dim sylwebaeth ar ei gyfieithiad ei hun, heblaw nodi ar y dechrau bod y testun wedi ei gyfieithu *faithfullie*. Er hynny, gellir gweld dull tebyg yn ei gyfieithu. Nid yw Edward Morgan yn cyfieithu gair am air bob tro, ond eto mae'r cyfieithiad yn rhoi ystyr y gwreiddiol ym mron i bob brawddeg. Wrth gyfieithu'r testun awdurdodol ond anysgrythurol hwn, dilyna Edward Morgan lwybr canol rhwng cyfieithu llythrennol ac aralleirio'r ystyr. Arweinia hyn at destun sy'n ddealladwy (er yn ddysgedig) ond sydd hefyd yn adlewyrchu'r gwreiddiol yn fanwl.

O gymharu testun llawysgrif Laud, daw'n amlwg fod Morgan wedi cynhyrchu cyfieithiad agos, cywir, heb boeni'n ormodol am gyfieithu gair am air. Gellir enghreifftio hyn ym mhob pennod o'i waith. Dyma, er enghraifft, ddwy frawddeg gyntaf pennod 1:

Laud
In occidua Maioris Brittannie regione est quedam prouintia Walia uocitata, ex una parte finibus regni Anglie, ex altera occeano mari collimitata. Hec olim a sanctis multorum et diuersorum meritorum est inhabitata, et usque ad hunc diem innumeris eorum prerogatiuis multipliciter decorata.

Morgan
In the westerne part of great Britanie, there is a prouince called Wales, bounded on the one side with England, on the other with the ocean sea. This countrey was (in tymes past) inhabited by holy persons of many and diuerse merits, and euen to this day is adorned many wayes with their innumerable prerogatiues.

Mae hyn yn cyfleu ystyr y gwreiddiol ac yn cyfieithu gair am air ar y cyfan. Eto, ni fynnodd Morgan gyfieithu pob gair yn hollol lythrennol. Gwelir hyn yn ei gyfieithiad o 'ex una parte finibus regni Anglie … collimitata' i 'bounded on the one side with England'. Cyfieithiad mwy llythrennol fyddai 'bounded on the one side with the borders of the kingdom of England', ond prin y byddai hynny'n newid yr ystyr yn sylweddol. Trwy ysgrifennu 'England', yn lle 'the borders of the kingdom of England', llunia Morgan gyfieithiad haws i'w gynulleidfa ei ddeall tra'n cadw prif ystyr y gwreiddiol. Diddorol ei fod yn cadw'r cyfeiriad at Gymru a Lloegr fel lleoedd ar wahân, o ystyried cyfieithiad Caxton ryw ganrif a hanner ynghynt: 'In the west ende of grete Britayn, whiche now is callyd Englond, is a prouynce whiche is named Walys'.[29]

Mae'r cyfieithu agos hwn, heb fod yn gwbl lythrennol, i'w weld trwy'r holl waith. Trafodir isod rai enghreifftiau o gyfieithu yn y testun sydd ychydig yn fwy creadigol, ond nodaf yn gyntaf rai o'r newidiadau mwy cyffredinol a geir. Weithiau newidia Morgan eiriau am rai tebyg, heb fod angen gwneud ond heb newid yr ystyr yn sylweddol chwaith. Er enghraifft, ym mhennod 2, try 'Dei seruo' yn 'to the man of God', er y byddai 'to the servant of God' yn fwy llythrennol. Nid yw'n glir pam y gwnaeth Morgan newid bach o'r fath, ond mae'n dangos nad oedd yn ceisio cyfieithu gair am air bob tro. Gwelir hyn yn y geiriau a ddefnyddia i ddisgrifio Gwenfrewy a'r seintiau eraill hefyd. Ym mhennod 15, cyfieitha 'beata Wenefreda' yn 'the blessed virgin Wenefred', fel petai'n cyfieithu 'beata uirgo Wenefreda'. Felly hefyd y cyfieitha 'beatus' a 'sanctus' mewn ffordd hyblyg, heb ddefnyddio 'blessed' ar gyfer y naill air bob tro a 'holy' bob tro ar gyfer y llall. Gan nad yw hyn yn effeithio rhyw lawer ar yr ystyr yma, gall y cyfieithiad fod yn hyblyg.

Hyblyg hefyd yw ymdriniaeth Morgan â ffurfiau berfol y gwreiddiol. Ni fyddai'r Saesneg bob tro'n adlewyrchu'r Lladin yn hyn o beth, ond gallai Morgan fod wedi glynu'n agosach at y gwreiddiol pe mynnai. Ym mhennod 1, cyfieitha 'efficis' (presennol mynegol) yn 'you haue made'. Try 'latenter me admonente spiritu Dei alium inuisere locum' (§1) yn 'secretly admonished by the spirit of God, to seeke some other place', lle mae rhangymeriad presennol ('admonente') yn cael ei gyfieithu'n rhangymeriad gorffennol ('admonished'). Yn achos 'Assumpta tecum' (§12) > 'Take with thee', gwelwn newid mwy sylweddol o rangymeriad gorffennol ('assumpta') i orchymyn ('Take'). Ym mhob achos, mae'n bosibl bod Morgan wedi gweld y cyfieithiad yn haws ei ddeall o newid ffurfiau berfol y gwreiddiol. Gadewir rhai geiriau allan yn lled reolaidd, lle na fyddai hynny'n effeithio'n sylweddol ar yr ystyr. Fel y disgwylid, effeithia hyn ar adferfau yn benodol. Lluosog iawn yw'r enghreifftiau o hepgor 'uero', ac felly, i raddau llai, 'autem' ac 'etiam'. Gall hyn gael effaith ar bwyslais brawddeg weithiau, ond nid yw'n newid yr ystyr yn sylweddol.

Tuedd arall Morgan yw cyfieithu eglurhaol a moesol, sydd eto'n creu testun haws, mewn sawl ffordd, ar gyfer ei gynulleidfa. Mae Morgan weithiau'n egluro'r testun drwy roi enw priod yn lle rhagenw, megis yn y cyfieithiad canlynol: 'Ille autem qui iam toto conceperat animo illius obtemperare uoluntati' > 'Tyfid who made now full resolution with himself, to yeild vnto the holy man's request' (§1). Try 'Ille' yn 'Tyfid', fel nad oes dim amwysedd ynghylch y goddrych. Cyfieithir 'illius' yn 'the holy man's', sydd eto'n egluro mai Beuno sydd dan sylw yma. Noder hefyd na chyfieithir 'autem'. Ceir weithiau ddau air yn cyfieithu un er mwyn helpu esbonio cysyniad, er enghraifft, 'casula' > 'chesible or vestiment for masse' (§11) neu 'cimiterium' > 'cemiterie or churchyarde' (§12; cymh. §§22 a 34). Awgryma hyn fod Morgan yn meddwl am gynulleidfa lai dysgedig wrth gyfieithu. Fel rhan o'r tuedd esboniadol, eglurhaol hwn i wneud y testun yn gliriach, gwelir nifer o newidiadau moesol, sy'n datgan yn amlycach y gwahaniaeth rhwng y da a'r drwg. Ym mhennod 3, pan mae Caradog yn dal Gwenfrewy wrth iddi ffoi i'r eglwys, cyfieithir 'michi ... commisceberis,' yn 'thou shalt ... suffer mee to enioye my desires'. Mae hwn yn gyfieithiad moesol sy'n pwysleisio chwant Caradog. Wrth ymateb, dywed Gwenfrewy ei bod eisoes yn briod â Christ ac wedi ei rhwymo yn ei gofleidiadau ('cuius amplexibus iam astricta sum'). Newidir 'amplexibus' i 'chaste embracements' gan Morgan, gydag ychwanegiad yr ansoddair yn pwysleisio purdeb yr undeb hwn. Mae'r newidiadau, felly, yn pwysleisio'r gwahaniaeth rhwng chwant cnawdol Caradog ac undeb diwair Gwenfrewy â Christ. Newidia Morgan ei destun, a hynny o fwriad ac am resymau ymarferol, ond heb fynd yn groes i waith Robert.

CYMHARIAETH Â FALCONER

Ni ddylai'r newidiadau bach a wnaeth danseilio'r ffaith fod cyfieithiad Morgan yn cynrychioli'r gwreiddiol mewn ffordd fanwl a chywir. Daw ffyddlondeb Morgan i'r testun gwreiddiol yn amlycach fyth o gymharu cyfieithiad arall o *vita* Robert o'r un cyfnod, sef gwaith John Falconer. Cyhoeddwyd ei *Admirable Life of Saint Wenefride* ym 1635 gan y Coleg Seisnig yn St Omer.[30] Cafodd cyfieithiad Falconer gryn ddylanwad, gyda nifer o addasiadau ac ymatebion yn y canrifoedd dilynol.[31] Gwelir nifer o gyfatebiaethau sylweddol rhwng gweithgarwch Falconer a Morgan. Mae'r ddau gyfieithydd yn gatholigion yn ysgrifennu o dan amgylchiadau peryglus. Mae'r ddau'n cyfieithu rhywbeth tebyg i lawysgrif Laud, sef y fersiwn llawn o *Vita Wenefredae* Robert o Amwythig gyda hanes trosglwyddiad ei chreiriau.[32] Mae'r ddau'n ychwanegu *arguments* sy'n crynhoi'r cynnwys ar ddechrau'r penodau. Ond mae'n amlwg, er hynny, fod y cyfieithiadau'n dra gwahanol ac yn hollol annibynnol ar ei gilydd. Aralleiriad bras iawn yw cyfieithiad John Falconer ar y cyfan. Rhennir rhai penodau a chyfunir eraill. Ychwanegir a hepgorir deunydd yn aml mewn ffordd sy'n hollol estron i waith Edward Morgan.

Er mwyn hwyluso'r gymhariaeth, dyma gonsbectws o'r penodau yn llawysgrif Laud a'r ddau gyfieithiad (Tabl 4.1):

Tabl 4.1 Consbectws o benodau Laud, Morgan a Falconer

Laud[33]	Morgan	Falconer
Prolog	Prolog	Prolog
1	1	1
2	2	2/3
3	3	4/5
4	4	5
5	5	6
6	6	7
7	7	8
8	8	9
9	9	10
10	10	10/11
11	11	11
12	12	12
13	13	13
14	14	14
15	15	15
16	16	16
17	17	17
18	18	18

19	19	19
20	20	20
21	21	21
22	22	22
23	23	(The Second Booke) 1
24	24	2
25	25	3
26	26	4
27	27	5
28	28	6
29	Translatio 1	7
30	2	7
31	3	8
32	4	9
33	5	10
34	6	11
35	7	12
36	8	13
37	9	14/15

Yn ei ragair, dywed Falconer 'I haue heere in sense faithfully translated, and done no otherwise in altering the Authors old phrases, scarsely expressible in good English, then as if I had stripped some body out of Welsh course frize, and put him into a suite of English playne Karesay.'[34] Awgryma'r cyfieithydd felly ei fod wedi cadw ystyr y gwreiddiol yn ffyddlon ond wedi addasu'r geiriau er mwyn sicrhau bod y Saesneg yn ddealladwy. Gellir gweld, felly, yr un cymhelliant ag a nodwyd yn achos Robert Gwyn uchod. Ond nid yw Falconer yn cadw'n agos at ystyr y gwreiddiol chwaith, gan wneud nifer o newidiadau sylweddol, fel a drafodaf isod. Nid oedd Falconer ar ei ben ei hun yn hyn o beth. Yr oedd rhai awduron eraill o'r 17eg ganrif, megis Nicolas d'Ablancourt yn Ffrainc, yn coleidio cyfieithu rhydd a chreadigol, ar y sail ei fod yn creu testunau mwy addas ar gyfer y cyfnod cyfoes. Yn wir, defnyddia d'Ablancourt yr un gyffelybiaeth wrth gymharu cyfieithu i newid dillad ag a geir gan Falconer.[35] Fel y dywed Peter Burke, 'The crucial point is that what were described at the time as 'translations' often differed from the originals in major respects, whether they shortened the texts or amplified them. Changes of this kind were often made without warning the reader'.[36] Dewisodd Falconer y dull cyffredin hwn ac nid yw'n awgrymu o gwbl fod ei wybodaeth o Ladin yn ddiffygiol.

Trwy gydol y testun, cyfieitha Falconer yn llawer mwy rhydd na gwaith Morgan. Cymharwn enghraifft o araith Eleri wrth y gwyryfon ym Mhennod 15:

Laud
Animis estote attentiores, karissime filie. Est enim opereprecium uobis insinuare, quanto splendore uos illustrare dignata est misericorditer diuina clementia. Ecce hanc deuotam sibi uirginem ad commanendum uobis et conuiuendum destinauit, quatinus, inspecta uita eius, exemplis illius in Dei famulatu deuotiores efficiamini, et ipsi pro melioratione uestra in cęlis detur retributio.

Morgan
Beloued daughters, attend, for it is a matter worth the labour to make knowne vnto you with what great splendor the diuine clemencie hath mercifullie vouchafed to illustrate you. Behold hee hath directed this his deuoted virgin to make staie and liue with you, to the end that by obseruation of her life and conuersation you maie, by her example, become more deuoute in the seruice of God, and shee, for your increase in virtue, may receaue increase of reward in the kingdome of heauen.

Falconer
Deare Children of God, reioyce, for that your heauenly spouse hath sent a new star of wonderful brightnes to shine heere among you, and prouided such a companion for you, as wil with new treasures of merited graces enrich her owne soule, and yours also by the many rare examples, and high practises of religious Perfection, which from tyme to tyme she will exhibit profitably, and holily vnto you.

Ceidw Morgan yn agos at y testun gwreiddiol. Cyfieithia bob un cymal a brawddeg yn fanwl. Mae ei newidiadau'n rhai bach, megis cyfieithu 'karissime' (gradd eithaf) fel 'beloued' (gradd gysefin), sy'n newid gweddol gyffredin gan Morgan. Cyfieithir 'uita eius' fel 'her life and conuersation', sy'n adlewyrchu'r tuedd eglurhaol a welsom uchod. Newidir 'ipsi ... detur' (goddefol) yn 'shee ... may receaue' (gweithredol), eto er mwyn sicrhau cyfieithiad clir. Nid yw'r un o newidiadau Morgan yn effeithio'n fawr ar yr ystyr.

Gwahanol iawn yw aralleiriad Falconer. Mae Falconer yn dilyn naratif *vita* Robert ac yn gwneud hynny yma wrth briodoli'r araith hon i Eleri. Eto mae'n aralleirio'n fras iawn ac yn gwneud gormod o newidiadau i'w rhestru. Ychwanegiad newydd yw'r cymal olaf: 'which from tyme to tyme she will exhibit profitably, and holily vnto you'. O graffu ar ddechrau'r darn, mae 'Dear Children of God' yn ychwanegu 'of God' ac yn cyfieithu 'filie' fel 'children' yn lle 'daughters'. Yn y gwreiddiol, nid yw Eleri yn dweud i'r lleianod lawenhau ond yn hytrach 'Animis estote attentiores', sy'n llawer agosach i 'attend' Morgan na 'reioyce' Falconer. Yn lle 'diuina clementia' ('the diuine clemencie' Morgan), 'your heauenly spouse' sy'n anfon Gwenfrewy, ac mae Falconer hefyd yn cyflwyno delwedd newydd ar gyfer Gwenfrewy yma: 'a new star of wonderful brightnes'. Er bod y gwreiddiol yn sôn am 'splendore' (fel mae cyfieithiad Morgan yn ei adlewyrchu), nid oes dim cyfeiriad at seren yno.

Mae aralleirio trawsffurfiol o'r fath, sy'n newid cynnwys ac ystyr, yn gwbl gyffredin yng ngwaith Falconer. Yn wir, mae enghreifftiau o drawsnewidiadau llawer mwy eithafol na hyn gan Falconer, megis ym mhennod 30 (Llyfr 2, Pennod 7 yn Falconer), lle try'r deialog rhwng Ralff a'r gwyry yn ei freuddwyd yn araith fer gan y gwyry'n unig. Nid mater o gollfarnu cyfieithiad Falconer yw hyn: yr oedd ei amcanion yn wahanol. Byddai Falconer wedi gallu creu cyfieithiad agosach pe mynnai. Dewisodd newid ac aralleirio mewn ffordd oedd yn dal i roi syniad da o naratif Robert a strwythur y testun, heb gadw'n agos at y gwreiddiol ar lefel brawddegau, gan ddilyn tuedd gweddol gyffredin yn yr 17eg ganrif yn hyn o beth.[37]

Dadlennol yw cymharu gwaith Falconer ar gyfer deall dull cyfieithu Morgan. Mae ffyddlondeb Morgan i'r gwreiddiol yn arwyddocaol mewn rhagor nag un ffordd. Cyfieithu onest a geir ganddo, sy'n adlewyrchu'r gwreiddiol heb ymdrechu i'w wneud yn fwy credadwy na gwaredu agweddau llai positif ar y fuchedd. Yn *vita* Robert §34, disgrifir y mynachod yn llwgrwobrwyo un o drigolion Gwytherin er mwyn ei gael i gytuno i'r trosglwyddiad. Cyfeirir yn benodol at yr arian: 'dataque pecunia'. Roedd y rhan fwyaf o'r addaswyr cynharach, yn Gymraeg ac yn Saesneg, yn awyddus i gael gwared ar yr elfen anffafriol hon, ond cwbl gywir yw cyfieithiad Morgan: 'and givinge him a peece of money'. Ni fyn Morgan newid gwyrthiau llai credadwy y *vita* chwaith. Er bod Falconer hefyd wedi gweld y *vita* yn bwysig, mae'n awyddus yn ei ragair i osgoi ymddangos yn rhy barod i gredu rhai o'i rhyfeddodau. Tra bo Robert wedi datgan bod cerrig ffynnon Gwenfrewy wedi eu hystaenio'n arhosol gan ei gwaed, mae 'as it were' Falconer yn pwysleisio bod y smotiau'n edrych yn debyg i waed yn hytrach na'u bod yn waed:

> Moreouer, the waters of this holy Well, seeme to haue in them more then naturall vertues, by giuing a musky, and most delightfull sweetnes to the greene mosse growing on the wals of this stately inclosure, and colouring all the stones which lye in the bottome thereof, with spots, as it were, of pure bloud, in them strangly appearing.[38]

Ychydig yn ddiweddarach gwna Falconer yn glir nad gwaed go iawn Gwenfrewy sydd ar y cerrig.[39] Nid Falconer oedd yr unig ysgrifennwr Catholig i amau'r wyrth hon. Yn llawysgrif Brwsel, Bibliothèque Royale, MS 8067–74, sydd, fel y nodwyd, yn cynnwys copi o *vita* Robert o lawysgrif Laud, ychwanegir 'quasi' ('megis', 'fel petai') ddwywaith gan law arall i wneud y wyrth yn fwy credadwy. Newidir 'sanguine' yn 'quasi sanguine' a 'cruentatos' yn 'quasi cruentatos' (y ddwy enghraifft o §5) i ddangos nad yw'r cerrig yn cynnwys gwaed go iawn Gwenfrewy, ond yn hytrach smotiau sy'n edrych yn debyg i'r gwaed ac sydd felly yn dal i goffáu ei merthyru.

Ond erys Morgan yn ffyddlon i'r Lladin gwreiddiol:

Laud (§5)
lapides illi conspersi sanguine adhuc pristinam conspersionem retinent

Morgan
those stones thus dyed with blood doe retayne yet the old hewe

Laud (§5)
lapides ... cruentatos
Morgan
bloodie stones

Mae olion gwaed Gwenfrewy ei hun, felly, yn dal i'w gweld ar y cerrig. Dengys hyn eto fanylder a ffyddlondeb cyfieithiad Morgan a statws awdurdodol y testun gwreiddiol, a gedwir yn llawn gyda'i holl frychau a rhyfeddodau.

Nid oedd ffyddlondeb Morgan yn meddwl bod ei gyfieithiad yn hollol anghreadigol. Yn lle 'fleret' ('wylai' §7), rhydd Morgan y cyfieithiad anarferol o estyniadol a chreadigol 'and distilling teares of sorrowe from her eyes'. Eto, yn y bennod nesaf, cyfieithiad syml Morgan o 'multis lacrimis madidas genas habens' ('a'i fochau wedi eu gwlychu gan lawer o ddagrau') yw 'weepeinge'. Ni ddigwydd y fath estyn a lleihau sylweddol yn aml o gwbl yng ngwaith Morgan. Mae'n bosibl bod wylo, a'i holl gysylltiadau cyfoethog yng nghyd-destun crefydd, wedi ysbrydoli Morgan i newid ei ffynhonnell yn fwy nag arfer.

Diddorol yw ymdriniaeth Morgan â thad Caradog. Yn y gwreiddiol, mae'n amlwg bod Caradog yn fab i frenin. Ond mae Morgan yn ymdrechu'n fawr i'n sicrhau nad brenin ond 'prince' oedd tad Caradog. Yn wir, cyfieithir pob un enghraifft o 'rex' yma yn 'prince' neu 'noble' (§3):

'filius Alani regis' > 'sonne to Prince Alane'
'Quę cognito regis filio' > 'whoe knowinge him to bee a man of noble parentage'
'Regis ... filium' > 'princes sonne'
'regio ortus genere, post modicum Deo annuente rex sis futurus' > 'borne of noble bloud shall by God's fauour become prince'

Mae'r newid hwn yn amlwg yn fwriadol. Mae Morgan yn hapus i gyfieithu 'rex' yn 'king' fel arall, megis wrth gyfeirio at frenhinoedd Lloegr. Gellid esbonio'r newid mewn sawl ffordd. Gall fod Morgan yn cysylltu Cymru â 'princes' yn hytrach na 'kings', o ystyried y defnydd cyffredin o'r term 'princeps' o'r 12fed ganrif ymlaen. Ni fyddai hyn yn adlewyrchu arfer cyfnod mor gynnar ag oes dybiedig Gwenfrewy (fel y gwyddai haneswyr modern cynnar), ond gall fod wedi dylanwadu ar gyfieithiad Morgan serch hynny.[40] Hyd yn oed os oedd Morgan yn derbyn bod 'kings' yng Nghymru'r cyfnod hwn (ac mae'n cyfeirio at dad Tyfid fel 'in dignity second to the kinge' (yn cyfieithu 'a rege secundi' (§1)), mae'n bosibl nad oedd yn gweld 'Alan' (Alâog) yn frenin go iawn.[41]

Ychydig iawn o gamgymeriadau sydd i'w gweld y gellir eu beio ar Morgan yn hytrach na'r copïo.[42] Nid yw cyfieithiad Morgan yn hollol lythrennol, ac mae'n bosibl mewn rhai achosion ei fod yn cyfieithu'n rhydd yn hytrach na gwneud camgymeriad. Yn §35 (Translatio §7), cyfieithir 'amongst those holy sepulchers' yn 'intra sanctorum sepulchra'. Gellid ystyried hyn yn gamgymeriad, gan fod 'sanctorum' yn enidol luosog, ac felly 'amongst the sepulchers of the saints' fyddai'r cyfieithiad cywir. Ond yr oedd Morgan yn amlwg yn deall ystyr y ffurf 'sanctorum' gan ei fod yn ei chyfieithu fel 'of the saints' yn ddiweddarach yn yr un frawddeg. Mae'n bosibl ei fod yn cyfieithu'n llac fan hyn neu ei fod ef neu gopïydd wedi camddarllen Lladin Laud fel 'intra sancta sepulchra'. Posibilrwydd arall yw ei fod am osgoi ysgrifennu 'of the saints' ddwywaith yn yr un frawddeg. Felly nid yw hyn yn fater syml o Morgan yn camddeall ystyr gair Lladin. Yn wir, mae'n anodd dod o hyd i ddim yng nghyfieithiad Morgan y gellir ei brofi'n ffrwyth camddeall yn hytrach na chyfieithu anlythrennol.[43] Dengys hyn ofal Edward Morgan wrth ymdrin â'r *vita*.

IAITH

Saesneg safonol ei gyfnod yw cyfrwng gwaith Edward Morgan. Nid yw hyn yn syndod o ystyried ei addysg ac iddo dreulio'r rhan fwyaf o'i oes yn Lloegr neu gyda'r genhadaeth Seisnig. Mae dylanwad y Lladin yn gryf ar Saesneg y testun hwn, sy'n adlewyrchu'r ffaith ei fod yn gyfieithiad gweddol agos o'r gwreiddiol. Nid yw hyn i'w weld yn y gystrawen yn unig ond hefyd yng ngeirfa'r cyfieithiad, gan ddefnyddio geiriau Lladinaidd megis 'luculent' (< 'luculento'), 'condoled' (< 'condoluit'), a 'contristated' (< 'contristati'). Er bod cyfieithiad Morgan yn Saesneg dealladwy, ni cheisia osgoi dylanwad y testun Lladin gwreiddiol, ac yn wir mae'n bosibl bod rhai geiriau Lladinaidd wedi eu dewis er mwyn tynnu sylw at y berthynas agos â'r Lladin.

Er bod Morgan yn frodor o Sir y Fflint, nid oes tystiolaeth glir o ddylanwad y Gymraeg ar Saesneg y testun. Ceir rhai sillafiadau awgrymog, megis 'ministri', ond eithriadau yw'r rhain. O ystyried bod geiriau fel 'ministri' yn cael eu sillafu gyda'r terfyniad arferol '-ie/-y' gan Robert Davies ym mhob achos heblaw am yr un enghraifft hon o bennod 7, llawer mwy tebygol yw fod hwn yn gamgymeriad copïo yn hytrach na thystiolaeth o orgraff Gymraeg. Ac eto nid yw'r Gymraeg yn hollol absennol o destun Morgan. Er bod *vita* wreiddiol Robert yn gynnyrch mynach o Loegr, mae'r Gymraeg i'w weld yn enwau priod y testun a'r drafodaeth a dehongliad ohonynt. Felly gallwn astudio sut yr ymateba cyfieithiad Morgan i'r Gymraeg yn ei ffynhonnell. Gall sillafiadau'r enwau priod roi syniad inni o wybodaeth y cyfieithydd am y Gymraeg. Cyn symud ymlaen â'r astudiaeth, rhaid nodi'r rhybudd bod Robert Davies yn amlwg yn newid sillafiadau ei gopi.[44] Er hynny, nid oes tystiolaeth iddo newid yr enwau lleoedd yn sylweddol a theg casglu bod yr enwau priod, at ei gilydd, yn adlewyrchu addasiadau Morgan o'r ffurfiau yn y Lladin, yn hytrach na dyfais Davies, er nad oes modd profi hynny'n bendant.

Mae Tabl 4.2 yn cymharu sillafiadau enwau priod Morgan â'r rhai yn Laud ac aralleiriad Falconer. Mae gwaith Falconer eto'n gymhariaeth ddefnyddiol er mwyn amlygu rhai o dueddiadau Morgan.

Tabl 4.2 Enwau Priod Laud, Morgan a Falconer

Laud[45]	Morgan	Falconer
Guarino (Prolog)	Warine	Guarinus
Wigornię (Prolog)	Worcester	Worcester
Rotbertus (Prolog)	Robert	Robert
Salopesberiensis (Prolog)	of Shrewsbury/ Shrewsburie	of Shrewsbury
Wenefreda (Prolog)	Wenefred	Wenefride
Romam (Prolog)	Rome	Rome

Maioris Brittannie (§1)	Great Britanie	great Britanny
Walia (§1)	Wales	VVales
Anglie (§1)	England	England
Bevnovs (§1)	Beuno/Bevno	Beuno
Thevith (§1)	Tyfid	Theuith
Eliuth (§1)	Æliuth	Eluith
Chreadocus (§3)	Cradock(e)	Cradocus
Alani (genidol) (§3)	Alane	Alan
Brewa ... Wen (§5)	Breva ... Wen	Brewa ... VVen
Siccauallis (§5)	drie valley (which is the Welshe tongue Sychnant)	a dry or barren bottome
Fennan Wenefrede ... Fons Wenefrede (§5)	ffynnan Wenfrewi ... St Wenefreds well	Finhon, which in old Welsh doth signify a fountayne or well
Beunous Casulsech, id est, Beunous Casulassica (§11)	Casul-sech, þat is chesible drie	-
Deiferus (§12)	Deyfar	Deifer
Botauarrus (§12)	Boduarrie	Botauar
Henthlantus (§13)	Henlhan	Henthlant
Saturnus (§13)	Saturne	Saturnus
Witheriacus (§14)	Gwytherin	Guitherin(e)
Elerius (§14)	Elerie/Elery	Elerius
Theonia (§16)	Theonia	Theonia
Chebius (§22)	Kyby	Cheb
Seuanus (§22)	Sannan	Sennan
Willielmo (§29)	William	VVilliam
Rogerus (§29)	Roger	Roger
Cestrensis (§30)	of Chester	Chester
Radulfus (§30)	Rafe	Radulphus
Henricus (§31)	Henry	Henry
Bangornense (§31)	of Bangor	Bangor
Brittanniam (§31)	Britaine	-

Stephani (§31)	Stephen	Stephen
Herebertus (§31)	Herebert	Herbert
Ricardo (§31)	Richard	Richard
Cestrie (genidol) (§31)	of Chester	of Chester
Egidii (§37)	Giles	Giles
Petri (§37)	Peter	Peter
Pauli (§37)	Paule	Paul

Mae nifer o dueddiadau cyson i'w gweld yn y ffordd yr ymdrinia Morgan ag enwau ei ffynhonnell. Os nad yw'r enw'n enw Cymraeg (o ryw fath) neu yng Nghymru, trosir i ffurf Saesneg bob tro: 'Salopesberiensis' > 'Shrewsbury'; 'Egidii' > 'Giles'; 'Stephani' > 'Stephen'; 'Rotbertus' > 'Robert'; 'Romam' > 'Rome', ac yn y blaen. Mwy amrywiol yw'r ymdriniaeth â'r enwau Cymraeg. Weithiau defnyddia'r ffurf safonol Gymraeg gyda sillafu Cymraeg: 'Bangornense' > 'of Bangor'; 'Bevnovs' > 'Beuno'; 'Thevith' > 'Tyfid'; 'Henthlantus' > 'Henlhan';[46] 'Witheriacus' > 'Gwytherin'; 'Seuanus' > 'Sannan'. Nid ymddengys bod enw Saesneg gwahanol ar gael ar gyfer yr enwau hyn, felly nid oedd modd dewis ffurf Saesneg mwy safonol yn y cyfieithiad. Noder bod Falconer yn defnyddio 'Beuno' a 'Bangor' hefyd, ond bod ei sillafiad 'Guitherin(e)' yn llai agos i'r ffurf Gymraeg gyfoes. Diddorol yw'r sillafiad 'Tyfid' yng nghyfieithiad Morgan, sy'n symud o'r sillafiad Normanaidd 'Thevith' i sillafiad Cymraeg cyfoes, gan ddefnyddio <f> i gynrychioli /v/ yn hytrach na'r /f/ a ddisgwylid yn Saesneg. Dengys hyn wybodaeth Morgan o'r Gymraeg ac o chwedl Gwenfrewy, gan nad yw'r cymeriad hwn yn digwydd yn aml ar wahân iddi.[47] Yn achos Gwytherin, penderfyna Morgan ddefnyddio'r enw cywir ar gyfer y lle, gan newid o 'Witheriacus' beius Robert.

Weithiau (eto pan nad oedd ffurf Saesneg wahanol) defnyddia Morgan ffurf Gymraeg gyda sillafu Saesneg: 'Elerius' > 'Elerie'/'Elery'; 'Botauarrus' > 'Boduarrie'; 'Chebius' > 'Kyby'. Dengys y ffurfiau hyn fod Morgan yn gyfarwydd â'r enwau ac yn ceisio eu cyfleu mewn orgraff Saesneg. Mae ffurfiau Falconer, ar y llaw arall, megis 'Cheb' a 'Botauar' yn dangos anwybodaeth o'r enwau. Hepgorwyd ail hanner 'Chebius' gan i Falconer feddwl bod yr 'i' yn rhan o'r terfyniad Lladin yn hytrach na rhan o enw Cybi. Er bod Morgan yn gyfarwydd â'r rhan fwyaf o ffigyrau o *vita* Gwenfrewy mewn cyd-destun Cymraeg, nid yw hynny'n wir yn achos Tenoi (Theonia) ac Eiludd (Eliuth), lle ceidw Morgan y ffurfiau Lladin heblaw iddo droi 'E' 'Eliuth' yn 'Æ'. Gan nad oedd ffurf Saesneg safonol ar yr enwau hyn, disgwylid i Morgan, yn ôl ei arfer, roi'r ffurfiau Cymraeg. Mae'r ffaith eu bod heb eu newid, er bod 'Th' 'Theonia' yn cynrychioli sillafiad Normanaidd am /t/, er enghraifft, yn dangos ei anwybodaeth ohonynt. Awgryma hyn yn ei dro nad oedd Tenoi ac Eiludd yn ffigyrau cyfarwydd yn yr 17eg ganrif, hyd yn oed yng nghadarnle cwlt Gwenfrewy.

Yn achos 'Chradocus' rhoddir ffurf Saesneg o'r enw Cymraeg hwn, sef 'Cradock(e)'. Gellid cymharu hyn â'r newid o 'Alani' i 'Alane' a 'Saturnus' i 'Saturne', lle mae'r '-e' derfynol yn nodweddiadol o sillafu Saesneg y cyfnod yn hytrach na Chymraeg. Er bod 'Alani' Robert i'w gysylltu â'r enw Cymraeg 'Alâog' a 'Saturnus' â 'Sadwrn' (fel y ffurf Ladin y seilir enw Cymraeg y sant arno), nid yw Morgan ond yn darparu ffurfiau Saesneg ar ffurfiau Lladin Robert yma. Dyma a geir hefyd yn ei ddefnydd cyson o 'Wenefred' am 'Wenefreda' Robert, gan ddefnyddio ffurf sy'n agosach at y Lladin na 'Wenefride' Falconer.[48] Ceidw Morgan esboniad Robert o'r enw yn deillio o gyfuniad o 'Brewa' ('Breva' yng nghyfieithiad Morgan) a 'Wen'.[49]

Diddorol yw ffurf 'Deyfar' Morgan, a ddefnyddia bob tro ar gyfer 'Deiferus'. Cynnig Baring-Gould a Fisher y rhestr ganlynol o ffurfiau ar yr enw: 'Diheufyr, Diefer, Deifer, Dihaer, Dier, and Diar'.[50] O ystyried ffurfiau megis 'Diar' a 'Deifer', gellir yn weddol ddidrafferth ychwanegu 'Deyfar' fel ffurf Gymraeg arall ar yr enw. O ran /e/ ddiacen yn troi'n /a/ cyn /r/ yng Nghymraeg y gogledd-ddwyrain, cymharer nodyn John Edwards o'r Waun yn LLGC 3562D, t. 30, lle nodir y ffurf 'lowar' ('lhawer'): '*a* before *r* in the laste sillable of a worde is to be pronounced as *e*, as for example lowar i.e. lhawer'.[51]

Ceir dwy enghraifft o eiriau cyffredin Cymraeg yng ngwaith Robert, sef 'casulsech' (i ddisgrifio Beuno am nad âi'r casuliau a dderbyniai gan Wenfrewy yn wlyb yn y môr) a 'fennan'. Cedwir 'Casul-sech' gan Morgan, gyda'r cysylltnod yn dangos ei fod yn deall bod hwn yn air cyfansawdd. Defnyddir y sillafiad 'sech' o bosibl am fod 'casul' yn gallu bod yn enw benywaidd, neu oherwydd mai dyna oedd sillafiad ei ffynhonnell.

Newidia Morgan 'fennan' yn 'ffynnan' ddwywaith (gan droi 'Fennan Wenefrede' yn 'Ffynnan Wenfrewi' yn yr achos cyntaf.) Dengys 'Ffynnan Wenfrewi' wybodaeth Morgan o orgraff Gymraeg a hefyd o'r treigladau (mae 'Gwenfrewi' yn treiglo'n feddal ar ôl yr enw benywaidd). Defnyddia Morgan y ffurf Gymraeg '(G)wenfrewi' yma yn unig, ond mwy o syndod yw i Robert beidio â gwneud, gan ei fod yn cyflwyno 'Fennan Wenefrede' fel enw Cymraeg ar y lle (i gyfateb i 'Fons Wenefrede' yn Lladin). Mae 'Ffynnan Wenfrewi' yn sillafiad Cymraeg arferol, heblaw'r defnydd anghyfarwydd o 'a' am 'o' yn sillaf olaf 'Ffynnan'. Myn Morgan gael cywirdeb fan hyn, wrth nodi 'Wenfrewi' fel enw Cymraeg y santes, yn lle 'Wenefrede' Robert. Yr oedd Falconer, yn yr achos hwn, wedi darparu'r 'o' ddisgwyliedig yn ei ffurf 'Finhon' (sy'n tystio bod ganddo yntau rywfaint o wybodaeth am enw Cymraeg y lle). Nid ymddengys bod 'Ffynnan' erioed wedi bod yn ffurf lafar yn Sir y Fflint. Nis ceir yng nghronfa ddata Ken Lloyd Gruffydd o ffurfiau hanesyddol o enwau lleoedd y sir, er mor lluosog yw 'ffynnon' fel enw yno.[52] Mae'n bosibl bod 'fennan' y Lladin gyda'i 'an' terfynol wedi dylanwadu ar 'ffynnan' Morgan yma. Hefyd, o ystyried bod Morgan yn ysgrifennu yn Saesneg, gallai ei sillafu o lafariaid diacen fod yn weddol hyblyg, gan y disgwylid iddynt gael eu hynganu'n /ə/, sydd o bosibl yn ystyriaeth yn achos sillafiad 'Deyfar' hefyd.

Enw lle mwyaf problemataidd Morgan, o bosibl, yw 'Sychnant', gan na cheir yr enw hwn o gwbl yng ngwaith Robert. Ym mhennod 5, dywed Robert am ardal ffynnon Gwenfrewy: 'primitus Siccauallis dicebatur' ('gelwid yn Siccauallis i ddechrau'). Mae Morgan yn cyfieithu hyn, gan gynnwys cyfieithu'r enw lle i'r Saesneg: 'was commonlie called the drie valley'. Ond, yn wahanol i Robert, mae Morgan wedyn yn ychwanegu '(which is the welshe tongue Sychnant)'. Nid ychwanega Morgan enw Cymraeg fel hyn yn ei gyfieithiad fel arall, a rhydd Robert yntau'r enw Cymraeg ar gyfer lleoedd eraill ond byth 'Sychnant'. Ond os trown at *vita* ddienw Gwenfrewy (§7), cawn y disgrifiad hwn: 'in conualle que Britonum lingua Sechnant appellabatur' ('mewn cwm a elwid yn Sechnant yn iaith y Brythoniaid'). Mae hyn yn drawiadol o debyg i ddisgrifiad Morgan. Ceir 'tongue' i gyfateb i 'lingua', ac mae 'welshe' yn cyfateb (er nad yn union) i 'Britonum'. Mae'n debygol bod Davies wedi hepgor 'in' cyn 'the' wrth gopïo a defnyddir yr amser presennol 'is' yn lle'r amherffaith a geir yn y *vita* ddienw ('appellabatur'). Ceir yr orgraff gyfoes 'Sychnant' yn lle'r orgraff hŷn 'Sechnant' (sef un o batrymau Morgan o sillafu enwau Cymraeg gydag orgraff Gymraeg gyfoes), ond yr un enw Cymraeg a geir yn y Lladin a'r Saesneg fel ei gilydd. Gellid awgrymu bod Morgan wedi ymgynghori â'r fuchedd ddienw neu wedi codi'r darlleniad o los. Eto, nid oes unrhyw dystiolaeth fel arall i Morgan ymgynghori â'r *vita* ddienw, a phetai wedi ymgynghori â hi, posibl iawn y byddai wedi ei defnyddio i raddau helaethach. Nid oes chwaith dystiolaeth fod glosio ar yr enw yn nhraddodiad bucheddau Gwenfrewy. Llawer mwy tebygol, felly, yw i Morgan fod wedi ychwanegu'r darllenaid hwn yn annibynnol, er nad yw'n gwneud hynny fel arall yn y cyfieithiad. Gellir cysylltu hyn â'i duedd at gywirdeb a welir wrth newid 'Witheriacus' i 'Gwytherin', 'Fennan Wenefrede' i 'Ffynnan Wenfrewi', a 'Thevith' i 'Tyfid'. Os gwelai 'Sychnant' fel yr unig enw a ddefnyddid ar gyfer y cwm, gall fod Morgan yn ei ddefnyddio er mwyn creu cyfieithiad cywir a dealladwy.

I grynhoi, defnyddia Morgan ffurfiau Saesneg bob tro ar gyfer enwau nad ydynt yn Gymraeg. Os oes enw Saesneg hysbys am enw Cymraeg (neu dybiedig Gymraeg), fel yn achos 'Wenefred' / 'Wenefreda', defnyddia'r enw Saesneg. Os nad oes enw Saesneg yn bodoli yn wahanol i'r ffurf Gymraeg, ac os gŵyr Morgan yr enw, defnyddia'r ffurf Gymraeg, weithiau gyda sillafu Saesneg. Mae'r cyfieithiad felly'n darparu'r ffurfiau mwyaf hysbys i gynulleidfa Saesneg, ond nid yw'n petruso rhag defnyddio ffurfiau Cymraeg ar enwau Cymraeg os nad oes ffurf Saesneg gyfatebol, hyd yn oed os yw hynny'n meddwl cywiro neu symud i ffwrdd o ffurf Ladin Robert. Gwahanol yw aralleiriad Falconer, sy'n tueddu i bwyso'n drwm ar y ffurfiau Lladin ac sy'n gwneud rhai camgymeriadau wrth eu haddasu, megis wrth newid 'Chebius' i 'Cheb'. Ni fyddai 'Cheb' yn ddealladwy i neb, ond byddai 'Kyby' yn hysbys i ddarllenwyr Cymraeg y testun hwn, yn ogystal â rhai Saesneg oedd yn gyfarwydd â seintiau Cymru. Felly mae ymdriniaeth Morgan ag enwau priod, at ei gilydd, yn gallu cael ei weld fel rhan o'i ymdrech i gyfieithu'r testun mewn ffordd fanwl a dealladwy, gan gynnig ffurfiau dirodres sydd eto'n dangos ôl dysg a meddwl.

Esgeuluswyd y cyfieithiad hwn am ganrifoedd maith. Eto, mae o werth arhosol inni heddiw. Mae'n ffrwyth meddwl gofalus a chyfieithydd celfydd a wnaeth ymdrech aruthrol i greu gwaith awdurdodol mewn cyd-destun o berygl arswydus, a hynny heb yr holl adnoddau cyfleus sy'n hwyluso'r fath waith heddiw. Dyma'r cyfieithiad manylaf o waith Robert o Amwythig i ymddangos nes cyhoeddi *Two Medieval Lives of Saint Winefride* gan Ronald Pepin a Hugh Feiss yn 2011, bron i bedair canrif yn ddiweddarach. Gobeithir y bydd gosod ymdrech Edward Morgan mewn print am y tro cyntaf erioed yn rhoi iddo ragor o'r sylw y mae'n ei haeddu.

NODYN AR Y TESTUN

Dilynir dull golygu'r testunau ym Mhenodau 2 a 3. Ychwanegais rifau penodau mewn bachau petryal er mwyn hwyluso cymharu â'r testun Lladin. Cedwir y paragraffau fel y'u ceir yn y llawysgrif. Cedwir hefyd danlinellu Robert Davies, a ddefnyddiai i dynnu sylw at rannau o'r testun o ddiddordeb arbennig iddo. Ni chynhwysir geiriau a ddilëwyd.

THE LIFE AND TRANSLATION OF THE GLORIOUS VIRGIN AND MARTYR ST WENEFRED

written in Latein almost 500 hundred yeares agoe, by Robert then prior of the monastery of Shrewsburie, and translated latelie faithfullie into Englishe out of a very ancient Lateine manuscript with argumentes of the chapters added by the translator, Mr Edward Morgan of Bechfield, a supposed Catholique prieste.

[§Prolog] The prologue of the author, wherin he deliuereth the causes, meanes, motiues, and maner of writing and publishinge the ensuinge history.

> To the Reuered father Warine Prior of Worcester, Robert, in duty his sonne, in life a sinner, Prior of the monastery of Shrewsbury, wisheth a steadfast progresse in the way of God's commandements.

He that hath receiued any part of God's benefits ought with relegiouse affection to communicate charitablie vnto others that which hath binne freely bestowed vppon him by the diuine goodnes, for to impart ioyntlie in one common aknowledgement of faith that which any one hath receiued, deriued from above, as a thing the common devotion of such as are made one in Christe hath layde clayme vnto as a proper inheritance, it beinge a worke of virtue to make known God's counsels to such as desyre notice of them, as to inforce like knowledge promiscuouslie vppon such as are vnwillinge and repugnant is reputed an acte of constancie and fortitude. Otherwise, if any man detayne in his owne hands what is deliuered vnto him out of the common treasurie of the divine bounty, choosinge rather to hide it vnder a bushell then make it serue the vtilitie and profitte of others, he shall be iustlie convinced sore sicke with the desease of envie, the benefitte sent downe from heaven beinge due to all willinge minds (if withall they bee well deseruinge) and pertayninge to the good and saluation of all.

For this cause, reuerend father, I haue not grudged you the knowledge of those goods, which haue of late glorouslie appeared amongst vs from above, beinge intreated the rather by freinds to intimate vnto you this heavenlie favoure, aswell because you, by your great industrie in such pious indeavours, haue gayned yourself immortall fame, as alsoe because you ernestlie desyred some part of our blessinge, and as wee here recceiued it with great ioy and exultation. And because (as the wise man sayeth) all affection is impatient, even of iust and lawfull delaye, I knowe you breathe with a thurstie soule, while you conceave vnfinished any of those things your devotion desyreth to bee supplied withall.

Wherefore, I send vnto you the life of the blessed virgin St Wenefred, lately composed, which I haue gathered, partlie out of certayne written relations I found in the churches of the country where she is knowne to haue led her life, partlie out of the reports of certaine priests whom both their venerable old age commended, and to whose words the very habite of religion forced mee to giue creditte. The cause I publishe it is first the feare of God, lest I should bee found guiltie, as haveinge buried in the earth the Talent committed to my charge and not set it out for increase; secondlie, the loue of the holy virgin, to the end that, by declaration of her virtuous meritts, due honor may be rendered vnto her by the faithfull people; thirdlie, respect to my brethren, for purchasinge of whose good will more strayghtly vnto mee I haue patiently vndergone this soe great labour. That I haue binne whollie silent of her jorney to Rome, I haue done it of sett purpose, as I haue ommitted some other things frequent in many men's mouths, because I neither found them mentioned in any bookes, nor were the reports in men's estimation worthy to drawe from mee an assent to their words. It was sufficient for mee (which I assure my selfe will suffice you) to sett downe in a playne stile the course of her life, ommittinge all matters of vncertayntie. Neuerthelesse, some things I haue lett passe testified by the asseueration of credible men, lest I should be found a man of too many wordes, and reprehended for superfluous narrations, presuminge these things I haue related may suffice for makeinge knowne the life of this holy virgin, and hopeinge alsoe by her intercession, and the help of your prayers, to obtaine a reward of God for my labour.

[§1] St Beuno comminge to Tyfid, father to St Wenefred, obtayneth of him a peece of ground for the foundinge of a church, and taketh (vpon her said father intreaty) the said virgin into his charge to bee instructed in vertue and pietie.

Chapt. 1.
In the westerne part of Great Britanie, there is a prouince called Wales, bounded on the one side with England, on the other with the ocean sea. This countrey was (in tymes past) inhabited by holy persons of many and diuerse merits, and euen to this day is adorned many wayes with their innumerable prerogatiues. Of this number, there was a certaine illoustrous saint called Bevno, a famous person, and in that great multitude of saints most eminent. This man, haueinge first caste of the love to his countrey soyle and, treadinge vnder foote the glorie of the world, made renunciation of all the pernicious blandishments thereof, flyinge away voluntarily poore, became a monke, and, in shorte space, a perfect seruant of Christe. In tracte of tyme, haueinge founded churches in diuerse places, and appointed in them religious men for the seruice of God, admonished

by diuine reuelation, hee departed further, inquiring out the mansion place designed vnto him by our supreame Lord. At length, by direction of the Holy Ghost guidinge his footesteps for the profitt and edification of many, hee came to the manor house of a certayne great and powerfull man called Tyfid, whoe being sonne to a cheiffe and renowned consellor called Æliuth, in dignity second to the kinge, would admitt nothinge vnfittinge his progenie, or vnbeseeminge his great nobility, but equallinge his gentrie with laudable life and maners was famous in those parts for all noble comportments.

The venerable Bevno, comminge vnto this man, was entertained by < >[1] him with all reuerence and curtesie, and not delayinge to vnfolde his minde and make manifest vnto him the cause of his approache, callinge him aside, 'Sir', said hee, 'I am come vnto you by direction from God; for haveinge inhabited hithervnto diuerse places, and had mansions fitt enough for my purpose and aggreable to my priuate likeinge, yet my spirit could rest noe where, secretly admonished by the spirit of God to seeke some other place. Wherefore, leavinge those pleasing habitations, I come now vntyow ignorant of the cause, for which the diuine providence foreknowing things to come hath directed mee hither, though I cannot imagine I come by chance, or without some mysterious cause, beleiuinge steadfastlie, as I doe, that all things are governed by God's direction and man's purpose always wrought vnder His holy disposition. If you will therefore yeild vnto my desires, it will bee a thing worth your care (lending a patient eare vnto my petitions with an vnderstanding effectuallie attentiue) to make my comeinge a help of your owne saluation. I beseech you, therfore, out of your possessions descended vnto you from your progenitors by hereditary right, grant a part to God and mee, where I may build a church for his seruice, and daily prayer in future tymes for your saluation.

Tyfid who made now full resolution with himself to yeild vnto the holy man's request, because hee iudged him a person worthy of praise and to be held in reuerence, made annsweare vnto him in these like words: 'Convenient, certainlie, it is, wee should giue parte vnto God of those things hee hath bestowed vppon vs, and repay his benefitts with gratefull

---

[1] by] by by

thankes according to the measure of our abilitie. In which respecte, you haue made your self gratefull vnto mee by desyreinge that at my hands, which I ioy muche to bestow and which I am not ignorant is for my good. Come, therefore, take what you request, to witt this manor free and quiett, discharged of all duties belonginge to mee and my successors, and from this day foreward dedicated onely to the seruice of God. And because I haue one onely daughter, who is almost the summe of all my ioy and hope of my posteritie, her alsoe I committ vnto you, beseechinge you to make prayer vnto our Lord for her, that hee vouchafe to order her conversation to his will and my honor, and make my ioy conceaved of her growe to perfection.'

Haveinge said this, hee deliuered possession of the said manor vnto the blessed man to found a church and build dwellings for God's seruants who were theare to resyde. Anon after he remoued his houshould stuffe to annother place, makeinge his abode in a prospecte whence hee might see the holy man's habitations at all houres of the day. Such interest had the saint gott in his affection in short space that, if at any tyme vppon necessarie exigence hee were forced to leave his company, it seemed to him a ioyfull and gratefull thing to cast his eyes that way whither his minde was bent, and to frequent with the presence of corporall vision that place which hee did still inhabite with all spirituall devotion.

[§2] St Wenefred, moued by St Bevno's sermons, is minded to lead a single life and consecrate her virginity vnto God, to which resolution she obtayneth her parents' consent by the said holy man's intermediation and, by her virtuous life, prouoketh the hatred of the common enemye of mankinde.

Chapt. 2.
Whilste the holy man was bussie in buildinge the church, Tyfid himselfe now and then layd to a helpinge hand, disbursinge euermore sufficient for the worke, and soe hasteninge it to an end, both by his labour and expences. Sometymes also when the blessed man celebrated masse, he was present with his wife and his daughter called Wenefred. And placinge the said virgin at the feete of the man of God, whilest hee expounded to the

people God's commandementes, hee admonished her to note carefullie all that hee said and receaue it with an open harte, which God in His foreknowinge prouidence suffered not to bee done in vayne. For the yonge maide, designed to bee a temple of God, imbraced with an ardent desyre what her eares conveyed into her soule, and layd it safe vp in a faithfull memory, mindinge to expresse shortlie in worke what shee now conceaved in thought. Oftentimes alsoe askinge and obtaininge leave of her parents, she came to the man of God, swallowinge downe with a thurstie soule what was poured foorth from his mellifluous mouth. And although she were tenderly beloved of her parents, and in her alone were founded the hope of ofspringe and continuation of their posterity, yet was that greatefull vnto them that shee tooke content in frequentinge his companie, beinge desyrous she would learne by his instructions to renown[c]e all dishonest commerce, and conserue herself vntoucht for lawfull matrimony. She grew daylie better in the inward man by inspiration of God's mercie and, increased in wisedome, her mynde became thirstingly drunke with the Holy Ghost. Now had she purposed to renounce man wholy, and to luste only after the chaste embracements of God, but feared to make it knowne vnto her parentes. Shee thought it not fitte for her to offend them, though shee knew it was most wholesome for her to bee entyrely ioyned to God. Shee was not ignorant of her parents' ioynte will to see her bestowed in lawfull wedlocke for propagation of posteritie, but yet shee beleeued without doubt, it was much better for her to present her selfe to Christe a chaste virgin.

Beinge in this spirituall conflicte, her mynde was not a litle troubled, the feare of parents, on the one syde, callinge her backe from her purpose, on the other, the love of God speedylie and with a kinde of force driuinge her forward to put in execution what shee had resolued on. Shee had learned of her maister to giue a faithfull assent to our sauiour His words, commandinge to renounce father and mother and follow him. But her tender and vnripe age was a hynderance vnto her, though resolued firmely to performe that at last, if shee could not otherwise obtayne her purpose. First, therfore, she thought fitt to deale with her parents by meanes of the holy man and by the assistance of God's grace, to drawe them, if she could, to yeld consent to her will. Comeinge therefore vnto him, shee found him (as his custome was) at prayer, and, bouldly approaching, made him acquainted with her secret cogitation and purpos. 'I will', said shee, 'make knowne vnto you, o holy father, to what growth hath increased in mee the seede of God's word cast into my soule from your mouth. I haue made **choyce**[2] and resolution to renownce all worldlie pompe and purpose to conserue my virginity entyre and vnstained, to the honour of my heavenlie spouse. And for this, deare father, I desire to obtayne both my parents' consent, by your intermediation.'

The blessed man heareinge these things, moued with deuotion, and beinge glad the deuine seede did now sprowte foorth in her, told her hee would deale carefullie with them both, and, asmuche as lay in him, effect her request, which was an easy matter to bee done, and not hard to bee obtayned, as well because the virgin's parents had wholly committed themselues to his care, whoe was drawne in to intermediate, as alsoe because the plenitude of the diuine grace had possessed their soules, with which they desyred all men, and especiallie their daughter's harte, might bee inebrieated. Wherefore haveinge vnderstood their child's desyre by the man of God, powringe foorth teares, they gaue God thanks and gentlie yeilded to the petition, beseechinge God to lay to His helpinge hand. And haveinge nowe cast of the burthen, which < >[3] did not a litle presse them, they distributed their riches diuerse wayes, supplyinge the wants of the poore, of widdowes and orphanes, and attendinge to the man of God with greater care. And because they sawe their daughter would bee ioyned in marriage to non but to the sonne of God, what euer they had gathered and meante to bestowe vpp[o]n her, if shee had married an earthlie man, they now spent in the seruice of God, and sett free from those cares, which had hithervnto much oppressed them, dedicated themselues wholly to God His commandements, walking on steadfastlie in **the**[4] way of iustice.

The yong maide, haveing obtained her wished desyre, conceaved exceedeinge ioy, and, exultinge in the holy Ghost, sate downe sometymes at the holy man's feete, as one alreadie consecrated vnto God, suckinge with

---

[2] choyce] ioyce
[3] which did not a litle presse them] which did a litle presse them, they did not a litle presse them ; cymh. Laud *quo non mediocriter grauabantur*
[4] the] they

a thirstie soule those things which did fall from his mouth concerninge the glorie of her spouse. And gaininge licence to vse her own freedome, she ranne the way of God's commandements with a dilated harte, still extendinge her selfe to the things which were before, and altogeither lettinge passe what was behynde. Shee admitted noe earthlie thynge into her mynde, for His loue, whom she had dedicated her selfe vnto, greedyly desireinge one thing with the Prophett, to witt, that shee might inhabite in our Lord's house all the daies of her life. Now shee attended not her parents' comeinge to the churche, but goeinge thither many tymes with foreward steps was present at the diuine misteries. Oftentymes she watched in the church by night, and, now and then ymportunatelie thrustinge her selfe into the holy man's companie, vrged him earnestlie to discourse vnto her, and treate of the life and customes of her spouse. For, burninge wholly with desire of Him, she then receaued some ioy when speeche was made of His excellencie, beautie, and power, which spirituall repast of hers did farre excell all content of earthly things, and conserued in her harte an indeficient delight of spirituall iocunditie. And although shee were tender of age, yet in maners shee was perfecte, and her harte had graye hayres, haveinge her minde contemptious of all inordinate desires. Yea, whatever beseemeth a man of perfect virtue to haue was to bee found in her in a competent abundance and, withall that, had the plenitude of God's grace sufficiently infused into her. In exterior things alsoe shee had receiued no litle fauour from God, for in countenance she was beautyfull, and in speech affable, and her whole body decentlie composed. For which cause she could not euery way avoyde the crafte of the cunninge lurker, but by this, as by an occasion, was forced to vndergoe a combate with the enemye of mankinde. For shee moste studuouslie watchinge in those excercises which **pertaine**[5] to saluation, the Deuill perceavinge hee loste much of his possessions by her industrie, and that thereby his power in that countrey might bee much diminished, beganne to rowse himselfe, and applie all his forces against her; nor did hee cease, till hee thought hee had ouercome her, and that hereafter shee could hurte him nomore. Which matter beganne as followeth.

[5] pertaine] pertame

[§3] How Cradocke, a yonge noble man, moueinge an vnlawfull sute to St Wenefred, and shee reiectinge it, cutte of her head; how a fountaine sprange vp presentlye in the place; and of her parents' greate grieffe at the sight of their dead daughter.

Chapt. 3.
After St Bevno had by God's assistance finished the church, and consecrated it to God, the adioyninge borderers came thither many tymes, but the foresaid virgin's parents frequented the same dayly to heare treaty of diuine things. And it happened vppon a certaine Sundaye, they with others goeinge thither to heare the holy man preach and celebrate masse, the mayd their daughter, haveinge by chaunce some indisposition, was constrayned necessarily to stay alone at home. And behold a certaine yonge man called Cradock, sonne to Prince Alane, entringe the house, found her sittinge alone by the fyre; whoe, knowinge him to bee a man of noble parentage, rose vp in haste, and humblie demaunded of him what hee would haue. Hee asked her whither her father was gone and told her hee desyred much to speake with him, to whom shee made aunswere that her father was gone to church, to heare masse, and 'Therefore, if you must', said shee, 'needs speake with him, please you to stay a little and hee will bee here anon.' This she said with a plaine meaninge minde, not suspectinge the least deceipt, crafte, or machination. But indeed the prouocations of lust, ticklinge the yong man's minde, had drawne him thither; which, runninge headlong and without bridle, hee sought to satisfie. For when the mayde had answered hee must expect her father, he replied, 'I will expect his comminge with patience, if in the meane tyme thou wilt bee content to enter into a league of freindsheppe with mee, and giue assent vnto my will. Thou knowest I am a prince's sonne, abundantly furnished with riches and honors, and am willinge to enriche thee plenteouslie, if thou wilt graunt my request.' Shee, perceaveinge his speeche tended to matter of dishonestie, castinge downe her blushinge countenance, fained first shee was sory hee had found her vnprouided, without attyre and ornaments. Afterwards shee said vnto him, 'Seinge you being borne of noble bloud shall by God's fauour become prince, I doubt

not but matchinge with you in wedlocke rites I shalbe richlie **endowed**[6] with wor[l]dlie felicity. Neuerthelesse, expect a while, till my father come, and I in the meane tyme will goe into my chamber, and presently returne vnto you.' In saying thus, her meaning was to gett from him at that instant, for she sawe the miserable man burninge with vnfortunate luste, deadlie tormented with her loue and, as it were, become mad. Shee knew alsoe that this infectious enemy would become more furious by the absence of her parents, and therfore sought any occasions to escape his hands for the present.

At length he was content shee should enter her chamber, hopeinge shee would returne without delaye, more decently decked and gratiouslie attyred. Wherefore, she, riseinge vp and goeinge into annother roome, departed foorth presently by a back way, and with great speede came towards the church, thinking she would there fynde protection, if not for the feare of God, yet at leastwise in the multitude of men. This flight of hers was presently perceiued by the vnluckie yong man, whoe, instantlie possessed with furie and replenished with vehement anger that to avoyde his commerce shee had fled away, takeinge his sword in haste begann speedylie to follow her, and, her father's house being distant from the church a pretty space, easyly ouertooke her. Vnto whom with a frowneinge countenance he vttered these words, 'I haue heretofore loued thee, and desyred to ioyne with thee in loueinge imbracements. Now comeinge to thee, thou flyest away, and doest sett at nought my kinde intreaties. Knowe therefore for certaine, thou shalt either voluntarylie, att this present, suffer mee to enioye my desires, or this sword shall end thy life, with the losse of thy head.' The virgin cast her eyes towards the church, lookeinge carefully whither any came foorth who might bee her defence, but none appeared. Wherefore, turninge her self towards the youth, 'I am', said she, 'ioyned in marriage to the sonne of the eternall kinge and iudge of all men, for which cause I cann admitt noe other. And not to hold thee long in suspense, I will, whiles I liue, admitt noe other but Him, for I cannot without His iniury. Wherfore, draw thy sword, put foorth thy forces, vse what cruelty thou please, and be assured, that neither thy terrors, nor gentle vsage, neither promises, nor threats can seperate mee from the sweetnes of His

---

[6] endowed] endo=dowed (wrth symud i dudalen newydd). Ceir 'wed' ar waelod t. 136

love, with whose chaste embracements I am already tyed, and to whose deuotion I am conioyned.'

The lasciuious yong man seing himselfe contemned, impatient of lust, and withall perswading himself, she would neuer be brought to yeild vnto his will, that for long as shee liued hee should neuer haue rest, draweing out his sword, cutt of her head. Presently, assoone as the virgin's head fell to ground, a most cleare fountaine sprang vp in the same place, plenteouslie flowinge, which continueth vntill this day, cureinge many infirme persons, by the meritts of the blessed virgin. And because he cutt of her head, ouertaking her neere the church doore, it tumbled ymmediatly into the church, the body remayninge on the ground without. For the church being built at the foote of [a] banke, and the virgin's head cutt of in the descent thereof, it, easily tumbling downe, glided into the said church, the trunke remeyninge still in the place where it fell. The head rowlinge betwixt their feete, who stoode and attended the diuine mysteries, filled all the assemblie with exceedinge admiration. And euery man being strooke with extreame feare, and sayinge there was committed a most execrable wickednesse worthy of heavie punishement, and withall detestinge the author thereof, the mayds' parents, moued with common tumult, came in presence, desyrous to knowe the certainty of the matter. Whoe, seinge their daughter dead, here her head, there her headlesse body, drowned in teares, fell downe to the ground and dissolued with grieffe and anxiety, sendinge foorth weepinge voyces, discouered their sorrowe with clamorous lamentations.

[§4] Of the fearfull punishement of wicked Cradocke and how St Bevno haveinge sayd masse, and made a sermon, exhorted the people to pray for the resuscitation of S. Wenefred.

A great tumult beinge herevppon raysed in the church, euery man bewaylinge the virgin's death, and many pittyinge the acerbity of grieffe which had taken hould of her parents, the holy man heareinge the noyse, and suspectinge an vprore, came to the multitude of standers by; and seinge the virgin, which hee had intended to consecrate vnto God, soe cruellie slaine, hee condoled pittifullie. The murtherer was yet standinge without the church doore by the dead body, swellinge with pride, and wipeinge his sword imbrued in the virgin's blood vppon the grasse in the sight of all. For beinge a great man's sonne, hee thought he might freely without checke perpetrate so heynous an offence, in committinge whereof, hee declared well hee had noe feare of God att all. But the holy man, takeinge heavily his pride and obstinacy of harte, insolently gloryinge in the perpetration of this wickednes, came vnto him, holdinge in his hand the virgin's head; and lookeinge him in the face, spake vnto him in these words: 'O thou wicked man', said hee, 'stayninge with a murtheringe crime the feature of youthfull comlynesse and thy noble descent, wherefore doest not thou repent the committinge of soe great a sinne? Thou hast disturbed the peace, and the church thou haste defiled with thy sacriledge, God thou hast prouoked with thy heynous sinne, and art thou not yet sorrowfull for all this? Now, therefore, because thou haste carried noe respect to the church nor yeilded any reuerence to our Lord's day, I humblie beseech my God, thou mayest receaue a present and condigne rewarde for those things which thou haste moste indignely done.' With these words, the youth, presently fallinge to the ground, yeilded vp the ghoste, and, which is wonderfull to bee spoken, the dead man's body, in the sight of all the standers by, melted, as it were, and vanished away, many affirminge that it was swallowed vp by the earthe cleaving in sunder and togeither with his soule descended into hell.

All the beholders were strooke with an vnspeakeable feare through the noveltie of their vnaccustomed wonder. Afterwards, the holy man, kissinge often the virgin's head, which hee had taken into his hands, and troubled in spirit, was constrayned to sheed teares. Then, placeinge it in due order, hee ioyned it to the bodie, and casteinge his cloke ouer it, hee breathed into the nosthrills. When this was done, her parents admittinge noe consolation but bewayleinge their daughter's death with continuall lamentations, hee bad them staye their grieffe, and give at length a pause to their sorrowe; and goeinge to the altar, hee celebrated masse. Which being finished, all attendinge vnto him and rayseinge vp their hope vnto God, hee came to the dead bodie, and anon made an excellent sermon vnto the people, sayinge, amonge other things, that this virgin had made a vowe vnto God, but, intercepted by death, had noe tyme to performe it; and therfore they ought, fallinge downe deuoutlie vppon the ground, make earnest prayer for her resuscitation, knowinge they should in tyme to come receaue many commodities by her meanes. Which they performed with great diligence, pittyinge the vntimely death of the girle, and the miserable calamitie of her woefull parents.

[§5] How after St Bevno had made his prayer vnto God togeither with the people, the holy virgin Wenefred rose from death to life, and of her name and her wonderfull well.

Chapt. 5.
After they had prayed a good space, the holy man rysinge from [the] ground and liftinge vp his hands to heaven, 'O Lord Iesus Christe', saied hee, 'for whose love this virgin forsooke all earthlie things and desyred heavenly, heare vs mercyfully callinge vppon Thee with devout mynds, and powre foorth vppon vs the bowells of Thy clemency, condescendinge to performe our requests. And although we bee not ignorant that shee, sufferinge for Thy loue, is placed in the bosome of heavenlie blisse, and standeth not in any further neede of our society, yet doe Thou, o most mercyfull father, shewinge Thy selfe benigne and fauourable to the humble petitions of Thy children, grant assent vnto our supplications. Command, therefore, that this yong maiden's soule, reinduced into her bodie, doe shewe Thee to haue regiment and dominion both of bodies and soules, to the end that by Thy gracious mercie, restored to life, shee may magnifie Thy name, and, after a longe tearme of life, with redoubled increase of virtue and good conuersation may returne vnto Thee her espouse, to witt the onely begotten sonne of God the father, with whom and with the holy Ghost Thou doest liue and raigne, in glorie God, for infinite ages of ages.' When they had all answered 'Amen', the mayde arose, as it were from sleepe, and wipeinge away and cleanseinge from her face the dust and sweat, filled the standers by with ioy and admiration. In that part where her head was cutt off and afterwards by God's power ioyned againe and resolidated, a small white circle in maner of a thread did incompasse her necke, and couered the place of the cutt; which after for long as she liued continued still in one fashon to shew foorth the cuttinge off of her

head, and make demonstration of the miracle. Hence, as the men of that prouince report, shee was called Wenefred, wheras before they say she was named Breva; for that which they in their language call <u>Wen</u>, in Englishe wee call white, and soe by occasion of the white circle incompassinge her necke, shee is saide to haue her name (this particle <u>Wen</u> added and, for better sound sake, tow letters of her old name < >⁷ changed) and by this compounded name to be called Wenefred. There goeth alsoe a report that since her departure out of this world shee hath not appeared manifestlie to any whoe hath not seene her necke invironed with that white circle, by which demonstration shee sheweth herselfe to take muche content in this argument of her martyrdome, representinge it soe often as shee appeares in vision.

The place of this facte committed was commonlie called the drie valley, <u>which is [in] the Welshe tongue Sychnant</u>, but after the virgin's head, cutt off, touch[ed] the earth, and, as before wee haue sett downe, a fountaine of springinge water yssued foorth, which remaineth to this daie, cureinge all diseases as well in men as beasts, the same place tooke appellation from the virgin's name, and **it**⁸ is called in the Welshe language *ffynnan Wenfrewi*, in ours St Wenefred's well: for *ffynnan* in English soundeth a well. And because, the bodie fallinge in the descent of a steepie bancke, muche blood gushed foorth of it, the stones as well, in the middest of the springe, as in the channell comminge from it, and brinks of them both, laye on eache side besprinkled therewith; and which is wonderfull to bee spoken and heard, those stones, thus dyed with blood, doe retayne yet the old hewe, as is manifest even vnto this daie, to them that are desirous to knowe. For they are, as it were, imbrued with congealed blood, neither by long continuance of time, nor the dailie current of the runninge water, brought yet to their naturall color. The mosse groweinge vppon these stones smells like frankencense. It is well knowne to all the inhabitants of that countrey, that this fountaine continueth still in the old maner, and that their are bloodie stones found therin, as wee said before, shewinge manifestlie þe meritts of the virgin, and giuinge hope to all, that the said virgin can yeeld relieffe to those that call vppon her.

⁷ name] name name~~d~~
⁸ it] in

The men of that countrey, whoe yet knew not God nor vnderstoode His iustice, seinge the resuscitation of the virgin, and soe plaine and euident a miracle wrought in the springinge vp of the fountaine and besprinklinge of the stone, casteinge themselues att the blessed man Bevno his feete, humbly besought they might bee made partakers of þe diuine mysteries; whom hee, receiuinge with meeke deuotion, puryfied with the water of holy baptisme, and confirmed in the seruice of God, haveinge instructed them in the rules of God's commandements.

How the blessed virgin Wenefred liued after her resuscitation or what course of life shee lead, and to what end shee came haveinge finished this present peregrination, wee will now endeuour briefflie to declare.

[§6] Howe St Bevno, at the earnest entreatie of St Wenefred, haveinge first well instructed her in all points off doctrine fitting her estate, doth with the consent of her parentes in their and other people's presence couer her head with a holy vele, and make her a nunne; and howe, desposeing his departure from her, hee deliuered vnto her and her parentes wholesome and comfortable admonitions.

Chapt. 6

When St Wenefred was, as before wee haue deliuered, rise from death, sittinge downe all daie att the holie man's feete, shee attended his speeches with carefull deuotion, desyrous to bee instructed more fullie in all thinges which belonge to God. Which beinge done, and haueinge learned the doctrine of ecclesiasticall discipline, casteinge her self att [her] maister's feete, shee besought him earnestlie, shee might receaue the holy vele, and bee consecrated a nunne. For, 'Seinge', said shee, 'my parentes haue granted mee this much, and you knowe I haue a minde, which treadeth vnderfoote all wor[l]dlie pompe, and wholie thursteth after the love and knowledge of God, there ought nothing to staie mee from obtayninge the sacraments of my desires, nor cann I bee drawne from you or remoued from your feete, before, by your benediction, I bee initiated in the mysteries of regular discipline, and shew my selfe, euen in the exteriour habitt, to belong to God's lotte. Doe not therefore, o holy father, deferre any long tyme my request, but, giueinge way to my perswasions, lett mee presentlie obtaine whatt I doe soe muche desire.'

The holie man, callinge her parents, made known vnto them the virgin's mynde and vowe, tellinge them howe she was preuented by God's grace, and that hee mynded to satisfie her will. Whervppon, they giueinge a meeke assent and imbraceinge their child's deuotion with ioyfull affection, the blessed man in the presence of many, concerninge the head with the holy vele, consecrated her to God and confirmed her well in the discipline of regular profession. Who presentlie, after the obtaininge of her desire, aspireinge to the culme of all virtue, and insistinge most deuoutlie in the exersices of a religious course, gained in a short space the practice of the whole order and obseruance, and goeinge foreward daielie more and more in the waie of piety, made the good man greatlie reioyce with her exceedinge charitie; whoe callinge to him her parentes, vsed this like speeche: 'You haue', said hee, 'heretofore entertained mee here, showinge yourselues readie and forward to graunt my request. You bestowed this place to bee accommodated for the seruice of God, and you your selues haue diligentlie attended to the performance of the same. Nowe seinge the diuine benefitt haue sprunge vp plentifullie amongst you, attend carefullie the heavenlie [light][9] powred out vppon you and vppon your daughter, and consideringe with due sollicitude the grace bestowed, procure watchfullie to walke the way of saluation foreshewed vnto you. And because, for the present, you must [lose][10] my presence, by reason I am called hence by God, to another place, giue care attentiuelie to your daugter's admonitions and example, certainly perswaded that shee wilbee an example of saluation, not only to you, but to all people.' Then, turneinge himself to the virgin, 'God', saied hee, 'commandeth thee to succeede in my labours and exercises, to inhabite this dwellinge, and to walke on without intermission in the waye of life I haue intimated vnto thee, teaching others to walke therein. For Hee hath made choyce of thee to carrie before Him a palme of singular meritt, and hath determined to informe with His loue many in this life, through the example of thy martyrdome, good life and conuersation. Wherefore, from this time foreward, it shalbee thy part to

[9] Cymh. Laud *lumen celeste*
[10] Cymh. Laud *carituri estis*

make here thy habitation, and to gather virgins to liue and continue with thee, in the seruice of God. And know this for certaine that thou shalt not end thy daies in this place, but haveinge passed ouer seauen yeares' seruice of God, in continuall abstinence of bodie and affliction of spiritt, thou must by this admonition goe see another place, Hee directinge thee and illuminatinge by thy meanes the hearts of many. Beare this likewise in minde, that thy memorie shalbe famous in this world, and of whatt meritt thou art in the sight of God, many shall wittnesse, receauinge by thy helpe remedie of their infirmities.'

[§7] How St Bevno with many comfortable speeches signified to St Wenefred three guifts which God had bestowed vppon her, for the glorie of His name, her praise, and good of others, and how he exhorted her to a constante perseverance in virtue.

Chapt. 7.
Now þe blessed maide, much grieued att the departure and absence of her maister, and distilling teares of sorrowe from her eyes, holy Bevno, takeinge her by the right hand, ledd her to the fountaine which (as before wee declared) sprange vpp in the place where her head was cutt off, and, placeinge her vppon a certaine stone found there by chaunce, which to this daie remaineth in the current of the well and is called of the inhabitants St Bevno's Stone, hee spake vnto her againe in these words: 'Thou seest', said hee, 'here the token of thy martyrdome yet remayninge. Behould these stones imbrued with thy blood giue notice thou hast suffered martyrdome for God's sake, and retaine, as it were freshe, the tincture they first receaued, to thy perpetuall honour and instruction of many. Now, therefore, commend my words to carefull and constant memorie, to bee deriued to the knowledge of whole multituds, with a reuerend reporte and muche avaylable to noe fewe in the succession of future tymes.

Three donatiues are bestowed vppon thee by God, which shall solemnly sett foorth the title of thy praise and heape vp with due veneration the loue of thy deuotion in the mindes of posterity. The first is that noe washing off after ages, nor the continuall violence of this streame, shall cleance awaie the tincture of these stones died with thy blood, but they shall still remaine bloddie, in testification of thy martyrdome, God workeinge this miracle, for the glorie of His owne maiestie and triumph of thy chastity. The second is, that whoesoeuer haueinge vndergone some misfortune shall seeke after thee, and desire by thy intercession deliuerance from his infirmitie or oppression, the first, second, or att leaste the third tyme, shall obtaine his desire, and with ioye receiue what hee sought for. Or if any makeinge suite vnto thee in three seuerall instances doe remayne frustrate of his desire, lett him knowe for certaine, he shall shortlie after end his life, and that, by the secret iudgement of God, hee hath fallen shorte of the fruite of his petition; yet withall lett him vnderstand that to haue called vppon thee with a constant minde shall avayle for the cure of his soule, and that hee shall by God's mercie, and thy intermediation, receiue a greater matter, then if hee had obtained the exteriour thing hee demanded. The third guift is this: vppon my present departure from thee, God almightie will vouchafe to bestowe vpon mee a conuenient habitation neare the sea side, and though I bee seperated from thee a great distance of place, yet the highest will is I bee yearlie visited by thy guifts. Wherefore, when thou haste readie prepared in thy hands the token thou art minded to send vnto mee, come speedily with it to this fountaine, and, whatsoeuer it bee, commendinge it first to God, lay it downe confidentlie theirein. Thou shallt presentlie see thy pledge carried by God's power from the well downe the current, and by the violence of the runninge water conueyed, without hurt, into the great riuer streaminge belowe. Anon after, the sea, that waterie element, yeldinge obedience to God's will and performinge due ministri to his command, will carrie the same to my lodginge doore, safelie transportinge it through the crooked folds of rowlinge waues, and the swellinge resoundinge billowes of þe same. And this shall by God's will happen euerie yeare whiles life shall accompanie this bodie of myne. Which guifts bestowed vppon thee by God shalbee an argument of the prerogatiue wherewith thou art endued, and, whilest this world shall endure, shalbee celebrated by many man's narrations, to the renoune of thy memorie and glorie of thy praise.'

Haveinge said this, hee brought her back vnto the church, and there againe, hee vsed this like speeche vnto her: 'Behold, this church and the dwellings adioyninge, built partlie by my labour, partlie by thy parents' expences, I leaue vnto thee, to the end that after my departure, gatheringe togeither many virgins to continue here with thee in the seruice of God, thou procure to doe it, accordinge to thy profession, noe waies intermittinge thy good example and course of life, which I haue insinuated vnto thee. And knowe this moreouer, that in this place, great demonstration shalbee made of the diuine power to the profitt of manie, and, by the example of those that shall inabite here, manie shall ascend to the knowledge of God, castinge by all world[l]ie commodities for gaininge Christe. Manie cures alsoe of soules and bodies shalbe ordinarilie bestowed here, vpon such as languishe with different infirmities, and euerie age and sex shall ioy they haue receiued some remedie in this place. Neither shall the brute beaste bee voyde of benefitts, God by His mercyfull power protectinge this habitation and workeinge therin soe many miracles to the praise and honour of His holy name. Doe, therefore, shewe thy selfe soe pleasinge vnto God, and fashion soe thy selfe in all things, that His name may appeare glorious in thee, and that thou maiest become a forme of saluation to all behoulders. Now doe I depart to serue God elsewhere, accordinge to my abilitie, and will conserue a deuoute respect of thee in the closett of my hearte, soe long as I liue, with ioyfull remembrance.'

[§8] How St Wenefred was much afflicted att the departure of St Bevno, and of her care and diligence in instructinge gentlmens' daughters shee had assembled vnto her both by doctrine and example.

Chapt. 8

Haveinge said this, takeinge onlie his staffe in his hand, hee entred on his way, leaveinge to the blessed virgin, and her companions, all his houshould stuffe and whateuer God had bestowed vppon him by the hands of the faithfull dureinge his abode there. And commendinge them all to God, and biddinge them farewell, hee departed, takeinge onelie one cleargie man in his companie. Still as he **went**[11] hee looked backe towarde

---

[11] as he went] as he wen. Ychwanegir y geiriau hyn yn yr ymyl dde gyda signe-de-renvoi. Tociwyd y llythyren olaf.

St Wenefred, weepeinge for his < >[12] separation from her. Shee, on the other side, troubled with his words and departure, represented a pittifull countenance with teares and sorrowes, sayinge shee was now left desolate and without aduise, open to the incursions of ill willinge aduersaries, depriued of the care and presence of her pastor. And some makeinge triall to allaie her grieffe with comfortable words, shee, accompaning her beloued father a little space from the churche, while she was with him would admitte noe comfort att all, neither was there anie that went alonge with her free from teares, seinge her tormented with suche expressiue grieffe. The holy man, not endureinge longer suche lamentations, though hee himselfe alsoe was moued with noe litle tendernesse, willinge to putt end to soe great sorrowe, hasteninge his pace, remoued himself from her, extendinge foorth his hand first, and giuinge his blessinge. Yet the virgin, sendinge after him carefull lookes, when hee was departed and out [of] sight, shee returned home with her companions, though shee could not dissemble the bitter grieffe assaultinge her vppon the departure of her maister, whilest her memorie was yet freshe.

After some tyme, the holy maide returninge to her selfe and callinge to minde the manner of her conuersion, the title of her martyrdome, and speeches or prophecies of her holy tutor Bevno, takeinge to her a manlie courage, caste of wholy all anxiety, and imbraceinge anon, with all affection of soule, Christe her spouse, to whom by chaste life shee had consecrated her selfe, beganne with an ardent desire to breath after Him, and to make Him the butte of her conceipt and wishes.

Then assemblinge gentlemen's daughters, shee taught them to loue chastitie, and, dispisinge all the allurements of the inticeinge world, submitte their necks to the lighte yoke of Christe, and bynde themselues to the seruice of God, according to the rule of regular profession. Some, seinge the seueritie of her conversation and modest grauitie of life, grew compuncte with God's grace, and, takeinge in hand the rule of monasticall order, desyred they might receiue the holy veyle, and become nunnes: whom, she exercisinge the place and office of a good sheepheardes, one while procured to arme with words of gospell and sentences of holy fathers, againste the craftie treacheries of the fraudulent enemie of

---

[12] his] his his

mankinde, another while instilled sweetlie into their harts the diuine loue by þe meanes¹³ of her deuoute and luculent discourse. Shee ceased not alsoe to instructe them with continuall admonitions to attend diligentlie the institutions of þe rule and, beinge mindefull of their profession, to shew themselues industrous in such like things; and what in word shee taught her subiects to doe, the same shee herself performed in worke without intermission. For daily did shee studiously exe[r]cise her selfe in watchinge, fastinge, and praier, shewing thereby what course the virgins committed to her charge ought to hould, and became a paterne and example of good life vnto the flocke commended to her care. In shorte space arriuinge at the culme of virtue, shee insinuated manifestly to all þat Christe, the wisdome and power of God the father, did professe the whole extente of her heart, which thinge partlie innumerable cures and frequent miracles did plainly make manifest, partlie the documents of saluation plentifullie flowinge from her mouth did clearelie testifie. From that tyme forwards, the conuent of virgins did muche increase, the fragrant smell of her sweete virtuous odours draweinge souls on to the knowledge of God and infuseing into their hearts the loue of the diuinitie. Moreouer, that holy congregation reioyced exceedinglie that they had soe graue a matrone for gouernesse, in whom they sawe visibly aboundinge all exercises of virtue, and in whom they knew the heavenlie grace did shine foorth most plenteouslie.

[§9] Of the great reuerence all the adioyninge inhabitants had towards St Wenefred, both for her eminent sanctity, and the miracles it pleased God to worke by her meanes, and howe shee made readie a token to send to her maister, St Beuno.

Chapt. 9.
Wherefore, St Wenefred insistinge diligentlie in all the exercises of heavenlie life, the borderinge neigboures became deuoted to her loue. Those further of were exceedinge ioyfull vpon notice of her great fame, sayinge they were larglie fauoured of God's clemencie whom shee was neere at hand vnto, either by conuersation or acquaintance, and many

¹³ þe meanes] demeanes

demonstrations of God's power were wrought by her in miracles, by which shee brought vnder her deuotion the hearts of sauage people and, as it were, constrayned þe minds of the faithfull to yeeld reuerence vnto her, and, gaininge both the one and other, drew vnto her the fauour of all. Now was it held a ioyfull thinge almost of all to dwell in her neighbourhood, many by her meanes affecting þe delight of virtues and waie of saluation, others pondringe in her þe force of heavenly grace, in respecte of þe commodities outwardlie receiued in miracles wrought in their behalfe. All men, therefore, entertayning with great veneration and reuerence þe diuine splendor which through her did shine in all þe prouince, the virgins subiect vnto her, to whom it appeared more cleare, tooke therby great profitt. For, seinge her aspireinge to God with daily groanes and diuine oracles sent foorth often vnto her, they assumed great deuotion towards God, and grew continuallie better and better.

But holy Wenefred, continuinge with perseuerance in such good workes, soe þat the heavenlie light did by her meanes shine all about, oftentymes calling to minde the words and precepts of her maister, consydered that the daie of his departure was at hand, the **anniuersarie**,[14] I meane, of that daie on which hee departed from her, and willed her to send a token vnto him; which she long before carefullie keepinge in minde, made vp a vestiment of a conuenient texture, wrought partlie by her selfe, partlie by the virgins vnder her charge, to bee sent away to þe man of God.

[§10] How St Wenefred sent a token to her maister, St Bevno, which was carried by the sea waues to þe shore adioyninge to his monasterie, some fiftie miles of, and of his prairs for her, and her carefull exercise of all virtue.

Chapt. 10.
Wherefore, the daie beinge come on which the token must bee sent, which was the first daie of Maie, the blessed virgin with many others in her companie came to the fountaine, in which (accordinge to the holy man's direction) shee was to laye downe her guifte, and, wrappinge first the vestiment in a cleane towell, putt it in the middest of the well, sayinge

---

[14] anniuersarie] amiuersarie

shee sent it to the holy man Bevno by ministerie thereof. And, behould, a wonderfull thing to bee spoken, and credible onely to a faithfull man: the cloth wherein þe vestiment was inwrapped was not touched by the water nor tooke the leaste infusion thereof but, remaininge perfectlie drie togeither with the vestiment, was carried downe the streame by the force of the runninge water, and conueyed into the great riuer, and, all that daie and night followinge the virgin's guifte borne foreward by the sea waues, nexte morninge rested at þe shore, ouer which þe holy man had placed his habitation.

The daie succeedinge, holy Bevno departinge the church and standing vpon þe sea side, with admiration beholdinge howe the flowinge waters retyred themselues and, by a secreat force, drew backe their waues, by chance espied affarre off on the shore the folded cloth and, drawinge neerer, desired to knowe more certaynlie what it was. Wherefore, takeinge it vp in his hand from the sea sand and vnfoldinge it, hee found a vestiment noe witt impaired; the cloth alsoe, which did couer it, appeared drie, as if it had not touched the water at all. While hee was in serious cogitation, seekeinge to discouer the cause of this euent, wondringe with all how anie drie thinge might bee found in the waterie concauities of the sokeing sand, the memorie of the deuoted virgin Wenefred gentlie stole into his minde, and, callinge to remembrance howe hee commanded her to make readie for him a yearelie token, and depositate it in her fountaine which vnloadeth it selfe into the ensueinge streame, hee conceaued att length, by reuelation of the Holy Ghost, that it was sent vnto him, by that holy virgin, it was safelie conueyed vnto him through the sea waues; and yeildinge therefore humble thanks vnto God, hee laide vp in the churche with great affection, to bee vsed afterwards by hymselfe and other seruants of God, reioyceing alsoe exceedinglie that the blessed virgin had bynne soe mindfull of his words, and that her fame was soe illustrous that almoste all the countrey was enlightened by her. Hee praied the Lord to increase his virtues, that whatsoeuer was gratefull in His sight might bee found in her in abundance, and men's consciences by her meanes bee enkindled with heavenlie deuotion.

The euent declared sufficientlie þat God accepted his praiers and lent vnto him the open eares of His clemencie. For to such measure was the practise of celestiall exercises growne in the virgin, that in her might bee found the summe of all perfection and shee as a singular beame to the whole countrey appeared, a forme of liuinge and example of well doeinge, both to those that were present and absent. Shee had alsoe an admirable and diuine efficacie to perswade what shee would. For whensoeuer shee tooke in hand to dispense vnto others the talent of þe deuine word committed vnto her, she had soe good a grace in the deliuerie of her speeche, and soe modest a grauitie in the sentences she vttered, that all men almoste were taken with her words and bound to the deuotion of God almightie. Wherefore the greatest part of the inhabitants of that countrey, rebuked by her frequent admonitions, did forgoe all which might hynder their saluation, and, with an ardent feruour, attended to those things which they knew to bee workes of faith, and to which they sawe the blessed virgin and her consorts affected. Shee, in the meane tyme, shewed herselfe very carefull of all those things which the holy man Bevno had sayd vnto her or encharged her withall, ommittinge nothinge att all which hee had commanded her.

[§11] How St Wenefred did yearely send a token to St Bevno, and how, vppon notice of his death, shee resolued to change her habitation.

Chapt. 11.
Euerie yeare, the first daie of Maie, shee sent a token to her maister, while hee liued in that maner wee haue before specified. And although they were seperated asunder a great distance of place, fiftie miles or more, yet the same, in the space of one night carried through the windinge billowes of the sea, was found in the morninge vppon the sea sand, before the doore of his monasterie. Vppon this euent was added that surname to the holy man, which amongst the men of Wales is held in remembrance, euen vntill this daie. For Beuno is called *Casul-sech*, þat is, chesible drie, because the chesible or vestiment for masse was carried vnto him by the water, yet by the water vntoucht.

It happened, while the virgin obserued yearlie this maner of sendinge vnto him, the holy man Bevno, consumed with all age, but full of virtues and renowned for good workes, leavinge this transitorie world besett with troubles, made remoueall to the celestiall ioyes; of whose life and death, what hee did liuinge, and what wonders hee wrought dead, there are monuments conserued in reuerend memorie. This alsoe is related of him in speciall, very memorable, that hee doth manie more miracles, beinge dead, then hee did whilest hee liued. Whose departure commeinge to the notice of the holy virgin, shee prosecuted the same with many teares, and ommitted further sendinge of the foresaid token. Then first sayinge shee was berefte of all humane consolation, shee beganne to loathe the place which shee inhabited, and not longe after, when the greatest parte of the virgins, her consorts, were departed this life, grewe into hatred of that place in which hithervnto shee had conuersed. And, callinge to minde her maister's words, in which hee had foretold her that, after seauen yeares, shee should goe see and inhabite another place, in the expireinge of the laste yeare shee grewe auerted from her mansion and intermitted wholy all sorts of buildinge. And because her face was as one lookeinge another way, her spirit had noe rest while she liued there, although, till the foresaid seauen yeares were fullie expired, shee could not finde meanes to depart. When that terme of tyme was paste and gone, then shee beinge become her owne woman, lifting vp her minde vnto God with full indeuour, besought him hee would vouchafe to direct her course to a place where shee might please him and profitt others, and, for that place wherein shee had formerlie liued, hee would bee pleased to powre out his blessinge vppon it, that whoesoeuer would haue accesse thither for prayer sake, or for gayneinge some remedie, might, by the invocation of His holy name and patronage of such as for His loue should there reforme theire actions and maners, obtaine whatt they desired; which petition to haue come to God's eares, innumerable people cured in the same place of diuerse infirmities doe abundantlie wittnesse, which shalbee anon made manifest by apparent examples, after wee haue finished the narration of this historie.

[§12] St Wenefred, makeinge earnest prayer vnto God to direct her in the choyce of he[r] habitation, is by diuine admonition remitted vnto St Deyfar, whose great virtues are briefflie insinuated, and a certayne miracle wrought by his intercession after his death recounted at lardge.

Wherefore, the blessed virgin Wenefred, with solicitous and instant prayer, beseechinge the diuine clemencie to assist her and bee the guid of her iourney, on a certayne night, while she attended to watchinge and prayer, receaued from God this aunsweare: 'Take with thee one virgin onlie in thy companie and goe to holy Deyfar, whoe dwelleth in a place called Boduarrie, and his aduise thou shalt knowe, what thou art to doe hereafter and whither to goe.' This was a great man in the sight of God, walkinge in all His commandements and iustifications without complaynte; of whom men recounte that, floweinge copiouslie with the guift of workinge miracles, hee caused a well to springe vp out of þe earth and blessed it with his hand, beseechinge our Lord Hee would vouchafe that, whateuer infirme person should bath himselfe therein, hee might returne home with his health recouered, which praier manie haue testified efficacious whoe haue in that place been cured of their maladies. Now, whereas many miracles wrought by him are related with solemne reporte, I haue thought good to insert one especiallie performed after his death, to the end that, vppon diligent consyderation thereof, it may easilie appeare of what meritt the holy man was.

Certaine theeues, goeinge forth to steale, found two horses in þe church yard of St Deyfar, which they takeinge foorth of þe place, thought they might freely lead awaie. The owners of those horses, commeinge to the church yard where they had left them and not findinge them there, conceaued presentlie they were stolne, and, returninge backe to their lodginge, made certaine candels, and, entringe into the church of the holy confessor, placed them vppon the altar; which, because they were not lighted nor had they at hand anie fire to light them withall, they humblie besought the saint that hee would vouchafe either to cause them to bee lighted miraculouslie, or take them as they were with equall deuotion as if they had binn presented burninge.

The holy confessor, declaringe himselfe present at their prayers, with a sudden light enkindled their candles in their presence. Whereuppon their deuotion towards St Deyfar grewe greater and they conceaued a hope of recoueringe what they had vniustlie loste. Neither were they deceaued in their opinion, for the foresaid theeues, haveinge wandered all ouer the adioyninge countrey, when, about midnight, they thought they had been gone farre of, beinge very desirous to know vnto what place they were come, found at length they were arriued at the hedge wherewith the foresaid cemiterie or churchyarde was encompassed; and beinge much afflicted, knowinge they should not escape scottfree with that theft if they were apprehended, turneinge againe th' raynes, sought to flie awaie. But neither then was the power of God weake in shewinge on them the force of His hand, for, thinkinge themselues nowe departed a good distance, at the dawneinge of the daie they were constrained to returne vnto the same place, and to dismounte within þe inclosure of the said cemiterie, holdinge the raynes in their hands.

The men whoe had loste the horses were not yet departed far but, stayinge in the meane tyme in the church, were in hope to receaue some conforte shortly by meanes of the holy saint. The morneinge, therefore, growinge light, comeinge foorth of the church, they sawe their horses standinge in the churchyard, and the men which had brought them holdinge them in their hands. Wherevppon, praisinge God, and giuinge thanks to St Deyfar, they tooke againe their horses, lettinge the theeues departe without punishement. By this, which hath binn sett downe, maie easily bee coniectured of whatt great meritt the holy man was, to whom St Wenefred, by diuine admonition, was commanded to repaire.

[§13] St Wenefred, takinge with her one virgin in companie, goeth to St Deyfar, by whom shee was directed to a venerable man called Saturne, dwellinge att a place called Henlhan.

Chapt. 13.
The holy virgin, commendinge her habitation and all her domestiques vnto God, takeinge with her one onelie virgin, as by diuine instruction shee was admonished, begann her pilgrimage, and, comeinge to St Deyfar, whoe liued distante from the place of her aboad almost eight miles, was receaued by him verie curteouslie. And, haueinge firste spente a good space of tyme in prayer, they satt downe togeither, the virgin relatinge fully vnto him the cause of her comeinge. To whom the holy man made aunswere in this maner: 'I', said he, 'am yet wholy ignorant of God's purpose in this affayre, but haue patience a while, and staie with

vs this night, peradventure our Lord will vouchafe to reueale somewhat vnto vs, which shalbe pleasinge vnto Him, and auayleable for thy purpose.' To which shee willinglie aggreed, conceaueinge doubtlesse the heavenlie instruction shee receaued to haue insinuated that shee should bee informed by that holy man what shee was to doe.

Wherefore, the saint (as his custome was) persistinge in praier all þat night, hee heard a voyce from heaven sayinge, 'Aduertise my beloued daughter, the virgin Wenefred, that she goe vnto the village which is called Henlhan, there to enioie in some parte her wished desires. For there shall shee finde a venerable man called Saturne, from whom shee shall receiue fuller direction, what shee is to doe and in what place shee is to spend the remnant of her life.' Wherfore, in the morninge, St Deyfar, callinge the virgin vnto him, made her acquainted with all hee had been informed of from heaven, and, shewinge her the waie leadinge to the foresaid holy man, admonished her to goe on ioyfullie, affirminge that it had binne insinuated vnto him from aboue, that shee should clearelie vnderstand of that saint what was fittinge for her, and the whole course of her necessities.

[§14] St Wenefred, takeinge her leaue of St Deyfar, goeth vnto St Saturne, whoe telleth her God's will is shee should liue and die att a place called Gwytherin, and of the praise of the holy Abbot Elerie, and the sanctitie of the place and the religious virgins that liued there.

Chapt. 14.
Blessed Wenefred, reioyceinge muche that, all doubt remoued, shee was by St Deyfar brought to some certainty, and that shee sawe God almightie had a tender care of her, biddinge the holy man farewell, and takeinge her companion with her, went on her waie towards St Saturne, of whom shee was receiued with great mildnesse and curtesie. For hee, haueinge before receaued notice by diuine reuelation of her whole purpose and iorney, entertained the virgin with all affection of deuotion. Afterwards, wisheinge her to make staie with him that night, that on the morrowe shee might bee throughlie informed of all shee stoode in neede of, shee consented thervnto, and, after hee had ledd her to make praier, satt downe with him, tellinge him howe shee was sent vnto him by God's

commandement, that by his instruction shee might obtayne her wished desyre.

   Wherefore, stayinge there all night, on the morninge shee receaued from St Saturne this answere followinge: 'There is a place called Gwytherin replenished with the reliques of many saints, much esteemed of God for their venerable conuersation and had in great reuerence of all people. This place God hath commanded thee to visitte and inhabitte dureinge thy life, and to edifie others by thy exampl. There is resident an abbott of great virtue called Elerie, whom continuall sighes of compunction and perseuerant prayer haue soe remoued and purged of secular cares, that now hee hath noe taste of anie earthlie matter nor doth att all affecte anie worldlie delight, wholy attent to heauenlie things. To this man I am admonished by God's commandment to direct thee, and withall to signifie vnto thee that there thou shall fynde whatteuer maie in this life satisfie a soul desirous of celestiall things. For there are virgins deuoted vnto God, conservinge their virginitie euen from the first rudiments of their infancie in the proffession of monasticall life, whoe, attendinge to their holy purpose with diligent deuotion, are by thy admonitions and good examples, with the assistance of God's spirit, to bee somewhat furthered and made better. For although they conserue themselues in Christ's seruice with watchfull obseruance, yet by thy commeinge they will both become more deuoute and a greater splendor of the diuinitie will illustrate them.'

[§15]
St Wenefred cometh to the holy man Elerie, whoe receiueth her with great deuotion and commendeth much her great virtues to the virgins of his monasterie.

Chapt. 15.
St Wenefred, haveinge heard of the conuersation of those virgins, reioyceinge much att their commendation, professeth herselfe longe tyme possessed with such a desire, and that shee would moste willinglie imbrace with them the title of virginitie. Wherevppon, beseechinge him

to helpe her to a guide **of** the waye[15] hitherwarde, St Saturne commended his deacon vnto her, and, by him directinge her to St Elerie, hee himselfe accompanied her a little waie and, haveinge, as they walked alonge, recounted vnto her manie things concerninge the amenity of the place shee went vnto, att length beinge to returne, shee asked and he gaue her his blessinge. Afterwards, beseecheinge God to powre foorth His gifts vppon her, the holy man returned home, and shee drewe neere the place shee repaired vnto.

The blessed man Elerie had notice from God of her approache, and, goeinge foorth presentlie to meete her, receaued her as beseemed a faithfull worshipresse of God, the deacon whoe came with her relateinge all those things which had by diuine inspiration binne intimated to his maister, and how by God's admonition shee was directed vnto that place. The holie man, haueinge first duelie saluted her and receaued her with deserued veneration, ledd her vnto the church to praie, and, haueinge ended their deuotions, chastlie imbraceinge her, exhorted her to constancie. Afterwards, enteringe into secrette conference, hee asked her what was her conceaued purpose and deliberation. 'For although', sayde hee, 'the whole course of thy life, as well how thou haste benne initiated in the diuine misteries, as how thou haste gained the title of martyrdome by thy decollation, and what alsoe are the ensignes of thy passion and bloodshed, haue binne made knowne vnto my meanesse from aboue; yet I desire to vnderstand by relation from thy owne mouth what cause hath moued thee to vndertake the trouble of soe long a iourney?' To whom the virgin answered in maner followinge: 'Hee who hath vouchafed to reueale vnto thee those things thou haste now mentioned, hath not (as I suppose) left thee wholie ignorant of my present deliberation, nor wherefore it is I am come hither, for as Hee was able to reueale vnto thee things paste concerninge mee, soe was Hee alsoe able to make manifeste the future euents which belonge vnto mee. Wherefore, receaue mee vnder thy charge, sent vnto thee by God's direction, and dispose for the time to come of my conuersation accordinge as thou haste binne afore instructed by the heavenly oracle.'

---

[15] to a guide of the waye] to a guide ~~of~~ the waye

The holy man, determininge to deferre the resolution of this consult vntill the morrowe, desyred her humblie shee would bee contented therewith, and soe betakeinge himselfe to his praiers all that night, the blessed virgin Wenefred beinge carefullie imployed in the like watchfull and continued exercise, the certayne determination of this affaire was signified clearelie vnto him, as hee was takeinge a litle rest, about the dawneinge of the daie. Wherefore, beinge exceedinge ioyfull, hee came in the morninge vnto the virgin and, entertayninge her againe with chaste imbracements, admonished her to reioyce, and from that tyme foreward to stand secure. Afterwards, takeinge her by the hand, hee led her in to the conuent of virgins, which (as wee saide before) was very renowned in that place, and in maner followinge directed his speeche vnto them: 'Beloued daughters, attend, for it is a matter worth the labour to make knowne vnto you with what great splendor the diuine clemencie hath mercifullie vouchafed to illustrate you. Behold, hee hath directed this His deuoted virgin to make staie and liue with you, to the end that, by obseruation of her life and conuersation you maie, by her example, become more deuoute in the seruice of God, and shee, for your increase in virtue, may receaue increase of reward in the kingdome of heauen. This is that virgin Wenefred, whose renowned fame hath long since come to your eares; whoe, to avoyde the detriment of her virginitie, contemned the assault of persecutors, togeither with the wicked allurements of vnchaste sutors, and at length, for conseruation of her integritie, imbraced willinglie death with the losse of her head. This, I saie, is shee, the ensignes of whose triumph shine euerie where in the church, and by whose title all this prouince doth glorie as endowed with a great good. This is shee onelie who knoweth well shee shall obtayne att God's hands a palme of martirdome and alsoe of a worthy confession. To you shee cometh to make her aboade and expecte the daie of her death, whoe by her meritts hath alreadie ascended heaven and whose place of reward is kept safe amongst the holy martyrs. You, therefore, be ioyfull for her comeinge and receaue deuoutlie this heavenly treasure remayninge amongst you, carefullie obseruinge her conuersation and imitatinge her with full indeuour. For to this end hath God directed her hither, that your lookeinge vppon her life may repose your meritts togeither with hers in heaven, and this place, whiles the world shall endure, bee endowed with a resplendent fame for her sake.'

[§16] St Elerie commendeth St Wenefred to his mother, called Theonia, abbesse to the foresaid virgines, and þe eminent virtues of them both, but especiallie of St Wenefred, are declared.

Chapt. 16.
Haveinge ended this speeche, turneinge himselfe towards one of those dames, which indeede was his owne mother and gouernesse of the whole conuent, 'To you', said hee, 'loueinge mother, doe I more especiallie commend the care of this virgin, beloued of God. Doe you, therefore, followe closse her footsteps; doe you imitate her workes; doe you take diligent care of all things belonginge vnto her and whatsoeuer may giue her content. And bee it knowne vnto you, and to the rest nowe present, that this holy virgin hath bynne directed vnto this place by diuine admonition, wherevppon you ought to haue greater deuotion towards her, and withall not bee ignorant how carefull God is of this place.'

This said, the holie confessor departed, and blessed Wenefred made staye to conuerse afterwards with those handmaids of God. Then did shee hasten to winne the fortresse of religion, and persisted constant in the earneste exercise of all virtue, as though thethervnto shee had been wholy a stranger to such sanctitie. And because by the holy man Elerie his relation the first beginnings of her conuersion were notifyed to those holie virgins, shee went on in the waie of saluation, with such ardent deuotion as though then shee had been first conuerted. There was in her a continuall abstinence, perseuerant praier, and an humble conuersation, as a keeper of her goodnes and sanctitie. The other virgins tooke from her an example of patience and obedience, and made her their guide and conductresse in all things which belonge to saluation. In her they found abundantly whateuer pertayninge to honesty and virtue, and therefore held her in noe meane reuerence. Shee whoe was the abbesse, to witt, the mother of the holy confessor Elerie, called Theonia, loued her with solemne affection, and by her aduise ordered her owne actions and the other virgins committed vnto her charge. Shee did reuerence alsoe in her her watchfull instancie, admired her continuall abstinence, and with a sweete ioy imbraced in her the perseuerance of all virtues. Treatinge likewise often tymes with her of the desire of the heavenly kingdome, shee drewe water from her eyes, and shee herselfe, in like maner, did sheed abundance of teares. For that matron was a person of great authoritie and eminent religion, euermore bussie in all works of charitie and mercie; and though shee did loue all the virgins with inestimable deuotion, yet St Wenefred shee imbraced with a kinde of iucunditie of affection, cherishinge her with obsequies, and applieinge noe smalle industrie in her veneration.

[§17] How St Elerie did sometymes visitte St Wenefred and discoursed with her of spirituall matters, and alsoe of things belonging to externall discipline, in both which kinds, hee found her moste experte, and of the greate reuerence the adioyninge borders, vpon fame of her great virtues, had her in.

Chapt. 17.
Holy Elerie whoe, liuinge aparte with his brothren and scholars, did serue God in simplicitie of heart and great compunction of spirit, came nowe and then vnto St Wenefred, proposeinge her to the rest as an example to imitate; and discourseinge with her oftentyms of the secrette ioyce of heaven, sometymes alsoe of ecclesiasticall gouerment, found her plentifullie aboundinge with all things belonginge vnto God, and for matters of externall discipline very prudent. And soe hee returned to his brothren, admireinge in her the abundance of externall knowledge, and the internall fulnesse of God's grace.

Neither could this bee kept long tyme hid from the knowledge of the adioyninge inhabitants. Wherevppon that place gayned in short tyme great celebritie, and was had in exceedinge great veneration. The faithfull people came runninge from all parts by troopes, desyreinge to see a virgin, firste beheaded for the loue of Christe, afterwards resuscitated by the prayers of a certaine saint with great praises, affirminge the place of her habitation to bee a place worthy all reuerence. Some were content only to see her and speake with her; others, thrustinge themselues foreward more importunatly, humbly besought they might see the place of section in her necke, whose request shee was affraid to denie, least their deuotion might thereby bee diminished, and shee incurre therewith the opinion of pride. Whoe, seeinge the skinne which couered the place of the cutt waxinge white, as it were died with the color of snowe, could not abstaine from teares, and, praiseinge God in his wonderful workes, full of exceedinge ioy returned home.

[§18] Of the death of the holy Abbesse Theonia, and how St Wenefred was substituted in her place.

Chapt. 18.
On a certaine daie, St Elerie entred into þe conuent of nunnes to visitt the holy virgin Wenefred, and treat with her of things concerning God. And while they prolonged their discourse, it happened their speeche fell vppon the memorie of death. Wherevppon, the holy man haveinge a fitt occasion to vtter what hee had oftentymes reuolued in his minde, 'I am', saide hee, 'glad that God hath conducted thee vnto this place, both for the buriall of my bodie, and alsoe to make commemoration of mee after my death. For this haue I many tymes besought at God's hands, to witt, that Hee would vouchafe to send hither some one of His seruants or handmaids who might burie mee, and make this place renowned after my departure by his habitation.'

To whom the blessed virgin made answere in maner followinge: 'Certainly it will not bee soe; for thou must first in my life tyme, and with my coassistance, committe to the earth thy mother my superioresse, and, after some yeares, commend my bodie to the graue. Then shalt thou, growne well in age, end thy life in peace, and, translated to thy ancestours, shalt in the kingdome of heaven fynde those things which thou haste laid vp there in store.'

Haueinge heard these words, the holy Confessor departed. And, shortlie after, it appeared shee had deliuered a truthe, for, within a little space, blessed Theonia, taken with a great sicknesse, begann to bee vrged with the pangs of death, instantly to ensue. And when the virgins her spirituall daughters, to witt, those whoe liued vnder her charge, vnde[r]stood of her departure att hand, they powred foorth many teares with great grieffe. The[y] lamented exceedinglie the losse of their mother, whoe had nurished them and brought them vp in the seruice of God, and had instructed them in the diuine misteries; whom she comfortinge with consolatorie words, told them suche lamentable cryes were to bee vsed there where a worse is to succeede a better, and where the diuine lawes are to fall to ground, through the default of badd successors; butt where a better is to come in place of a good, and those things which pertaine to God are sett foreward with aduantage, their grieffe and desolation are not to bee admitted, butt rather it is the part of a man well disposed to receaue with a merrie heart and spirituall ioy the abbetterment sent from heaven by the diuine goodnesse. 'And you', said shee, 'ought to take my death patientlie, because you are to haue with you this blessed virgin Wenefred, in whom you maie finde sufficiently whateuer doth appertaine to the doctrine and example of saluation. Looke vppon her with your inward eyes, and imitate her with mindfull affection. Direct your footsteps by her, as by a singular starr, and commend vnto her the care of all your actions, knowinge without doubt you shall haue God for your helper in all things, if with full consent you doe leane to the virgin's directions.' After these words, shee receiued the liuinge communion of our Lord's bodie and blood att the hands of her sonne the holy confessor Elerie, and, presentlie departinge out of this world, rendered vp her soule into the hands of the holy angells; who being decentlie composed and buried with many teares and great lamentation of all, as beseemed such and soe worthy a matron, the holy man commended vnto Saint Wenefred the custodie and care of the other virgins, whose command although shee endeuoured much to resiste, yet fearinge shee should vndergoe God's censure if she persisted in further opposition, shee consented at last, and to her owne burthen added the care ouer the others. Now cann it not bee expressed in words with what resolution shee tooke in hand the austeritie of abstinence, what crosses, what punishments shee inflicted vppon her owne bodie, what parcitie or seueritie shee vsed towards her selfe. But to conclude all in brieffe, shee left nothinge att all vndone which shee conceaued belonginge to her owne saluation or others' example and vtilitie. Standinge then in these termes, shee was beloued of all with syncere affection, and as well forayners as domestiques did honor her and held her in great veneration.

[§19] Of this great fruite St Wenefred wrought in the hearts of all the adioyninge people, partly by her holy example, partlie by the miracles it pleased God to worke by her meanes, and partlie by her godly exhortations.

Chapt. 19.
St Elerie and other holy men who liued in Wales, seeinge such great perfection in this virgin, had her in great esteeme and reuerence. The noble men alsoe and chiefe men of þe countrey did honor her sweet deuotion, and were greatlie edified, seeinge her gentle conuersation. Many men alsoe of meaner ranke, comeinge vnto her, and noteing her modest semblance, receauinge great edification by her words, were made more prompt afterwards towards the seruice of God. Alsoe theeues and invadors of other mens possessions, seinge her modest countenance and heareinge her words, became compuncte and some of them therevpon grew more milde; others, leavinge of wholy their robberies, were conuerted to God, doeing publique pennance for their faultes committed. And to comprehend all in few words, noe age, noe sexe, noe estate of men whatsoeuer was within that territorie, which did not receaue some profitt by the good deeds of this virgin. God's freind St Elerie did reioyce thereatt vnspeakablie, and now and then made sermons of her to the people, tellinge them, amongst other things, that God for the illumination of His faithfull people had directed her to that countrey, and that the virtue of the Holy Ghoste did inhabite her; which was a thinge well knowne to many, for innumerable miracles and cures wrought by her meanes vppon infirme persons did giue abundante testimonie to the interest shee had in the deitie. Whateuer sicke person came to her departed awaie sound with recouery of health. Hee that came in sorrowe, returned in ioy. Hee that oppressed with some grieffe of minde or other externall accident made his accesse, returned home presentlie with great content, sett free from those oppressinge cares, and made owner of whatt hee desyred. Shee hurt non, but did good to all, both in commmon and particular. For whoesoeuer within the compasse of that lordship were vrged with the misfortunes either of bodie or mynde, immediatlie by her meanes gayned wished remedies.

Shee made herselfe suche a stranger to all worldlie intanglementes that shee thought her selfe stayned, if shee admitted but the leaste thinge pertayninge to the pompe of this world, for her owne vse or the necessitie of her subiects. Shee vsed frugalitie in the admiration of domestique matters. Shee persisted very watchfull in the custodie of the virgins vnder her charge. Shee made them warie and sufficiently instructed for avoydinge the craftie guiles of our subtile enemie. Shee defended them by her continuall exhortations and prayers from the common aduersarie of mankynde and vsurper of our Lord's right, still admonishinge them to bee circumspecte in all their actions, and to haue an indeficient care of their owne saluation.

[§20] How St Wenefred, haueinge notice from God of her approachinge departure out of this world, doth prepare herself therevnto with great feruour and diligence, and doth comfort her spirituall children much afflicted att the newes.

Chapt. 20.
It happened while these things were doeinge, after St Wenefred þe beloued virgin of God had led a life acceptable to the supreame kinge by her deuout seruice, behold our Lord Iesus, willinge to take His handmaide out of the laborious seruitude of this life into the rest of eternall beatitude, made knowne vnto her, on a certayne night while she was att her praiers in the oratorie, the daie of her death neere approachinge; whoe soe soone as shee perceiued herselfe called, presently acknowledged the visitation of God's grace, and with a triumphinge spirit begann to prepare her selfe for the ioyce of [the] eternall kingdome. Then did shee watch whole nights prayinge in the church, and in daye tyme persisted with full endeuour in all virtue, leavinge nothinge att all vndone which shee had binne instructed to doe, and signified to the virgins of her fellowship that her death was att hand; which the handmayds of God heareinge beganne to bee exceedinge sorrowfull, and tormented with inconsolable grieffe, whom the blessed virgin endeuouringe to cherishe with comfortable speeches, told them, it was not meete they should bewayle her corporall departure, beinge to passe from corruption to incorruption, from miseries to ioyes; that they ought rather to congratulate and reioyce with her, goeinge to such a Lord, to whom shee might make intercession for them, and shew

great patronage towards them. Shee exhorted them alsoe to beware of the fraudulent **surreptinge**[16] enemie, tellinge them the proiects of his deceipts were manyfold, that they should haue especiall care to follow her example, and behaue themselues soe as they might well deserue the helpe of her suffrages.

As soone as this report was brought to the eares of blessed Elerie, hee especiallie was exceedinge sorrowfull for the departure of the virgin hee loued soe tenderlie. For, knoweinge her endowed by God with the prerogatiue of especiall grace, hee desired with great deuotion her staye, while hee was to continue his pilgrimage in this life. Now although shee remoued out of calamities and troubles vnto euerlastinge ioye, yet was hee afflicted, beinge left behinde in worldlie perturbations, and looseinge the comfort of his perigrination. Notwithstandinge, puttinge himselfe foreward oftentymes to hold discourse with her, hee performed the part and office of a good pastor, takeinge care of her in all things, and paynefullie ministringe what hee knewe was for her good.

[§21] How St Wenefred falleth sicke and, haveinge receiued the blessed sacrament, comforteth her fellow virgins with deuoute and wholesome admonitions.

Chapt. 21.
In the meane tyme, the blessed virgin begann to bee vrged with exceedinge payne of her bowells; which grieffe beinge vehement and daylie increasinge, shee knewe she was visitted by the harbinger of death. Wherefore, callinge vppon God with all her forces, shee besought Him to take pittie of her, and bee a pious pastor and keeper of her soule, leaste she became a prey to the wicked freebooter. Afterwards, callinge to her the holy confessor Elerie, shee armed herselfe with the voyage prouision of the bodie and blood of our Lord, and, seinge her fellow virgins, as it were, melting awaie in sighes for her infirmitie, exhorted them with comfortable speeches, sayinge: 'Doe not, daughters, doe not afflicte your selues ouermuche for my departure, because leavinge this present misery I am by God's mercy to come to the highest and incommutable good. Nowe doe I reioyce that

---

[16] surreptinge] surrextinge

I refused an earthly spouse, that I trode vnderfoote all the delights of the world, enkindled with the loue of onely God, and that I resolued to hold nothing proper to my selfe in this world. Knowe ye, therefore, that I am nowe goeinge vnto Him, whom I haue preferred before all things, and in comparison of whom I haue esteemed all worldlie thinges as dunge, knowe, I say, that I am to enioye His sight for euer, for whose loue I haue made noe accoumpt of myselfe, and haue despised all the delights of < >[17] the fleshe. Doe you, therefore, imbrace such and soe great a Lord with carefull deuotion; sticke fast with all intention to þe examples of saluation proposed and foreshewed vnto you, and endeuour to keepe promise with your heavenly spouse, to whom you haue assured your faith and chastitie, for by His helpe alone you may with a secure hope expect this daie, auoyd the deceipts of our enemies, and possess a continuall peace. Esteeme light and momentarie whatsoeuer presenteth it selfe to your corporall eyes, for you must not attend to those things which to daie are, and tomorrowe vanishe, nor must you auerte your minde from those incommutable goods which will neuer faile, in which there is eternall peace, security, and ioy.' These words ended, turninge her selfe to prayer, s[h]ee humbly besought our Lord to receaue her soule into his hands.

[§22] Of the death and buriall of St Wenefred and the grieffe generallie conceaued therefore, of the holynesse of the place of her sepulture, the sanctyty of St Kyby and St Sannan there interred, and finallie the death of S. Elerie.

Chapt. 22.
Wherefore, on the first of Nouember, shee begann to bee vrged with a sharpe fitt; yet amidst her grieffe, shee did not desist from wholesome admonitions. For all those whoe came to see her shee aduised to looke carefullie to the end of their liues, shewinge what ioy they shall haue, who, with purged mynds and cleansed of worldlie fylth, shall make hence their transmigration. And nowe, her bodie beinge exceedinglie attenuated with the vehemency of the sicknesse, when shee perceaued her death was at hand, shee sent for holy Elerie vnto her, and desired him her bodie might

---

[17] of] of of

be buried by the bodie of blessed Theonia his mother; which when the holy man had graunted with great shew of benignitie, betakeinge her selfe againe to prayre, the same daie, that is, the second of Nouember, she commended her soule into the hands of our creator to bee placed in the celestiall quires; which when those that were present sawe, they vttered great lamentations for her departure.

What sighes were there, what effusion of teares? Non were free from bewaylinge. Euery sexe and age conuerted itselfe to profuse complaints, and each one thought hee had greater care of himselfe and shewed greater regard of his owne profitt, the more grieff hee tooke for her absence. But whereas all in common conceaued intollerable affliction of minde, an exceedinge sorrowe tooke possession of the virgins especialy which had liued with her; for they lamented the losse of a mistresse, and guid of their saluation. Euery one therefore bewaylinge her death in a different kynde, holy Elery, cominge vnto them, imposed silence with comfortable words. Afterwards commendinge her soule vnto God, hee begann to take order for all things which seemed belonginge to her funeralls, and then commanded her bodie, composed first after the maner of such as are to bee interred, to bee carried into the church, and, haueinge finished all things appertaininge to her buriall rittes or sepulture, hee committed her bodie to the earth with grieffe and sorrowe of all, in that place shee had desired.

In that cemiterie or churchyard where shee was buried, there ly interred many men, and of great meritts, but the most renowned and of greatest fame are sayd to bee the holy confessors Kyby and Sannan, of whom the first lieth buried att her head, the other resteth in the same ranke she doeth; whoe are reported by the inhabitants to haue benn men of great virtues, and come to that place for the multitude of saints whom they had heard, for example of this present life, to haue performed there their spirituall conflict.

There are extant yet in that countrey some churches builte in their remembrance, in which is plainely manifested by frequent miracles wrought vppon mortall men of what great meritts they are in the sight of God. At her left syde, blessed Theonia, whom wee mentioned before, lyeth buried. But for the names or number of other **saints**[18] whoe rest there, the knowledge of God only doth comprehend them. For that place is esteemed venerable for soe great a multitude of holy men, that noe mortall man att all is able to conceaue their names, or expresse their number. Togeither with whom the blessed virgin Wenefred, famous for virtues, and shininge with innumerable miracles, doth adorne the same place; after whose death, many persons, resortinge thither and desyreinge of God cure of their infirmities, haue obtayned wished remedies.

That place from that tyme forewarde was had in great celebritie, and frequented by many with great worship and reuerence for deuotion sake. After some number of yeares, holy Elery, beinge a man of great sanctitie and perfection, departinge this life, went vnto God full of all virtue and religion; whoe, buried in a church dedicated in his name, ceaseth not euen vntill this day to shine with many miracles, thereby addinge much reuerence and dignitie to the same place.

[§23] Of the frequentation and celebritie of St Wenefred's well.

Chapt. 23.
The place in which the holy virgin begann the execise of virtue is had in great veneration and exceedinglie frequented by deuout people. Oftentymes, by her intercession, are wrought there famous miracles, by which those whoe haue recourse thither vnderstand that holy Wenefred cann helpe their infirmities. And therefore multituds of faythfụll persons by whole troopes make accesse, hopeinge by her intermediation to obtayne remedies for their bodies and soules; which deuotion of daylie comers is increased by seinge the swifte springe riseinge out of the place, where her head formerlie fell to ground, and beholdinge the stones lyinge in the bottome of the currente, retayninge still the marks of the virgin's blood as a manifest token of her martyrdome. Which lowely minds comeinge to see, and beholdinge the blood adhereinge to the stones, remayneinge still, notwithstandinge the continuall current of the ouerflowinge water, wonder att the noueltie of þe thinge, and, magnifyinge the virgin's

---

[18] saints] sydes; cymh. Laud *ceterum aliorum sanctorum*

prerogatiue, returne home to their dwellinge place. Many infirme persons alsoe come thither, and returne home cured.

[§24] Of a girle borne blinde cured att St Wenefred's well.

Chapt. 24.
A certayne carpenter livinge in that countrey had a daughter blinde from her natiuitie; whoe heareinge many cured by the meritts of St Wenefred, and beinge daily intreated by his childe shee might bee brought to the holy virgin's well, ledd her thither with great deuotion. Comeinge in the eueninge, first shee washed her head, and afterward was brought to the church to spend the night in watchinge and prayer, which beinge done and morneinge come, shee desired shee might take a litle rest. That granted and a place made readie for her to repose, shee slept a good space, and afterwards awakeinge affirmed she sawe very well.

Her father lookeinge vppon her, and fyndeinge her words true, made knowne to all what fauour God had bestowed vppon his daughter by the meritts of holy St Wenefred, and, moueinge with his speeches all that were present to sound foorth the virgin's prayses, returned home togeither with his childe.

Many persons, enkindled by this miracle with the deuotion of the holy virgin, recounted euerie where her eminent virtues. Some alsoe, by occasion of these wonderfull works done by her intercession, adheareinge vnto her with an ardent loue, made their accesse vnto her, as to a singular refuge, and, anon after, haueinge obtayned their desire, returned home, which shalbee manifestlie declared by the ensuinge example.

[§25] Of a miraculous punishement of a malefactor by the intercession of St Wenefred.

Chapt. 25.
There happened on a certayne tyme a great commotion in þat countrey, and the nobles and more powerfull men of the prouince, sendinge a messenger to their neighbour freinds, aduiseinge them to laye carefull watch to their goods, and looke to themselues very warily, the sayd

messenger, circumuented by theeues, betooke himselfe with speede vnto St Wenefred's church for refuge. His enemies still followinge him, hee entered the churchyard with his horse and, dismounted att the < >[19] church doore, tyed him thereat. Finallie, desyrous to auoyde his enemies approachinge soe neere, hee ranne in haste vnto the altar. One of the theeues, more vntoward then the rest, respectinge neither God nor his saints, entringe the church yard with audacious presumption, came with speede vnto the horse, which takeinge by the bridle and looseinge from the doore, hee ledd away, feareinge nothing at all the meritts of the holy virgin. The owner, comeinge foorth of the church, fyndeinge not his horse there where hee had left him, and conceauinge hee was taken away by those whoe had pursued him, returned againe into the church; where, layinge foorth his grieffe before God and the holy virgin, hee complained with great lamentation of the violence offered vnto him, and that, within the inclosure of the church, hee could not fynde peace. Moreouer, beseechinge the holy virgin Wenefred with earnest prayer to bee mindfull of this presumptuous and ouerbould contumacie, and to inflict a speedie punishement for the fault committed, goeinge foorth of the church hee was forced to finishe the iorney on foote, which hee begann on horsebacke.

After a while the holy virgin shewed well shee had a care of her churchyard and church, and made knowne she did not lett passe the **complainte**[20] which was with sighes deliuered vnto her. For þe man who had vntyed the horse att the church doore, and ledd him away, begann to languishe with a grieuous infirmitie, and, after some litle tyme, that infirmitie, withdrawinge it selfe from the whole bodie, remoued altogeither to his right arme, and afflicted the miserable man with such vehement paine that hee was willinge rather to die then endure such calamitie. The grieffe alsoe did growe greater with dailie increase, neither could hee bee allayd by the care of anie phisitian, nor did cease till, the corrupt matter beeinge settled there, the whole arme together with the hand putrifyinge, after exceedinge and intollerable paines, fell from the rest of the bodie. Nor could the miserable man haue rest yet, or wholy

---

[19] att the] att the att the
[20] complainte] complaints; cymh. Laud *querimoniam*

auoyd the former grieffe, till, comeinge to the foresaid church, hee humbly confessed the meritts of the holy virgin, and besought pardon for his offence committed.

Afterwards, by the commiseration of the holy virgin eased somewhat of his vehement payne, hee was kept there for a warninge to others. For, by the sight of him, all those were terrified who vsed to lye in wayte for other men's goods, and were fearfullie admonished that none hereafter should presume to violate the church porch or yard. Moreouer, all whoe beheld him and sawe him requited with soe lamentable a reward for such boldnesse and soe miserable a presumption, did admire the virgin's meritts, and were made more deuout in her veneration. Hee alsoe whoe had lost his arme, makeinge satisfaction with publique pennance to the holy virgin, for haueinge with temerarious attempt entered the inclosure of her church and lifted vp his hand against her, restrained many from þe like presumption.

The people came runninge by troopes from all parts, desyrous to see soe vnaccustomed a miracle, and, haueinge seene it, returned home full of admiration, celebratinge with magnificent speeche the prayses of the virgin.

[§26] Annother great miracle wrought by þe intercession of þe same holy virgin.

Chapt. 26.
Annother noe lesse wonderfull miracle was wrought by the blessed virgin Wenefred. Certaine theeues, on a tyme, fyndinge a cowe in þe territorie of the foresaid church, stole her away without any respect or reuerence to the blessed virgin. But, feareinge they should bee pursued by þe neighbouringe people, directed right towards them by the footestepps of the beaste, they diuerted into a hard and stony waie, in which they thought noe fare, neither of the cowe, nor their owne, could bee discerned. But there is noe aduise, nor wisdome, nor power auaylable against God. Assoone as they were entered the rocky waye, where they thought to hyde themselues, there their wickednesse begann soonest to bee discouered. For presentlie the cowe plunged her selfe into the earth vp to the knees, and, as well

in the stones as in the hard and drye waie, her footesteps did euidentlie appeare, and the more secretly as they conceaued they went on, the more cleare was the knowledge of their flight, God almightie declareinge þe meritts of the virgin by their goeinge. For they, the further they went, the more safe they conceaued themselues to bee, and thought they possessed with greater security what they had stolne away.

But it happened cleane contrary: for the owners of the cowe, perceauinge their beaste stolne, presently pursued the theeues, with a great multitude of people, and, seinge the footesteps imprinted on the stones and drie earth, with this certification carefullie followed the tracts of **their feet**;[21] and, invocateinge the helpe of the blessed virgin, by whose meritts they sawe soe euident a miracle in the rocks and hard ground, ranne on the waie foreshewed them by the cowe's footeinge.

The theeues, heareinge the cryes of those who pursued them, and feareinge they should bee apprehende togeither with the beaste they did driue, went asyde out of the waie; but neither soe could they passe concealed. For as the pursuers came on, they found still apparent the printe of the beastes feete on the flinte stones and hard ground, and, beinge confirmed in their myndes, and comforted with the miracle foreshewed vnto them, they followed on confidently. And still, the further the theeues went, the more manifest did appeare the beasts footesteps, wherefore, perceauinge they could not escape, vnlesse they left the cowe, and ranne away, they left her in a groue, and flyinge away with speede hid themselues. The pursuers, fyndinge the cowe alone, and those whoe had stoln her fled awaie, tooke their owne and went backe, and, lookeinge carefullie whither their beast did imprinte such notes on the stones and earth in her returne backe as shee had done before, they found noe such thing. Then they knew certainly that the blessed virgin had wrought that miracle for their sake, to þe end that by those markes they might know which way they were to goe, and might recouer with more speede what was taken from them by vniuste rapine.

Returninge, therefore, they restored the cowe to the owner, and of the miracle which had binne wrought they made publique relation. Many

---

[21] their feet] their~~thfeex~~tes ; cymh. Laud *pedum inpressionem*

alsoe went to see the truth of what was reported of the footesteps, and, fyndeinge it soe, they alsoe ceased not to proclaime the same matter.

By this facte, many of those were much terrified, whoe did gape after other men's goods, and were contriuinge deceiptfull proiects in their hearts, and especiallie they were fearefullie admonished they should not take away, or in any sort steale whatsoeuer, out of the territory belonging to the church of the holy virgin. The theeues alsoe, feareinge the virgin's anger, and leste God entringe into greate indignation, for the contempt of her, should cast a reuenge on their presumptuous bouldnesse and soe punishe them, came with humble minds to the virgin's church, beseechinge pardon; where, confessinge their offence with publique acknowledgement, they celebrated with magnificent speeches the virgin's meritts, and, dehortinge all the hearers from such vnlawfull presumption, returned home to their owne dwellings.

[§27] Of diuers miracles commonly wrought at þe foresaid well.

Chapt. 27.
Moreouer, concerninge the foresaid well, which sprunge vp where the virgin's head fell to ground, many wonderfull things are recounted by the assertion of truth-speakinge men. When litle children, vexed with some infirmitie, are sicke, beinge caste into the wellspringe and carried downe with the swiftnesse of the streame, their mothers take them vp presently, iocond and restored to health. It is a common thing, and well knowne almoste to all the inhabitants of Wales, that if any bee sicke of an ague, or sore in any limme, and washe him selfe with that water, or applie to the aggreeued parte the blooddie stones, which, as before wee mentioned, are found in the well, haveinge first drunke of the water, in which those stones haue binne washed, hee is presentlie made whole and sound. Some alsoe are by diuine tokens admonished to repayre thither, and washe themselues, and oftentymes the virgin herselfe, appeareinge by night, doth exhorte many to like recourse, whoe returninge thence enioye their desyres.

[§28] How theeues, stealinge certaine yrons out of a mill belonginge to St Wenefred, were by miracle moued to restore them backe, and of the great sanctity and celebritie of her well.

Chapt: 28.

On the descent of the brooke, which runneth from the well, there is built a very good mill belonginge to St Wenefred, which neuer ceaseth goeinge, eyther through ouermuche abundance of rayne or snowe, or any hynderance of scorchinge froste, or sommer's drought. Into this mill certayne theeues entringe tooke away with them the yrons or instruments, which are accustomably vsed in places of < >[22] that nature, and carried them ouer to annother mill. But, whilest they were theire, neither would the wheele goe about, nor could the millers receaue any commoditie. Wherefore, seeinge their gaine daily decrease because of those yrons which had binne brought thither by the theeues, not indureinge this losse anie longer, they caste them foorth of doore, and presentlie the mill wheele had leaue to goe about, and their other instruments recouered their accustomed vse.

The theeues, takeinge againe these yrons which were cast foorth, transferred them to other places with the like euent. At length, perceauinge these things to bee wrought by God's speciall power and ordinarie, to witte, they could serue for noe vse or commoditie in any other place, growinge penitent they brought them backe, desyreinge pardon by the intercession of the blessed virgin. By which facte they made knowne the meritts of St Wenefred to all the inhabitants of that countrey, settinge foorth her prayses on highe, and withall repressed the brutishe madnesse of wicked men, not permitted to bee ignorant that they worke their owne hurt whensoeuer, drawne on with deadlie couetousnes, they enter violently vppon the possessions of God's saints.

By such like euents, this place, in which the holy virgin Wenefred first conuersed, hath gained great renowne, and St Bevno his prophecie hath soe farre foorth therein taken effecte, that by the holy virgin, whoe made there her first aboad, God's wonderfull works are publiquely proclaimed and many obtayne ther wished remedies for their infirmities. And as

---

[22] of] of of

shee desired of God that place might be blessed and illustrated with heavenly visitation, soe was it afterwards declared by manifest signes, that her prayers in that behalfe were heard of God. For the exhibition of miracles, and prooffe of wonderfull things, which are wrought there, beare cleare testimonie that the saynt foretold truth, who presaged that place should bee adorned with heauenly fauour, and that God would worke there the health and saluation of many, by the meritts of the same virgin.

The same, euen to this daie, doe the multitude of faithfull people testifie, goeinge thither by whole troopes, and returninge home, haueinge obtayned their desyres, and much more plentifully are the diuine mercies shewed foorth in that place vpon infirme persons then where her sacred bodie was buried, which, as I conceaue, is because shee had euer that place in especiall esteeme where she practised the rudiments of her conuersion, where shee was initiated in the diuine misteries, and where the signes of her martyrdome perseuer freshe to all posteritie. Neuerthelesse, the diuine power doth shewe it selfe wonderfully in both places, and by her intercession many wonders are wrought, and desired remedies are bestowed vppon infirme persons. Blinde by her meanes receaue their sight, deaffe their heareinge, and almoste all those that haue recourse doe glorie that, by her prayers, they obtayne their desyres, to the prayse of our Lord Iesus Christe, whoe, togeither with the Father and the Holy Ghost, liueth and raigneth God for euer and euer. Amen.

THE HISTORIE OF THE TRANSLATION OF THE HOLY RELIQUES OF ST WENEFRED FROM GWYTHERIN TO SHREWSBURIE

Written in Latein by the aboue named author, whoe was present att the same, and translated into English with arguments of the chapters added by the translator.

[§29] Of the foundation of the abbey of Shrewsbury, and of the desire the monkes thereof had to gett some saints reliques out of Wales.

Chapt. 1.

After St Wenefred, shineinge with innumerable virtues, was departed out of this world to the kingdome of heauen, many yeares paste and gone and Kinge William, who first of the Normans raigned in England, weareinge the crowne, Earle Roger, a noble man, and of great renowne for his virtues and religion, begann to build a monasterie in the towne of Shrewsbury. Applyinge himselfe with diligent care to finishe this worke, hee inlarged it with his coste and charges, and afterwards placed there an abbott and monks for the seruice of God. In processe of tyme, that place, by the mercy of God, increasinge, helped on many in the way of saluation, and sent foorth frangrancie of diuine odour to all the inhabitants of that countrey. The brethren who liued there, being men of eminent virtue, begann with great instancie to inquire after those things which belonged to the same, and, complaininge many tymes one to another that they wanted much the reliques of saints, applied their minds to inquire out some. And because they vnderstood that in Wales, which was neere adioyninge vnto them, there were kept manie saints' bodies, whose meritts were celebrated in diuerse places, they begann to search out the meanes how they might gayne some one of them. For knowinge they might bee protected very much in the sight of God by his patronage, whose honour they did celebrate on earth with daylie deuotion, they endeuoured diligently to procure some such one who might protect them. But there being in that countrey many most famous and eminent confessors, they were in doubt to whom they should make sute or whom especiallie they should desyre.

[§30] How the monks of Shrewsbury desyred to gett some of the reliques of St Wenefred by occasion of a miraculous cure of one of their brethren att the intercession of the same holy virgin.

Chapt. 2.

It happened in the meane tyme that one of the monks, oppressed with grieuous infirmitie, afflicted much the others of the conuent, compassionatinge exceedinglie his case. Who, beinge very solicitous for him, made lowly petition to God for his recouerie, and humblie besought the monks of the neighbouringe churches to doe the same.

The great infirmitie of this brother beinge notifyed vnto the monks of Chester, they with noe lesse affliction of mynde went into the church to make prayer vnto God for his cure, who kneelinge before the holy altar, and singinge the seauen psalmes with humble deuotion, one of them, called Rafe, who exercised the office of subprior, a plaine minded man, fell into a sleepe. And, as it seemed vnto him, there stood by him a very comely virgin, and with a pleasant countenance vttered these words: 'What is the cause', said shee, 'for which you pray thus prostrated?' The monke aunswered, 'A certayne brother of our acquaintance is afflicted with a grieuous infirmitie, for whose recouerie wee praie, offeringe vp humblie our prayers and our selues vnto God.' To which words shee replied, 'I knowe well that brother is distracted, but if you doe indeede desyre his health, one of you goe to St Wenefred's well, and, in the church which is there, say a masse in commemoration of her, and the sicke man shalbee presentlie deliuered.' Haueinge said these words, she vanished and the monke, comeinge to him selfe, and callinge to minde what hee had seene or heard, would not att that tyme make relation of his vision vnto others, feareinge his brethren would laugh att him, and hold whatt hee had seene but for a fancie. And soe, after fouretie daies almoste were gone and paste, the sicke person, groweinge worse and worse, kept his bedd.

Report was carried againe to the monkes of Chester concerninge the greeuous desease, with which the foresaid brother was vrged, and gaue occasion to the other monkes to speake of him. And while they bewayled the sicke man, with many words condoleinge him, hee whoe had seene the vision, takeinge courage, made relation of the same in order, all his freinds curteouslie giuinge creditte vnto his words, who, long before haueinge heard of the illustrous meritts of that virgin, and knowinge many miracles wrought by her, easily inclined their minds to yeeld assent to whatt was spoken, and soe beleeued the vision to bee true. For they knew certainly she was called St Wenefred, to whose fountaine they were admonished to goe, and in whose commemoration they were to **say**[23] masse, who alsoe they said had appeared to the foresaid brother. Wherefore, by common aduise, two monks were sent to St Wenefred's well to say masse in her

---

[23] say] stay

church, which is there adioyning to the well, and to make prayers for the sicke man.

It came to passe, the same houre in which masse was songe there, the sicke monke att Sherewsbury, recouered of his desease, and made his brothren exceedinge ioyfull to see him sound. After some tyme the same brother, who had binne sicke, was brought to þe same place, to giue thankes to God and to the holy virgin for health bestowed vppon him; and haueinge first made his prayre in the church, and afterwards drunke of the fountaine and washed therewith, beinge made perfectlie sound, hee returned to his monasterie.

From that tyme foreward, the memorie of þe holy virgin did spreade foorth it selfe with greater deuotion in the harts of the brothren, soe that they would thinke them selues happie if they could obtaine but some smale particle of her bodie. And although they < >[24] thought it heard and difficult and a matter surpassinge their forces, yet they resolued absolutely to make triall. And knowing that nothing is able to withstand God's will, they besought him to bee fauourable vnto them and to assist them, whose least furtherance they knew was sufficient to make whateuer imp[o]ssibilities or difficulties come of easily vnto their hand.

[§31] How after diligences the abbott of Sherewsburie, by common aduise of his brethren, sent his prior into Wales to procure St Wenefred's reliques, whoe was curteouslie receaued by the bishop of Bangor and the prince of the countrey, and of some difficulties hee found in his negotiation, and hopes to ouercome them.

Chapt. 3.
At the same tyme, Kinge Henry, a great man and a freind of peace, did rule the kingdome, by whose authoritie there was peace and securitie throughout the iland and euery man might goe quietly whither hee would. Hereuppon, the forsaid brothren, sendinge frequent messengers into Wales, did inquire diligentlie where the moste eminent saynts were buried, or rather, where was the tombe of the foresaid virgin. And findeinge the place where the bones of holy Wenefred did rest, they

[24] they] they they

were filled with exceedinge ioy. Afterwards, with consent of the bishop of Bangor, in whose diocesse that prouince was, and whoe promised a helpinge hand, they brought the princes and gentlemen of the countrey to aggree vnto them and fauour them. The businesse goeinge foreward daylie by degrees seemed to portend a speedie dispache, and lifted vp the hearts of the monks with the hope of their desire. But the death of the foresaid King Henry immediately succeedeinge oppressed all Britaine with heauie calamitie, and forced an intermission of this affayre for a tyme.

But in the second yeare of the raigne of King Stephen, troubles being asswaged, and ancient tranquilitie restored, the abbott of the foresaid monasterie, called Herebert, by þe aduise of his brethren, directed into Wales his prior, whose name was Robert, assigninge him for companion a certayne monke called Richard. This prior, beinge more carefull then others in the procuration of this affayre, haueinge sent frequent messengers and letters into that countrey, had receaued aunswere, that if hee himselfe would come, hee should obtaine his desire and returne with ioy. Comeinge therefore, hee went first vnto the bishop of Bangor, and beinge sent by him to the prince of that countrey, hee was receaued of him very curteouslie. To whom haueinge made relation of the whole course of his iourney, and cause of his comeinge, the prince made answere againe in such like wordes as these: 'Certainely I cannot conceaue that you or your companions haue vndertaken soe great labour without God's instincte and the will of the holy virgin. It may bee, seinge the men of her owne countrey defectiue in yeeldinge her due reuerence, shee desireth to bee remoued elsewhere, that shee may receaue from strangers that honor which her owne eyther contemne or neglecte to bestowe vpon her. Wherefore I willinglie giue place, and acknowledge my assente to her good likeinge, leste by resistinge I bee forced to vndergoe her indignation in a iuste reuenge. And although, defiled with all sort of vncleanes, I bee the lowest or worst of all men, yet would I bouldlie goe vnto her tumbe, and, takeinge vp her sacred bones, would deliuer them vnto you, were it not that for the common vtilitie of the countrey I must attend to other matters. Your labours and the visions shewed vnto you doe manifestly declare this to bee her will. Departinge, therefore, confirmed with my leaue and authoritie, goe speedily vnto þe place where the blessed virgin doth rest, where you shall fynde, I suppose, some who will resist your enterprise. But bee confident, her intercession will pacifie them, whose deuotion hath moued you to vndertake soe great toyle and labour. Not withstanding I will direct a messenger vnto those men, in whose territorie the foresaid virgin's bodie lyeth buried, who shall both signifie vnto them my will and cause them somewhatt more peaceable towards you.'

With these words hee dismissed them in peace. Wherefore, departinge from him, they went directlie towards the place in which the holy bodie of venerable Wenefred was intumbed, beeinge seauen in companie, to witte, the foresaid prior and with him reuerend men, the prior of Chester, and a certaine prieste of that countrey, a man of great virtues, the brother whom the prior had brought with him from the monasterie, and three other men. And goeinge on their waie, while they were familiarly discoursinge about their businesse in hand, they mett with a man of that countrey, not of meanest ranke, who asked them which was the prior of Sherewsburie; who beinge shewed vnto him, hee vsed these words:

'I come to deliuer a message vnto you from those men whoe inhabit the towneship, where St Wenefred's reliques remayne, which is called Gwytherin. Knowe they haue conceaued great indignation against you for endeuouringe to transport away the saynts' bodies which ly interred amongst them, by whose protection they themselues and all they haue are commended. And bee assured þat neither feare of the Prince, nor threats of their lords, nor couetousnes of money, shall worke their assent vnto you in this affayre.' With these words hee departed.

The prior and his companie were much contristated at these speeches, and vtterlie ignorant what to doe, or which way to turne themselues. Yet conuertinge themselues vnto God with humble minds, they besought him to send foorth vnto them the spiritt of < >[25] counsell, and, with lowly soules, desired him to pacifie these emnities and ioyne these men's minds vnto them in a league of freindship, who had allayd the tempests of þe winds and sea with the onely word of his command. Afterwards, incouraged with the confidence of þe Holy Ghoste, they went on their iorney alreadie begunne.

---

[25] of] of of

Comeinge neere the place where the holy virgin's bones remayned, the prior, takeinge aduise of his companie, sent two of his fellowes before, to witte, the prior of Chester and the foresaid priest, whoe were well knowne in that countrey, to prouide carefully for all things which were necessarie for them. He himselfe, retayninge with him his companion and lodgings that night in a certayne village, was afflicted with many cares in regard of the message hee had heard. And, behould, haveinge said his matine lauds, a certayne graue and honest personage in the shape of a woman appeared to one that attended on him, sayinge these words: 'Arise quickly and tell thy maister, that, castinge off the greiffe and care with which hee is ouer much oppressed, hee lifte vp his hope vnto God, knowinge hee shall depart this countrey with great ioye. For shee, for whose loue and honor hee hath binne directed vnto this territorie, will make open way for his will, and procure hee may absolutly compasse his desire. Hee shall shortlie obtayne that wherewith hee shall returne home with ioye, and make his brethren gladd att his comeinge.'

[§32] How the prior of Shrewsburie was himselfe incouraged by a vision of the good successe of his enterprise, and how, receauinge a comfortable message, hee and the rest with him sett forewards towards St Wenefred's shrine.

Chapt. 4.
Annother vision alsoe þe same night was represented to the sayd prior in this maner: a certayne abbotte, a man of great religion, who had binne superior of þe monasterie of Shrewsburie, but, consumed with age, and full of many virtues, was departed this life, called Godfrid, appearinge vnto him, repressed the cares hee was tormented withall, sayinge, 'Bee not faynt hearted but confident, for wee shall ouercome our enemies with good successe, and vanquishe our aduersaries, by God's assistance. And knowe this, wee shall shortlie obtayne what wee desire with great deuotion.' After which words, hee vanished from his sight. By these visions, therefore, there sprange vppe some securitie in their minds, and they conceaued a hope of obtayninge what they sought for. Early in the morninge the[y] beganne to recount these things amongst themselues,

and begott some ioy in the mindes of þe hearers, when suddenly one of their y[e]sterdaie's messengers returninge augmented their confidence, aduisinge them to follow him speedily, that they should finde and bringe away that which they soe deuoutly desired. Wherefore, presently takeinge horse and comeinge thither, haueinge first said some prayers, they called apart secretly the priest of that place, desyreinge him earnestly hee would bee their helper.

[§33] How the priest of the place where St Wenefred laye buried recounted a vision moueinge him to further the prior of Shrewsburie's desyre.

Chapt. 5.
The priest, attendinge patiently to their words, made answere in maner followinge: 'I, certaynely,' sayd hee, 'with smale intreatie maie bee drawne to fauour your desyre, on the onesyde, because I would willinglie enter into a straiter league with you; on the other, because I haue vnderstood long since God and the virgin's will concerninge this matter, as I will deuoutly att this present make knowne vnto you.

'On Easter eue, I stayed all night in this church you see to singe matins at due tyme, and, haueinge said ouer the psalter in order, lyinge downe vppon the steps before the altar to rest a while, I sawe a vision which affrighted mee much, and with threates admonished mee I should not oppose my self against you. As it seemed vnto mee, I was not yet ouertaken with profound sleepe, when a moste beautifull yong man, haueinge the countenance of an angell, stood in my presence and begann to pushe mee, sayinge, "Arise." I, thinkinge hee called mee to begin my nocturne, answered him, "It is not yet tyme to beginne office. I will not rise." Hee, as it seemed to mee, departed, and I fell into a deeper sleepe. And, behold, the same person comeinge the second tyme, and pushinge more stronglie, 'Arise, arise', sayd hee. I, not condescendinge vnto him, answered as before, and, coueringe my head with my cloke I had on, gaue my selfe wholy to sleepe. There had passed some litle tyme, when the yonge man came againe, and, takeinge hold of the cloke with which I was couered, pulled it of my head with great violence, downe belowe my shoulders, sayinge the third tyme, "Arise, arise, arise, and follow mee."

Then, as it seemed to me, I arose in haste, and followed him presently. Wee came therefore to the sepulcher of the holy virgin Wenefred, which hee pointinge att with his finger, "Note", sayd he, "diligentlie this place, and commend to faithfull memorie the words I shall say vnto thee. If there come hither anie man this yeare or the next to remoue this stone from hence," pointinge att the plate which was putt ouer the sacred bodie, "take heede thou noe wayes gainsay it. And if hee will alsoe caste foorth this earth from hence, doe thou in like maner permitt it, without anie resistance. If, finally, hee will carrie hence the virgin's bones, doe not repugne, but lay too an helpinge hand, yeelding him furtherance in all thou canst. If thou bee found negligent, and, contemning my speeches, shallt ommitte to performe what hath binne signified vnto thee by diuine admonition, haueinge binne tormented first with miserable and long desease, thou shalt shortly after loose thy life." With these words, this vision, as I take it, of an angell vanished.

'Wherefore, knowe yee that I am readie with a willinge mynde to assist you carefullie to subminister, to the vttermoste of my power, whateuer may serue for dispache of your purpose. Being therefore secure of mee, speake with the reste, and incline to your will, by what meanes you cann. For I with my care and industrie will attend your pleasure, and will endeuour to incline their minds, to whose right this village belongeth, to condescend to your will. And because, as happe is, they bee present, say what you will, for they are ready to giue eare.'

[§34] How the prior made a speech to the inhabitants of Gwytherin for obtayninge St **Wenefred's**[26] bodie, and how, after some difficultie, by common consente they granted his request, and of the holynesse of the place of her sepulcher.

Chapt. 6.
Then the prior, the said priest beinge his intepreter, makeinge a speeche to þe multitude of the people there present, expressed vnto them the cause of his iorney, intreatinge them with faire words to assent vnto him. And, makeinge relation of the visions and other things that had passed, and

[26] Wenefred's] Wenefrerds

protestinge publiquelie that by admonishment and impulse of the said virgin hee had vndertaken soe great labour, hee almoste moued them to yeilde vnto his desire. But a certayne man, a childe of Belial, riseinge vp suddenly, disturbed the whole assembly, sayinge it was not meete that saints should bee translated from their natiue soyle, and carried to a countrey nothinge beelonginge vnto them. Hee added, moreouer, cryinge out, as though hee had benne agitated by furies, that this was a thinge hee could not indure.

Some, repressinge this tumultuousnes, intreated the rest to enter into counsulte, and by common aduise to frame a conuenient answere to what had been deliuered; who, assentinge therevnto, and goeinge to deliberate, the prior perceauinge the foresaid man's mynde obstinate in malice, and that hee only was an hynderance vnto them, by the aduise of his brethren sent a messenger vnto him, and, giuinge him a peece of money, gayned thereby his fauour, and sent him to his fellowes. The others who condescended syncerely in this affayre for the only loue of God, seeing him suddenly wholy mollified, wonderinge much thereat, conceaued it proceeded from some especiall instincte of God, and thereby were much more enkindled to performe what was requested. Wherefore, after many windings and turnings of words, after innumerable difficulties of intercedinge causes, all aggreeinge in one, they gently graunted what they requested.

The prior and his companie, giueinge thanks to God and them, desird the place of Saint Wenefred's sepulcher might bee shewed vnto them. The said place, where soe great a treasure laye, is a cemiterie or churchyard, seperated from that wherein they burie those that die nowe, and is full of the bodies of many other sayntes, which hath hitherunto been held in soe great reuerence of the inhabitants that there is noe man of such temeritie as hee dar presume to enter therein, for any other cause but prayer sake. In the middest thereof, that is, at St Wenefred's head, there is a litle churche made of woode, honoured with great frequentation of people, to which there is an easie entrance for all those whoe are desirous to make prayer there. Many weake persons, many oppressed with grieffes of diuerse deseases, doe enter the same to begge remedies for themselues, nor doe they greeue with longe delay of what they desyre. For, presently recoueringe their healthes by the meritts of the saints, they returne sound to their owne homes. Noe brute creature or beaste of anie sorte maie touche that inward place and liue, for assoone as they eate of the grasse, which groweth ouer the bodies of the saints, they fall downe dead. Moreouer, noe presumptuous person, entringe therein, cann escape vnpunished.

[§35] Of a miracle wrought vppon one whoe vsed not due reuerence to the foresaide holy cemiterie.

Chapt. 7.

It is reported that, two yeares before the prenominated religious men came to the foresaid place, one of the inhabitants, makeinge himselfe a paire of shooes of rawe skynnes, as the maner of that countrey is, wanted tyes to make them faste vnto his feete. Now there is in that cemiterie, amongst those < >[27] holy sepulchers, a very highe oake, of long tyme vntoucht for reuerence of the saints. The fore mentioned man, intendinge to make tyes of the tender barke thereof, takeinge an axe, made haste to the tree without anie feare; and, liftinge vp his hand with the axe, and lettinge goe a blowe att the tree, hee found a farre different euent from that hee expected. For the oake, beinge strooke, soe clasped the axe in the blow that it could not bee moued att all, and the said axe did make soe withered the hand, and the arme soe inflexible and soe vnpliable, that the man could noe wayes manage it to his owne vse. Hee could not withdrawe his hande from the axe, nor moue it att all, but by a certayne diuine virtue the handle held fast the same, and made his whole arme as though it had been dead. Hanginge there in this maner miserablie, and cryinge out groaninge speeches, hee suffered pittifull torments for his temeritie.

Vpon these clamores, a great multitude of persons of eyther sexe came runninge in, and, seeinge the man hanging att the axe, manie were resolued into teares, and all condoled, inquireinge of the euent and what was the cause of suche calamitie. The man, recountinge orderlie the whole course of this accident, moued all the assembly to compassion with such an vnwonted miserie; who, admonishing him to bee sorrowfull for his fault, and to confesse his offence, and aske pardon for not yeldinge due reuerence to God's saints, hee begann to doe it with great deuotion.

---

[27] amongst those] amongst those amongst those

His parents alsoe, casting themselfs prostrate on the ground before the tumbe of the holy virgin Wenefred, besought her with teares to take pittie vppon him. And because the name of that virgin was more celebrated then the names of other saints restinge there, and her meritts more knowne, turneinge themselues to her with harte and bodie, they desired forgiuenesse of the offence committed.

While all, as well hee that suffered as those who compassionated his case, did with one mynde say 'Holy Wenefred take pittie vppon him', presentlie, by God's mercy, the infirme person, his arme beinge cured, drew his hand vnto him, and the axe fell from the tree. Those which stood by, seeinge this, glorified God, and grew more deuout in the worship of the blessed virgin. The oake remaineth there yet, as if it had lately receaued that blowe, testifyinge what wee haue related. By occasion of this miracle, and many others which are knowne to haue happened there, that place is very renowned and is celebrated of the inhabitants with exceedinge great devotion.

[§36] How the prior with his companie, haueinge obtayned the sacred reliques they came for, returned towards home, and of a miracle done by virtue of the said reliques while they were on their way.

Chapt. 8.
When the foresaid religious persons were brought vnto this place to receaue what they came for, and to obtaine their desire, the forementioned prior, goeinge before his fellowes, by instincte (as I conceaue) of the Holy Ghoste, alone, noe man leadinge or directinge him, went directlie to St Wenefred's tumbe. And hee, who had neuer binne there before, nor had before knowne the < >[28] place of her buriall by any man's notification, alone by God's guidance, entringe that cemiterie, came without erringe to þe holy virgin's sepulcher, and standing att her head, expectinge his companions, was interiorly admonished, as it were with a certayne diuine oracle, that that was the holy virgin's tumb, and that there he and his fellowes should receaue what they desyred. Afterwards, the men comeinge, whoe were to shewe the place, shewed the same hee had selected before,

[28] the] the the

and att which hee stood. Then, remoueinge the lay people, and aswell the monks as the cleargie men which were there, singinge psalmes, two of the companie, to witte, the prior of Chester and the monke wee before specified to haue come from the monasterie of Shrewsburie with the prior, with pickes and spades began to digge the earth.

They had digged some depth, when, all in a sweate and wearied with labour, they came vnto the wished for treasure, which haueinge found, they gaue thankes vnto God with deuoute minds, and, takeinge the bones out of the dust, folded them decently in cleane napkins, as the opportunity serued att that tyme. Soe, biddinge farewell to the inhabitants of that village, they begann to returne homewards with great ioy.

They went, therefore, with cheerefull minds on their iorney, and passed the trouble of the way with diuerse discourse. One thinge amongst their interchangeable talke was often inculcated, which they would preferre before many and great riches, to witt, to know of what worth that was, which they did carrie. Neither did God deferre long tyme the satisfyinge of their desire euen in this. For the daie declineinge towards the eueninge, they were receaued to harbour into a deuoute man's house, and, while they sate downe, a certayne sicke person in an inner part of the house begann to sett foorth terrible complaints and lamentable cryes. The prior demandinge what was the cause of that grieffe, answere was made there was an infirme person, exceedinge sicke, whoe would take it as a great fauour from God, if hee would applie somewhatt vnto him whereby hee might recouer his health.

The prior, takeinge some water, blessed it; and afterwards, puttinge therein a litle of the dust which was found in the scull of the blessed virgin, hee badd them giue it the sicke partie, who, without delay, desyreinge hee might haue a place to repose, presently fell into a sleepe, and anon, after ariseinge, found himselfe whole and sound, yeldinge God and the blessed virgin condigne thankes.

Their faith by this miracle confirmed, they were made more ioyfull and deuoute in the veneration of the holy virgin. By many other signes it was made knowne vnto them on the way that the treasure which they carried was deuine.

[§37] How the holy reliques of St Wenefred were recreaued into the abbey of Shrewsburie with great solemnitie, and of certayne miracles done while that festiuitie was provideinge and in hand.

Chapt. 9.

Comeinge the seaventh daie vnto the towne of Shrewsburie from whence they were sent, they directed messengers to the monastery to signifie they had obtayned what they went for. The whole conuent of this newes was exceedinge ioyfull, and gaue aduise the holy reliques should be conueyed to St Giles his church, which is seated in the end of the towne, sayinge it was not fitt soe great a treasure shoulbee receaued into the monasterie, without the authoritie and blessinge of þe bishop and a great assembly of the people of the countrey.

This course pleased all, and soe they sent againe the prior vnto the bishop of the diocesse, that, by his authority, their endeuours concerninge the heauenly pledge they had receiued might take confirmation. In the meane tyme, there were certayne monks appointed by the conuent to celebrate day and night office with deuoute minds before the bodie of the holy virgin; who applyinge themselues carefullie to those things which are of God, and giuinge daylie attendance with diligent deuotion, the faithfull people came from the places round about, commendinge themselues to the prayers and meritts of the holy virgin.

There was in that towne a certaine yonge man consumed with exceedinge vexation of bodie, and enioying noe one member sound. For, haueinge his head inclined almoste to the ground, hee could noe way lift it vp, but, haueinge lost the instruments serueinge to integritie, he had lost alsoe all hope of recouerie. This man, haueinge heard the rumor of the holy virgin's reproache, gaue order a horse should bee presently prouided for him. Beinge mounted and held vpp on either syde by the hands of his freinds, hee was brought to the foresaid church, in which the holy reliques were retayned, and, staying there all night in prayer, towards the dawninge of þe daie hee was vexed with moste grieuous payne of his ioynts. In the morninge takeinge a litle reste, after a while, the daie breakeinge vpp, and the priest beginninge masse, hee begann to recouer, and, beyond all men's expectation there present, was restored to his former health, and after the

Gospell, leavinge his couch on which hee lay sicke all night, went with speede to the altar to offer vp his oblation to God and the priest. After this, rendringe moste deuoute thankes to God and þe blessed virgin for his health receaued, he returned to his parents' house on his own feete, whoe had binn brought thence by other men's hands.

This miracle caused great ioye in þe hearts of those of þe congregation, and, diuulged in short space through the prouince, styrred vpp exceedinglie the minds of the heare[r]s to feare and reuerence. Her name and memorie did growe greater with dayly increase, euerie man almoste inquireinge when her translation should bee celebrated.

The prior therefore returninge from þe bishop, confirmed with his authority, bestowed God's and his benediction vpon all those that imployed their deuotion in the virgin's worship and veneration. The daie was appointed and denounced in the seuerall assemblies of the adioyninge parishes, on which all were admonished to meete who desired to be present at the venerable translation. Wherefore, on þe daie determined, the monks goeinge in procession with crosses and candles, and a great multitude of people attendinge, the sacred bodie of þe holy virgin Wenefred was brought foorth, all bowinge their knees, and many not able to forebeare teares for exceeding ioy. The brethren who **went to**[29] receaue þe holy pledge sawe manifestlie God's fauoures shininge vppon them, through þe patronage of þe blessed virgin Wenefred; for great store of rayne, hanginge ouer the adiacent fields, put the monkes who were gone foorth with the moste precious ornaments of the church in great feare, leste, by occasion of þe iminent wett, the blessed virgin should not haue her full honor, and that which they begann to celebrate solemnly with great deuotion, they should bee forced to intermitte, and not bring to perfection. Their votiue desires beinge carried to God, they were made worthy to obtaine their wishes by the intercession of holy St Wenefred, the deuine clemencie workeinge there an euident miracle. For in all that procession, after their departure out of the monasterie and receauinge of the holy reliques, men might see the watterie clouds suspended neere the earth by diuine force, and now and then sendinge foorth some single dropps, intimateinge in some sort they were readie to

---

[29] went to] wento to

fall, but withheld by heauenly virtue. All that were present beheld this, many feareinge much a great flood would disturbe their deuoute worke, and force them to depart; many on the other syde, obseruinge the waters suspended by God's power, held therevpon the virgin's meritts in greater veneration.

Wherefore, after the brethren had receaued the holy reliques and begann to returne back vnto the monasterie, it pleased all the foresaid prior, whoe had binne imployed in procureinge them, should make a speech to the people, and acquainte them all of what great virtues, and meritts þat virgin was, whose translation was there celebrated. And, haueinge held a longe discourse, the clouds swimminge in the adioyninge ayre, threateninge a fall, and wettinge þe borderinge countrey, the holy virgin's bodie was receaued of the brethren with well beseeminge reuerence, God's prayses resoundinge on highe; and, being brought to þe monasterie, was with reuerence placed vppon the altar, which is built in honor of the holy apostles, Peter and Paule, where, for manifestation of her prerogatiue, cures are bestowed vppon sicke persons, and innumerable miracles are wrought to the praise and glorie of God, to whom bee honor, renowne and kingdome for eternall ages. Amen.
Finis.
Laus Deo, Beatae Virgini Mariae, Sancte Wenefredae, et Omnibus Sanctis.

10mo Maij. 1629.

NODIADAU

Dylid cymharu'r nodiadau manylach yn Callander, 'Vita Sanctae Wenefredae (Robert of Shrewsbury; Laud)', sy'n nodi pa ffynonellau a ddyfynnir yn y *vita* Ladin ac yn trafod cynnwys y testun.

Teitl
Yn Llawysgrif Yale, gosodir allan deitl y fuchedd a'r *translatio* yn wahanol i weddill y testun, gan alinio i'r dde a gosod y cyfeiriad at y cyfieithu a'r crynodebau ar wahân. Ymddengys mai ychwanegiad diweddarach gan

Robert Davies yw'r geiriau sy'n dilyn 'Translator', sy'n nodi mai 'Edward Morgan of Bechfield' a'i cyfieithodd, gan nad yw'n cadw at y patrwm fformatio hwn.

§Prolog

'To the Reuered ...' Alinir y cyfarchiad hwn i'r dde a dechreuir paragraff newydd ar y chwith gyda 'He that hath receiued'.

'He that hath ...' Mae'r frawddeg ddechreuol hir yn cadw at arddull flodeuog Robert o Amwythig. Ceir marc tebyg i ddyfynnod mawr uwchben yr 'H', o bosibl i nodi dechrau'r testun, neu gall fod yn strôc gyntaf llythyren 'H' a ddilëwyd ar ôl i Robert Davies benderfynu bod angen rhoi rhagor o le.

'nor were the reports in men's estimation worthy to drawe from mee an assent to their words.' Mae'r cyfieithu ychydig yn llac yma. Dywed Robert o Amwythig nad oedd y bobl a oedd yn dweud y pethau hyn yn haeddu ei ymddiriedaeth yn eu geiriau: 'nec qui illa allegatione sua predicabant estimatione hominum digni erant, quorum sermonibus fidem adhiberem.' Gall fod Edward Morgan wedi drysu yma neu wedi penderfynu cyfieithu yn llai manwl. Posibilrwydd arall yw i Robert Davies wneud camgymeriad copïo ac mai 'reporters', nid 'reports', oedd gan Morgan yn wreiddiol.

§1

'called Bevno' Rhydd Robert Davies *Bevno* ar ymyl y tudalen hefyd er mwyn tynnu sylw at yr enw.

'vpon her said father intreaty' Mae *father* yn ffurf enidol yma, ac o bosibl yn hynafol neu'n ansafonol. Noda'r OED, d.g. *father, n*.: 'The unmarked genitive is still frequent in early Middle English, but by the beginning of the early modern English period the *s*-genitive had become standard.'

'the mansion place' Lle i fyw (*mansio* yn y Lladin).

'I come now vntyow' Cyfunir *unto* a'r rhagenw *you* (yn cyfieithu *ad te*). Ni welais enghreifftiau eraill o'r ffurf hon ac nis crybwyllir yn *OED*, d.g. *unto, prep. and conj.*; *to, prep., conj., and adv.* Trawiadol yw'r tebygrwydd i arddodiaid rhediadol Cymraeg, megis *iti*, ond gan nad yw'r ffurf yn digwydd fel arall yn y testun, haws tybio mai camgymeriad ydyw yn hytrach nag arfer Cymreig.

'conversation' Ffordd o fyw (*conuersatio* yn y Lladin).

§2

'**our sauiour His words**' Hynny yw, 'geiriau ein hiachawdwr'. Yma ac mewn sawl enghraifft arall yn y testun, defnyddir yr ansoddair *his* yn lle'r ffurfdro genidol *s*. Noda'r OED, d.g. *his, adj.*, ystyr 5, fod y defnydd hwn o *his* yn fwyaf cyffredin yn y cyfnod rhwng 1400 a 1750.

'**purpos**' Ceir marc ar ôl *purpos* a all fod yn atalnod llawn neu'n ymgais anghyflawn i ysgrifennu'r llythyren 'e'. Mae'n debygol mai'r llall yw'r esboniad cywir gan mai *purpose* yw'r sillafiad yn y testun fel arall.

'**I haue made choyce**' Diwygiais *ioyce* i *choyce*. Ymddengys yn debygol mai camgymeriad yw *ioyce* o dan ddylanwad *ioyce* 'llawenyddau' a geir ym mhenodau 17 ac 20.

'**And although shee ...**' Ceir delwedd ddiddorol, lle try *corde cana erat* ('yr oedd hi'n wyn/aeddfed yn ei chalon') yn *her harte had graye hayres*. Tynna hyn ar ystyr y gair *canus* sy'n gallu cyfeirio at lwydni henaint ac yn ffigurol yn golygu 'aeddfed'.

§3

'**her father was gone to church**' Mae'r *s* yn *was* yn annarllenadwy oherwydd staen inc.

'**perceaveinge his speeche tended to matter of dishonestie**' Mae *of dishonestie* yn gyfieithiad o *de concubitu*, sy'n cyfeirio'n fwy penodol at gyfathrach rywiol. Gall fod Morgan yn ceisio creu testun mwy parchus yma, felly, ond noder y gall *dishonesty* gyfeirio at anniweirdeb (OED, d.g. *dishonesty, n.*, ystyr 2).

'**avoyde his commerce**' Ar ystyr *commerce*, cymh. OED, d.g. *commerce, n.*, ystyr 3.

'**admiration**' Syndod, rhyfeddod: gw. OED, d.g. *admiration, n.*, ystyr 1.

§4

Anghofiodd Robert Davies ysgrifennu *Chap. 4* o dan y crynodeb.

'**melted, as it were**' Ychwanegir *as it were* yng nghyfieithiad Morgan (nid oes *quasi* cyfatebol yn Laud nac yn y fersiynau eraill.) Nid yw *as it were* yn bwrw amheuaeth ar y wyrth, ond yn hytrach yn awgrymu bod corff Caradog wedi ymddangos fel petai'n toddi cyn diflannu, yn lle datgan yn syml ei fod wedi toddi.

§5

'**rysinge from [the] ground**' Cymh. Laud *a terra surgens*. Gall mai dylanwad y Lladin gwreiddiol arweiniodd at adael allan y fannod.

'**for that which they in their language call <u>Wen</u>, in Englishe wee call white**' Cysyllta Morgan ei hun â'r Saesneg yn hytrach na'r Gymraeg yma, gan mai 'their language' yw'r Gymraeg a chysylltir y Saesneg â'r rhagenw 'wee', yn wahanol i'r hyn a geir yn Laud (*latine candidum uocant*).

'**for better sound sake**' Mae'n debygol bod y ffurfdro *'s* disgwyliedig wedi ei hepgor am fod *sake* yn dechrau â'r un llythyren.

'**called in the Welshe language** *ffynnan Wenfrewi*, **in ours St Wenefred's well: for** *ffynnan* **in English soundeth a well.**' Trafodir ffurf *ffynnan Wenfrewi* uchod (t. 191). Fel arall, ceidw Morgan yn agos at Ladin Robert yma, ond gan newid *illorum lingua* yn *the Welshe language*. Noder eto mai'r Saesneg yw *ours* yma (gan gyfieithu *nostra* Robert). Cymh. Laud 'Nam illorum lingua Fennan Wenefrede, nostra uero Fons Wenefrede nominatus est. Fennan enim latino sermone fontem sonat.'

'**How the blessed virgin ...**' Deillia'r crynodeb bach hwn o'r ffynhonnell ac fe'i gosodir cyn y crynodeb newydd sy'n dechrau pennod 6.

§6

'**she was preuented by God's grace**' Hynny yw, bod gras Duw wedi mynd o'i blaen hi i'w chynorthwyo a'i harwain at sancteiddrwydd: OED, d.g., *prevent, v.*, ystyr 3. *Prerogatam* yn y Lladin.

'**you must [lose] my presence**' Mae'n rhaid bod gair wedi ei hepgor ar ddamwain yma er mwyn i'r frawddeg fod yn ramadegol a chyfieithu'r Lladin 'mei presentia ad presens carituri estis'. Diffinir *carēre* gan DMLBS fel 'to lack, be without; dispense with, do without; to be deprived of' (DMLBS, d.g. *carēre*). Ychwanegais *lose* gan ei fod yn air bach cyffredin y gall yn hawdd fod wedi ei hepgor; eto nid yw *lose* ond yn un posibilrwydd ymysg llawer.

'**seruice of God ... seruice of God**' Mae'r ailadrodd o 'seruice of God' yn gywir ac yn fwriadol, yn cyfieithu *in Dei famulicio* ac wedyn *Deo seruiens*.

§7

'**first ... second ... third**' Rhoddodd Robert Davies *1, 2, 3*, ar ymyl y tudalen wrth gyflwyno'r tair rhodd yn eu tro.

§8

'**þe meanes**' Ceir *demean* fel enw ond ni welais enghraifft luosog ac ni fyddai'r ystyr yn gweddu yma, sy'n awgrymu y dylid diwygio i *þe meanes*.

Gall fod *d* wedi ei rhoi ar y dechrau ar ddamwain oherwydd neidiad y llygad i *deuoute* ar yr un llinell.

'did professe the whole extente of her heart' Mae *professe* yn cyfateb i *obtinere* yn y Lladin. Gall fod yn fai am *possesse*, neu fel arall gellir cymharu OED, d.g. *profess, v.*, ystyr 3a, 'lay claim to'.

§12

Anghofiodd Robert Davies ysgrifennu *Chap. 12* o dan y crynodeb.

'th' raynes' Ar y ffurf, gw. OED, d.g. *the, adj., pron.2, and n.1*, Forms 3bα.

§15

'to a guide of the waye' Cymh. Laud *Ducem ... uie*. Mae'n debygol bod Robert Davies wedi dileu *of* ar ddamwain.

'worshipresse' Cyfieithiad o *cultricem*.

§16

'this holy virgin hath bynne directed' Anghofiwyd ychwanegu *hath* ar ddechrau t. 157 ond fe'i ceir fel cipair ar waelod t. 156.

§17

'the adioyninge borders' Gall fod yn fai am *borderers* neu'n gyfeiriad ymhlyg at bobl yr ardaloedd cyffiniol.

§19

'Shee vsed frugalitie in the admiration of domestique matters.' Cymh. Laud 'Frugalitate quoque in omnium admiratione utebatur.' Ymddengys mai ystyr y Lladin yw bod Gwenfrewy mor gynnil fel bod pawb yn rhyfeddu ati. Gall fod *of domestique matters* yn gyfieithiad a dehongliad o *omnium* ('o bawb' neu 'o bopeth') yma. Nid yw *admiration* yn gwneud synnwyr yn y Saesneg, er ei fod yn gyfieithiad cywir o *admiratione* yn y Lladin. Gall fod drysu gydag *administration*, a fyddai gweddu'n dda â *domestique matters*.

§20

'surreptinge' Un sy'n dwyn: gw. OED, d.g., *surrept, v.*

§22

'Chapt. 22.' Ychwanegir ar ymyl y tudalen.

§26

'followed the tracts of their feet' O ran darlleniad y llawysgrif, mae'n debygol bod *the theeues* wedi ei ysgrifennu'n wreiddiol, ac wedyn wedi ei newid ond bod y newid hwnnw heb ei gwblhau'n gywir.

§28
'by God's speciall power and ordinarie' Mae'r cyfieithiad hwn yn adeiladu ar *diuina dispensatione* a geir yn y Lladin.

NODIADAU

1 Ar fywyd Morgan, gw. Anstruther, *Seminary Priests*, t. 224; cymh. Bellenger, *English and Welsh Priests*, t. 89; J. Gillow, *A Literary and Biographical History, or Bibliographical Dictionary of the English Catholics*, 5 cyf. (London, 1885–902), v: 118–20. Disgrifir dioddefaint Morgan yn John Chiflet, *Palmae Cleri Anglicani seu Breves narrationes eorum, quae in Angliae contigerunt circa mortem, quam pro Religione Catholica VII. Sacerdotes Anglii fortiter oppetiêre* (Bruxellæ, 1645), tt. 35–44.
2 [E. Morgan], *Edward Morgan, A Priest, His Letter to the Kings most excellent Majesty, and High Court of Parliament* (London, 1642).
3 R. Clifton, 'The Fear of Popery', yn C. Russell (gol.), *The Origins of the English Civil War* (London and Basingstoke, 1973), tt. 144–67.
4 Cymh. M. J. Braddick, 'Prayer Book and Protestation: Anti-Popery, Anti-Puritanism and the Outbreak of the English Civil War', yn C. W. A. Prior a G. Burgess (goln), *England's Wars of Religion, Revisited* (Farnham, 2011), tt. 125–45 (128).
5 Er nad oes tystiolaeth allanol i gadarnhau'r priodoliad, o ystyried natur y cyfieithiad a amlinellir isod a'r hyn a wyddom am Edward Morgan, ni welaf reswm o gwbl dros ei amau. Mae 'Bechfield' yn ffurf ar Bettisfield neu Lys Bedydd, Sir y Fflint: K. L. Gruffydd, 'Cronfa ddata o ffurfiau hanesyddol o enwau lleoedd Sir y Fflint', s.n. Bettisfield: *https://www.cymdeithasenwaulleoedd.cymru/siroedd/klgff*. Am arwyddocâd y gair *supposed* yma, gw. t. 25.
6 Am fanylion dyddiad a chyd-destun y *vita*, gw. Callander, 'Vita Sanctae Wenefredae (Robert of Shrewsbury; Laud)'.
7 K. Jankulak a J. Wooding, 'The Life of St Elgar of Ynys Enlli', yn J. Wooding (gol.), *Solitaries, Pastors and 20,000 Saints: Studies in the Religious History of Bardsey Island (Ynys Enlli)* (Lampeter, 2010), tt. 15–48; J. R. Davies, *The Book of Llandaf and the Norman Church in Wales* (Woodbridge, 2003), t. 124.
8 Gw. Gregory, 'Welsh Saints'; Callander, 'Adapting Winefride'; Callander, 'Y Seintiau'.
9 ASS I Nov tt. 732–3.
10 J. Cartwright, 'The Welsh Versions of the Life of Gwenfrewy', yn D. N. Parsons a P. Russell (goln), *Seintiau Cymru Sancti Cambrenses: Astudiaethau ar Seintiau Cymru* (Aberystwyth, 2022).
11 W. Caxton, *The lyf of the holy and blessed vyrgyn saynt Wenefryde* (Westminster, 1484); C. Horstmann, 'Caxton's ausgabe der leg. von S. Wenefreda', *Anglia*, 3 (1880), tt. 295–313; M. J. C. Lowry, 'Caxton, St Winifred and the Lady Margaret Beaufort', *The Library*, 6th Series, 5 (June 1983): 101–17; Anne F. Sutton, 'Caxton, the Cult of St Winifred, and Shrewsbury', yn L. Clark (gol.), *Of Mice and Men: Image, Belief and Regulation in Late Medieval England* (Woodbridge, 2005), tt. 109–26.
12 S. Harper, *Music in Welsh Culture Before 1650: A Study of the Principal Sources* (London and New York, 2007), tt. 215–6.

13 D. Callander (gol.), 'Vita Sanctae Wenefredae (Anonymous)', Prosiect Vitae Sanctorum Cambriae: *https://saints.wales/ygolygiad/*.
14 D. Callander (gol.), 'Vita Sanctae Wenefredae (Composite; Lansdowne)', Prosiect Vitae Sanctorum Cambriae: *https://saints.wales/ygolygiad/*; J. R. Gregory, 'The Life of St Winifred: The *Vita S. Wenefrede* from BL Lansdowne MS 436', *Medieval Feminist Forum Subsidia*, 4 (2016), 1–57.
15 D. Callander (gol.), 'Vita Sanctae Wenefredae (Robert of Shrewsbury; Trinity)', Prosiect Vitae Sanctorum Cambriae: *https://saints.wales/ygolygiad/*; F. Marzella, (gol.), 'Vita Sanctae Wenefredae (John of Tynemouth)', Prosiect Vitae Sanctorum Cambriae: *https://saints.wales/ygolygiad/* (i ymddangos).
16 F. Winward, 'The Lives of St Wenefred (BHL 8847–51)', *Analecta Bollandiana*, 117 (1999), 89–132.
17 Gw. Sims-Williams, *Buchedd Beuno*.
18 Gw. uchod tt. 16–20.
19 Gw. tt. 180–1.
20 Awgrymaf nad dylanwad ffynhonnell arall sy'n gyfrifol am y darlleniad 'Sychnant' yng nghyfieithiad Morgan, gw. tt. 191–2.
21 Gw. Callander, 'Vita Sanctae Wenefredae (Robert of Shrewsbury; Laud)'.
22 Gw. uchod, t. 2.
23 Rhestrir yn y catalog 'S. Wenefr. liues bound in leather — 54 / The same in Velome — 47': Archives of the Archdiocese of Westminster, Series A, XXXII/99, t. 477. Cymh. A. Walsham, 'Holywell: Contesting Sacred Space in Post-Reformation Wales', yn W. Coster ac A. Spicer, (goln), *Sacred Space in Early Modern Europe* (Cambridge, 2005), tt. 209–36 (223).
24 Enghraifft o'r math o gopi llawysgrifol a all fod wedi bod ar gael yn Nhreffynnon yn y cyfnod hwn yw LLGC llsgr. 24035A, sef copi anghyflawn o gyfieithiad Falconer o ganol yr 17eg ganrif.
25 Ar losgi llyfrau Treffynnon, gw. t. 117.
26 E. Poppe, 'Beyond 'Word-for-Word': Gruffudd Bola and Robert Gwyn on Translating into Welsh', *Studia Celtica Fennica*, 16 (2019), 71–89; cymh. P. Burke, 'Cultures of Translation in Early Modern Europe', yn P. Burke ac R. Po-chia Hsia (goln), *Cultural Translation in Early Modern Europe* (Cambridge, 2007), tt. 7–38 (25–35).
27 Poppe, 'Beyond 'Word-for-Word' ', tt. 82–3; A. C. Southern, *Elizabethan Recusant Prose, 1559-1582* (London and Glasgow, 1950), tt. 231–62.
28 Poppe, 'Beyond 'Word-for-Word' ', t. 85.
29 Horstmann, 'Caxton's ausgabe', t. 295.
30 [J. Falconer], *The Admirable Life of Saint Wenefride: virgin, martyr, abbesse* ([Saint-Omer], 1635).
31 [P. Metcalf], *The Life and Miracles of S. Wenefride; Virgin, Martyr, and Abbess; Patroness of Wales* ([s.l.], 1712) [adargraffiad o Falconer gyda nifer o newidiadau]; [W. Fleetwood], *The Life and Miracles of St Wenefrede, together with her Litanies with some Historical Observations made thereon* (London, 1713) [adargraffiad o Metcalf gyda llawer o sylwadau newydd yn bwrw amheuaeth ar y testun.]
32 Mae'n ddigon posibl y seilir gwaith Falconer ar lawysgrif Laud ond yn anodd profi gan fod y cyfieithiad mor llac. Nid yw'r penodau'n cytuno'n hollol gyda Laud, ond mae

cyfatebiaeth fras, ac mae'r cynnwys yn debyg iawn i eiddo Laud mewn cymhariaeth â fersiynau eraill o'r Lladin. Noda'r rhagymadrodd y seilir y cyfieithiad ar gopi o lawysgrif hynafol: 'coppied truly out of an old authenticall Manuscript': Falconer, *Admirable Life*, 'The Translatours Preface to his Reader' (ni rifir tudalennau'r rhagair).

33 Ni rifir y penodau yn llawysgrif Laud.
34 Falconer, *Admirable Life*, 'The Translatours Preface to his Reader'.
35 Burke, 'Cultures', t. 30.
36 Burke, 'Cultures', t. 31.
37 Cymh. Burke, 'Cultures', tt. 29–34.
38 Falconer, *Admirable Life*, 'The Translatours Preface to his Reader'.
39 Falconer, *Admirable Life*, 'The Translatours Preface to his Reader'; Walsham, 'Holywell', tt. 223–4.
40 Yn H. Lhoyd a D. Powel, *The Historie of Cambria, now called Wales* (London, 1584), t. 6, nodir y gelwir rheolwyr Cymru yn 'kings' cyn cyfnod Owain Gwynedd a 'princes' o Owain Gwynedd ymlaen.
41 Ar Alâog, gw. WCD, d.e. *Alâog ab Iddig*. Ychydig iawn o ffynonellau eraill sy'n tystio i fodolaeth Alâog, ac efallai bod hyn wedi arwain Morgan i feddwl nad brenin ydoedd. Awgryma Bartrum mai Cadfan oedd y brenin yr oedd tad Tyfid yn ail iddo: WCD, d.e. *Tyfid ab Eiludd*.
42 Am drafodaeth o'r camgymeriadau copïo a'r posibilrwydd bod Robert Davies wedi hepgor ymadrodd ar ddamwain, gw. uchod tt. 16–20.
43 Cymh. y nodiadau ar tt. 255–60.
44 Am drafodaeth a thystiolaeth, gw. uchod tt. 16–20.
45 Rhoddir y ffurf neu ffurfiau a ddefnyddir. Cofnodir yr enw o dan ei enghraifft gyntaf.
46 Defnyddir <lh> yn aml i gynrychioli'r sain /ɬ/ yn Gymraeg a hefyd wrth sillafu enwau Cymraeg mewn testunau anghyfiaith yn y cyfnod hwn.
47 WCD, d.e. *Tyfid ab Eiludd*.
48 Ar 'ffynnan Wenfrewi', gw. t. 191.
49 Nid yw'n glir pam y defnyddia Edward Morgan y sillafiad 'Breva' yn lle'r 'Brewa' a geir yn Laud. Gall fod yn enghraifft o gamddarllen gan Morgan neu gan gopïydd.
50 LBS, ii: 340. Cymh. EWGT, t. 61. Gw. hefyd WCD, d.e. *Diheufyr ap Hawystl Gloff*.
51 Diolch i'r Athro Ann Parry Owen am dynnu sylw at yr enghraifft hon mewn seminar.
52 Gruffydd, 'Cronfa'.

Pennod 5

AR Y DIWEDD

Wrth gloi ei gasgliad mawr, try Robert Davies nid at hagiograffeg, ond at bump o destunau byrion Cymraeg a gynnwys wybodaeth chwedlonol a gwirebol. Fe dâl inni ailedrych ar y rhain cyn gorffen y llyfr hwn. Mae gwir angen rhagor o sylw ar ryddiaith o'r fath yn y cyfnod modern cynnar, sydd heb weld llawer o waith oddi ar olygiad Gwenallt o *Yr Areithiau Pros* (1934).[1] Ni ellir ond rhoi blas ar y gwaith yn hyn o le.

Mae diarhebion yn nodwedd ar lenyddiaeth Gymraeg o'r farddoniaeth gynnar ymlaen.[2] Ceir casgliadau sylweddol o ddiarhebion yn goroesi o ganol y 13eg ganrif ymlaen (Llyfr Du o'r Waun) ac fe ddiogelwyd y casgliadau canoloesol mwyaf yn Llyfr Coch Hergest.[3] Mae testunau diarhebol byr yn dra chyffredin mewn llawysgrifau modern cynnar. Fe geir testunau gwirebol mewn llawysgrifau hagiograffaidd eraill, ond nid yw'r ddau bob tro yn cyd-deithio ac nid oes digon o dystiolaeth i awgrymu bod ysgrifyddion wedi tueddu i grwpio'r ddau *genre*: yn Llawysgrif Yale, ceidw Robert Davies y testunau gwirebol ar wahân.

Weithiau ceir fersiynau o'r un testun mewn llawysgrifau canoloesol a modern cynnar fel ei gilydd, ac mae llawer o waith i'w wneud er mwyn trefnu a dyddio'r testunau. O ran dyddiad testunau gwirebol Llawysgrif Yale, dyma nodi eu copïau cynharaf (hyd y gwn i) fel man cychwyn:

Tabl 5.1 Copïau cynharaf y testunau gwirebol

Testun	Dyddiad y Copi Cynharaf
'Trithlws ar Ddeg Ynys Brydain'	*c.* 1460–80 (Peniarth 51)[4]
'Cyffes Taliesin'	1527 (Caerdydd 3.4)[5]
'Casddynion Duw'	s. xiv/xv (Llyfr Coch Talgarth (Llansteffan 27))[6]
'Geiriau Gwir Taliesin'	1542–54 (Llansteffan 117)[7]
'Casbethau Owain Cyfeiliog'	1542–54 (Llansteffan 117)

Fel testun yn llawn cyfeiriadau chwedlonol trawiadol, 'Thrithlws ar Ddeg Ynys Brydain' sydd wedi derbyn y sylw mwyaf o blith y testunau hyn, a nodais uchod fod copi Llawysgrif Yale yn rhan o Ddosbarth VI (Isddosbarth I) yn nhraddodiad testunol y gwaith fel y'i dehonglir gan Graham Thomas.[8] Ceir amrywiol fersiynau o 'Cyffes Taliesin' mewn toreth o lawysgrifau ac fe lwyddodd i gyrraedd yr argraffwasg trwy'r *Myvyrian Archaiology*.[9] Tri thestun llai o Lawysgrif Yale sy'n lleiaf hysbys ac fe'u golygir yma. Dyma 'Casddynion Duw', 'Geiriau Gwir Taliesin' a 'Casbethau Owain Cyfeiliog'.

Y cyntaf o'r rhain yn y llawysgrif yw 'Câs Dynion Duw' yn ôl ei deitl. Mae'n debygol mai 'Casddynion' ydynt, gyda'r 's' yn atal y treiglad, gan fod y testun yn rhestr o bobl sy'n cyflawni camweddau tybiedig:[10]

Llyma gâs dynion Dvw
Y nêb a geisio dala llysswen, nag ymaeled yn i chynffon;
Dôd o'r eidhod tra fo yn dav, pan elych arall piav.
Dŷn ni wypo da i hvn, ag ni chais dhysgv gan arall.
Dŷn a dhyko i nechwyn gymaint, ag na allo i dalv bŷth.
5 Dyn a fo kyn haeled ag na atto dhim idho i hvn.
Dyn a dhyko beth bôb amser, ag ni rydh dhim vn amser.
Dŷn a vygythio bawb ag ni bydh ar nêb i ofn.
Dŷn a dhoetto gymaint, ag i bydh blîn gan bawb i wrando.
Dyn a archo bôb peth ag ni rydh dhim i nêb.
10 Dŷn a adhefo i gyfrinach y'w gâs.
Dyn heb dha gantho ag ni phaid a masknach pôb peth.
Dyn a wnêl yn vndydh gymaint ag na allo wneythvr dim dranoeth.

Ar y Diwedd

    Dyn a dyngo lw anvdon ni aller i gredv.
    Dyn a ymyrro mewn pôb peth heb achos idho.
15 Dyn a fo kentachvs ag nid ymladh dhim.
    Dyn a fwrio ar arall am y bai a fo arno i hvn.
    Dyn a fo ffôl ag a gymero arno fôd yn ffolach.
    Dyn heb wellhad idho o'i ffalster.
    Dyn ni bo a'i gwasanaetho, ag nid ymwasanaetho i hvn.
20 Dyn a vostio i gwilydh i hvn. Dŷn ni charo nêb na **neb**[11] yntav.
    Dŷn a gaffo dhewis ag yn dewis y gwaetha.
    Dyn a gasawo i lês er afles i dyn arall.
    Dŷn a ymhoffo i hvn ag yntav yn gâs gan bawb.
    Dyn a dybycko i fod yn dha ag ynta[12] yn dhrŵg.
25 Dyn a dhysgodh lawer, heb ymarfer o dhim.
    Dyn a wypo lawer ag ni dhengvs dhim i nêb.
    Dŷn a wnêl drŵg, heb fod edifar gantho.
    Dyn a fo edifeiriol gantho wneythvr da.
        Ag fellv y dowaid Selef fâb Dafydd.

Ceir copïau hysbys o'r testun yn Llansteffan 27, 164; Llansteffan 117, 8; Llansteffan 117, 148; Llansteffan 120, 277; Peniarth 53, 32; Peniarth 155, 132; Llyfrgell Brydeinig Add. 14973, 129; Llyfrgell Brydeinig Add. 14936, 56; Caerdydd 1.1, 134. Fe'i hargraffwyd hefyd fel rhan o'r diarhebion Cymraeg yn *Dictionarium Duplex* John Davies. Mae'r gwahanol destunau o 'Casddynion Duw' yn amrywio'n fawr. Ceir rhai ohonynt mor fyr â saith llinell, ac felly'n bwrw eu llid ar grŵp llawer llai o bobl. Yn ogystal â bod o wahanol hydoedd, mae'r fersiynau mor wahanol nes herio'r syniad mai un testun ydynt. Dyma fersiwn Llyfrgell Brydeinig Add. 14973 (copïwyd ym 1637), er enghraifft:[13]

Kas ddynion Selef ddoeth
Dyn ni wypo dim, ag nis dysgo.
Dyn a dycko i nechwyn mwy na allo dalv
Dyn a roddo a fo eiddo, ag ai gallo i hvn heb ddim:
Dyn a addawo pob peth, heb gowiro dim:

5   Dyn a fygythio pawb ag ni bo ar neb i ofn,
    Dyn a ddoeto llawer ag nis gwrendy neb
    Dyn a dyngo llwie hyd nas kretto neb.

Gellid dadlau mai testun arall ar yr un patrwm sydd gennym yn B14973, yn hytrach na fersiwn o'r hyn a gawn yn Llawysgrif Yale, er bod rhai llinellau tebyg. Dengys hyn bwysigrwydd rhoi sylw teg i bob fersiwn o destun er mwyn gwerthfawrogi'r traddodiad a'r hyn a ddysg inni am gymdeithas y cyfnod.

Mae copi Llawysgrif Yale yn hynod am iddo gynnwys dwy ddihareb annibynnol ar y dechrau, ynghylch dal llysywod a chymryd yn syth yr hyn sy'n eiddo i ti. Mae'n ddigon posibl bod cysylltiad rhwng y ddwy ddihareb: dylid mynd am bethau'n syth yn hytrach na chrafangu'n araf ar eu holau. O'r copïau eraill, mae'n drawiadol mai dim ond ail fersiwn Llansteffan 117 sy'n cynnwys ffurf ar y diarhebion hyn:

Dyn a geisio dal llaswen erbyn i chynffon, os dyn doeth dod gastod[14] tra vo yn tav di, pan elech di vn arall all biav y da hwnnw.

Dyma'r fersiwn o 'Casddynion Duw' sy'n fwyaf tebyg i gopi Llawysgrif Yale, ond mae gwahaniaethau sylweddol sy'n dangos nad dyma gynsail Robert Davies yn yr achos hwn. Ymddengys y diarhebion hyn yn annibynnol ar ddechrau rhestr Llawysgrif Yale, ond yn Llansteffan 117 gwneir rhagor o ymdrech i'w huno fel un ddihareb a'u clymu wrth gynnwys gweddill y testun, er nad casddyn a ddisgrifir o reidrwydd.

Haedda fersiwn Llawysgrif Yale ei sylw ei hun. Dyma destun sy'n brolio ei ddoethineb, ac a briodolir i'r brenin chwedlonol o ddoeth Selyf fab Dafydd. Mae'r diarhebion yn gain yn eu cymhlethdod. Nid 'Dyn a fo kentachvs' yn syml sy'n gas ond 'Dyn a fo kentachvs ag nid ymladh dhim'. Felly hefyd ni chaseir 'Dŷn a vygythio bawb' ond 'Dŷn a vygythio bawb ag ni bydh ar nêb i ofn'. Mae'r casineb yn benodol, a gallwn weld moesau'r cyfnod yn y penodolrwydd hwn. Efallai y byddai'r casddyn canlynol wedi apelio at uchelwr megis Robert Davies: 'Dyn ni bo a'i gwasanaetho, ag nid ymwasanaetho i hvn'. Un dehongliad o hyn fyddai na ddisgwylir i bawb ymwasanaethu, ond dylai'r rhai sydd heb weision wneud hynny. Prin y gwelir cydymdeimlad â'r tlawd yn yr enghraifft ganlynol chwaith: 'Dŷn a dhyko i nechwyn gymaint, ag na allo i dalv bŷth.' Dyma destun sy'n gynnyrch cymdeithas hierarchaidd felly, sy'n ceisio cadw'r sustemau pŵer fel y maent. Gwelwn ganolbwynt hefyd ar nifer o'r un nodweddion ag a folid gan feirdd yr uchelwyr, megis haelioni, dysg, gonestrwydd a dewrder, a chollfarnu'r rhai sy'n methu â chynnal y rhinweddau hyn. Mae elfen ymarferol gref yma yn ogystal ag elfennau y gellid eu cysylltu â moeseg Cristnogol. Gweler, er enghraifft, y casddyn canlynol: 'Dyn a wnêl yn vndydh gymaint ag na allo wneythvr dim dranoeth.' Er bod yr unigolyn yn weithgar, nid yw'n ymarferol iddo weithio mor galed fel na all wneud dim drannoeth.

Testun arall sy'n gosod enghreifftiau o ymddygiad y dylid ei osgoi sy'n dilyn yn syth yn y llawysgrif, sef 'Geiriau Gwir Taliesin':[15]

Llyma eiriev gwîr Taliesin ag ynt gynhorion da i'r sawl a wnêl yn i hôl.
Nag ymdhiried i'r nêb a'th fygythio.
Na chais groeso dan ŵg.
Na chais lawenydh heb wên.
Na chais chware a chlwfvs.
5   Na chais lês o fywyd.
Na chais elw o ffalster.
Na chais esmwydra o dhigter.
Na chais hîr dhylid neges gan galed yfrowioc.
Na chais dhiolch am naag.
10 Na chais barch o dhrygfoes.
Na chais dhiwedh da o hîr draha.
Na chais vrdhas o ffalster.
Na chais gellwair a'th gâs.
Na chais ymwrdh a'th well.

Tra bo 'Casddynion Duw' yn cynnig cyngor ymhlyg, trawiadol o uniongyrchol yw 'Geiriau Gwir Taliesin'. Noda pob diharab y dylid peidio â cheisio un peth o dan amodau penodol. Gwelwn eto ymgais i gynnal model cymdeithasol hierarchaidd ('Na chais ymwrdh a'th well'), yn ogystal â chanolbwynt ar onestrwydd. Deil y cyngor yn ymarferol ('Na chais chware a chlwfvs') ond saif llinell 5 allan ('Na chais lês o fywyd') fel dihareb sydd ag ergyd Gristnogol amlycach. Eto, o gymharu'r llawysgrifau eraill, gwelir bod 'fywyd' yn gamgymeriad am 'fewyd', sef 'mewyd', 'diogi'. Collir yr elfen o *contemptus mundi* yn llwyr o'i chywiro. Ymateba'r llinellau i'w gilydd weithiau, gyda defnydd helaeth o wrthgyferbynnu yn tynnu sylw at eiriau gwrthwynebol megis 'gâs' / 'well'; 'ŵg' / 'wên'.

Mae traddodiad testunol 'Geiriau Gwir Taliesin' yn fwy diweddar ac ychydig (ond ddim llawer) yn fwy sefydlog na thraddodiad 'Casddynion Duw'. Fe'i ceir yn Llansteffan 117, 101; Llansteffan 117, 148; Llansteffan 133, eitem 395; Llansteffan 145, eitem 10b; Llansteffan 148, 203; Llansteffan 167, 314; Peniarth 137, 129; LLGC 355B, 26–7; LLGC 825D, 168; Rhydychen, Bodley Welsh e.7, 23; Rhydychen, Bodley Welsh f.2, 26; Llyfrgell Brydeinig Add. 14878, 6; Caerdydd 2.632, 333. Ceir yr un diarhebion yn yr un drefn yn Peniarth 137 a Llawysgrif Yale, er enghraifft, er bod dwy ddihareb ychwanegol yn Peniarth 137 ac ambell wahaniaeth geiriol. Eto, mae copi Bodley Welsh f.2, er yn debyg am y 12 llinell ddechreuol, yn troi wedyn yn gerdd hollol wahanol. Ymddengys Llansteffan 117, 101 fel cerdd gwbl wahanol sy'n dwyn yr un teitl ac yn defnyddio patrwm geiriol tebyg, gydag ambell gyfatebiaeth eiriol. Fel yn achos bucheddau'r seintiau, dengys 'Geiriau Gwir Taliesin' fod amrywiaeth fawr o geidwadaeth a thrawsffurfio wrth "drosglwyddo" testunau Cymraeg yn y cyfnod hwn, gyda nifer o ysgrifwyr yn cadw'n agos at eu cynseiliau ac eraill yn newid eu gweithiau yn llwyr.

Crybwyllais ym Mhennod 1 y sylw diddorol a rydd 'Casbethau Owain Cyfeiliog' i'r iaith Saesneg.[16] Dyma'r testun yn ei gyfanrwydd (penderfynais ymatal rhag newid yr atalnodi er mwyn rhoi syniad o fel y'i trefnir gan Robert Davies):

Llyma gasbethav Owain Kyfeilioc
Dwylaw bvdron, Llewis byrrion
y saig yn bell ar gyllell yn bŵl
krynfarch heb rygyng. // krynwas heb gamp. // A chryn afon
    heb Bont.

　　　　Bardh anigri.// kyfarwydh gwladaidh.// hên afallen bêr heb ffrwyth
　5　　hên arglwydhes wedhw. // hên ych kymr[o] // hên farch sais // ~
　　　　hên swrth daliwr. // hen ysgvdie krydh wedi i bwrw ymaith. //
　　　　hen dref heb fara. // hafod=tv heb laeth.// Mamaeth frasnoeth.//
　　　　Mâb kvl dolvrgar. /// Adwy fvdhr dhreniog. // ffordh garregog.//
　　　　Priod anwadal.// Gordherch dheldhwl sorth.// Newyn wedi bwyd.//
　10　　Gwynt drwy bared.// Milgi bychan angraff.// Gwraig kvl gedorig//
　　　　kordhi mewn kastell.// Saesneg mewn hafodtv.//

Yma cawn restr o bethau y tybir eu bod yn gas gan Owain Cyfeiliog, tywysog o Bowys a fu farw ym 1197 (fe gofiwn i Robert Davies o Wysanau olrhain ei ach i dywysogion Powys).[17] Fel y gwelir o gymharu golygiad Gwenallt o Peniarth 155 gydag amrywiadau o LLGC 3029B (Mostyn 110), Caerdydd 2.617 (Havod 3), a Cwrtmawr 5, ceir cryn amrywiaeth yn yr hyn a oedd yn gas gan Owain Cyfeiliog, er bod y testunau'n weddol gyson o ran ffurf a hyd.[18] Fel yn achos 'Casddynion Duw', mae fersiwn Llawysgrif Yale o 'Casbethau Owain Cyfeiliog' yn dechrau gyda deunydd anarferol. Ni cheir y ddwy linell gyntaf yn y copïau a welodd Gwenallt na chwaith yn Llansteffan 117, 145. Yn Llawysgrif Yale fe'u cyflwynir ar wahân a heb y ddwy strôc a ddefnyddia Robert Davies i rannu gweddill y casbethau. Gellir gweld yn hawdd sut y gellid ychwanegu at y casbethau dros amser, gyda phob ysgrifydd yn rhydd i ychwanegu ei gasbethau ei hun.

　　Fel y disgwylid, mae patrwm i'r casáu yma. Caseir pethau hen, anghyffordddus neu anghynhyrchiol sy'n peri rhwystr ac yn atal mwynhad. Felly mae 'cryn afon heb bont' yn rhwystro mynediad fel y rhwystra 'bardh anigri' ddiddanwch. Ceir persbectif cwbl fydol gyda phwyslais ar bleser a chyfforddusrwydd, heb elfen amlwg o foeseg Gristnogol. Gwelwn ferchgasedd cryf nas ceir yn 'Geiriau Gwir Taliesin' na 'Casddynion Duw': caseir 'gordherch dheldhwl sorth' a 'gwraig kvl gedorig'. O ystyried testunau eraill sy'n ymwneud â *genre* y casbethau, cawn enghreifftiau tebyg, megis 'didlosvûrsenverch' yn 'Casdrem Dafydd ap Gwilym', a 'gwraic gûl ymgeingar' yn 'Casbethau Ieuan Brydydd Hir'.[19] Mae'n amlwg bod casbethau wedi rhoi cyfle i ysgrifenwyr fwrw eu llid ar fenywod nad oeddent yn cydymffurfio â'u delfrydau o ran corff neu gymeriad. Tra bo casineb ar sail rhywedd yn weladwy iawn yma, nid yw'r cysylltiad rhwng y casbethau a chasineb ethnig yn amlwg. Caseir 'hên ych kymr[o]' a 'hên farch sais' ac fe gyfosodir y ddau gasbeth. Ar y diwedd, fel y nodais, caseir 'Saesneg mewn hafodtv'. Mae'n werth nodi na chaseir y Gymraeg na chwaith iaith arall yn y testunau hyn. Rhaid bod y casbeth hwn yn arwyddocaol ac awgrymais uchod ei fod yn pwysleisio'r angen i gadw parth ar gyfer unieithrwydd Cymraeg.

Er nad ydynt yn hagiograffeg, gallwn weld sut y gallai'r testunau gwirebol a chwedlonol hyn apelio at hynafiaethydd o Gymro fel Robert Davies. Fe'u priodolir yn aml i ffigyrau chwedlonol; cynhwysant eirfa chwareus; ac o ran y diarhebion, gallent gael eu gweld fel allwedd i hen ddoethineb oes a fu. Nododd John Davies i'r diarhebion a brintiodd gynnwys 'antiquae Britonum sapientiae reliquias' ('gweddillion hen ddoethineb y Brythoniaid').[20] Mae'n bosibl mai er mwyn diogelu hen ddoethineb o'r fath y creodd ei gyfoeswr Robert Davies y casgliad bach hwn. Mae'r testunau hyn yn arwyddocaol hefyd wrth ddatgelu patrymau yng ngweithiau Cymraeg y llawysgrif. Penderfynodd Robert Davies orffen ei lyfr gyda thestunau Cymraeg byrion ac o edrych ar ei gyfrol yn ei chyfanrwydd gwelir mor bwysig yw lleihau a chrynhoi i'w holl destunau Cymraeg. Felly yn yr un ffordd ag y cynnwys destunau byrion a gynhyrchwyd yn yr Oesoedd Canol diweddar a'r cyfnod modern cynnar, felly hefyd cawn fersiynau byrrach o *Buchedd Beuno* a *Buchedd Collen*. Mae ansefydlogrwydd testunol yn nodwedd gyffredin ar sawl *genre* yn y llyfr hwn.

CASGLIADAU

Os dysgwn rywbeth o Lawysgrif Yale, sylwn fod llawysgrifau modern cynnar yn haeddu rhagor o'n sylw, nid yn unig fel ffynonellau ar gyfer cyfnod eu creu ond hefyd fel ceidwaid deunydd cynharach. Ym Mhennod 1, trafodais wneuthuriad a threfn y llawysgrif, gan amlygu bwriad Robert Davies i greu casgliad mawr o ddeunydd am y seintiau Brythonaidd. Casglodd Davies bopeth oedd ar gael iddo mewn tair iaith, yn hytrach na chanolbwyntio ar iaith benodol. Ni chyfyngodd ei sylw i Gymru: mae seintiau'r Hen Frythoniaid megis Alban yr un mor bwysig iddo â seintiau Cymru. Tynnodd ar ddeunydd hen a newydd, gan gynnwys bucheddau Lladin canoloesol a gwaith Saesneg diweddar. Roedd Robert Davies yn unigolyn cwbl addas ar gyfer cyflawni'r dasg wrth law, ac yntau'n hynafiaethydd cydnabyddedig a arbenigai ym maes achyddiaeth. Fel nifer o ysgrifyddion eraill ei oes, ni thrafferthai gadw pob un llythyren yr un fath wrth gopïo deunydd, ac roedd yn ddigon bodlon newid y sillafu a gwella ar ei gynsail pan welodd gyfle. Wrth gopïo llawer o destunau, gwnaeth hefyd nifer o'r camgymeriadau disgwyliedig, gan gynnwys ditograffi a haplograffi. Roedd yn gwbl naturiol a chyfforddus wrth gopïo llyfr tairieithog, ac ni pharodd yr un o'r tair iaith drafferth arbennig iddo.

Datgela'r llawysgrif wedd newydd ar Robert Davies wrth amlygu ei Gatholigaeth. Copïodd destunau Catholig canoloesol a chyfoes ac roedd mewn cyswllt ag offeiriaid Catholig. Rhaid ei fod yn Gatholig o ran ei grefydd bersonol erbyn cyfnod copïo'r llawysgrif, er na fyddai hynny'n amlwg o gwbl o edrych ar ei waith arall. Mae'r cysylltiad Catholig hwn yn arwyddocaol o ran trosglwyddiad diweddarach y llawysgrif, wrth iddi gyrraedd teulu pwysig y Leghs o Lyme lle torrodd Peter Legh XII ei enw ar ei dechrau.

Heb os, buchedd Ladin Cybi yw testun newydd pwysicaf Llawysgrif Yale. Fel y trafodir ym Mhennod 2, dyma fersiwn o'r fuchedd nad yw'n ddibynnol ar y testunau hysbys o Cotton Vespasian A. xiv. Cynnwys lawer o wybodaeth nad yw ym mucheddau Vespasian, megis taith Cybi i Rufain lle cyflawna wyrthiau a disgrifiad byr o Gybi'n sefydlu eglwys yng Nghernyw. Mewn cymhariaeth â fersiynau Vespasian, mae Buchedd Yale yn amlwg wedi'i threfnu ar gyfer defnydd litwrgaidd gyda chyfeiriadau mynych at y gynulleidfa. Mae canolbwynt cryf ar y gogledd ac obsesiwn â statws esgobol Cybi a Chaergybi, gyda Chybi yn cael ei gyflwyno fel ail Martin. Mae'n debygol bod y fersiwn hwn o'r fuchedd wedi'i greu tua 1081–92, pan welodd Caergybi gyfle i bwysleisio ei statws esgobol. Fe'i haddaswyd ymhellach yn ail hanner y 15fed ganrif pan ychwanegwyd y gweddïau unigryw a geir ar ei ddiwedd.

Mae'r bucheddau Cymraeg a gynnwys Llawysgrif Yale yn tystio i sut yr addesid testunau o'r fath at wahanol ddibenion dros ganrifoedd. Perthyn y testunau'n agos iawn i'r copïau yn Llansteffan 117, ond maent yn dra gwahanol i'r holl fersiynau eraill. Yn achos *Buchedd Beuno*, lleiheir testun y fuchedd yn eithafol gan adael un canolbwynt amlwg, sef merthyrdod Gwenfrewy. Yn wir, yn hytrach na chyflwyno'r santes yn rhan o episod fel yn y fuchedd wreiddiol, ymddengys mai prif bwrpas buchedd Beuno yw amlygu sancteiddrwydd Gwenfrewy yn y fersiwn hwn, a gellir cysylltu hyn â thwf anferth ei chwlt yn yr Oesoedd Canol diweddar. Fel y nodwyd, fersiwn byrrach o *Buchedd Collen* a geir hefyd gyda rhagor o foesoli, fel a welwn ym muchedd Cybi a *Buchedd Beuno* yn y llawysgrif hon. Ymddengys mai am resymau defosiynol, felly, yr addaswyd y fersiynau o *Buchedd Collen* a *Buchedd Beuno* a gall mai'r un unigolyn oedd yn gyfrifol am addasu'r ddau.

Y testun hwyaf o lawer a olygir yma yw cyfieithiad Edward Morgan o *vita* Ladin Gwenfrewy i'r Saesneg. Dengys Pennod 4 ei fod yn gyfieithiad manwl a chywrain o fuchedd Robert o Amwythig, sy'n cadw'n agos at ei ffynhonnell (llawysgrif Laud Misc. 114 yn ôl pob tebyg). Saesneg safonol o dan ddylanwad trwm y Lladin yw cyfrwng Edward Morgan, heb ymyriad amlwg o du'r Gymraeg. Eto datgela rhai o enwau priod cyfieithiad Morgan ei wybodaeth o'r Gymraeg ac o hanes Gwenfrewy. Mewn cymhariaeth ag aralleiriad rhydd John Falconer o'r un cyfnod, hynodir cyfieithiad Edward Morgan fel cyfieithiad tra agos sy'n cyflwyno'r testun â'i holl ryfeddodau, heb ymgais i'w addasu ar gyfer darllenwyr amheuol.

Er i'r llawysgrif hon gael sylw llyfr cyfan, erys llawer o waith i'w wneud arni. Fel y gwelir yn y bennod hon, mae angen rhagor o ymchwil ar destunau gwirebol byrion y cyfnod, yn adeiladu ar waith Gwenallt i roi syniad eglurach inni o natur testunau rhyddiaith Gymraeg yn llawysgrifau'r cyfnod hwn. Haedda fersiwn Llawysgrif Yale o fuchedd Ladin Gildas ragor o sylw i astudio fel y'i haddaswyd a'i lleihau mewn cymhariaeth â fersiynau cynharach o'r fuchedd. Yn yr un ffordd, byddai rhagor o waith ar fucheddau hir Lladin y llawysgrif (Alban, Amphibalus, a Dewi) yn gallu taflu goleuni ar dderbyniad y testunau hyn. Er i'r testunau gael eu codi o lawysgrifau sydd ar glawr (Cotton Faustina V.iv; Bodley, Digby 112), gallent ddatgelu rhagor am waith copïo Robert Davies a William Farrar o'i flaen, gan ddadlennu ymhellach pa fath o newidiadau yr oeddent yn debygol o'u cyflwyno.

Dengys Llawysgrif Yale faint y gall unrhyw lawysgrif ei ddysgu inni. Gyda chyhoeddiad *Repertory of Welsh Manuscripts and Scribes* Daniel Huws, rydym mewn sefyllfa well nag erioed ar gyfer ymgymryd â'r math hwn o waith, a braf fyddai gweld rhagor o astudiaethau o lawysgrifau unigol. Gallwn gofleidio'r holl amrywiaeth destunol y maent yn ei chynnig. Gall fersiwn diweddar o destun mewn llawysgrif modern cynnar ddatgelu llawer am flaenoriaethau y sawl a gyfrannodd at ei greu, a thrwy hynny ein cynorthwyo wrth astudio hanes a datblygiad llenyddiaeth Gymraeg. Mae fersiynau o'r fath yn haeddu eu sylw eu hunain, boed hynny am iddynt gynnwys deunydd cynnar unigryw fel buchedd Cybi neu am iddynt adlewyrchu newidiadau cynhyrchiol diweddarach fel *Buchedd Beuno*. Bucheddau'r seintiau a ddygodd brif sylw y gyfrol hon wrth reswm, ond mae'r ffordd hon o fynd ati i astudio gwahanol rannau o draddodiadau testunol ar eu telerau eu hunain yn berthnasol i sawl *genre*, fel y gwelir yn achos y testunau gwirebol. Mae hyn yn wir am farddoniaeth hefyd. Dyma ganolbwynt Prosiect AHRC Barddoniaeth Myrddin (2022–5) a redir ar y cyd rhwng Prifysgol Caerdydd, Canolfan Uwchefrydiau Cymreig a Cheltaidd Prifysgol Cymru a Phrifysgol Abertawe.[21] Bwriedir golygu'r holl farddoniaeth a gysylltir â Myrddin yn y llawysgrifau cyn 1800. Yn hytrach na cheisio ail-greu canon rhyw awdur tybiedig, bydd y prosiect yn mynd ati i astudio a golygu gwahanol fersiynau o'r cerddi, gan gynnwys addasiadau go ddiweddar, fel tystion i weithgarwch llenyddol byrlymus a ffyniannus.

'Recentiores, non deteriores.' Gwir y gair. Os gallwn lawn werthfawrogi elfennau cynhyrchiol traddodiad testunol yn hytrach na'u dileu neu eu cywiro, sylwn faint yn fwy a faint yn gyfoethocach yw ein corpws llenyddol. Deuthum at y deunydd yma o bersbectif canoloesegwr, ac fe adlewyrchir hynny yn y testunau y dewisais eu cynnwys, ond byddai rhagor o waith ac ymchwil amlgyfnod o les sylweddol i'r maes. Ni ellir deall yn llwyr Lawysgrif Yale fel gwaith modern cynnar na gwaith canoloesol: mae'n bwysig am iddi gofleidio'r ddau.

Wrth adargraffu'r diarhebion a gasglodd John Davies, nododd Thomas Richards, 'since the Life of Man is so very short, that his Experience can be but small, and his Observations few, we ought not to neglect any Instructions we may receive from former ages.'[22]

Mae'n debygol i Robert Davies farw yn fuan iawn ar ôl copïo Llawysgrif Yale ac yntau yn ei bumdegau cynnar. Diolchwn iddo am ddefnyddio hynny o amser oedd ganddo i ddiogelu trysorau oesau a fu ar gyfer ei oes ei hun a'r oesau a ddaw.

NODIADAU

1 D. Gwenallt Jones, *Areithiau Pros*. Am astudiaethau diweddar o destunau gwirebol cynharach Cymraeg, gw. R. G. Roberts (gol.), *Diarhebion Llyfr Coch Hergest* (Aberystwyth, 2013); R. G. Roberts, 'Y Traddodiad Paremiolegol yng Nghymru'r Oesau Canol. I. Rhai Diarhebion Cydwladol', *Dwned*, 11 (2005), 19–33; R. G. Roberts, 'Y Traddodiad Paremiolegol yng Nghymru'r Oesau Canol. II. 'y reyn oll sydd yn llawn diarebion'', *Dwned*, 12 (2006), 31–49; R. G. Roberts, 'Y Traddodiad Paremiolegol yng Nghymru'r Oesau Canol. III. Ailystyried 'Englynion y Clyweit'', *Dwned*, 14 (2008), 47–59; N. Jacobs (gol.), *Early Welsh Gnomic and Nature Poetry* (London, 2012).
2 Jacobs, *Early Welsh Gnomic and Nature Poetry*; K. Jackson (gol.), *Early Welsh Gnomic Poems* (Cardiff, 1935).
3 Roberts, *Diarhebion*, tt. 1–3.
4 *Repertory*, i: 359. Ar ddyddiad y testun, gw. TYP3, tt. cvi–cvii.
5 *Repertory*, i: 558.
6 *Repertory*, i: 65.
7 *Repertory*, i: 82.
8 Gw. uchod t. 31.
9 [O. Jones, E. Williams a W. O. Pughe] (goln), *The Myvyrian Archaiology of Wales*, 3 cyf. (London, 1801), i: 100; O. Jones, E. Williams a W. O. Pughe (goln), *The Myvyrian Archaiology of Wales*, ail argraffiad (Denbigh, 1870), tt. 79–80.
10 Dilynir confensiynau golygu'r testunau eraill. Seilir y testun ar Lawysgrif Yale ac ni cheisir creu golygiadau beirniadol llawn o'r testunau yma.
11 neb] heb.
12 Camgymeriad am 'ynte' mae'n debygol, wedi'i ddylanwadu gan 'dha', er nad yw'r ffurf yn amhosibl.
13 *Repertory*, i: 629.
14 Os nad yw'n gamgymeriad, mae'n bosibl bod 'gastod' i'w gysylltu â'r gair 'cast' yma a'r weithred o daflu: OED, d.g. *cast, n*; GPC, d.g. *cast¹, cestyn*.
15 Rhestrir nifer sylweddol o ddiarhebion yn dechrau â 'na chais', gan gynnwys rhai sy'n cyfateb neu sy'n debyg i'r rhai yn y testun hwn, yn W. Hay, *Diarhebion Cymru* (Lerpwl, 1955), tt. 174–5.
16 Gw. uchod t. 23.
17 Gw. K. A. Bramley ac eraill (goln), *Gwaith Llewelyn Fardd I ac Eraill o Feirdd y Ddeuddegfed Ganrif*, Cyfres Beirdd y Tywysogion 2 (Caerdydd, 1994), tt. 191–297.
18 D. Gwenallt Jones, *Areithiau*, t. 61.

19 Rhanna 'Casbethau Ieuan Brydydd Hir' rai casbethau â 'Casbethau Owain Cyfeiliog', megis 'gwynt drwy baret': D. Gwenallt Jones, *Areithiau*, t. 60.
20 J. Davies, *Antiquae Linguæ Britannicæ ... Dictionarium Duplex* (Llundain, 1623), Hhh2v.
21 Ar y prosiect hwn, gw. *https://gtr.ukri.org/projects?ref=AH%2FW000717%2F1*.
22 T. Richards, 'The British or Welsh Proverbs: To the Reader' yn T. Richards, *Antiquæ Linguæ Britannicæ Thesaurus* (Bristol, 1753).

LLYFRYDDIAETH

Andrews, Rh. M., ac eraill (goln), *Gwaith Bleddyn Fardd a Beirdd Eraill Ail Hanner y Drydedd Ganrif ar Ddeg*, Cyfres Beirdd y Tywysogion 7 (Caerdydd, 1996).
Anglo-Norman Dictionary (ar-lein): https://anglo-norman.net/.
Anstruther, G., *The Seminary Priests*, 4 cyf. (Great Wakering, 1966–77).
ap Huw, M., 'A Critical Examination of Welsh Poetry Relating to the Native Saints of North Wales (c. 1350–1670)', 2 gyf. (traethawd DPhil anghyhoeddedig, Prifysgol Rhydychen, 2001).
Baring-Gould, S., a J. Fisher, *Lives of the British Saints*, 4 cyf. (London, 1907–13).
Barrow, J., *The Clergy in the Medieval World: Secular Clerics, their Families and Careers in North-Western Europe, c. 800–c. 1200* (Cambridge, 2015).
Bartrum, P. C., *Early Welsh Genealogical Tracts* (Cardiff, 1966).
—, *A Welsh Classical Dictionary* (Aberystwyth, 1993), fersiwn digidol: https://www.llyfrgell.cymru/darganfod-dysgu/arddangosfeydd-arlein/deunydd-print/a-welsh-classical-dictionary.
Beamont, W., *A history of the House of Lyme* (Warrington, 1876).
Bellenger, D. A., *English and Welsh Priests 1558–1800* (Downside Abbey, 1984).
Y Beibl Cymraeg Newydd (S.l., 1988).
Bibliotheca Hagiographica Latina, 2 gyf. (Bruxelles, 1898–1901).
Bolland, J., ac eraill (goln), *Acta Sanctorum quotquot toto orbe coluntur* (Antwerp, 1643–).
Bond, R., *The Ancient Wells of Llŷn* (Llwyndyrys, 2017).
Bowen, L., *Anatomy of a Duel in Jacobean England: Gentry Honour, Violence and the Law* (Woodbridge, 2021).
—, *Early Modern Wales c.1536 – c.1689: Ambiguous Nationhood* (Cardiff, 2022).

Bower, C. M., 'The Sequence Repertoire of the Diocese of Utrecht', *Tijdschrift van de Koninklijke Verenigung voor Nederlandse Muziekgeschiedenis*, 55 (2003), 49–104.

Braddick, M. J., 'Prayer Book and Protestation: Anti-Popery, Anti-Puritanism and the Outbreak of the English Civil War', yn C. W. A. Prior a G. Burgess (goln), *England's Wars of Religion, Revisited* (Farnham, 2011), tt. 125–45.

Bramley, K. A., ac eraill (goln), *Gwaith Llewelyn Fardd I ac Eraill o Feirdd y Ddeuddegfed Ganrif*, Cyfres Beirdd y Tywysogion 2 (Caerdydd, 1994).

Brett, C., *Brittany and the Atlantic Archipelago, 450–1200: Contact, Myth and History* (Cambridge, 2021).

—, *You Read it Here First: Early Traditions of Welsh Saints in Brittany*, Kathleen Hughes Memorial Lectures 19 (Cambridge, 2022).

Briquet, C. -M., *Les filigranes: dictionnaire historique des marques du papier dès leur apparition vers 1282 jusqu'en 1600. A facsimile of the 1907 ed. with supplementary material contributed by a number of scholars*, gol. A. Stevenson, 4 cyf. (Amsterdam, 1968).

Bromwich, R. (gol.), *Trioedd Ynys Prydein: The Triads of the Island of Britain*, 3ydd arg. (Cardiff, 2006).

Burke, J. B., *A Genealogical History of the House of Gwysaney* (London, 1847).

Burke, P., 'Cultures of Translation in Early Modern Europe', yn P. Burke ac R. Po-chia Hsia, (goln), *Cultural Translation in Early Modern Europe* (Cambridge, 2007), tt. 7–38.

Burton, E. H., a T. L. Williams (goln), *The Douay College Diaries: Third, Fourth and Fifth 1598–1654*, 2 gyf., Publications of the Catholic Record Society Vol. X (London, 1911).

Burton, P. (gol.), *Sulpicius Severus' Vita Martini* (Oxford, 2017).

Y Bywgraffiadur Cymreig (ar-lein): https://bywgraffiadur.cymru/.

Calder, G., *A Gaelic Grammar* (Glasgow, [1923]).

Caley, J., a J. Hunter (goln), *Valor Ecclesiasticus temp. Henr. VIII.*, 6 chyf. ([Londini], 1810–34).

Callander, D., 'Adapting Winefride in Welsh, Latin and English', yn S. M. Pons-Sanz a L. Sylvester (goln), *Medieval English in a Multilingual Context: Current Methodologies and Approaches* (London, 2023), tt. 441–66.

—, 'Y seintiau a thraddodiad llenyddol: achos y canu i Wenfrewy', *Studia Celtica*, 45 (2020), 99–114.

— (gol.), 'Vita Sancti Danielis', Prosiect Vitae Sanctorum Cambriae: https://saints.wales/ygolygiad/ (2023).

— (gol.), 'Vita Sancti Paterni', Prosiect Vitae Sanctorum Cambriae: https://saints.wales/ygolygiad/ (2023).

— (gol.), 'Vita Sanctae Wenefredae (Anonymous)', Prosiect Vitae Sanctorum Cambriae: https://saints.wales/ygolygiad/ (2023).

— (gol.), 'Vita Sanctae Wenefredae (Composite; Lansdowne)', Prosiect Vitae Sanctorum Cambriae: https://saints.wales/ygolygiad/ (2023).

— (gol.), 'Vita Sanctae Wenefredae (Robert of Shrewsbury; Laud)', Prosiect Vitae Sanctorum Cambriae: *https://saints.wales/ygolygiad/* (2023).
— (gol.), 'Vita Sanctae Wenefredae (Robert of Shrewsbury; Trinity)', Prosiect Vitae Sanctorum Cambriae: *https://saints.wales/ygolygiad/* (2023).
—, 'Yale, Llyfrgell Beinecke, Osborn fb229', *Dwned*, 25 (2019), 71–8.
Carr, A. D., *Medieval Anglesey*, 2il arg. (Llangefni, 2011).
Carr, G., *Hen Enwau o Ynys Môn* (Caernarfon, 2015).
Cartwright, J. (gol.), 'Buchedd Gwenfrewy', Prosiect Cwlt y Seintiau yng Nghymru: *https://saints.wales/ygolygiad/* (i ymddangos).
— (gol.), *Hystoria Gweryddon yr Almaen: The Middle Welsh Life of St Ursula and the 11,000 Virgins* (Cambridge, 2020).
— 'The Welsh Versions of the Life of Gwenfrewy', yn D. N. Parsons a P. Russell (goln), *Seintiau Cymru Sancti Cambrenses: Astudiaethau ar Seintiau Cymru* (Aberystwyth, 2022), tt. 237–67.
Caxton, W., *The lyf of the holy and blessed vyrgyn saynt Wenefryde* (Westminster, 1484).
Charles-Edwards, T. M., *Wales and the Britons, 350–1064* (Oxford, 2013).
Chemers, M. M., 'Anti-semitism, Surrogacy, and the Invocation of Mohammed in the *Play of the Sacrament*', *Comparative Drama*, 41 (2007), 25–55.
Chiflet, J., *Palmae Cleri Anglicani seu Breves narrationes eorum, quae in Angliae contigerunt circa mortem, quam pro Religione Catholica VII. Sacerdotes Anglii fortiter oppetiêre* (Bruxellæ, 1645).
Churchill, W. A., *Watermarks in Paper in Holland, England, France, etc. in the XVII and XVIII centuries and their interconnection* (Amsterdam, 1935).
Clifton, R., 'The Fear of Popery', yn C. Russell (gol.), *The Origins of the English Civil War* (London and Basingstoke, 1973), tt. 144–67.
Crick, J., ac eraill, *Exon: The Domesday Survey of SW England* (London, 2018): *https://www.exondomesday.ac.uk/*.
Dahlman, S. M., 'Critical Edition of the Buched Beuno' (traethawd PhD anghyhoeddedig, Catholic University of America, Washington, D.C., 1976).
Davies, J., *Antiquae Linguæ Britannicæ ... Dictionarium Duplex* (Llundain, 1623).
Davies, J. R., *The Book of Llandaf and the Norman Church in Wales* (Woodbridge, 2003).
—, 'The Medieval Church', yn G. H. Jenkins, R. Suggett ac E. M. White (goln), *Cardiganshire County History Volume 2: Medieval and Early Modern Cardiganshire* (Cardiff, 2019), tt. 175–96.
—, 'Some Observations on the 'Nero', 'Digby', and 'Vespasian' Recensions of *Vita S. David*', yn J. Wyn Evans a J. M. Wooding (goln), *St David of Wales: Cult, Church and Nation* (Woodbridge, 2007), tt. 156–60.
Davies Cooke, P. B., 'Original Documents', *The Cheshire Sheaf Vol. 2* (Chester, 1883), t. 167.

Dawson, G. E., a L. Kennedy-Skipton, *Elizabethan Handwriting 1500–1650: A Guide to the Reading of Documents and Manuscripts* (London, 1968).

Day, J., 'Agweddau ar Gwlt Martin o Tours mewn Llenyddiaeth Gymraeg hyd c.1525', *Llên Cymru*, 40 (2017), 3–39.

— (gol.), 'Buchedd Martin', Prosiect Cwlt y Seintiau yng Nghymru: https://saints.wales/ygolygiad/.

Delpino, M. I. R., 'A Study of the "Ystoria Collen" and the British "Peregrini"' (traethawd PhD anghyhoeddedig, Prifysgol Pennsylvania, 1980).

Denton, J. ac eraill (goln), *Taxatio* (2014): https://www.dhi.ac.uk/taxatio/forms.

D'Evelyn, C., ac A. J. Mill, (goln), *The South English Legendary, edited from Corpus Christi College Cambridge MS. 145 and British Museum MS. Harley 2277*, 3 cyf., Early English Text Society o.s. 235, 236 a 244 (London and New York, 1956–60).

Dickson, T. (gol.), *Accounts of the Lord High Treasurer of Scotland: Vol. I A.D. 1473–1498* (Edinburgh, 1877).

Doble, G. H., *S. Cuby* (Long Compton, 1929).

—, *The Saints of Cornwall: Part Three, Saints of the Fal* (Felinfach, 1997).

Dreves, G. M. (gol.), *Analecta Hymnica Medii Aevi*, 55 cyf. (Leipzig, 1886–1922).

Edwards, A. M. (gol.), 'Buchedd Collen', Prosiect Cwlt y Seintiau yng Nghymru: https://saints.wales/ygolygiad/ (i ymddangos).

Edwards, H. M. (gol.), *Gwaith y Nant* (Aberystwyth, 2013).

Edwards, J. G., *Calendar of Ancient Correspondence Concering Wales* (Cardiff, 1935).

Edwards, O. Tudor (gol.), *Matins, Lauds and Vespers for St David's Day* (Woodbridge, 1990).

Ellis, H. (gol.), *Registrum vulgariter nuncupatum "The Record of Caernarvon": e codice msto Harleiano 696 descriptum* ([Londini], 1838).

Evans, D. Simon (gol.), *Buched Dewi* (Caerdydd, 1959).

—, (gol.), *Historia Gruffud vab Kenan* (Caerdydd, 1977).

Evans J. Wyn, a J. M. Wooding (goln), *St David of Wales: Cult, Church and Nation* (Woodbridge, 2007).

[Falconer, J.], *The Admirable Life of Saint Wenefride: virgin, martyr, abbesse* ([Saint-Omer], 1635).

Fawcett, R., a J. Luxford, *A Corpus of Scottish Medieval Parish Churches* (St Andrews): https://arts.st-andrews.ac.uk/corpusofscottishchurches/site.php?id=157243#fn1_7.

[Fleetwood, W.], *The Life and Miracles of St Wenefrede, together with her Litanies with some Historical Observations made thereon* (London, 1713).

Forbes, A. P., *Kalendars of Scottish Saints* (Edinburgh, 1872).

Geiriadur Prifysgol Cymru (ar-lein): www.geiriadur.ac.uk.

Gerard, J., *The Herball or Generall Historie of Plantes, Gathered by Iohn Gerarde of London Master in Chirurgerie, Very Much Enlarged and Amended by Thomas Iohnson Citizen and Apothecarye of London* (Llundain, 1633).

Gillow, J., *A Literary and Biographical History, or Bibliographical Dictionary of the English Catholics*, 5 cyf. (London, 1885–1902).

Gregory, J. R., 'The Life of St Winifred: The Vita S. Wenefrede from BL Lansdowne MS 436', *Medieval Feminist Forum Subsidia*, 4 (2016), 1–57.

—, 'A Welsh Saint in England: Translation, Orality, and National Identity in the Cult of St Gwenfrewy, 1138–1512' (traethawd PhD anghyhoeddedig, Prifysgol Georgia, 2012).

Grossfilier, J. (gol.), *Les Séquences d'Adam de Saint-Victor: Étude Littéraire (Poétique et Rhétorique), Textes et Traductions, Commentaires* (Turnhout, 2008).

Gruffydd, K. L., 'Cronfa ddata o ffurfiau hanesyddol o enwau lleoedd Sir y Fflint': *https://www.cymdeithasenwaulleoedd.cymru/siroedd/klgf/*.

Guy, B., 'Constantine, Helena, Maximus: on the appropriation of Roman history in medieval Wales, c.800–1250', *Journal of Medieval History*, 44 (2018), 381–405.

—, 'Historical Scholars and Dishonest Charlatans: Studying the Chronicles of Medieval Wales', yn B. Guy, G. Henley, O. W. Jones a R. Thomas (goln), *The Chronicles of Medieval Wales and the March: New Contexts, Studies and Texts* (Turnhout, 2020), tt. 69–106.

— (gol.), 'Vita Sancti Samsonis', Prosiect Vitae Sanctorum Cambriae: *https://saints.wales/ygolygiad/* (2023).

— (gol.), 'Vita Sancti Teliaui (Liber Landauensis)', Prosiect Vitae Sanctorum Cambriae: *https://saints.wales/ygolygiad/* (2022).

— (gol.), 'Vita Sancti Teliaui (Vespasian A. xiv)', Prosiect Vitae Sanctorum Cambriae: *https://saints.wales/ygolygiad/* (2022).

— 'A Welsh Manuscript in America: Library Company of Philadelphia, 8680.O', *Cylchgrawn Llyfrgell Genedlaethol Cymru*, 36 (2014), 98–123.

Guy. B., a P. Wadden (goln), *Propaganda and Pseudo-history in the Medieval Celtic World: Interrogating a Paradigm* (i ymddangos).

Hagan, H., 'The Rule of Paul and Stephen: A Translation and Commentary', *The American Benedictine Review*, 58 (2007), 313–42.

Harper, S., *Music in Welsh Culture Before 1650: A Study of the Principal Sources* (London and New York, 2007).

—, 'Traces of Lost Late Medieval Offices? The *Sanctilogium Angliae, Walliae, Scotiae, et Hiberniae* of John of Tynemouth (*fl.* 1350)', yn E. Hornby a D. Maw (goln), *Essays on the History of English Music in Honour of John Caldwell: Sources, Style, Performance, Historiography* (Woodbridge, 2010), tt. 1–21.

Hautcoeur, É., *Cartulaire de l'église collégiale Saint-Pierre de Lille* (Lille a Paris, 1894).

Hay, W., *Diarhebion Cymru* (Lerpwl, 1955).
Heawood, E., *Watermarks: Mainly of the 17th and 18th Centuries* (Hilversum, 1950).
Himsworth, K., ac eraill, *Rhyddiaith Gymraeg y 15fed Ganrif: Fersiwn 2.0* (Aberystwyth, 2019): https://doi.org/10.20391/148879e0-6ce3-49d6-bf77-5d7597ba4422.
Hodgetts, M., 'Elizabethan Priest-Holes I: Dating and Chronology', *British Catholic History*, 11 (1972), 279–98.
Horobin, S. (gol.), *Bokenham's Lives of Saints*, cyf. 1, Early English Text Society, o.s. 356 (Oxford, 2020).
Horstmann, C. 'Caxton's ausgabe der leg. von S. Wenefreda', *Anglia*, 3 (1880), tt. 295–313.
— (gol.), *Nova Legenda Anglie*, 2 gyf. (Oxford, 1901).
Huws, D., *A Repertory of Welsh Manuscripts and Scribes, c.800 – c.1800*, 3 cyf. (Aberystwyth, 2022).
Isaac, G. R., ac eraill, *Rhyddiaith y 13eg Ganrif: Fersiwn 1.0* (Aberystwyth, 2010): https://doi.org/10.20391/3abf4ef1-e364-4cce-859d-92bf4035b303.
Jackson, K. (gol.), *Early Welsh Gnomic Poems* (Cardiff, 1935).
Jacobs, N. (gol.), *Early Welsh Gnomic and Nature Poetry* (London, 2012).
James, J. W. (gol.), *Rhigyfarch's Life of St David: The Basic Mid Twelfth-Century Latin Text with Introduction, Critical Apparatus and Translation* (Cardiff, 1967).
Jankulak, K., a J. Wooding, 'The Life of St Elgar of Ynys Enlli', yn J. Wooding (gol.), *Solitaries, Pastors and 20,000 Saints: Studies in the Religious History of Bardsey Island (Ynys Enlli)* (Lampeter, 2010), tt. 15–48.
Jenkins, D., 'Llythyr Syr Peter Mutton (1565–1637)', *Cylchgrawn Llyfrgell Genedlaethol Cymru*, 5 (1948), 220–1.
Jenkins, G. H., R. Suggett ac E. M. White, 'Yr Iaith Gymraeg yn y Gymru Fodern Gynnar', yn G. H. Jenkins (gol.), *Y Gymraeg yn ei Disgleirdeb: Yr Iaith Gymraeg cyn y Chwyldro Diwydiannol* (Caerdydd, 1997), tt. 45–119.
Jones, D. Gwenallt (gol.), *Yr Areithiau Pros* (Caerdydd, 1934).
Jones, F., *The Holy Wells of Wales* (Cardiff, 1954).
Jones, G. T., a T. Roberts, *Enwau Lleoedd Môn* ([Llangefni a Bangor], 1996).
[Jones, O., E. Williams a W. O. Pughe] (goln), *The Myvyrian Archaiology of Wales*, 3 cyf. (London, 1801).
O. Jones, E. Williams a W. O. Pughe (goln), *The Myvyrian Archaiology of Wales*, ail arg. (Denbigh, 1870).
Jones, T. (gol.), *Brenhinedd y Saesson or The King of the Saxons* (Cardiff, 1971).
— (gol.), *Brut y Tywysogyon or the Chronicle of the Princes: Red Book of Hergest Version* (Cardiff, 1955).
— (gol.), *Brut y Tywysogyon: Peniarth MS. 20* (Caerdydd, 1941)

Jones, T. Gwynn, 'Ystorya Addaf a Val y cauas Elen y Grog: tarddiad, cynnwys ac arddull y testunau Cymraeg a'u lledaeniad' (traethawd MA anghyhoeddedig, Prifysgol Cymru [Aberystwyth], 1936).

Ker, N. R., *Medieval Libraries of Great Britain: A List of Surviving Books* (London, 1964).

Keynes, S., ac eraill (goln), *The Electronic Sawyer: Online Catalogue of Anglo-Saxon Charters* (2010): https://esawyer.lib.cam.ac.uk/about/index.html.

Krummel, M. A., *Crafting Jewishness in Medieval England: Legally Absent, Virtually Present* (New York, 2011).

Lake, A. Cynfael (gol.), *Gwaith Hywel Dafi*, 2 gyf. (Aberystwyth, 2015).

Latham, R. E., ac eraill, *Dictionary of Medieval Latin from British Sources* (London, 1975–2013).

Lewis, B., '*Bonedd y Saint, Brenhinedd y Saesson*, and Historical Scholarship at Valle Crucis Abbey', yn B. Guy, G. Henley, O. W. Jones ac R. Thomas (goln), *The Chronicles of Medieval Wales and the March: New Contexts, Studies, and Texts* (Turnhout, 2020), tt. 139–54.

— (gol.), *Medieval Welsh Poems to Saints and Shrines* (Dublin, 2015).

—, 'The Strange Irish Career of St Cybi of Holyhead', *Peritia*, 32 (2021), 163–80.

Lhoyd, H., a D. Powel, *The Historie of Cambria, now called Wales* (London, 1584).

Lloyd, J. E., *The Welsh Chronicles* (London, 1928).

—, 'The Welsh Chronicles', *Proceedings of the British Academy*, 14 (1928), 369–91.

Lloyd, N., 'A history of Welsh scholarship in the first half of the seventeenth century, with special reference to the writings of John Jones, Gellilyfdy' (traethawd DPhil anghyhoeddedig, Prifysgol Rhydychen, 1970).

Lloyd-Evans, I., 'Testun beirniadol gydag astudiaeth o "Fuchedd Beuno"' (traethawd MA anghyhoeddedig, Prifysgol Cymru [Aberystwyth], 1965).

Lowry, M. J. C., 'Caxton, St Winifred and the Lady Margaret Beaufort', *The Library*, 6th Series, 5 (June 1983), 101–17.

[Luders, A., ac eraill] (goln), *The Statutes of the Realm*, 11 cyf. (London, 1810–28).

Luft, D., P. W. Thomas a D. M. Smith (goln), *Rhyddiaith Gymraeg 1300–1425* (Caerdydd, 2013): *http://www.rhyddiaithganoloesol.caerdydd.ac.uk/cy/ms-page.php?ms=Pen5&page=8r&l=c0l11.*

Macbain, A., 'Old Gaelic System of Personal Names', *Transactions of the Gaelic Society of Inverness*, 20 (1894–6), 279–315.

—, *Place Names: Highlands & Islands of Scotland* (Stirling, 1922).

MacCormack, S., 'The Virtue of Work: An Augustinian Transformation', *Antiquité Tardive*, 9 (2002), 219–37.

Maldwyn: y Mynegai i Farddoniaeth Gymraeg y Llawysgrifau: https://www.llyfrgell.cymru/catalogau-chwilio/catalogau/catalogau-arbenigol/maldwyn.

Martin, R., ac eraill, *Dictionnaire du Moyen Français (1330–1500)*, Version du 30 mai 2021: *http://www.atilf.fr/dmf.*

Marzella, F. (gol.), 'Vita Sanctae Wenefredae (John of Tynemouth)', Prosiect Vitae Sanctorum Cambriae: *https://saints.wales/ygolygiad/* (i ymddangos).

— (gol.), 'Vita Sancti Kebii (John of Tynemouth)', Prosiect Vitae Sanctorum Cambriae: *https://saints.wales/ygolygiad/* (i ymddangos).

Massoni, A., 'La *vita apostolica*, modèle de vie religieuse dans les communautés de chanoines séculiers (XIIe–XVe siècle)', yn Société des historiens médiévistes de l'Enseignement supérieur public (goln), *Apprendre, Produire, Se Conduire: Le Modèle au Moyen Âge* (Paris, 2015), tt. 87–98.

McGrail, S., *Ancient Boats in North-West Europe*, argraffiad cywiriedig (London and New York, 1998).

McGuiness, S. D., 'The Bishops of Bangor and their *Acta*, 1092–1306' (traethawd PhD anghyhoeddedig, Prifysgol Bangor, 2020).

[Metcalf, P.], *The Life and Miracles of S. Wenefride; Virgin, Martyr, and Abbess; Patroness of Wales* ([s.l.], 1712).

Middle English Dictionary (ar-lein): *http://quod.lib.umich.edu/m/med/.*

Migne, J.-P. (gol.), *Patrologiae Cursus Completus*, 221 cyf. (Parisiis, 1844–1903).

Mittendorf I., a. D. Willis, *Corpws Hanesyddol yr Iaith Gymraeg* (2004): *https://www.celticstudies.net/hafan.htm.*

Mommsen, Th. (gol.), *Chronica Minora Saec. IV. V. VI. VII: Volumen III*, Monumenta Germaniae Historica XIII (Berolini, 1898).

Moore, D., 'Gruffudd ap Cynan and the mediaeval Welsh polity', yn K. L. Maund (gol.), *Gruffudd ap Cynan: A Collaborative Biography* (Woodbridge, 1996), tt. 1–60.

[Morgan, E.], *Edward Morgan, A Priest, His Letter to the Kings most excellent Majesty, and High Court of Parliament* (London, 1642).

Newton, [E.], *The House of Lyme from its Foundation to the End of the Eighteenth Century* (London, 1917).

Olson, L., 'Introduction: 'Getting Somewhere' with the First Life of St Samson of Dol', yn L. Olson (gol.), *St Samson of Dol and the Earliest History of Brittany, Cornwall and Wales* (Woodbridge, 2017), tt. 1–18.

Olson, K., 'Religion, Politics, and the Parish in Tudor England and Wales: A View from the Marches of Wales, 1534–1553', *Recusant History*, 30 (2011), 527–36.

Oxford English Dictionary (ar-lein): *www.oed.com.*

Parry Owen, A., 'Mynegai i Enwau Priod yng Ngwaith Beirdd y Bedwaredd Ganrif ar Ddeg', *Llên Cymru*, 31 (2008), 35–89.

[Parry-Williams, T. H.], *Rhyddiaith Gymraeg: Y Gyfrol Gyntaf, Detholion o Lawysgrifau 1488–1609* (Caerdydd, 1954).

Pasquali, G., *Storia della Tradizione e Critica del Testo*, 2il arg. (Firenze, 1962).

Petti, A. G., *English Literary Hands from Chaucer to Dryden* (London, 1977).

Plummer, C. (gol.), *Vitae sanctorum Hiberniae*, 2 gyf. (Oxonii, 1910).
Poppe, E., 'Beyond 'Word-for-Word': Gruffudd Bola and Robert Gwyn on Translating into Welsh', *Studia Celtica Fennica*, 16 (2019), 71–89.
Post, G., a W. J. Courtenay (goln), *The Papacy and the Rise of the Universities* (Leiden, 2017).
Prevost, N., *La Cirurgie de maistre Guillaume de Salicet* (Lyon, 1492).
Pryce, H. (gol.), *The Acts of Welsh Rulers, 1120–1283* (Cardiff, 2005).
—, 'British or Welsh? National Identity in Twelfth-Century Wales', *English Historical Review*, 116 (2001), 775–801.
—, 'A new edition of the 'Historia Divae Monacellae'', *Montgomeryshire Collections*, 82 (1994), 23–40.
—, *Writing Welsh History: From the Early Middle Ages to the Twenty-First Century* (Oxford, 2022).
Questier, M. C., *Newsletters from the Caroline Court, 1631–1638: Catholicism and the Politics of Personal Rule* (London, 2005).
—, *Stuart Dynastic Policy and Religious Politics 1621–1624* (London, 2009).
Redknap, M., 'O gyryglau i garacau', yn M. Redknap, S. Rees ac A. Aberg (goln), *Cymru a'r Môr: 10,000 o Flynyddoedd o Hanes y Môr* (Aberystwyth, 2019), tt. 116–19.
Richards, M., *Welsh Administrative and Territorial Units* (Cardiff, 1969).
Richards, T., *Antiquæ Linguæ Britannicæ Thesaurus* (Bristol, 1753).
Roberts, R. G. (gol.), *Diarhebion Llyfr Coch Hergest* (Aberystwyth, 2013).
—, 'Y Traddodiad Paremiolegol yng Nghymru'r Oesau Canol. I. Rhai Diarhebion Cydwladol', *Dwned*, 11 (2005), 19–33.
—, 'Y Traddodiad Paremiolegol yng Nghymru'r Oesau Canol. II. 'y reyn oll sydd yn llawn diarebion'', *Dwned*, 12 (2006), 31–49.
—, 'Y Traddodiad Paremiolegol yng Nghymru'r Oesau Canol. III. Ailystyried 'Englynion y Clyweit'', *Dwned*, 14 (2008), 47–59.
Rohlfs, G., *Vom Vulgärlatein zum Altfranzösischen*, 3ydd arg. (Tübingen, 1968).
Roper, S. E., *Medieval English Benedictine Liturgy: Studies in the Formation, Structure, and Content of the Monastic Votive Office, c. 950–1540* (New York and London, 1993).
Rowlands, E. I., 'Y Tri Thlws ar Ddeg', *Llên Cymru*, 5 (1958), 33–69.
Royal Commission on the Ancient and Historical Monuments and Constructions in Wales and Monmouthshire, *An Inventory of the Ancient Monuments in Anglesey* ([London], 1937).
Russell, P., 'Patterns of Hypocorism in Early Irish Hagiography', yn M. Herbert a P. Ó Riain (goln), *Studies in Irish Hagiography: Saints and Scholars* (Dublin, 2001), tt. 237–49.
— (gol.), *Vita Griffini Filii Conani: The Medieval Latin Life of Gruffudd ap Cynan* (Cardiff, 2005).
Schwarz, E., a Th. Mommsen (goln), *Eusebius Werke: Zweiter Band: Die Kirchengeschichte ... Erster Teil* (Leipzig, 1903).

Seguin, C. M., 'Cures and Controversy in Early Modern Wales: The Struggle to Control St Winifred's Well', *North American Journal of Welsh Studies*, 3:2 (2003), 1–17.

Sharpe, R., a J. R. Davies (goln), 'Edition of Rhygyfarch's Life', yn J. Wyn Evans a J. M. Wooding (goln), *St David of Wales: Cult, Church and Nation* (Woodbridge, 2007), tt. 107–55.

Shell, A., 'Catholic Texts and Anti-Catholic Prejudice in the 17th-Century Book Trade', yn R. Myers a M. Harris (goln), *Censorship and the Control of Print in England and France, 1600–1910* (Winchester, 1992), tt. 33–57.

—, *Catholicism, Controversy and the English Literary Imagination, 1558–1660* (Cambridge, 1999).

—, 'St Winifred's Well and its Meaning in post-Reformation British Catholic Literary Culture', yn P. Davidson a J. Bepler (goln), *The Triumphs of the Defeated: Early Modern Festivals and Messages of Legitimacy* (Wiesbaden, 2007), tt. 271–80.

Sims-Williams, P. (gol.), *Buchedd Beuno* (Dublin, 2018).

—, "'Dark' and 'Clear' *Y* in Medieval Welsh Orthography: Caligula versus Teilo', *Transactions of the Philological Society*, 119 (2021), 1–39.

Smith, J. B., 'The Biography of Gruffudd ap Cynan: Literary Form and Historical Interpretation', *Cylchgrawn Hanes Cymru*, 29 (2019), 337–76.

Southern, A. G., *Elizabethan Recusant Prose 1559–1582* (London and Glasgow, 1950).

Sutton, Anne F., 'Caxton, the Cult of St Winifred, and Shrewsbury', yn L. Clark (gol.), *Of Mice and Men: Image, Belief and Regulation in Late Medieval England* (Woodbridge, 2005), tt. 109–26.

Tadra, F., 'Kancléř Jan ze Středy a jeho 'Život sv. Jeronyma'', *Věstník České Akademie*, 8 (1899), 421–6.

Thomas, G., 'Llen Arthur a Maen a Modrwy Luned: Astudiaeth Gymharol o Ddau o Dri Thlws ar Ddeg Ynys Prydain' (traethawd MA anghyhoeddedig, Prifysgol Cymru [Caerdydd], 1976).

Tite, C. G. C., *The Early Records of Sir Robert Cotton's Library: Formation, Cataloguing, Use* (London, 2003).

Trachtenberg, J., *The Devil and the Jews: The Medieval Conception of the Jew and its Relation to Modern Antisemitism* (New Haven, 1943).

Usher, G. A., *Gwysaney and Owston* (Denbigh, 1964).

Verkholantsev, J., 'St Jerome as a Slavic Apostle in Luxemburg Bohemia', *Viator*, 44 (2013), 251–86.

Vetus Latina Database: Online (Brepols, 2022): https://www.brepols.net/series/vld-o#publications.

Vilanova, M. (gol.), *Regula Pauli et Stephani: Edició crítica i Comentari* (Monsterrat, 1959).

Wade-Evans, A. W., 'Beuno Sant', *Archaeologia Cambrensis*, 85 (1930), 315–41.

—, *The Life of S. David* (London, 1923).

—, *Parochiale Wallicanum, or, the Names of Churches, Chapels, etc., within the Dioceses of St David's, Llandaff, Bangor & St Asaph* (Stow-on-the-Wold, 1911).

— (gol.), *Vitae Sanctorum Britanniae et Genealogiae* (Cardiff, 1944).

Walsham, A., 'Holywell: Contesting Sacred Space in Post-Reformation Wales', yn W. Coster ac A. Spicer (goln), *Sacred Space in Early Modern Europe* (Cambridge, 2005), tt. 209–36.

Ward Clavier, S., *Royalism, Religion and Revolution: Wales, 1640–1688* (Woodbridge, 2021).

Weber, R., a R. Gryson (goln), *Biblia Sacra Iuxta Vulgatam Versionem*, 5ed arg. (Stuttgart, 2007).

Williams, G., *Renewal and Reformation: Wales* c. *1415–1642* (Oxford, 1993).

Williams, H. (gol.), *Two Lives of Gildas by a monk of Ruys and Caradoc of Llancarfan* (London, 1889–1901; adarg. Felinfach, 1990).

Williams, H. G., "'Llyma Ystoria Kollen Vilwr': Golygiad o Fuchedd Collen' (traethawd MA anghyhoeddedig, Prifysgol Cymru [Caerdydd], 2003).

Williams, J. E. Caerwyn, 'Welsh versions of *Purgatorium S. Patricii*', *Studia Celtica*, 8/9 (1973/4), 121–94.

Wilmart, A. (gol.), *Analecta reginensia: extraits des manuscrits latins de la Reine Christine conservés au Vatican*, Studi e testi 59 (Città del Vaticano, 1933).

[Wilson, J.], *The English Martyrologe Conteyning A Summary of the Lives of the glorious and renowned Saintes of the three Kingdomes, England, Scotland, and Ireland. Collected and Distributed into Moneths, after the forme of a Calendar, according to euery Saintes festiuity* ([Saint-Omer], 1608).

Winward, F., 'The Lives of St Wenefred (BHL 8847–51)', *Analecta Bollandiana*, 117 (1999), 89–132.

Wooding, J., 'Ffynonellau dogfennol ynghylch mordwyo yn yr Oesoedd Canol cynnar', yn M. Redknap, S. Rees ac A. Aberg (goln), *Cymru a'r Môr: 10,000 o Flynyddoedd o Hanes y Môr* (Aberystwyth, 2019), tt. 92–3.

Wyn Owen, H., a R. Morgan, *Dictionary of the Place-Names of Wales* (Llandysul, 2007).

MYNEGAI

Aberffraw 129
Aberriw 128, 136
Adam o St Victor 41
Adarwy 44, 87, 94, 102–3
Afon Dyfrdwy 128, 131
Afon Hafren 128, 130, 136
Alban (sant) 6–7, 9, 271–2
   Miracula Sancti Albani 3, 11–12
   Vita Sancti Albani 3, 11–12, 21
Yr Alban 5, 14, 103–4, 116, 132
Amlieithrwydd *gw.* Davies, Robert (II)
Amphibalus 3, 9, 11, 21, 272
Amwythig 170–2, 193, 240–3, 245–7, 252–3
Árainn 36, 45, 55, 88, 95, 107, 114, 119

Bangor 76, 78–9, 171, 188, 243
Bennett, John 24
Beuno 7, 179, 188–90, 195–201, 203–17
   Ach 129, 132
   Buchedd Beuno 2, 10–11, 20–1, 28, 30, 38, 125–39, 145, 150, 151–8, 164–6, 172, 270, 272–3
   Eglwysi 128–9, 137, 156, 170, 195–6, 210–1, 215
   Gwyrthiau 128–9, 131–2, 137–8, 155–7, 170, 204–5
   Marwolaeth 129, 132, 137, 157
Bishop, William 24

Bodfari 170, 188–9, 218
Bonedd y Saint 37, 78, 81, 103, 145
Bras (rhyfelwr paganaidd) 144, 146–8, 150, 159–60
Bregh 48
Brut y Tywysogyon 75, 79, 120–2
Brwsel 24

Cadfan 129
Cadwallon 129
Caer (Chester) 242, 245–6, 252
Caergybi *gw.* Cybi
Caernarfon 129
Caersalem 43, 56, 86, 93, 100, 114
Caer-went 128, 130
Caffo 40, 44, 49, 56–7, 60, 67, 81, 87, 90, 94, 97, 102–3, 113
Calendrau 2, 6–10, 21–2, 30, 37, 115, 158, 164
Caradog (llofrudd Gwenfrewy) 128, 133–4, 137, 156–8, 170, 179, 185, 188, 190, 201–4
Caradog o Lancarfan 11
'Casbethau Ieuan Brydydd Hir' 269, 275
'Casbethau Owain Cyfeiliog' 4, 12, 23, 31, 264, 268–70, 275
'Casdrem Dafydd ap Gwilym' 269
'Casddynion Duw' 3, 12, 264–7, 269
Catholigaeth *gw.* Davies, Robert (II)
Caxton, William 172, 178

Cenau 44, 81, 87, 94, 102–3
Cernyw 36–7, 42, 44, 55, 60, 67–8, 85, 87, 91–2, 94, 98, 101–2, 104–5, 144, 161, 163, 271
Chaloner, Jacob (1586–1631) 14
Clynnog Fawr 38, 129, 170
Coleg yr Iesu, Rhydychen 175
Collen 8
   Buchedd Collen 3, 10–11, 20–1, 28, 30, 125, 139–54, 158–66, 270, 272
   Eglwysi 144–5, 148, 162
   Marwolaeth 140–1, 162
Crubthir Fintam 46–9, 56–7, 88–9, 95–6, 108, 110, 119
Cructurus *gw.* Crubthir Fintam
Cybi 8–10, 188–9, 192, 231–2
   Buchedd Cybi o Lawysgrif Yale 3, 12, 20–1, 28, 35–124, 127, 154, 271–3
   Bucheddau Vespasian 28, 36–124, 128, 271
   Caergybi 37, 52–4, 66, 68–9, 73–80, 82–3, 90, 98, 107–8, 115, 121, 271
   Disgyblion 44–9, 54–7, 59–60, 67, 74, 81, 87–90, 94–7, 102–3, 107–8, 122
   Eglwysi 37, 44–5, 47–8, 51–5, 58, 61–2, 66, 68–9, 73–80, 82–3, 87–90, 95–6, 98, 104–5, 107–8, 111
   Gwyrthiau 43–5, 47–51, 53–4, 56, 85–98, 110–11
   Marwolaeth 37, 51, 63, 91, 98, 114
   Ynys Cybi 37, 50–1, 90, 98, 113–14
'Cyffes Taliesin' 3, 12, 264
Cynan fab Brochwel 128, 136
Cynfarwy 44, 81, 87, 94, 102–3
Cyngar 43–4, 46, 55, 59, 63–4, 81, 85, 87–9, 92, 94–5, 97, 102–3, 107, 114, 122

d'Ablancourt, Nicolas 181
Davies, Robert (Robert Davies I o Wysanau, *m.* 1600) 13
Davies, Robert (Robert Davies II o Wysanau, 1581–1634) 2, 4–6, 10–16, 274
   Achyddiaeth 13–15, 270–1
   Amlieithrwydd 20–3, 270
   Catholigaeth 11–12, 21–6, 28, 33, 35–6, 167–9, 175–6, 193, 271
   Herodraeth 13–15
   Diddordebau hynafiaethol 13–16, 21, 269–71
   Dulliau copïo 16–20, 100–1, 105–7, 109, 117, 157–8, 168, 173, 255–60, 268–9, 271–2
   Llawysgrifen 2–5, 30, 70, 115, 117
Deiniol 22, 69
Deiniol Fâb 44, 87, 94, 102–3
Dier 170, 188, 190–1, 217–20
Digiwg 129, 138
Dinas Basing 135
Douai 24, 167
Dewi 7, 11, 36, 42, 69, 71–3, 81, 85, 92, 118
   Vita Sancti Dewi 1, 3, 11–12, 21, 23, 29, 36, 38, 83, 107, 117, 124, 272
Dyfrig 171
Dyfrnodau 4

Edelig 36, 44–5, 56, 58, 61, 87–8, 94–5, 105–6, 122
Edeligion *gw.* Gwent
Edern 9, 44, 87, 94, 102–3
Elen (santes) 8–9
Elen a'r Groes 3, 10–11, 21–2, 30–1, 164
Eleri 170, 188–9, 220–8, 230–3
Elfoddw 78–9
Elgar 171
Elizabeth I (brenhines Lloegr) 168
The English Martyrologe 3–4, 6, 10–11, 21, 25, 70, 125
Enna 46, 57, 66, 88, 95
Erbin fab Geraint *gw.* Geraint fab Erbin
Ethni (mam Collen) 143, 145, 149–50, 158–9
Euddogwy 38

Mynegai

Falconer, John 173, 176, 179–92, 261–2, 272
Farrar, William *gw.* William Harewell
Findbarr 103
Finuan *gw.* Enna

'Geiriau Gwir Taliesin' 3, 12, 264, 267–9
Geraint fab Erbin 39, 42, 57–8, 65, 68, 85, 92, 99, 103, 122
Gildas 11
   Vita Sancti Gildae 3, 11, 21, 31, 272
Glastonbury 144, 147, 161, 163
Gruffudd ap Cynan 75–6, 79–80
Gwen (mam Cybi) 42, 81, 85, 92, 99, 122
Gwenfrewy 6, 9, 29, 38–9, 78, 126–9, 131, 133–8, 152–3, 156–8, 164–5
   Buchedd Gwenfrewy (y fuchedd Gymraeg) 134–7, 172
   Cwlt 172, 190, 272
   Dioddefaint 134, 156, 170, 184–5, 200–6, 209, 272
   Gwyrthiau 170, 184–5, 206, 209–11, 214–7, 232–40, 241, 250–2
   Life and Translation of St Wenefred (gan Edward Morgan) 3, 12, 16–21, 24, 29, 32, 138, 167–262, 272
   Marwolaeth 170, 231–2
   Rôl fel abades 170, 226–231
   Trosglwyddiad ei Chreiriau 169–72, 240–55
   Vita Sancte Wenefrede (gan Robert o Amwythig) 12, 16, 18, 21, 24, 29, 32, 38, 83, 111–12, 134, 136, 138, 167–262, 272
   Vita Sancte Wenfrede (dienw) 134, 172, 174, 191–2
Gwent 36, 44–5, 55, 87, 94, 104
Gwyddelwern 128, 131–2, 155
Gwyn ap Nudd 141–2, 144, 147–51, 161–3
Gwyn, Robert 176

Gwysanau 2, 13, 24, 26–8, 36
Gwytherin 170–1, 188–9, 192, 220–1, 240, 245, 248

Harewell, William (*alias* William Farrar) 2, 12, 23–4, 138, 175, 272
Henllan 170, 188–9, 219–20
Henri I (brenin Lloegr) 243
Herod 147, 161, 166
Historia Brittonum 111
Historia Gruffud Vab Kenan 75–6, 121, 165
Hywel Rheinallt 81, 102

Iddon 129
Iesuwyr 2, 117, 167
Ieuan ap Wiliam ap Dafydd o Riwabon 10, 139, 143
Ilar o Poitiers 36, 43–4, 54, 60, 86, 94
Ioan o Tynemouth 22, 38, 40–1, 54, 69, 120, 153
Iwerddon 14, 36, 45, 48–9, 66, 88, 91, 95, 98, 158

Jones, John (Gellilyfdy) 20
John of Tynemouth *gw.* Ioan o Tynemouth

Legh, Peter (XII, 1669–1744) 26–8, 271
Leghs (Lyme Park) 26–9, 33–4, 271
Litwrgi 23, 36, 51, 56, 67, 69–73, 81, 83, 91, 98–9, 120, 172, 271

Llanbadarn Fawr 74, 80
Llanelwy 79
Llangefni 55, 103, 111
Llawysgrifau
   Aberystwyth, Llyfrgell Genedlaethol Cymru, Cwrtmawr 5 269
   Aberystwyth, Llyfrgell Genedlaethol Cymru, Cwrtmawr 44 115
   Aberystwyth, Llyfrgell Genedlaethol Cymru, Llansteffan 4 126–7
   Aberystwyth, Llyfrgell Genedlaethol Cymru, Llansteffan 34 22, 135, 140–3, 146, 158–63, 172

Aberystwyth, Llyfrgell Genedlaethol Cymru, Llansteffan 117 10–12, 20, 22, 30, 126–7, 132, 135–6, 138–41, 143, 145, 147–9, 153–63, 264–6, 268–9, 271
Aberystwyth, Llyfrgell Genedlaethol Cymru, Llansteffan 120 265
Aberystwyth, Llyfrgell Genedlaethol Cymru, Llansteffan 133 268
Aberystwyth, Llyfrgell Genedlaethol Cymru, Llansteffan 145 268
Aberystwyth, Llyfrgell Genedlaethol Cymru, Llansteffan 148 268
Aberystwyth, Llyfrgell Genedlaethol Cymru, Llansteffan 167 268
Aberystwyth, Llyfrgell Genedlaethol Cymru, Llsgr. 355 268
Aberystwyth, Llyfrgell Genedlaethol Cymru, Llsgr. 825 268
Aberystwyth, Llyfrgell Genedlaethol Cymru, Llsgr. 3029 269
Aberystwyth, Llyfrgell Genedlaethol Cymru, Llsgr. 3562 190
Aberystwyth, Llyfrgell Genedlaethol Cymru, Llsgr. 7006 163
Aberystwyth, Llyfrgell Genedlaethol Cymru, Llsgr. 17156 32
Aberystwyth, Llyfrgell Genedlaethol Cymru, Llsgr. 24035 261
Aberystwyth, Llyfrgell Genedlaethol Cymru, Peniarth 15 126–7
Aberystwyth, Llyfrgell Genedlaethol Cymru, Peniarth 23 163
Aberystwyth, Llyfrgell Genedlaethol Cymru, Peniarth 27ii 22, 134, 172
Aberystwyth, Llyfrgell Genedlaethol Cymru, Peniarth 50 122
Aberystwyth, Llyfrgell Genedlaethol Cymru, Peniarth 51 264
Aberystwyth, Llyfrgell Genedlaethol Cymru, Peniarth 53 265
Aberystwyth, Llyfrgell Genedlaethol Cymru, Peniarth 75 132
Aberystwyth, Llyfrgell Genedlaethol Cymru, Peniarth 77 31
Aberystwyth, Llyfrgell Genedlaethol Cymru, Peniarth 137 268
Aberystwyth, Llyfrgell Genedlaethol Cymru, Peniarth 155 265, 269
Aberystwyth, Llyfrgell Genedlaethol Cymru, Peniarth 186 115
Aberystwyth, Llyfrgell Genedlaethol Cymru, Peniarth 225 22, 172
Aberystwyth, Llyfrgell Genedlaethol Cymru, Peniarth 252 126–7
Brwsel, Bibliothèque Royale, Llsgr. 8067–74 2, 12, 24, 29, 138, 175, 184
Caerdydd, Llyfrgell Ganolog Caerdydd, Llsgr. 1.1 265
Caerdydd, Llyfrgell Ganolog Caerdydd, Llsgr. 2.617 269
Caerdydd, Llyfrgell Ganolog Caerdydd, Llsgr. 2.624 22
Caerdydd, Llyfrgell Ganolog Caerdydd, Llsgr. 2.629 22, 139–43, 145–6, 148, 158–61, 163
Caerdydd, Llyfrgell Ganolog Caerdydd, Llsgr. 2.632 268
Caerdydd, Llyfrgell Ganolog Caerdydd, Llsgr. 3.4 264
Caer-grawnt, Coleg y Drindod O.4.42 172, 174
Llundain, Llyfrgell Brydeinig, Add. 14878 268
Llundain, Llyfrgell Brydeinig, Add. 14936 265
Llundain, Llyfrgell Brydeinig, Add. 14973 265–6
Llundain, Llyfrgell Brydeinig, Cotton Claudius A.v 174
Llundain, Llyfrgell Brydeinig, Cotton Faustina B.iv 11, 29, 272
Llundain, Llyfrgell Brydeinig, Cotton Vespasian A.xiv 22, 38, 66, 68, 83; *gw. hefyd* Cybi
Llundain, Llyfrgell Brydeinig, Lansdowne 436 172, 174
Llyfr Ancr Llanddewibrefi (Rhydychen, Coleg yr Iesu 119) 22, 126–8, 135

Llyfr Coch Hergest (Rhydychen, Coleg yr Iesu 111) 263
Llyfr Coch Talgarth (Aberystwyth, Llyfrgell Genedlaethol Cymru, Llansteffan 27) 126–7, 264
Llyfr Du o'r Waun (Aberystwyth, Llyfrgell Genedlaethol Cymru, Peniarth 29) 263
Llyfr Gwyn Rhydderch (Aberystwyth, Llyfrgell Genedlaethol Cymru, Peniarth 4–5) 11, 31
Llyfr Llandaf (Aberystwyth, Llyfrgell Genedlaethol Cymru, Llsgr. 17110) 22, 38, 68
Philadelphia, Library Company of Philadelphia, 8680.O 29
Rhydychen, Llyfrgell Bodley, Digby 112 11, 31, 272
Rhydychen, Llyfrgell Bodley, Laud Misc. 114 18, 173–7, 180–2, 184–9, 199, 208, 233, 235, 257–9, 261–2, 272
Rhydychen, Llyfrgell Bodley, Welsh e.7 268
Rhydychen, Llyfrgell Bodley, Welsh f.2 268
Llibio 44, 81, 87, 94, 102–3
Llys Bedydd (Bettisfield) 12, 25, 167, 260
Llywelyn ab Iorwerth 76

Maelgwn Gwynedd 36, 49–51, 79, 90, 97–8
Maelog 44, 46, 55, 62, 81, 87–8, 94–5, 102–3
Mair o'r Aifft 125
Mair mam Iesu 144, 161
Martin, Gregory 176
Martin o Tours 49, 53, 89, 96, 111, 124, 271
 Buchedd Martin 125
Mawn fab Brochwel 128, 136
Meath 48
Meifod 128, 136
Melangell 113

Môn 48, 54–5, 74, 77, 79, 103, 111, 113–14
Morgan, Edward 12, 24–5, 167–76, 260
 Dulliau cyfieithu 17–18, 176–93, 256–60
 Life and Translation of St Wenefred gw. Gwenfrewy
Morganiaid Gwylgre 25–6
Mutton, Syr Peter 13
Mwrog 44, 81, 87, 94, 102–4
Mynegai 3–4, 21
Myrddin 273

Non 7, 11, 42, 81, 85, 92

Orléans 143, 146, 159

y Pab 43, 53–4, 85, 93, 100, 108, 144, 159–61
Padarn 39, 44, 80, 84, 87, 94, 102–3
Peulan 44, 87, 94, 102–3
Plygion 5–6
Priordy Trefynwy 38
Puleston, George 26
Purdan Padrig gw. *Ystoria Owain Farchog*

Rhosyr 49
Rhufain 43, 53, 56, 66–7, 85–6, 93, 114, 146, 159, 167, 187, 189, 195, 271
Rhyfel Cartref Lloegr 169
Rhygyfarch o Lanbadarn Fawr 1, 11

Sadwrn 170, 188, 190, 219–21
Sannan 188–9, 231–2
Selyf fab Dafydd 265–6
Siarl I (Brenin Lloegr) 5, 168
Sierôm 72, 120
Sir y Fflint 2, 12–13, 15–16, 24–6, 167, 187, 191
Smith, Richard 24
South English Legendary 153
Southampton 144, 159–60
St Omer 25, 167, 179

293

Steffan (brenin Lloegr) 244
Sulien 74

Teilo 7, 39, 68, 119
Tegeingl 131, 133, 137, 156
Tenoi 170, 188, 190, 224–7
Treffynnon 117, 135, 171–2, 176, 261
'Trithlws ar Ddeg Ynys Brydain' 4, 12, 31, 264
Tyddewi 36, 45, 75–6, 79, 88
Tyfid fab Eiludd (tad Gwenfrewy) 128, 131, 133, 137, 156, 179, 186, 188–9, 192, 195–7, 262
Tysilio 128, 136

Urban, esgob Llandaf 171

Vita Griffini Filii Conani 75–6, 84, 121, 165

Wenefred *gw.* Gwenfrewy
William I (brenin Lloegr) 241
Wrswla 125

Ynyr Gwent 128–30
Ynys Enlli 171
Young, Richard (o Aldermanberry) 13–14
Ystoria Owain Farchog 3, 21, 30, 164